工业工程专业新形态系列教材

应用统计学

（第二版）

主　编　吴和成　达高峰
副主编　虞先玉　胡明礼　吴　菲

科学出版社
北　京

内 容 简 介

本书根据经济学和管理学各专业本科生的培养目标与要求，系统介绍了应用统计学的基本理论、方法与应用。全书主要内容有：数据的收集与分析、数据特征描述、统计指数、概率及其计算、一元与多元随机变量及其概率分布、大数定律与中心极限定理、抽样分布、参数估计、假设检验、方差分析、回归分析以及时间序列分析等。

本书可作为经济学和管理学本科生的统计学课程教材，也可作为各类专业人员、企事业单位管理人员学习基础统计学的参考读物。

图书在版编目（CIP）数据

应用统计学 / 吴和成，达高峰主编. —2 版. —北京：科学出版社，2024.6

工业工程专业新形态系列教材

ISBN 978-7-03-076625-0

Ⅰ. ①应…　Ⅱ. ①吴…　②达…　Ⅲ. ①应用统计学－高等学校－教材　Ⅳ. ①C8

中国国家版本馆 CIP 数据核字（2023）第 194907 号

责任编辑：方小丽 / 责任校对：贾娜娜
责任印制：张　伟 / 封面设计：有道文化

科学出版社出版
北京东黄城根北街 16 号
邮政编码：100717
http://www.sciencep.com
天津市新科印刷有限公司印刷
科学出版社发行　各地新华书店经销
*
2017 年 6 月第　一　版　开本：787×1092　1/16
2024 年 6 月第　二　版　印张：22
2024 年 6 月第六次印刷　字数：522 000

定价：58.00 元

（如有印装质量问题，我社负责调换）

总　序

党的二十大擘画了以中国式现代化推进中华民族伟大复兴的宏伟蓝图。中国式现代化道路是立足于中国国情和时代特征的新道路，对中国特色管理理论和实践创新也提出了时代要求。工业工程作为一门帮助提升产品、工程与服务质量，提升管理水平与效能，降低运营成本，实现绿色发展的交叉学科，正在与我国不同的行业紧密结合，推动产业部门提档升级，在我国现代化进程中日益扮演重要的角色。

根据教育部高等学校教学指导委员会所制定的《普通高等学校本科专业类教学质量国家标准》中的定义，工业工程（industrial engineering，IE）类专业是“应用自然科学与社会科学知识，特别是应用工程科学与管理科学中系统分析、规划、优化、设计、控制和评价等手段，解决生产与服务等系统的效率、质量、成本及环境友好等管理与工程综合性问题的理论和方法体系，具有系统性、交叉性、人本性与创新性等特征，适用于国民经济多种产业，在社会与经济发展中起着重要的积极推动作用，亦可称为产业工程”。

我校工业工程专业办学历史较长，是全国工业工程专业发起高校之一。1985 年，在管理工程专业下设置了工业工程专业方向招收本科生。1995 年，经国务院学位委员会办公室批准设立了工业工程硕士点，这是江苏省高校中唯一的工业工程硕士点。1998 年教育部调整本科专业目录后，便直接以工业工程专业名称面向全国招收本科生。1999 年经国务院学位委员会办公室批准获得了工业工程领域工程硕士专业学位授予权，是国内最早获得该专业学位授予权的高校之一。2000 年，工业工程成为管理科学与工程一级学科博士点的主要研究方向，至此，工业工程在我校形成了从本科至博士后完整的人才培养体系。

围绕工业工程专业人才的培养，我校建成了两个国家级人才培养模式创新实验区。2005 年，工业工程专业被评为江苏省工业工程领域首批建设的品牌专业；2012 年，该专业被评为江苏省工业工程领域首批唯一建设的重点专业类，同年，被评为工业和信息化部工业工程领域首批唯一建设的重点专业；2015 年，列入江苏省高校品牌专业建设工程进行重点建设。2019 年入选国家首批一流本科专业建设点。2011～2015 年由中国统计出版社出版的《挑大学选专业——高考志愿填报指南》将我校工业工程专业与清华大学、上海交通大学的工业工程专业同列前三甲。我校工业工程专业自成立以来，在成长中不断进步、逐渐成熟。经过多年探索，建成工业工程创新人才培养的“三链”（教学资源保障链、实习实践保障链、能力拓展保障链）体系，形成了“工-管-理”高度交叉、两化深度融合的创新人才培养新模式，先后获得了一项国家级教学成果奖二等奖，三项江苏省教学成果奖（高等教育类）一等奖，建成了一个国家级教学团队、一个工业和信息化部研究型教学创新团队、两个省级创新团队。我校是江苏省机械工程学会工业工程分会的理事长单位，还是教育部高等学校工业工程类专业教学指导委员会副主任委员单位、教育部首批虚拟教研室“江苏省工业工程虚拟教研室”牵头单位、华东地区工业工程教学研讨会发起单位之一。

加强教学资源建设是我院工业工程专业建设的重要抓手之一。我们提出以教材作为教学资源建设的切入点，以教材建设牵引基层教学组织能力提升。为此，我们积极打造特色化精品教材，2005 年与科学出版社共同策划，在全国范围最早推出了工业工程专业系列教材，并被众多高校选用，多数教材数次印刷，受到师生好评。2014 年，我们又与电子工业出版社合作出版了 12 本工业工程领域工程硕士学位系列教材，这是我国工业工程领域工程硕士的首套系列教材。迄今为止，共有九部教材入选普通高等教育“十一五”国家级规划教材，四部教材入选“十二五”普通高等教育本科国家级规划教材，三部教材入选工业和信息化部“十二五”规划教材，八部教材入选“十三五”江苏省高等学校重点教材，两部教材入选工业和信息化部“十四五”规划教材。一批优秀教材的出版为工业工程人才培养质量的不断提高奠定了坚实的基础。

物联网、大数据、云计算、人工智能的快速发展，对高校教育教学改革提出了新的要求，线下与线上教学的结合、慕课与翻转课堂的广泛使用，对教材的内容与形式也提出了新的挑战，这次对系列教材进行整体修订，充分考虑了这种需求的变化，参照《工业工程类专业教学质量国家标准》对工业工程基础课程与专业课程的要求，同时融入了作者近年来取得的教学改革成果，强化教材的育人功能和教材内容的前沿性。在修订过程中，我们以立德树人根本任务为中心，一方面继续保持系列教材简明扼要、深入浅出、通俗易懂、易于自学的特点；另一方面我们在教材中融入了更多的课程思政元素，并力求通过数字化技术融入丰富的辅助学习素材，同时力邀领域内有着丰富管理工作经验的人员参与教材的修订完善，强化教材的实践性和时代性，不断提升教材质量，以履行读者至上的承诺。

在教材的出版与使用过程中，许多同行通过会议、邮件、电话、微信等多种方式给予我们支持与鼓励，无私地给出了许多富有建设性的反馈意见与建议，对此我们深表感谢！我们殷切希望广大读者在使用中继续帮助我们不断改进提升。

系列教材的再版得到了南京航空航天大学教务处和江苏省高校品牌专业建设工程专项资金的资助，在此，诚致谢意！同时也特别感谢科学出版社的大力支持，他们是我们这套系列教材产生和不断完善的见证者，他们精益求精的态度和与时俱进的精神正是工业工程专业所崇尚的最宝贵的品质。

周德群

教育部高等学校工业工程类专业教学指导委员会副主任委员

国家级高层次人才

南京航空航天大学经济与管理学院院长、教授、博士生导师

2023 年 2 月

前　言

党的二十大报告指出："我们要坚持教育优先发展、科技自立自强、人才引领驱动，加快建设教育强国、科技强国、人才强国，坚持为党育人、为国育才，全面提高人才自主培养质量，着力造就拔尖创新人才，聚天下英才而用之。"①教材是教学内容的主要载体，是教学的重要依据，是培养人才的重要保障。在优秀教材的编写道路上，我们一直在努力。

本书是在 2017 年出版的第一版的基础上修订而成，可作为经管类各专业、工科有关专业本科生的应用统计学课程教材，专业学位硕士研究生的统计学类课程教材，也可供相关专业技术人员参考。

本书主要包含三部分。概率论为统计学的基础，本书系统介绍了概率论的基本理论与方法。数理统计部分，主要讲述了参数统计推断方法和非参数统计检验的拟合优度检验法，方差分析和回归分析的基本内容。社会经济统计部分主要介绍了数据的收集与分析、数据特征描述、统计指数的基本概念和编制方法、时间序列分析等。

自 2017 年本书第一版出版以来，经过 5 年左右的教学实践，积累了一些经验，另外，吸收了使用本教材的教师和广大读者的意见，修订稿是在这一基础上写就的。我们修改了第一版中的疏漏和不当之处，并对内容的选择和编排进行了较系统的优化。在经管类专业的培养目标和统计学大纲等文件指导下，在概念的描述上充分明晰实际背景和应用场景，例题和系统的选择与设计上兼顾教材各部分知识的联结，以培养学生应用统计方法解决实际问题的系统思路和逻辑。

这一版增加的内容主要有：统计部分每章的案例导入与案例解析；数据收集与分析中的统计分组与图表生成；参数估计中单侧置信限和截尾样本的参数估计方法、非参数假设检验中的列联表分析、统计控制图简介；非线性回归初步；时间序列预测模型简介；R 语言及其应用；部分例题和习题。

本书中的部分例题和习题具有实际背景，提供的解决方案可直接应用于实际问题，有些内容则为后续课程或研究提供了必要的基础。

全书共分 14 章，第 1 章、第 9～11 章由吴和成教授撰写，第 5～8 章由达高峰教授

① 《习近平：高举中国特色社会主义伟大旗帜 为全面建设社会主义现代化国家而团结奋斗——在中国共产党第二十次全国代表大会上的报告》，https://www.gov.cn/xinwen/2022-10/25/content_5721685.htm，2022 年 10 月 25 日。

撰写，第 12～13 章由虞先玉副教授撰写，第 2～3 章由胡明礼副教授撰写，第 4 章和第 14 章由吴菲副教授撰写。最后由吴和成教授负责统撰。

本书的编写得到了有关专家、学者的指导和帮助；得到了南京航空航天大学“十四五”规划教材建设基金资助；科学出版社的方小丽编审为教材的顺利出版付出了辛勤劳动。对此，一并表示感谢。

本书引用或改编了许多文献中的例题和习题，恕不一一列出，在此对相关学者表示感谢。

教材建设是一个系统工程，限于编者学识，不妥之处还请专家和读者批评指导。

编　者

2024 年 6 月

目　录

第1章 绪　论

在人们的日常生活中，有许多统计的行为。如一个家庭习惯记录每天的消费支出，并从一段时间的消费记录数据中分析食品、衣着、娱乐和交通等消费的支出结构；一个学习优秀的学生往往善于总结并发现学习中存在的问题，如错题的成因分析与归类等。在企业的生产经营管理中，一个企业要分析预测一批产品的某质量指标，如这批产品的平均规格、质量的稳定性度量指标和合格率等；生产过程中出现非良品数量的影响因素；广告费支出对销售量有无影响，如何影响等问题；超市商品的摆放位置与此商品的销售量之间有何关系；一个超市的销售额与上月相比增长了 20%，这与众多商品总的销售价格和总的销售量之间有何内在的数量关系。在宏观经济和社会问题的分析活动中，如经济增长受哪些因素影响，怎样影响；国家通过人口普查以了解人口年龄结构、学历结构、职业分布、收入在不同职业间的差异、婚姻状况等基本问题，由此，作为制定国家相关政策的重要依据。在药品研发过程中，产品的成分配比组合对药效的影响；新药临床试验针对不同人群的疗效比较；等等。这些常见的问题，实际上都与统计有关。

1.1　统计的含义

《中国大百科全书》对统计学的定义为："一门收集、分析、表述和解释数据的科学，由一套处理数据的方法和技术组成。"

此定义指出统计学的核心是收集和分析数据，但收集和分析数据的理论和方法有其科学严密的理论体系，同时，统计学解决问题的方法又有其灵活性和巧妙性，从而体现其艺术特性。收集数据是基础，分析数据的目的是探寻数据本身具有的信息，更重要的是揭示这一信息所反映的数据对应的现象具有的规律性。规律性的探索需要系统的科学理论和方法，这也是统计学不断发展的动力。

统计学是一门对数据收集、分析，并根据数据进行推断的科学。简言之，统计学是一门关于数据的科学。

统计学既然是通过分析数据中所蕴含的信息并以此为基础，借助统计理论和方法探寻这一数据所对应的现象具有的特征，那么，无疑有广泛的应用性。或者说，需要通过数据来探寻以数据为表现特征的事物本身变化的规律性，那么，统计学将在其中发挥重要作用。特别地，随着计算技术的发展，不但统计学的理论和方法得到进一步的发展与深入，而且，其应用越来越广泛，几乎涉及社会、经济和自然界的各个方面。

1.2 几个基本概念

统计学中有几个基本概念，即总体、样本、标志、指标和变量。

1.2.1 总体

总体是根据一定目的确定的所要研究的全部个体的集合。

某一型号的某批次的全部产品，某高校的全部大一新生，某地区所有的规模以上工业企业，等等。这里，某一个产品称为来自这一总体的个体，某一个新生就是该高校全部大一新生这一总体的个体，某一个规模以上工业企业就是该地区所有规模以上工业企业这一总体的个体。一般，人们只关心个体的某些属性、特征和有关指标。如型号产品的某一质量指标，大一新生的身高和体重，规模以上工业企业某年的产值，等等。这样，所研究的总体对应这一批型号产品的某一质量指标的全部取值，该高校大一新生身高取值的全部和体重取值的全部，该地区所有规模以上工业企业某年产值组成的集合。

可以看到，总体具有三个特点，即同质性、大量性和变异性。

同质性是指总体中的每个个体具有共同的特征。如一批同型号的产品，它们用同样的原材料、同样的工艺生产等，因而这些产品的质量指标很接近。同一高校的大一新生其高考成绩都满足了此高校的录取标准，因而从这一点来说，他们的区别不大。该地区所有规模以上工业企业，表示该地区的工业企业必须达到规模以上的标准方可纳入这一分析的总体中。

大量性是指总体所含个体的数量应足够大。如果只有少数几个个体构成总体，那么，我们很容易对总体有一个全面的认识，不值得系统地加以研究。事实上，少数几个个体的变化有很大的偶然性，只有大量个体形成的总体才会表现出其变化的规律性，或相对稳定的特征。如一种由新材料生产的灯管，只观测少数几个灯管的寿命我们难以发现这种新材料灯管寿命的分布规律，如一只灯管的寿命只有 50 小时，另一只为 200 小时，第三只灯管的寿命则为 80 小时。从这三只灯管的寿命我们无法评估这种新材料灯管的优良性。因为，这三只灯管的寿命到底是由随机因素还是由新材料本身的优良性决定无法判断，只有灯管的寿命数据足够多，才能从中发现一些稳定的特点，如平均寿命和个体灯管寿命间的差异。

变异性是指总体中个体之间的差异。如果个体之间无差异，那么，总体的特征由个体便可得知。事实上，个体之间的差异正是总体变异的具体表现，是诸多不确定因素综合影响的结果。这种特点是人们从随机视角研究总体的基础。另外，正是由于个体之间的这种变异性，研究总体变化规律才有意义。

总体可以分为有限总体和无限总体。有限总体即总体中含有有限个个体，反之则为无限总体。如观测某地每天的最低和最高温度，由于数据包含过去、现在和将来的数据，所以这一总体可以看成是无限总体；如全国正在使用的某一型号的灯泡，由于数量巨大，也可以将其看成无限总体；某一地区规模以上工业企业组成的总体就是一个有限总体；

某高校的大一新生组成的总体也为有限总体。

实际上，我们常常关心的是产品的某些质量特性，如灯管的寿命、零件的外径等数量指标。因此，常常将某批次某型号灯管的寿命、某批次零件的外径看成总体。这种数量化的处理是统计推断所特有的，这样可以与统计学中的随机变量这一重要概念联系起来，由此，为解决问题带来了极大方便。

1.2.2　样本

由于总体数量较大，如对总体中的每一个个体进行观测则工作量巨大或成本太高，从而显得不经济；或者根本不可能对总体中的每个个体进行观测，如一些破坏性的产品寿命试验，检测一个产品意味着这一产品失效。因此，在很多场合，并不能获取总体的数据，只能从总体中获取少量的个体进行观测以获取信息，这就是样本。

样本是按照随机的原则，从总体中抽取的若干个体组成的集合。样本中所含个体的数量叫作样本容量。样本是推断总体的基础。

某一批次的零件有 10 000 个，从中随机抽取 100 个测量其外径，这 100 个数据即为样本。人们利用这 100 个数据，对 10 000 个零件的某些质量指标进行推断分析。若要了解一个地区居民对某一政策的态度，获取该地区所有居民的态度显然不现实，只能通过调查部分居民的态度来推测该地区所有居民对这一政策的态度，所调查的居民就形成了研究这一问题的样本。

容易看到，样本获取的质量直接影响对总体推断的效果。因此，如何设计抽样方案，如何组织数据收集等都是保证推断效果的基本条件。

1.2.3　标志

标志是说明个体属性或特征的名称。一般可以分为品质标志和数量标志。

要研究一个地区规模以上工业企业的生产经营情况，那么，这一地区所有规模以上工业企业组成总体，每一个规模以上工业企业为个体。每一个工业企业的所有制性质就是一个品质标志，如国有、民营、合资等；每一个工业企业某年的总产值、年末员工数等就是数量标志。

对于数量标志，称其所取数值为标志值。

1.2.4　指标

指标是反映总体数量特征的名称。指标的数值表现称为指标值。

由定义可知指标从数量上描述总体的规模等特征。如某一地区所有规模以上工业企业某年的总产值、总利税等。

容易看到，指标值是数量标志值之和。如某地区所有规模以上工业企业某年的总产值一定是该地区每一个规模以上工业企业当年产值之和。

1.2.5 变量

总体的特征及其变化规律，表现在总体单位特征或属性的差异上，称表征这些特征或属性的名称为变量。基于这一定义，如性别、企业性质、产品等级、对事物的态度、产品的销售量、灯泡的寿命、产品的合格率等都是变量。变量的不同表现有属性值，如性别有男、女之分；企业性质有国有企业、民营企业、外资企业等；产品等级可以分为一级品、二级品等；人们的态度有赞成和反对。变量也有数值表现，如销售量为1000件，灯泡的寿命为2000小时。我们将这种数量特征看作销售量和寿命变量的变量值是自然的，而对于属性变量，在实际应用中需要数量化处理。

在统计学上有确定性变量和随机变量。产品广告费的投入、产品的定价等都可以事先确定。而由于产品的销售量不仅受广告费投入和产品定价的影响，还受诸多其他不确定因素的影响，因此，销售量就是一个不可控制的变量，或者说事先不能确定销售量到底取多少。再如由一批某型号零件外径组成的总体，这批零件的外径具有确定的分布规律。如果用某一变量表示这种型号零件外径的取值，则这个变量的取值多于一个。事实上，这个变量的值域是这批零件所有不同外径值组成的集合。另外，可以看到，这个变量以确定的百分比取到集合中的数值。

随机变量就像数学中的函数一样，是一个重要的基本概念，贯穿整个统计学的理论和方法体系中。对随机变量的正确理解是统计推断结论合理性的重要基础。

1.3 统计学的基本内容

统计学的基本内容一般可以分为描述性统计和推断性统计。

1.3.1 描述性统计

描述性统计是指如何收集、整理、分析和研究数据并提供统计资料的理论与方法，用于说明总体的情况和特征。

描述性统计对数据处理的目的是总括或描述总体的数量特征，但不涉及推断总体变化规律的问题。事实上，描述性统计分析是在数据收集的基础上，对所获得的数据进行整理，通过一些指标来度量这组数据的数量特征，或者通过对数据进行相应处理并用图表等形式来表征所获得数据的分布特征。描述性统计的特点表现为简单、明了，但能获取的信息较有限。描述性统计由于涉及数据的收集、整理与分析，所以也是一个系统的工作。特别地，数据的收集需要精心设计和周密计划，并认真实施。因此，描述性统计分析是统计分析中不可或缺的一环，具有基础性的价值。

1.3.2 推断性统计

推断性统计是指利用样本信息推断总体特征的技术和方法。

推断性统计是研究如何根据样本数据去推断总体数量特征的方法，它是在对样本数据进行描述性统计分析的基础上，对统计总体的未知数量特征做出以概率形式表述的推断。

统计推断是在对样本资料整理、分析的基础上，对总体分布参数或总体分布进行估计、预测和决策的一个过程。事实上，用以表征总体分布规律的参数一般是未知的，要评估总体的某些分布特征，需要科学的理论和方法。

1.4 统计学在经济学与管理学中的应用

对于不确定问题的分析、数据信息挖掘等科学和实践问题，统计学总在其中扮演重要角色。因此，统计学无论是在经济科学、管理科学中，还是在自然科学、工程科学和社会科学中都有着广泛的应用。统计学还与相应学科融合形成交叉学科，在相应领域发挥着重要作用。

统计学在经济学和管理学中的应用，大致可以分为以下三个方面。

1. 预测

实践中，存在经济变化趋势预测、产品市场需求预测、项目可行性分析中未来现金流的预测、项目进度预测、股票价格预测、高层次人才需求预测等问题。由于受诸多因素影响，人们预测的常常是一个不确定性变量，即统计学中的随机变量。这样就不能通过数学中函数方程求解的形式获得期望的结果，需要转化为处理不确定性的统计问题。因此，统计理论和方法在解决这些问题时具有优势。

2. 决策

选址问题、产品订货、新建项目方案选择、改扩建工程方案选择等决策问题都可以借助统计方法予以解决。一个地址在财务上是否可行，有许多影响因素，寻找这些因素并分析这些因素如何影响候选位置对项目财务指标变动的方向和程度，统计方法可在其中发挥作用。一个企业要进行改扩建项目决策，需要分析各种方案给改扩建后企业带来的收益，由于影响收益的因素众多，因此，对于不确定收益的度量需要用到统计方法。

在生产过程中的质量管理与控制中涉及的σ管理、生产控制、产品质量检验、不同生产方案效果比较、产品质量指标估计、产品可靠性评估、新药疗效评估等问题，都需要应用统计方法。事实上，评估一批不能全检产品的质量状况，判断一条生产线是处于正常状态还是失控状态，以达到在线控制产品质量的目的，需要利用可获得的少量的产品信息去判断一批产品的质量状况、生产线的运行状态。在产品交付前，评估一批产品的可靠性，也是产品质量管理的重要内容。所有这些都涉及不确定性变量的分布参数或分布的估计及检验问题，因此，统计理论与方法可以在其中发挥重要作用。

3. 评价

在生产实践、管理的各项活动中，常常遇到效果评价问题，如新方法或新工艺实施前后的效果比较、人力资源中员工的培训效果、一项政策实施前后的绩效对比、广告新战略实施前后产品市场份额的变化、顾客满意度评价、药物疗效等。由于涉及的是对一个方案或措施的实施效果的评价，而非某一阶段或某一部门实施后的效果，是不考虑在其他影响效果的因素下的仅评价方案或措施本身的实施效果，所以这是一个未知的结果，是需要根据小范围实施结果借助统计方法进行的推断问题。

只要期望通过统计数据挖掘获得有助于预测或决策的信息，并帮助人们解决预测、决策和评价等问题，都可以运用统计理论和方法。

无论预测、决策，还是效果评价，事实上都有可能犯错误，统计学在结果与这一结果的可靠程度之间有一个适当的平衡，这是一个富有启发性和令人鼓舞的思路。

这里只是从应用的角度初步归纳了统计学的应用领域，至于理论上的应用读者可参阅有关文献。

1.5 常用统计分析软件

计算技术的发展使得统计这一数据处理和分析的工具得到了空前的应用。统计分析中的常用方法一般都涉及复杂的计算，因而催生了计算工具的迅猛发展。目前，可资利用的统计分析软件有 Excel、SPSS、SAS、STATA、EViews、Minitab 和 R 等。由于 Excel 使用简单、方便，对于初等统计学的内容而言，其功能够用，故选用 Excel 作为本教材的计算分析工具，另外，在方差分析和回归分析部分，我们还给出了运用 R 语言处理的流程，以供有需要的读者参考。

当然，统计分析软件只是帮助我们解决了复杂的计算问题。对于实际问题，首要任务是根据所要解决问题的背景，构建合适的统计模型，运用针对性的统计方法，否则，可能南辕北辙。因此，对于统计理论与方法的正确和深刻理解，是运用统计方法解决理论和实践问题的基本前提。

第2章　数据的收集与分析

案例导入（人口普查）：人口普查是各国政府获取不同时期人口资料、掌握国情国力的一种最基本的调查方法。新中国成立后，我国先后于1953年、1964年、1982年、1990年、2000年、2010年和2020年进行过7次全国性的人口普查，前3次人口普查是不定期进行的，自1990年开始改为定期进行，即每10年一次，在年号末位逢“0”的年份举行。

第一次全国人口普查以1953年7月1日零时为标准时间，调查项目包括本户地址、姓名、性别、年龄、民族、与户主关系等6项。在新中国历史上第一次查清了中国人口底数。

第二次全国人口普查以1964年7月1日零时为标准时间，增加了本人成分、文化程度和职业3个调查项目。

第三次全国人口普查以1982年7月1日零时为标准时间，调查项目增加到19项，第一次使用电子计算机进行数据处理。

第四次全国人口普查以1990年7月1日零时为标准时间，登记的项目共21项，是历次人口普查调查项目最多的一次。与前三次人口普查采取的设立普查登记站的办法相比，这次人口普查改为主要采取普查员入户调查询问、当场填报的方式进行。

第五次全国人口普查以2000年11月1日零时为标准时间，普查项目增加到49项，并首次采用光电录入技术。

第六次全国人口普查以2010年11月1日零时为标准时间，调查内容包括：姓名、性别、年龄、民族、受教育程度、行业、职业、迁移流动、社会保障、婚姻、生育、死亡和住房情况等。此次普查的主要目的是查清十年来我国人口在数量、结构、分布和居住环境等方面的变化情况，为实施可持续发展战略，构建社会主义和谐社会，提供科学准确的统计信息支持。

第七次全国人口普查以2020年11月1日零时为标准时间，国务院成立了由副总理任组长的第七次全国人口普查领导小组，领导小组办公室设在国家统计局，由25个部门组成，全国乡镇、街道和县以上各级人民政府均建立普查机构；研究制定了《第七次全国人口普查方案》和7项工作实施细则，对普查内容、普查方法，以及普查各个环节的工作流程、工作任务和工作要求作了明确规定；全面采用电子化数据采集方式，由普查员使用电子设备采集，实时直接上报数据；首次对700多万普查人员实行线上集中统一管理。此次普查的主要目的是查清居住在我国31个省、自治区、直辖市和现役军人的人口的基本情况、常住人口有关数据、人口性别和年龄构成情况、人口受教育基本情况、人口城乡分布及流动情况以及接受普查登记的港澳台地区居民和外籍人员的主要数据。

2.1 数 据 类 型

数据是进行各种统计、计算、科学研究或技术设计所依据的数值，可按不同的方式分类，常见的分类方式如下。

2.1.1 按数据的计量尺度分类

1. 分类数据

分类数据是对事物进行分类的结果，以定类尺度来衡量。数据的主要特征是采用文字、数字代码和其他符号对事物进行简单分类。比如，对人口按性别、民族、行政区划和婚姻状况等做归类统计，对企业按照经济性质进行分类。使用分类数据时，各个类别只是一个名称而已，类别之间的关系不作任何的假定。在实际中，为便于计算机识别和信息传输，对于分类性质的统计数据，人们往往给每一个类别赋予数字代码。例如，男性用 1 表示，女性用 0 表示，数字代码不可直接进行数字运算。

2. 顺序数据

顺序数据，也可称为等级数据，也是对事物进行分类的结果，只是这些分类在语义上表现出明显的顺序或等级关系，以定序尺度来衡量。例如，学生的成绩分为优秀、良好、中等、及格和不及格，产品的质量分为优等品、合格品和不合格品，用户的满意程度分为很满意、满意、不满意和很不满意。顺序数据比分类数据含有的信息量更多，能够进行差别和好坏的比较，但差别和好坏的程度，仍然无法给出一个具体的评价尺度。

由于分类数据和顺序数据说明的都是事物的品质特征，通常用文字来表述，其结果均表现为类别，因此也把它们统称为定性数据或品质数据。

3. 数值型数据

数值型数据是使用自然或度量衡单位对事物进行测量的结果，其结果表现为具体数值。它说明的是现象的数量特征，通常用数值来表现，因此也称为定量数据或数量数据。例如，考试成绩用百分制来表示，人的年龄用周岁来表示，产品的产量用件、箱和吨等来表示。各个数据之间不仅可以对比大小、反映差别，还可以计算各种平均数。

数值型数据有两种衡量尺度：一是定距尺度，这种尺度的每个间隔都是相等的，只要给出一个度量单位，就可以准确地指出两个计数之间的差值。如某地区一天中的最高温度是 40 ℃，最低温度是 33 ℃，二者相差 7 ℃，这类数据可以进行有意义的加减运算；二是定比尺度，这种尺度可以准确地计量两个数值之间的倍数。如同学甲一天的消费支出为 40 元，同学乙一天的消费支出为 20 元，则同学甲比同学乙多花了一倍的钱。显然这类数据可以进行有意义的乘除运算。很多经济变量都属于这种类型，如产品产量、销售额、固定资产投资、居民收入、消费支出和银行贷款余额等。

区别这两类数据的显著特征是：用定比尺度测定的数值型数据有一个绝对固定的“零点”，“0”表示的是数值，即“没有”，如花费是“0”，则表示没有花费；而定距尺度测定数据的“0”，表示的是一种水平，比如温度为“0”，不是说没有温度，而是温度在“0”这样一个水平上。

2.1.2　按数据的时间状况分类

1. 时间序列数据

时间序列数据是在不同时间上收集到的数据，它所描述的是现象随时间变化的情况。如 1952～2016 年我国各年的人口总数，历年国内生产总值等数据都属于时间序列数据。

2. 截面数据

截面数据是在相同或近似相同的时间点上收集的数据，它描述的是现象在某一时刻或某一时间段的变化情况。如 2016 年我国各地区的人口数、各地区的国内生产总值数据等都属于截面数据。

3. 面板数据

面板数据是对若干个单位在不同时间进行重复跟踪调查所形成的数据。例如，连续 20 年收集到的若干企业工人的工资、受教育程度和就业情况的数据。

2.2　数据收集方式

数据收集，就是根据统计研究的目的，采用一定组织形式与科学方法，采集与研究问题有关的各类数据信息的工作过程。

2.2.1　数据的来源

按照获取途径不同，数据可分为原始数据和次级数据。原始数据也称为第一手资料，是反映被调查对象原始状况的资料。如原始记录、统计台账、调查问卷答案和实验结果等。次级数据也称为第二手资料，是已经存在的经他人整理分析过的资料。如期刊、报纸、广播、电视以及互联网上的资料，各级政府机构公布的资料，企业内部记录和报告等。一般在可能的情况下尽量使用第一手资料，它比第二手资料更加丰富、更加准确。第二手资料的收集成本相对较低。

一般而言，统计调查是获取数据的主要形式，收集到的主要是第一手资料；查阅文献、年鉴，运用互联网等是获取统计资料的辅助形式，收集到的主要是第二手资料。

2.2.2 统计调查方案设计

数据收集的主要形式是统计调查，它是一项复杂的工作。要搞好统计调查必须按照统计研究的目的要求，运用科学的方法，有组织、有计划地进行。为使统计调查得以顺利进行，在组织调查之前，必须首先设计一个周密、可行的调查方案。统计调查方案的设计包括以下内容。

1. 明确调查目的

明确调查目的，就是要明确统计调查要解决什么问题，为什么要进行统计调查。只有明确了调查目的，才能有的放矢，才能根据调查目的收集与之相关的资料。例如，自1953年以来，我国共进行了7次全国人口普查，其目的均不一样。2000年的第五次全国人口普查，是为了准确查清人口在数量、地域分布、结构素质和居住环境等方面的变化情况，获得社会经济、人口等方面的信息；2010年的第六次全国人口普查，是为了查清2000年以来我国人口在数量、结构、分布和居住环境等方面的变化情况，为科学制定国民经济和社会发展规划，统筹安排人民的物质和文化生活，实现可持续发展战略，构建社会主义和谐社会，提供真实准确、完整及时的人口统计信息支持。调查目的一定要表述清楚，调查对象、调查单位和调查项目的设定都取决于调查目的。

2. 确定调查对象和调查单位

调查对象和调查单位根据调查目的确定。调查对象是指需要调查研究的由许多性质相同的调查单位所组成的现象总体；调查单位是指所需要调查研究的个体，即所要调查的具体单位，它是进行调查登记的标志承担者。例如，调查目的是获取国有企业的改制状况，那么，所有的国有企业就是调查对象，而具体的每一个国有企业就是调查单位。

确定调查对象必须明确总体界限，划清调查的范围，区别应调查和不应调查的情况。例如，调查城镇居民家庭工资收入状况，首先要区分城镇居民家庭与农村居民家庭，其次要区分工资收入和其他收入。调查单位是构成调查对象的个体，是实施调查的着手点。在实际工作中，调查单位与报告单位密切相关，调查单位是调查项目的承担者，而报告单位则是负责上报调查资料的单位。两者有时一致，有时不一致。调查城镇居民家庭工资收入状况时，每一个城镇家庭既是调查单位，也是报告单位；调查国有企业机器设备的状况时，国有企业的每台机器设备是调查单位，而拥有这些机器设备的企业是报告单位。

3. 确定调查项目

调查项目就是调查中所要登记的调查单位的特征，即调查单位的标志，它由一系列品质标志和数量标志构成。调查项目所要解决的问题是，向被调查者调查什么，即需要被调查者回答什么问题。在拟定调查项目时应注意如下四个问题：①调查少而精；②需要和可能相结合；③调查项目之间应具有联系性；④有的项目可拟定为“选择式”。

列入计划的调查项目依据调查目的确定。仍以人口普查为例，第七次全国人口普查调查项目由 1990 年第四次全国人口普查的 21 项增加到 48 项，调查内容更多、更细，内容上突出人口素质、就业、住房和迁移状况。不只调查人口的自然属性，还关注人口的居住环境、文化素质和工作状况等。第七次全国人口普查的主要内容包括姓名、性别、出生年月、民族、户口登记状况、受教育程度、行业、职业、迁移流动、社会保障、婚姻、生育、身体健康状况等。普查表分为短表和长表两种，20%的户填报长表，其余的户填报短表。普查表短表共有 19 个项目，按户填报的有 7 项，按人填报的有 12 项。普查表长表共有 48 个项目，按户填报的有 19 项，按人填报的有 29 项。

4. 调查表与问卷的设计

调查表是把若干调查项目按照一定的顺序排列的表格。调查表一般有两种：一种是一览表；另一种是单一表。一览表在调查项目不多时采用，它是将许多调查单位填写在一张表上；单一表一般用于项目较多的调查，该表可容纳较多的标志，每个调查单位填写一份。利用调查表，能够有条理地收集到所需要的资料，便于资料汇总整理。

问卷调查是一种特殊的调查形式，根据调查目的，在调查对象中随机选择或有意识地确定调查单位。问卷是以书面文字或表格的形式了解被调查者的意见，被调查者可自愿、自由地回答问卷中所提出的问题。

在设计调查表和问卷时，应尽可能简明扼要，便于被调查者回答，以保证所收集资料的准确性。

5. 确定调查时间和调查期限

调查时间是指调查资料所属的时间。在统计调查中，有的资料所反映的现象是在某一时点上的状态，这时必须规定统一的时点；有的资料所反映的现象是在某一时期内发展过程的结果，这时则必须明确所要收集的资料所属时期的起止时间，即所登记的资料应是从该时期第一天到最后一天的累计数字。如我国第六次全国人口普查的调查标准时点规定为 2010 年 11 月 1 日零点，这就是调查时间；又如调查 2010 年全国钢铁产量，则调查时间为 2010 年 1 月 1 日到 12 月 31 日。调查期限是指进行调查工作的时限，即调查工作的起止时间，它包括完成收集资料和报送资料所需要的时间。为保证资料的时效性，调查时限应尽可能地缩短。例如，我国第六次全国人口普查规定的时限为：2010 年 11 月 1 日至 11 月 10 日登记完毕，则调查时限为 10 天。

6. 制订调查的组织实施计划

制订严密细致的实施计划，是统计调查得以顺利进行的必要保证。调查的组织实施计划内容包括：建立调查机构，组织与培训调查人员，确定调查步骤，明确调查方式、方法及调查地点，落实调查经费与经费使用计划，确定调查资料的报送方法和公布调查结果的时间等。

2.2.3 统计调查的组织方式

1. 统计报表制度

统计报表制度是指依照国家统计局或国家各行政管理部门的规定，自上而下统一布置，以一定的原始记录为依据，按照统一的表式、统一的指标项目、统一的报送时间与报送程序，自下而上逐级定期提供基本统计资料的一种调查方式。

2. 普查

普查是对调查对象的全部调查单位逐一进行的调查。其特点是一次性调查，是专门组织的全面调查，即主要用来调查一定时点上的现象总量。普查是全面、系统地掌握国情国力等重要统计数据的主要方法之一。由于普查涉及面广、耗费人财物多、组织工作繁重，因此只能按一定周期进行。普查的具体方式主要是通过专门组织的普查机构自上而下地对被调查单位直接进行登记。

各个国家对普查都给予充分的重视，甚至把普查看作仅次于战争的“运动”。西方国家几乎没有统计报表制度，所以全面资料依靠普查获得。美国有专门的普查局负责各类普查，并有专门的网页提供相关信息与资料。

3. 抽样调查

抽样调查是一种非全面调查，它是在全部调查单位中抽取一部分单位作为样本进行调查，再根据调查结果反映总体状态的一种调查方法。广义的抽样调查包括非随机抽样与随机抽样。

非随机抽样是调查者根据自己的主观愿望选取样本的方法，也可称为非概率抽样或不等概率抽样，如下面提到的重点调查和典型调查。非随机抽样的目的是通过了解一部分个体的情况而获取总体的信息，由于非随机抽样无法计算误差，所以也就无法作统计推断。

一般提到的“抽样调查”主要是指随机抽样，其基本特征为：一是样本单位按随机原则抽取，这就排除了主观因素对选择的影响；二是对所抽得的样本进行调查，取得数据，并据此推断总体特征。

抽样调查的组织方式主要有以下五种。

（1）简单随机抽样，又叫纯随机抽样，是最简单、最普遍的抽样组织方法。它是按照随机性原则直接从总体的所有单位中，抽取若干个单位作为样本，保证总体中每个单位在抽选中都有同等被抽中的机会。随机抽选样本单位的方法有：抽签法、随机数字表法和用计算机软件中的随机函数产生随机数。

（2）分层抽样，又叫类型抽样，它是先将总体各单位按某一有关标志分成若干个类型组，然后按照一定比例从各类型组中随机抽取样本单位。在抽样调查实践中，往往在设计抽样方案之前，要对所要研究的总体构成已经有一些了解。如已知调查单位分属于不同类型的子总体或已知与调查项目相关的一些信息，此时，应该利用这种事先获得的信息，采用分层抽样进行取样，以提高抽样推断的精度。如在职工家庭生活调查中，可先将全部职工按部门分为工业、商业、文教和卫生等部门，然后再从这些部门中按一定比例抽选调查单位。采用这种抽样方法可以提高样本的代表性，减少抽样误差。对于那些总体情况复杂、各单位之间差异较大、单位数量较多的抽样调查问题，一般都可以采用分层抽样的方法进行抽样调查。

（3）系统抽样，又叫等距抽样或机械抽样。它是先把总体所有单位按某一标志排队，并根据总体单位数 N 与样本容量 n 的比例计算出抽样间隔，随机确定一个起始点作为第一个调查单位，以后每隔相等的间隔抽取下一个调查单位。

在排队时所采用的标志，可以是与调查项目有关的，也可以是与调查项目无关的，前者称为有关标志排队法，后者称为无关标志排队法。例如，对某校学生学习情况进行调查，若按姓氏笔画排队就是无关标志排队，若按入学考试分数排队就是有关标志排队。显然按有关标志排队进行抽样所得到的样本的代表性好于按无关标志排队的样本，其相应的抽样误差也会比较小。

在实际进行抽样时必须注意到，系统抽样中在排定顺序，且第一个样本单位的位置确定后，其余单位的位置也就随之确定。因此，要避免抽样间隔和现象本身的周期性节奏相重合引起系统性的影响，如工业产品质量抽查，产品抽查时间间隔不宜和上下班时间一致，防止发生系统性偏差。

（4）整群抽样，是将总体所有单位划分为若干个群，然后以群为单位从中随机抽取部分群，对抽中的群内所有单位进行全面调查的抽样组织形式。如调查某县小学教育情况，可以从该县随机抽取若干个小学，然后对抽中的小学进行全面调查。整群抽样与前面三种抽样组织方法相比，抽样单位扩大了，即抽取的基本单位不再是个体而是群。用该种方法可以有效地降低抽样的组织成本。

（5）多阶段抽样，是将总体分成若干小的群体，但并不在每一小的群体中抽取一个样本，而是将这些小群体称为第一阶抽样单元，将它们看作个体进行抽样，然后，再对抽中的第一阶抽样单元中的个体抽样，这样的抽样可以是不止二阶而是多阶的，先抽第一阶抽样单元，再在第一阶抽样单元中抽第二阶抽样单元，再在第二阶抽样单元中抽第三阶抽样单元，如此直至最基层的个体。当总体中个体数量太大，或由于其他技术上的原因，无法直接对个体编号时，可以采用多阶段抽样，先按第一阶抽样单元编号，抽取若干个，再在抽得的第一阶抽样单元内编号，抽取下一级单元。多阶段抽样会使现场观测的样本单元比较集中，有利于节省调查费用。

抽样调查是政府统计工作和市场调查中普遍采用的方法，《中华人民共和国统计法》中明确规定：搜集、整理统计资料，应当以周期性普查为基础，以经常性抽样调查为主体，综合运用全面调查、重点调查等方法，并充分利用行政记录等资料。另外，抽样时会用不同的方式：重复抽样和不重复抽样。

（1）重复抽样，是指每次从总体中抽取一个样品单位，检验后重新放回总体，参加下次抽样。

（2）不重复抽样，是指每次从总体中抽取一个样品单位，检验后不再放回总体，这样下次抽样时不会再次抽到已抽中过的样品单位，因此每个样品单位在各次抽样中被抽中的概率不同。

如果从总体 $N=1000$ 中抽取样本 $n=30$，实际的做法往往是，直接从 1000 中一次性随机抽取 100 个，这就是不重复抽样。一个样品单位至多只能被抽中一次，因而其代表性要好于重复抽样。

4. 重点调查

重点调查是指在调查对象中，选择一部分重点调查单位收集统计资料的一种非全面调查。重点调查单位，是指这些被调查的总体单位数目不多，所占比例不大，但其调查的标志值却在总量中占有很大比例，在总体中具有举足轻重的作用。通过对这部分重点单位的调查，可以从数量上说明总体在该标志总量方面的基本情况。当调查任务只要求掌握基本情况，而部分单位又能比较集中地反映所要研究的问题时，采用重点调查较为适宜。比如，对钢铁行业的调查，由于大型的钢铁企业为数不多，但产出量却很大，因此可以通过对少数企业的调查，来掌握整个行业的大致情况。

5. 典型调查

典型调查是指根据调查目的，在对所研究现象全面分析的基础上，有意识地选择有代表性的典型单位进行深入细致的调查，以便认识事物的本质与发展变化规律的一种非全面调查方法。典型单位，是指那些能充分、集中地体现调查对象总体某些方面共性特征的最有代表性的单位。

典型调查方式有两种：一是“解剖麻雀”式调查，它在调查对象总体单位之间差异较小时适用。这时，只选择个别典型单位进行深入细致的调查，以便通过对典型单位特征的认识来找出同类事物的一般情况及其发展变化规律。二是“划类选典”式调查，它在调查对象总体各单位之间差异较大时适用。这时，先对调查对象总体进行分类，然后从各类中选择少数具有代表性的典型单位进行深入细致的调查，以便找出事物的发展变化规律并以此对调查对象总体进行推断估计。

各种统计资料收集的组织方式，可以根据统计任务与要求灵活选用。

2.2.4 统计调查方法

1. 现场观察法

现场观察法，是指观察者带有明确目的到观察现场，借助人的视觉、听觉或者录音录像设备，对调查对象进行直接观察而获得信息资料的一种收集方法，又称为直接观察法。优点在于能够保证所收集资料的准确性；缺点在于观察成本较大（耗用较多的人力、物力、财力和时间），由于观察者认识事物的能力不同，并带有主观见解，其结果往往因人而异。采用该种方法则应遵循客观性、全方位性、深入性、持久性以及遵守纪律与道德等原则。

2. 报告法

报告法亦称通信法。这种方法是被调查者根据统计报表的格式要求，按照隶属关系，逐级向有关部门上报统计资料的一种调查方法。这种方法是根据《中华人民共和国统计法》的规定，要求各地区、各部门、各单位必须对国家履行的一种义务。现行统计报表制度采用的就是这种方法。

3. 问卷法

问卷法，是指资料收集者运用统一设计的问卷向被调查者了解情况、征询意见的资料收集方法。优点在于省时、省钱和省力，所得资料便于定量处理与分析，可以避免主观偏见、减少误差，具有很好的匿名性；缺点在于回收率以及资料的质量均难以保证。运用此法设计问卷时，应注意：所提问题要简短、准确，避免复重提问，提问应避免带有倾向性和诱导性，更不要直接提出具有敏感性或威胁性的问题。

4. 访谈法

访谈法，是指有目的、有计划和有方向地运用口头交谈方式向被调查者了解问题的一种统计资料收集方法。它的基本性质是具有显著的目的性、计划性与方向性。该种方法的优点在于被调查对象的回答率大大高于问卷法，适应性强，调查内容机动性大，访谈者对资料收集过程可进行有效控制；缺点在于访谈成本大，匿名性差，访谈结果与访谈人员的素质、能力及其现场表现直接相关。

5. 实验采集法

实验采集法，是指资料收集者通过实验对比获取统计资料的一种方法。一般做法是从影响问题的诸多因素中选出若干个因素，在一定的实验条件下观察其反应，然后对实验结果进行对比分析，并确定是否大规模推广。

实验采集法的应用范围较广。如在改变某一商品的品种、价格、包装和广告等任何因素时，均可采用此方法。一般先作小规模的试验性改变，以观察顾客的各种反应。具体的试验方法有试用、试穿、试听和现场表演等。利用该种方法可以取得较为正确的原始资料，但其成本高、研究时间长。

2.3 数据分组

数据的整理，是根据统计研究的目的，对所收集的大量、零星分散的原始资料进行科学加工与综合，使之系统化、条理化和科学化，为统计分析提供反映事物总体综合特征资料的工作过程。其一般程序是：数据的审定、数据的分组、数据的汇总、编制统计表、绘制统计图，其核心是分组。

2.3.1 数据的审定

调查资料的审定目的，就是要保证资料的准确性，尽可能缩小调查误差。调查误差指经过调查所获得的统计数值与被调查对象实际数值之间的差别。调查误差有两种：一种是登记误差；另一种是代表性误差。登记误差由调查过程中各有关工作环节的失误造成。例如，调查方案中有关规定或解释不清楚而产生歧义，或计算错误、抄录错误，或汇总错误以及不真实填报等。代表性误差是由非全面调查只观察总体一部分单位，这部分单位不能完全反映总体性质而产生的误差。

审定就是对调查资料的准确性、完整性和及时性进行检查。审定可以采用计算机审定，也可以采用人工审定。

2.3.2 数据分组概述

1. 数据分组的概念

数据分组，是指根据统计总体内在的特征与统计研究的任务需要，将统计总体按照一定的标志划分为若干组成部分的一种统计方法。

2. 数据分组的目的

数据分组的目的是把同质总体中具有不同性质的单位分开，把性质相同的单位合并在一起，保持各组内数据的一致性和各组之间数据的差异性，以便进一步调查研究对象的数量表现与数量关系，进而正确认识调查对象的本质及其规律性。例如，在我国人口普查中，作为个体的每个人，在年龄、性别、民族、文化程度以及居住地等诸多调查标志上不完全相同。为反映我国人口总体内部的差异，就需要按照不同的标志对全国人口进行分组。如，按性别可分为男、女两组，按年龄、民族可划分为若干组。这有助于对我国人口的性别、年龄、民族等各方面的结构及其比例关系的认识。

3. 数据分组的作用

一是区分总体类型。现象的类型多种多样，不同类型的现象存在本质差别，通过数据分组可以把不同类型的现象区别开来。二是反映总体的内部结构。通过数据分组，统计总体被划分为若干组成部分，计算各组成部分的总量在总体总量中所占的比例，即可反映总体结构特征与总体结构类型。三是可以分析总体在数量现象之间的依存关系。现象之间总是相互联系、相互依存和相互制约的，数据分组就是要在现象的各种错综复杂的联系中，找出内在的联系和数量关系。具体做法是可将一个可变标志（自变量）作为分组标志，来观察另一个标志（因变量）相应的变动状况。

4. 数据分组的原则

保证分组的科学性，要遵循“穷尽原则”和“互斥原则”。“穷尽原则”是指各分组的空间必须容纳所有个体单位，即总体中的每一个个体都必须有组的归属。如劳动者按文化程度分组，若只分为小学、中学和大学三组，那么，未上过小学的以及大学以上文化程度的劳动者就无组可归。这种分组未做到“穷尽”。“互斥原则”是指在特定的分组标志下，总体中的任何一个单位不能同时归属于几个组，而只能归属于某一组。把鞋子分为男鞋、女鞋、童鞋三类，就不符合互斥原则，因为童鞋也有男鞋与女鞋之分。

5. 数据分组的种类

数据分组按照不同的标志进行，分组标志则是进行分组的标准和依据。因此，分组标志能否正确地选择，将关系到分组的科学性。为此，必须根据统计研究的目的和任务来选择分组标志；必须在若干个可以选择的标志中，选择最能反映事物本质特征的标志作为分组标志。

按分组标志的多少，可分为简单分组与复合分组。简单分组是按照一个分组标志对所研究的对象进行分组，如人口按性别分为男、女两组。复合分组是按照两个或两个以上的分组标志对所研究的对象进行分组。这种分组，先按一个分组标志对所研究对象进行分组，然后再按第二个分组标志进一步分组，再次层叠地按第三个分组标志分成更小的组。表 2.1 为对某工厂员工进行的复合分组。

表 2.1 某工厂员工的复合分组

<table>
<tr><th>第一标志（车间）</th><th>第二标志（年龄）</th><th>第三标志（性别）</th></tr>
<tr><td rowspan="4">第一车间</td><td rowspan="2">35 岁及以上</td><td>男</td></tr>
<tr><td>女</td></tr>
<tr><td rowspan="2">35 岁以下</td><td>男</td></tr>
<tr><td>女</td></tr>
<tr><td rowspan="4">第二车间</td><td rowspan="2">35 岁及以上</td><td>男</td></tr>
<tr><td>女</td></tr>
<tr><td rowspan="2">35 岁以下</td><td>男</td></tr>
<tr><td>女</td></tr>
</table>

按分组标志性质不同，分为品质分组和数量分组。品质分组就是选择反映事物属性差异的品质标志进行分组，并在品质标志变异的范围内划分各组的性质界限，把总体分为若干性质不同的组成部分。数量分组就是选择反映事物数量差异的数量标志进行分组，并在数量标志的变异范围内划定各组的数量界限，把总体划分为若干性质不同的组成部分。

进行分组后，统计每组所拥有的次数，再将其列成表格，就形成了次数分布。

2.3.3 次数分布

1. 次数分布数列及其种类

1）次数分布数列的概念

通过统计分组，把总体全部单位按组归类整理，将其按一定顺序加以排列，形成总体中每一个单位在各组间的分布，称为次数分布。分布在各组中的总体单位数叫作次数，亦称频数；次数与总次数的比值叫作比率，亦称频率。把各组的频数或频率按照一定顺序排列而成的数列，称为次数分布数列，简称分布数列。次数分布数列是统计整理的结果，是进行统计描述和统计分析的重要方法。

2）次数分布数列的种类

由于分组标志不同，次数分布数列可分为两种：按照品质标志进行分组形成品质数列，它用来反映不同属性的各组次数在总体中的分布状况，由各组名称、各组频数或频率组成；按照数量标志进行分组形成变量数列，它用来反映不同变量值的各组次数在总体中的分布状况，由各组变量值和各组次数组成。

2. 品质数列的编制

品质数列次数分布就是按品质标志分组所形成的次数分布。它有两个构成要素：一是组的名称；二是各组的单位数。有时也会计算比率，以反映数据的结构。表 2.2 展示的某企业人口按性别分组的情况是一个品质数列次数分布。

表 2.2 某企业人口按性别分组的情况

性别	人数/人	占总人数比例/%
男	512	54.47
女	428	45.53
合计	940	100

3. 变量数列的编制

由于数列中每组变量值的多少及取值范围不同，变量分布数列可分为单项数列和组距数列两种。

单项数列就是每一个组只有一个变量值的数列，它是按变量值大小顺序排列的。单项数列在变量值不多以及变量值变动幅度不大时运用，一般有多少个不同的变量值就分为多少个组。

组距数列是把变量取值范围划分成若干区间，以一段变动区间为一个组的数列，即组距数列中的每个组由一个变量值的区间表示。组距数列在变量值个数较多、变量值变动幅度较大时运用。

变量数列的编制，主要是组距数列的编制。在编制过程中，一定要处理好如下几个问题。

1）组数与组距

组距数列是用变量值变动的一定范围代表一个组，每个组的最大值为组的上限，最小值为组的下限。每个组的上限与下限间的距离称为组距。编制时，先要找全距（R），即全部变量的最大值与最小值的距离；然后确定组数（m），实际工作中，主要凭经验确定，也可按不同的组数进行试验，比较其次数分布表，看哪一个能够更好地显示分组数据的特征，另外有一个经验公式——“斯特奇斯规则”［$m = 1 + 3.322 \times \lg N$（$N$ 为总次数）］，可以帮助确定组数；组数与组距（i）的关系是：$i = R/m$，两者成反比变化。

根据各组距是否相等分等距数列和异距数列，编制何种应根据统计研究的目的来确定。采用等距分组的目的是直接比较各组次数分布或分析对比各组的指标，采用异距分组的目的是从数量上区分性质不同的总体。组距数列中还可以区分闭口数列与开口数列：闭口数列是指首末两组的上、下限齐全的数列，开口数列是指首组组距缺下限或末组组距缺上限的数列。

2）组限和组中值

组限的表示方法，应根据所研究现象的性质而定，并要注意如下几点。第一，第一组（最小组）的下限不能大于最小变量值；最末一组（最大组）的上限不得小于最大变量值；使同质的总体单位在同一组内，而使标志值在各组的变动能够反映事物质的变化。第二，组限应是引起事物质变的数量界限，并有利于表现总体分布的规律性。第三，分组变量可分为离散变量与连续变量，它们的组限表示方法也不同。在划分离散变量的组限时，相邻组的组限可以间断，而在划分连续变量的组限时，相邻组的组限必须重叠；统计次数时，一般应遵循“上组限不在内”的原则。这是因为，在对连续变量分组时，每一组的上限同时又是下一组的下限，即相邻两组的上限与下限用同一数值表示。为了避免计算的混乱，一般是把达到上限数值的单位数计入下一组内。

组数、组距和组限确定后，把全部的变量值归类列入各组，并按顺序排列，形成变量数列。

在统计分析中，通常会以组中值来代表各组标志值的平均水平。当各组标志值均匀分布时，组中值对于各组标志值平均水平的代表性就高。组中值，就是组的上下限之间的中点数值，计算公式为：闭口组的组中值 = (上限 + 下限) / 2；缺下限的开口组组中值 = 上限 − 邻组组距 / 2；缺上限的开口组组中值 = 下限 + 邻组组距 / 2。

例 2.1　某电脑公司 2023 年前 4 个月每天的销售量数据（单位：台）如下，编制次数分布表。

234	159	187	155	172	183	182	177	163	158	143	198	141	167	194
225	177	189	196	203	187	160	214	168	173	178	184	209	176	188
161	152	149	211	196	234	185	189	196	206	150	161	178	168	174
153	186	190	160	171	228	162	223	170	165	179	186	175	197	208
153	163	218	180	175	144	178	191	197	192	166	196	179	171	233
179	187	173	174	210	154	164	215	233	175	188	237	194	198	168
174	226	180	172	190	172	187	189	200	211	156	165	175	210	207
181	205	195	201	172	203	165	196	172	176	182	188	195	202	213

解：第一步，先将 120 个数据排序，找出最大值 237 和最小值 141，这个数列的全距 $R = 237 - 141 = 96$（台）。

第二步，根据斯特奇斯规则确定组数：$m = 1 + 3.322 \times \lg 120 = 7.91 \approx 8$。根据以上计算结果，即应分为 8 组。当然这只是个经验公式，实际应用中，可根据数据的多少和特点及分析的要求，参考这一标准灵活确定组数。这里由于数据较多，可分为 10 组。再根据组数与组距的关系确定组距：$i = R/m = 96/10 = 9.6 \approx 10$（台）。

注意：在用经验公式计算 m 和 i 时，计算结果的取舍，不采用四舍五入法，而采用舍去进一法，即只要有小数，就把小数舍去，并在整数位上加 1。这种做法保证次数分布表有足够宽的覆盖区间。另外，一般说来组距宜取整百、整十，起始组的下限也宜取整百、整十，这样看起来比较整齐。当然，有些数据本身有特殊或固定的分组要求，如学生成绩如果出现“54～62”（分）这样一组，则将不同性质的学生混在了一起，在这组里既有成绩不合格的学生，又有成绩合格的学生，这样的分组就不合适。

第三步，根据所定组数和组距确定组限。第一组下限定为 140，第一组上限则为 150（即 140 + 10）；第二组组限就是第一组上限，第二组上限为 160；……以此类推，第十组下限是 230，其上限则为 240。这样共有 10 个下限和 10 个上限。由于有重合值，故只有 11 个组限值。

第四步，进行归组，即将各个变量值归入相应的组中，比如 203 归入第七组（200～210）；187 归入第五组（180～190）；……以此类推。最后形成的某电脑公司销售量的次数分布数列如表 2.3 所示。

表 2.3　某电脑公司销售量的次数分布表（一）

销售量 x/台	频数 f
140～150	4
150～160	9
160～170	16
170～180	27
180～190	20
190～200	17
200～210	10
210～220	8
220～230	4
230～240	5
合计	120

3）次数分布表

表 2.3 是一个最简单的次数分布表，可以对简单表中的数据进行计算汇总，得到一个内容更加丰富的次数分布表，见表 2.4。

表 2.4 某电脑公司销售量的次数分布表（二）

销售量 x/台	频数 f	频率/%	向上累计		向下累计	
			频数	频率/%	频数	频率/%
140～150	4	3.33	4	3.33	120	100
150～160	9	7.50	13	10.83	116	96.67
160～170	16	13.33	29	24.16	107	89.17
170～180	27	22.50	56	46.66	91	75.84
180～190	20	16.67	76	63.33	64	53.34
190～200	17	14.17	93	77.50	44	36.67
200～210	10	8.33	103	85.83	27	22.50
210～220	8	6.67	111	92.50	17	14.17
220～230	4	3.33	115	95.83	9	7.50
230～240	5	4.17	120	100	5	4.17
合计	120	100				

将各组的频数除以总次数，得到频率，用以代表各组次数占总次数的比率。如4/120＝3.33%，则表示销售量在140～150台的天数占总数的3.33%。

向上累计有时又称“较小制累计”，它表示的是低于某分组上限的频数与频率，如销售量在180台以下的有56天，占总数的46.66%；向下累计有时又称“较大制累计”，它表示的是高于某分组下限的频数与频率，如销售量在180台及以上的有64天，占总数的53.34%。

2.4 统计表与统计图及其制作方法

统计资料整理的结果可用不同的形式表现，其中统计表和统计图是表现统计资料常用的形式。

2.4.1 统计表

统计表是应用最广泛、最普遍的一种表现形式，统计表有广义和狭义之分。广义的统计表包括统计工作各阶段所用的一切表格；狭义的统计表是表现统计整理结果的表格，即通常所说的统计表。

1. 统计表的结构

从形式上看，统计表的结构由表题、横行标题、纵栏标题和指标数值等要素构成，统计表结构的一般形式如图2.1所示。

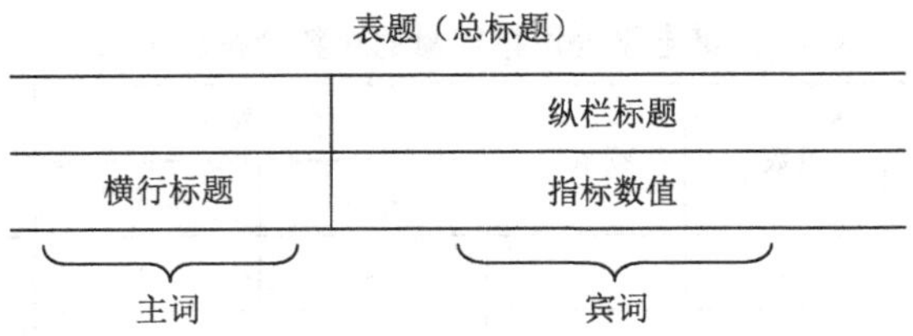

图 2.1　统计表结构的一般形式

1）表题

表题也叫总标题，简明扼要地说明全表的内容，一般放在表的正上方。

2）横行标题

横行标题也叫分标题，一般放在横行的左边，用以说明总体各组成单位的名称，因此亦称为主词。

3）纵栏标题

纵栏标题一般放在表格右边的上端，用以说明总体各组的指标，因此亦称为宾词。

4）指标数值

指标数值列在各横行标题与各纵栏标题的交叉处，统计表中任何一个数字的内容由横行标题和纵栏标题所限定。

此外，还应有必要的附注来注明资料来源。2018 年末全国交通运输、仓储和邮政业企业法人单位和从业人员如表 2.5 所示。

表 2.5　2018 年末全国交通运输、仓储和邮政业企业法人单位和从业人员

项目	企业法人单位/万个	从业人员/万人
合计	57.0	1396.7
铁路运输业	0.03	193.1
道路运输业	36.1	725.3
水上运输业	1.3	51.3
航空运输业	0.3	62.1
管道运输业	0.03	3.1
多式联运和运输代理业	9.6	100.5
装卸搬运和仓储业	7.1	117.7
邮政业	2.6	143.7

资料来源：国家统计局网站

注：表中数据计算存在误差，是四舍五入修约所致

2. 统计表的种类

按照统计表的主词是否分组和分组的程度，分为简单表、分组表和复合表三种。

1）简单表

简单表是统计表的主词未经任何分组的统计表。

2）分组表

分组表指统计表的主词按某一标志进行分组，如表 2.6～表 2.7 所示。利用分组表可以揭示不同类型现象的特征，说明现象内部的结构，分析现象之间的相互关系等。

表 2.6 某高校职工人数统计表（一）

按年龄分组	职工人数/人
40 岁以上	337
40 岁及以下	361
合计	698

表 2.7 某高校职工人数统计表（二）

按职称分组	职工人数/人
教授	129
副教授	248
讲师	285
助教	36
合计	698

3）复合表

复合表指统计表的主词按两个或两个以上标志进行复合分组，如表 2.8 所示。复合表把几个标志结合起来，能更深入地分析比较复杂的社会现象。

表 2.8 某公司职工人数统计表

按性别分组	按年龄分组					合计
	25 岁以下	25～30 岁	30～35 岁	35～40 岁	40 岁及以上	
男	84	93	31	29	8	245
女	65	63	18	7	4	157
合计	149	156	49	36	12	402

2.4.2 统计图

数据的图形表示能以直观的方式揭示频数（率）分布的基本特性，可以将复杂的数据用生动的图形表现出来，以下介绍几种常见的统计图，这些图形多数可以在 SPSS、Excel 等软件包中找到。

1. 条形图

条形图（bar chart）常用于描述离散型数据的情况，是我们经常见到的一种图形，它是用宽度相等而高度为频数（率）的条形来表示各类数据的大小。绘制时，各类别可以放在纵轴，称为条形图，也可以放在横轴，称为柱形图。

例 2.2 据统计，2023 年 3 月～12 月我国汽车产量累计值如表 2.9 所示，试绘制条形图。

表 2.9 2023 年 3 月～12 月我国汽车产量累计值

月份	汽车产量/万辆
2023 年 3 月	625.7
2023 年 4 月	824.7
2023 年 5 月	1053.9
2023 年 6 月	1310.3
2023 年 7 月	1540.8
2023 年 8 月	1792.0
2023 年 9 月	2090.5
2023 年 10 月	2366.3
2023 年 11 月	2666.1
2023 年 12 月	3011.3

资料来源：国家统计局网站

解： 由表 2.9 中的数据，应用 Excel 软件中的“图表”功能绘制的条形图如图 2.2 所示。

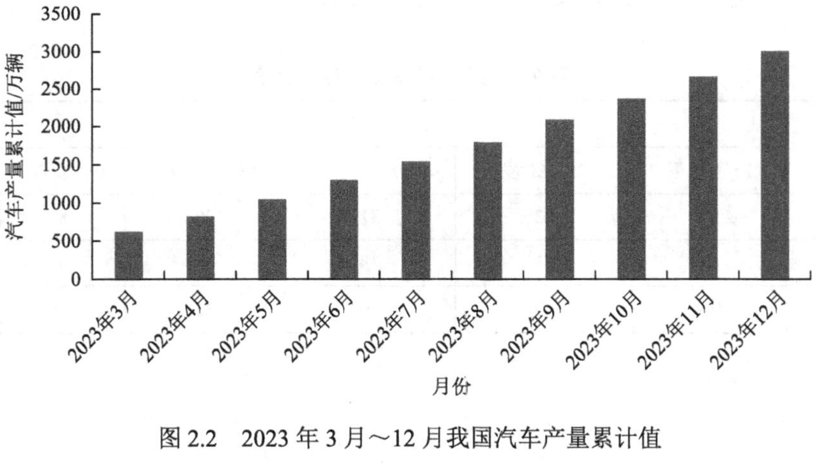

图 2.2 2023 年 3 月～12 月我国汽车产量累计值

2. 直方图

直方图（histogram）表征数据的频数分布特征，它与条形图在形式上有类似之处，都是用条形来表示数据特征，但直方图中的条形之间没有间隔。绘制定量数据的直方图时，各个类就是实轴上一系列相互连接的区间，即一个区间的类上界就是下一个区间的类下界。

例 2.3　某连锁企业 2013 年各分公司完成的销售计划情况如下。

88%	103%	124%	113%	65%	106%	150%	136%	128%	125%
92%	121%	71%	116%	131%	111%	137%	153%	147%	144%
124%	96%	109%	109%	76%	130%	158%	139%	100%	140%

销售计划完成程度的变量分布数列如表 2.10 所示，试绘制直方图。

表 2.10　销售计划完成程度的变量分布数列

分组名	按销售计划完成程度分组	企业数/个
0	60%～80%	3
1	80%～100%	3
2	100%～120%	8
3	120%～140%	10
4	140%～160%	6

解： 应用统计软件绘制的销售计划完成程度直方图，如图 2.3 所示。

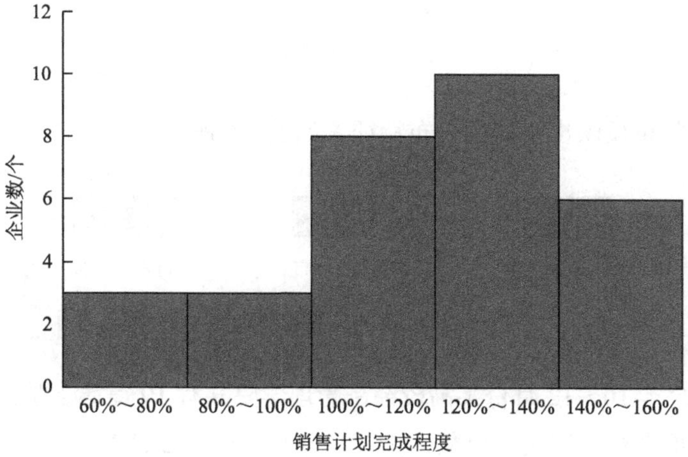

图 2.3　销售计划完成程度直方图

3. 饼图

饼图（pie chart）经常用来表示各成分在总体中所占的百分比。

例 2.4　某课题组为科学评价某高校学科建设项目的绩效，对构建的学科建设项目绩效评估指标权重进行问卷调查，累计发放问卷调查表 243 份，回收有效问卷 223 份，其中，教授占 65%，研究员占 1%，副教授占 12%，副研究员占 1%，讲师占 20%，助教占 1%，试绘制出调查样本的职称分布饼图。

解： 应用 Excel“插入”→“图表”→“饼图”绘制学科建设项目绩效评估指标权重问卷调查样本职称分布饼图，如图 2.4 所示。

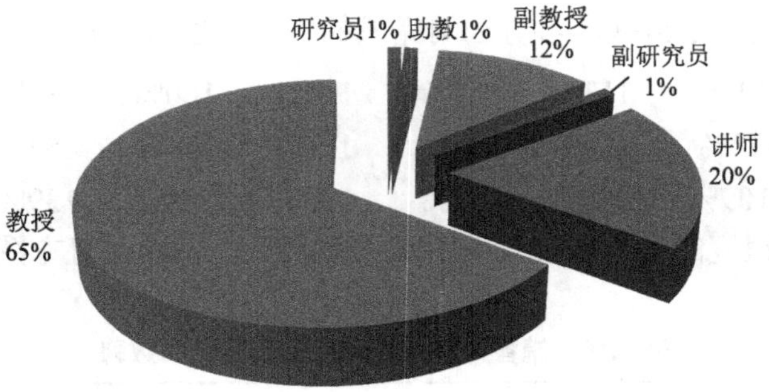

图 2.4　学科建设项目绩效评估指标权重问卷调查样本职称分布饼图

4. 箱形图

箱形图（boxplot）是由一组数据的最大值、最小值、中位数和两个四分位数这 5 个特征值绘制的一个箱子和两条线段的图形，如图 2.5 所示。这种直观的箱形图不仅能反映出一组数据的分布特征，而且还可以进行多组数据的分析比较。

图 2.5　简单箱形图

不同箱形形状可反映出不同的分布特征，如图 2.6 所示。

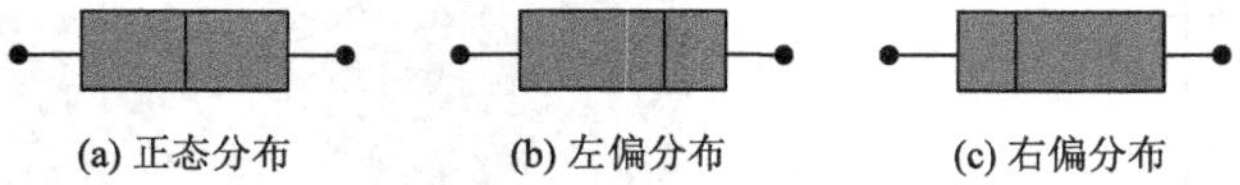

图 2.6　不同分布的箱形图

例 2.5　2023 年 10～12 月份某高校经济管理学院共有 10 篇博士学位论文需要评审，分别聘请该领域的 8 位专家进行审稿，论文得分数据如表 2.11 所示。

表 2.11　博士学位论文得分数据

论文编号	得分/分							
	1	2	3	4	5	6	7	8
D1	93	95	94	93	94	96	95	94
D2	91	94	90	93	90	92	92	91
D3	91	93	92	88	89	91	93	90
D4	89	87	88	89	91	89	90	92
D5	90	89	89	88	90	91	90	89
D6	87	85	84	87	88	87	82	88

续表

论文编号	得分/分							
	1	2	3	4	5	6	7	8
D7	91	91	90	89	92	90	89	88
D8	89	89	88	91	88	89	92	90
D9	96	95	95	97	94	93	95	92
D10	83	84	86	87	88	84	86	81

解：应用统计软件绘制的 10 篇博士学位论文得分情况的箱形图，如图 2.7 所示。

由图 2.7 可以看出，在 10 篇博士学位论文中，编号为 D1、D9 的平均得分较高，编号为 D6、D10 的平均得分较低；从专家评分的离散程度来看，专家对编号 D1、D5 的评分较集中，且 D5 呈正态分布；在所有的博士学位论文评审中，D5 的评分离散程度最小，D3、D6、D10 的评分离散程度较大。

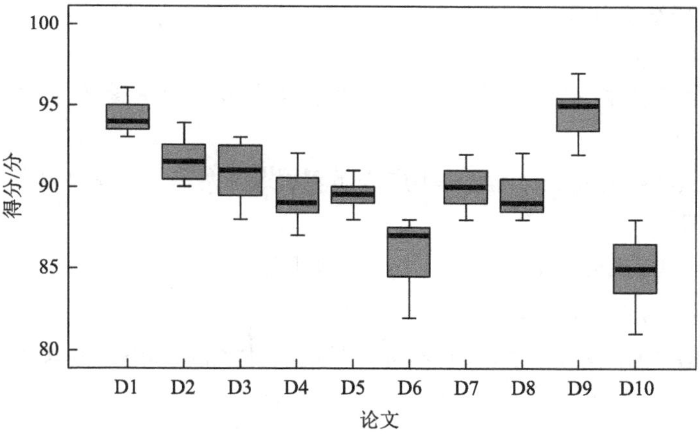

图 2.7　10 篇博士学位论文得分的箱形图

虽然统计图生动、形象、简单易懂，但如果绘制不当，就容易产生错觉。常见的统计图绘制错误有：指标选择不合适，绘图时不够科学规范，坐标轴刻度的选取不当等。绘制统计图时要满足指标选取适当、尺寸比例准确、图形简洁美观、标题定义简明扼要等基本要求。

2.5　应用举例

为研究某城市广告市场的状况，一家广告公司随机抽取 200 人就广告问题做了问卷调查，其中一个问题是：“您最关心下列哪一类广告？”①商业广告；②服务广告；③金融广告；④房地产广告；⑤招商招聘广告；⑥其他广告。

这里的变量就是“广告类型”，不同类型的广告就是变量值。调查数据经分类整理后形成频数分布表（表 2.12），生成的广告类型饼图与条形图见图 2.8 和图 2.9。

表 2.12　某城市居民关注广告类型的频数分布表

广告类型	人数/人	比例	频率/%
商业广告	112	0.560	56.0
服务广告	51	0.255	25.5
金融广告	9	0.045	4.5
房地产广告	16	0.080	8.0
招商招聘广告	10	0.050	5.0
其他广告	2	0.010	1.0
合计	200	1	100

R 程序与运行结果如下：

```
x=c(112,51,9,16,10,2);
namex=c("商业广告","服务广告","金融广告","房地产广告","招商招聘广告","其他广告");
pie(x,labels=namex,main="广告类型饼图");        #绘制饼图
#绘制条形图
width=c(4,4,4,4,4,4);          #边框宽度
space=c(1,1,1,1,1,1);          #边框间距
barplot(x,names.arg=namex,width=width,space=space,main="广告类型条形图");
```

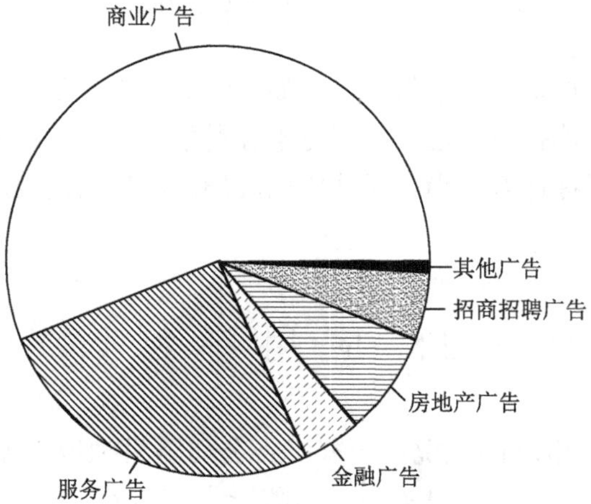

图 2.8　广告类型饼图

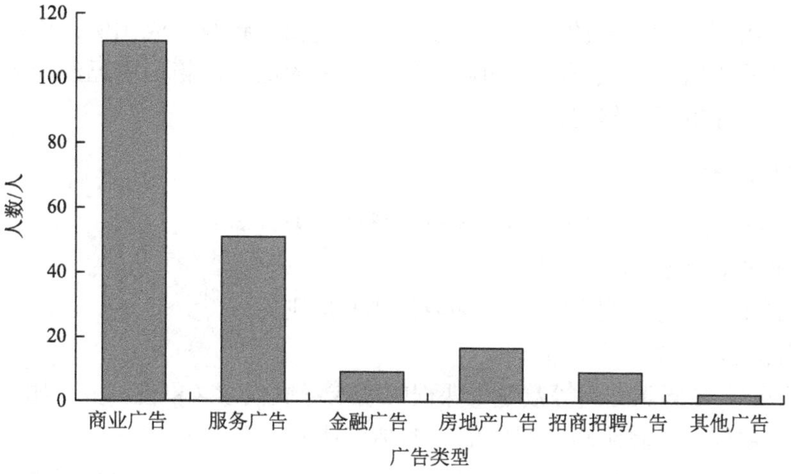

图 2.9　广告类型条形图

很显然，如果不做分类整理，直接观察这 200 人对不同广告的关注情况，既不便于理解，也不便于分析。但是经分类整理后，可以大大简化数据，且信息凸显。比如，很容易看出关注“商业广告”的人数最多，达到了 56.0%，而关注“其他广告”的人数最少，只有 1.0%。

➢ **本章小结**

数据可按不同的方式加以分类，按数据的计量尺度分类，可分为分类数据、顺序数据和数值型数据；按数据的时间状况分类，可分为时间序列数据、截面数据和面板数据。

数据收集，就是根据统计研究的目的，采用一定组织形式与科学方法，采集与研究问题有关的各类数据信息的工作过程。数据收集的主要形式是统计调查，统计调查方案的设计包括以下内容：明确调查目的、确定调查对象和调查单位、确定调查项目、调查表与问卷的设计、确定调查时间和调查期限、制订调查的组织实施计划。

统计调查的组织方式主要有统计报表制度、普查、抽样调查、重点调查、典型调查；抽样调查的组织方式主要有简单随机抽样、分层抽样、系统抽样、整群抽样、多阶段抽样。抽样方式有重复抽样和不重复抽样。统计调查方法主要有现场观察法、报告法、问卷法、访谈法、实验采集法。

数据整理的一般程序是：数据的审定、数据的分组、数据的汇总、编制统计表、绘制统计图，其核心是分组。

次数分布是在统计分组的基础上，把总体全部单位按组归类整理，将其按一定顺序加以排列，形成总体中每一个单位在各组间的分布，可分为两种：品质数列和变量数列。

统计资料整理的结果可以用不同的形式表现，其中统计表和统计图是表现统计资料的常用形式。请注意用来描述定性数据的条形图与用来描述定量数据的直方图之间的异同。条形图中各个类之间并无关联，而定量数据的直方图则不同，其中的各个类就是实轴上一系列相互连接的区间：一个区间的类上界就是下一个区间的类下界。对条形图的解释与直方图类似，即条形的高度与类频数（或类相对频数）成比例，所以由这两种图形可以清晰地看出落入各数据类中的观测值数所占的比率。箱形图已经在股市技术分析和综合评价中发挥重要的作用。

> **问题与思考**

1. 一个完整的统计调查方案的设计包括哪些主要内容？
2. 统计调查的组织方式有哪些？
3. 什么是数据分组？数据分组必须遵循哪些原则？
4. 如何测度数据的分布特征？
5. 某班级 45 名同学“高等数学”课程的期末考试成绩（单位：分）如下，请将上述资料编成等距数列，计算组距、组中值，编制统计表。

72	72	73	74	74	74	75	75	76	64	65	66	67	68	69
70	71	72	50	51	52	56	58	59	51	62	63	86	86	87
88	90	91	93	97	99	76	77	78	79	80	81	83	84	84

第3章 数据特征描述

案例导入（海洋公共繁殖地的发现）：用简单的描述统计量得到一个重要发现。20 世纪早期，哥本哈根卡尔堡实验室的 J. 施密特（J. Schmidt）发现不同地区所捕获的同种鱼类的脊椎骨和鳃线的数量有很大不同，甚至在同一海湾内不同地点所捕获的同种鱼类中，也发现这样的倾向。然而，鳗鱼脊椎骨的数量变化不大。施密特从大西洋海岸线各地、冰岛、亚速尔群岛以及尼罗河等几乎分离的海域里捕获的鳗鱼样本中，计算发现了几乎一样的均值和标准偏差值。由此，施密特推断各个不同海域内的鳗鱼是在海洋中某一公共场所繁殖的。后来名为“戴纳”（Dana）的科学考察船在一次远征中发现了这个场所。

3.1 数据集中趋势描述变量

集中趋势反映的是一组数据向某一中心值靠拢的倾向，在中心值附近的数据数目较多，而远离中心值的较少。对集中趋势进行描述就是寻找数据一般水平的中心值或代表值。根据取得这个中心值的方法不同，测度集中趋势的指标分为两类：数值平均数和位置平均数。

数值平均数是总体内各个体某一数量标志的具体表现在一定时间、地点、条件下所达到的一般水平，是反映现象总体综合数量特征的重要指标，又称为平均指标。

数值平均数有三种形式：算术平均数、几何平均数和调和平均数。

3.1.1 算术平均数

算术平均数是总体中各个体的某个数量标志的总和与个体总数的比值，是集中趋势中最主要的测度值，一般用符号 $\bar{x}$ 表示。基本计算公式如下：

$$算术平均数=\frac{某数量标志的总和}{对应的个体总数}$$

由资料形式不同，算术平均数可以推导出两组公式，即简单算术平均数和加权算术平均数。

1. 简单算术平均数

根据未经分组整理的原始数据计算算术平均数。设一组数据为 $x_1,x_2,x_3,\cdots,x_n$，则

$$\bar{x}=\frac{x_1+x_2+\cdots+x_n}{n}=\frac{\sum_{i=1}^{n}x_i}{n} \tag{3.1}$$

例 3.1 某生产小组有 5 名工人，生产某种零件的日产量（单位：件）分别为 12、13、14、15、16，问平均每个工人日产零件件数是多少？

解： $\bar{x}=\frac{\sum_{i=1}^{n}x_i}{n}=\frac{\sum_{i=1}^{5}x_i}{5}=\frac{12+13+14+15+16}{5}=14$（件）。

简单算术平均数之所以简单，就是因为各个变量值出现的次数均相同，例 3.1 中每个变量值出现的次数都是 1。因此，只要把各项变量值简单相加再用项数去除就可求出平均数。

2. 加权算术平均数

根据分组整理的数据计算平均数。设原始数据被分成 n 组，各组的变量值分别为 $x_1,x_2,x_3,\cdots,x_n$，各组变量值出现的次数分别为 $f_1,f_2,f_3,\cdots,f_n$，则

$$\bar{x}=\frac{x_1f_1+x_2f_2+\cdots+x_nf_n}{f_1+f_2+\cdots+f_n}=\frac{\sum_{i=1}^{n}x_if_i}{\sum_{i=1}^{n}f_i} \tag{3.2}$$

计算加权算术平均数运用的变量数列资料有两种：单项变量数列和组距变量数列。单项变量数列直接对各组变量值进行加权平均计算；组距变量数列需要先求出各组变量值的组中值，然后，对组中值进行加权平均计算。

例 3.2 在某地区随机抽取 120 家企业，按利润额进行分组后结果如表 3.1 所示。计算 120 家企业利润额的平均数。

表 3.1 某地区 120 家企业利润额平均数计算表

按利润分组/万元	企业数 f/个	企业数比例	组中值 x/万元	xf
300 以下	19	0.16	250	4 750
300～400	30	0.25	350	10 500
400～500	42	0.35	450	18 900
500～600	18	0.15	550	9 900
600 及以上	11	0.09	650	7 150
合计	120	1		51 200

解： 根据式（3.2），得 $\bar{x}=\frac{\sum_{i=1}^{n}x_if_i}{\sum_{i=1}^{n}f_i}=\frac{51\,200}{120}=426.67$（万元）。

从以上计算过程可以看出次数 f 的作用，当变量值比较大的次数多时，平均数就接近于变量值大的一方；当变量值比较小的次数多时，平均数就接近于变量值小的一方。可见，次数对变量值在平均数中的影响起着某种权衡轻重的作用，因此被称为权数。

但是，如果各组的次数（权数）均相同时，即：$f_1 = f_2 = f_3 = \cdots = f_n = f$ 时，则权数权衡轻重的作用也就消失了。这时，加权算术平均数会变成简单算术平均数。即

$$\overline{x} = \frac{\sum_{i=1}^{n} x_i f_i}{\sum_{i=1}^{n} f_i} = \frac{f\sum_{i=1}^{n} x_i}{f \cdot n} = \frac{\sum_{i=1}^{n} x_i}{n} \tag{3.3}$$

可见，简单算术平均数实质上是加权算术平均数在权数相等条件下的一个特例。

简单算术平均数其数值的大小只与变量值的大小有关。加权算术平均数其数值的大小不仅受各组变量值大小的影响，而且还受各组变量值出现的次数即权数大小的影响。

权数既可以用绝对数表示，也可以用相对数（比例）表示。因此，加权算术平均数也可用以下形式：

$$\overline{x} = \sum_{i=1}^{n} x_i \cdot \frac{f_i}{\sum_{i=1}^{n} f_i} \tag{3.4}$$

例 3.3　仍以例 3.2 中的资料为例，当已知各组企业数占全部企业数的比例时，计算 120 家企业利润额的平均数。

解：根据式（3.4），得

$$\overline{x} = \sum_{i=1}^{n} x_i \cdot \frac{f_i}{\sum_{i=1}^{n} f_i} = 250 \times 0.16 + 350 \times 0.25 + 450 \times 0.35 + 550 \times 0.15 + 650 \times 0.09$$

$$= 426.67\text{（万元）}$$①

可见，用比例（频率）公式计算出来的平均利润额与原来用绝对数次数做权数计算的结果完全相同。这是因为权数的两种形式，其计算公式在内容上是一致的。

3. 算术平均数的数学性质

算术平均数在统计学中有着重要地位，它是进行统计分析和统计推断的基础，其数学性质如下。

（1）各变量值与其平均数离差之和等于零：

$$\sum_{i=1}^{n} (x_i - \overline{x}) = 0 \tag{3.5}$$

（2）各变量值与其平均数离差平方之和等于最小值：

$$\sum_{i=1}^{n} (x_i - \overline{x})^2 = \text{最小值(min)} \tag{3.6}$$

3.1.2　几何平均数

几何平均数是 n 个变量值连乘积的 n 次方根。几何平均数是计算平均比率和平均速

① 式中企业数比例按未四舍五入的原始数据计算。

度最适用的一种方法，通常用 $\overline{x}_G$ 表示。根据掌握的数据资料不同，几何平均数可分为简单几何平均数和加权几何平均数两种。

1. 简单几何平均数

根据未经分组资料计算平均数。几何平均数的计算公式如下：

$$\overline{x}_G = \sqrt[n]{x_1 \times x_2 \times \cdots \times x_n} = \sqrt[n]{\prod_{i=1}^{n} x_i} \tag{3.7}$$

例 3.4 一位投资者持有一种股票，在 2012 年、2013 年、2014 年、2015 年和 2016 年的收益率分别为 4.2%、2%、20%、15%、6%，计算该投资者在这 5 年的平均收益率。

解： $\overline{x}_G = \sqrt[5]{104.2\% \times 102\% \times 120\% \times 115\% \times 106\%} = 109.2\%$。

平均收益率 = 109.2%−100% = 9.2%。

2. 加权几何平均数

当掌握的数据资料为分组资料，且各个变量值出现的次数不相同时，要用加权方法计算几何平均数。加权几何平均数的公式为

$$\overline{x}_G = \sqrt[f_1+f_2+\cdots+f_n]{x_1^{f_1} \times x_2^{f_2} \times \cdots \times x_n^{f_n}} = \sqrt[\sum_{i=1}^{n} f_i]{\prod_{i=1}^{n} x_i^{f_i}} \tag{3.8}$$

例 3.5 投资银行某笔投资的年利率是按复利计算的，15 年的年利率分配是：有 1 年为 3%，有 3 年为 5%，有 5 年为 8%，有 6 年为 10%，求平均年利率。

解： 根据式（3.8）计算，得

$$\overline{x}_G = \sqrt[f_1+f_2+\cdots+f_n]{x_1^{f_1} \times x_2^{f_2} \times \cdots \times x_n^{f_n}} = \sqrt[1+3+5+6]{103\% \times 105\%^3 \times 108\%^5 \times 110\%^6} = 107.8\%$$

平均年利率 = 107.8% −100% = 7.8%。

3.1.3 调和平均数

在统计分析中，有时会由于种种原因没有频数的资料，只有每组的变量值和相应的标志总量。这种情况下就不能直接运用算术平均方法来计算，而需要以迂回的形式，即用每组的标志总量除以该组的变量值推算出各组的单位数，才能计算出平均数，可以用调和平均的方法完成这个计算。

调和平均数是各变量值倒数的算术平均数的倒数。由于它是根据变量值倒数计算的，所以又称作倒数平均数，通常用 $\overline{x}_H$ 表示。根据掌握的资料不同，调和平均数可分为简单调和平均数和加权调和平均数两种。

1. 简单调和平均数

根据未分组资料计算平均数。

例 3.6 商店购进甲、乙两种不同的糖所用的钱数相等，已知甲种糖每千克 16 元，乙种糖每千克 24 元。如果把两种糖混在一起成为什锦糖，那么这种什锦糖每千克的成

本是多少？

解：计算方法是先把总重量计算出来，然后再用总金额除以总重量，即

$$\text{平均价格}=\frac{\text{总金额}}{\text{总重量}}=\frac{1+1}{\dfrac{1}{16}+\dfrac{1}{24}}=19.2\text{（元）}$$

用公式表示为

$$\bar{x}_H=\frac{n}{\dfrac{1}{x_1}+\dfrac{1}{x_2}+\cdots+\dfrac{1}{x_n}}=\frac{n}{\sum\limits_{i=1}^{n}\dfrac{1}{x_i}} \tag{3.9}$$

2. 加权调和平均数

设 m 为加权调和平均数的权数，加权调和平均数公式为

$$\bar{x}_H=\frac{m_1+m_2+\cdots+m_n}{\dfrac{m_1}{x_1}+\dfrac{m_2}{x_2}+\cdots+\dfrac{m_n}{x_n}}=\frac{\sum\limits_{i=1}^{n}m_i}{\sum\limits_{i=1}^{n}\dfrac{m_i}{x_i}} \tag{3.10}$$

事实上简单调和平均数是权数均相等条件下的加权调和平均数的特例。

例 3.7　仍以例 3.6 对什锦糖计算平均价格为例，如果现在甲、乙两种糖所用钱数不再相等，而是如表 3.2 的情形，求这种什锦糖每千克的成本是多少？

表 3.2　调和平均数计算表

种类	单价 x/(元/千克)	所用钱数 m/元	购买量 m/x/斤
甲	16	40	2.5
乙	24	36	1.5
合计		76	4

解：平均价格 $\bar{x}_H=\dfrac{\sum\limits_{i=1}^{n}m_i}{\sum\limits_{i=1}^{n}\dfrac{m_i}{x_i}}=\dfrac{76}{4}=19$（元）。

3. 调和平均数是算术平均数的变形

调和平均数是算术平均数的变形，推导过程如下：

$$\bar{x}_H=\frac{\sum\limits_{i=1}^{n}m_i}{\sum\limits_{i=1}^{n}\dfrac{m_i}{x_i}}=\frac{\sum\limits_{i=1}^{n}x_if_i}{\sum\limits_{i=1}^{n}\dfrac{x_if_i}{x_i}}=\frac{\sum\limits_{i=1}^{n}x_if_i}{\sum\limits_{i=1}^{n}f_i}=\bar{x}$$

调和平均数与算术平均数在本质上一致，不同的原始资料在计算平均数时，可以选择不同的公式。

3.1.4　位置平均数

1. 中位数与分位数

中位数是一组数据按大小顺序排列后，处于中间位置的那个变量值。即中位数就是将某变量的全部数据均等地分为两半的那个变量值，通常用 M_e 表示。其中，一半数据的数值小于中位数，另一半数据的数值大于中位数。中位数是一个位置代表值，因此它不易受极端变量值的影响。计算中位数需根据资料来确定方法。

1）未分组资料中位数的确定

在资料未分组时，确定中位数的方法是：首先将总体单位的标志值按大小顺序排列，然后按式（3.11）确定中位数的位置。

$$中位数位置=\frac{n+1}{2} \tag{3.11}$$

当总体单位的项数 n 为奇数时，处于中间位置的标志值就是中位数。例如，某生产小组有 7 名工人加工某种零件，按日加工量（单位：件）大小顺序排列为 15、20、21、22、24、24、25，则中位数位置 = $(n+1)/2=(7+1)/2=4$，可以看出，第 4 名工人的日加工量为 22 件，所以中位数为 22 件。

当总体单位的项数 n 为偶数时，处于中间位置的两个标志值的算术平均数就是中位数。例如，某生产小组有 8 名工人加工某零件，按日加工量（单位：件）大小顺序排列为：15、20、21、22、24、24、25、26，则中位数位置 = $(n+1)/2=(8+1)/2=4.5$，由于 n 为偶数，则第 4 个位置和第 5 个位置上的两个加工量的简单算术平均数就是中位数，所以中位数 = $(22+24)/2=23$（件）。

2）单项数列中位数的确定

单项数列确定中位数时先确定中位数的位置：

$$中位数位置=\frac{\sum f}{2} \tag{3.12}$$

再计算累计次数确定中位数所在的组，该组标志值即中位数。

例 3.8　某企业 400 名职工按工龄分组的资料如表 3.3 所示，试确定中位数。

表 3.3　某企业 400 名职工工龄资料

按工龄分组/年	职工人数/人	累计频数	
		向上累计	向下累计
3	20	20	400
5	40	60	380
7	20	80	340
8	50	130	320
10	100	230	270
13	50	280	170

续表

按工龄分组/年	职工人数/人	累计频数	
		向上累计	向下累计
14	30	310	120
15	30	340	90
17	50	390	60
20	10	400	10
合计	400		

解：根据式（3.12），得中位数位置 $=\dfrac{\sum f}{2}=\dfrac{400}{2}=200$（人），通过计算累计次数，可以确定中点位置（第 200 人）在第 5 组。因而中位数 = 10（年）。

3）组距数列中位数的确定

例 3.9　现以表 2.4 中资料举例说明中位数的确定方法，组距数列确定中位数的一般步骤如下。

第一步，累计各组次数。

第二步，确定中位数所在的组。根据表 2.4 中资料观察，无论是向上累计还是向下累计，中位数所在组都是 180～190 台。

第三步，利用插补法计算中位数的近似值。包括下限公式和上限公式，其计算结果一致。

下限公式：

$$M_e=L+\frac{\dfrac{\sum f}{2}-S_{m-1}}{f_m}\times i \tag{3.13}$$

上限公式：

$$M_e=U-\frac{\dfrac{\sum f}{2}-S_{m+1}}{f_m}\times i \tag{3.14}$$

式中，M_e 表示中位数；L 表示中位数所在组的下限；U 表示中位数所在组的上限；f_m 表示中位数所在组的次数；$\sum f$ 表示总次数；S_{m-1} 表示中位数所在组以前各组的累计次数；S_{m+1} 表示中位数所在组以后各组的累计次数；i 表示中位数所在组的组距。

将表 2.4 中数据代入下限公式（3.13），得 $M_e=180+\dfrac{\dfrac{120}{2}-56}{20}\times 10=182$（台）。

将表 2.4 中数据代入上限公式（3.14），得 $M_e=190-\dfrac{\dfrac{120}{2}-44}{20}\times 10=182$（台）。

中位数是将统计分布从中间分成相等的两部分，与中位数性质相似的还有四分位数、十分位数和百分位数。

三个数值可以将变量数列划分为项数相等的四部分，这三个数值就定义为四分位数（quartile），分别称为第一四分位数、第二四分位数和第三四分位数，记作Q_1、Q_2和Q_3。对于不分组数据而言，三个四分位数的位置分别是：Q_1在$\frac{n+1}{4}$；Q_2在$\frac{2(n+1)}{4}=\frac{n+1}{2}$；$Q_3$在$\frac{3(n+1)}{4}$，可见$Q_2$就是中位数。

同理，十分位数和百分位数分别是将变量数列十等分和一百等分的数值。

2. 众数

众数是一组数据中出现次数最多的那个变量值，通常用M_o表示。众数具有普遍性，在统计实践中，常利用众数来近似反映社会经济现象的一般水平。例如，说明某次考试学生成绩最集中的水平，说明城镇居民最普遍的生活水平等。

1）单项数列众数的确定

由单项数列确定众数比较简单，总体中出现次数最多的标志值即为众数。

例 3.10 调查某专业 100 名学生的平均每月生活费支出资料如表 3.4 所示。

表 3.4 100 名学生平均每月生活费支出资料

每月生活费支出/元	学生人数/人
700	3
800	18
900	20
1000	48
1100	6
1200	5
合计	100

解：由表 3.4 可以看出，每月生活费支出 1000 元出现的次数最多，有 48 名学生集中在这一组，所以 1000 元就是众数。

在正态分布和一般的偏态分布中，分布最高峰点所对应的数值即是众数。但如果没有明显的集中趋势或最高峰点，众数就不存在，而如果有两个最高峰点，则可以有两个众数，成为复众数。

2）组距数列众数的确定

组距数列确定众数，原则上依然是根据次数分配的多少决定。在等距数列中，众数在次数最大的一组里面。如果是异距数列，则应先将各组实际次数换算为标准组距的次数，经过换算后标准组距次数最大的一组才是众数组。异距数列确定众数所在组的另一种方法则是根据次数密度，即以次数密度最高的组为众数所在的组。下面仍以表 2.4 中的资料为例，说明众数的确定方法。

第一步，确定众数所在的组。表 2.4 中，日销售量的次数在 170～180 台这一组的天数最多，即为众数组。

第二步，用插补法计算众数的数值。包括上限公式和下限公式两种，其计算结果一致。

下限公式：

$$M_o = L + \frac{\Delta_1}{\Delta_1 + \Delta_2} \times i \tag{3.15}$$

上限公式：

$$M_o = U - \frac{\Delta_2}{\Delta_1 + \Delta_2} \times i \tag{3.16}$$

式中，M_o 表示众数；L 表示众数所在组的下限；U 表示众数所在组的上限；Δ_1 表示众数所在组的次数与其相邻的前一组的次数之差；Δ_2 表示众数所在组的次数与其相邻的后一组的次数之差；i 表示众数所在组的组距。

将数据代入下限公式（3.15），得 $M_o = 170 + \frac{(27-16)}{(27-16)+(27-20)} \times 10 = 176$（台）。

将数据代入上限公式（3.16），得 $M_o = 180 - \frac{(27-20)}{(27-16)+(27-20)} \times 10 = 176$（台）。

两者计算结果一致。众数的计算只适用于单位较多，且有明显集中趋势的变量数列，否则，众数不能反映总体分布的集中趋势。

3. 众数、中位数和算术平均数比较

1）众数、中位数和算术平均数的关系

大部分数据属单峰分布，其众数、中位数和算术平均数之间具有以下关系：若数据的分布对称，则 $M_o = M_e = \bar{x}$，如图 3.1（a）所示；若数据是左偏分布，说明数据中偏小的数较多，这就必然拉动算术平均数向小的一方靠，而众数和中位数由于是位置代表值，不受极值的影响，因此三者之间的关系为 $M_o > M_e > \bar{x}$，又叫负偏，如图 3.1（b）所示；若数据是右偏分布，说明数据中偏大的数较多，必然拉动算术平均数向大的一方靠，则 $M_o < M_e < \bar{x}$，又叫正偏，如图 3.1（c）所示。

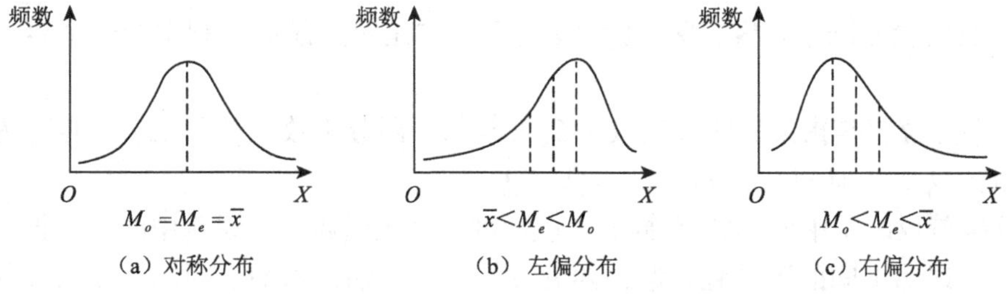

图 3.1　众数、中位数和算术平均数的关系图

2）众数、中位数和算术平均数的特点与应用场合

众数是一组数据分布的峰值，是位置代表值，其优点是不易受极端值的影响。当数

据的分布具有明显的集中趋势时，尤其是对于偏态分布，众数的代表性比算术平均数要好。其特点是具有不唯一性，一组数据可能有一个众数，也可能有两个或多个众数，也可能没有众数。

中位数是一组数据中间位置上的代表值，也是位置代表值，其特点是不易受极端值的影响。对于具有偏态分布的数据，中位数的代表性要比算术平均数好。

算术平均数由全部数据计算所得，它具有优良的数学性质，是实际中应用最广泛的集中趋势测度值，其主要缺点是易受数据极端值的影响。对于偏态分布的数据，算术平均数的代表性较差。作为算术平均数变形的调和平均数和几何平均数是适用于特殊数据的代表值，调和平均数主要用于不能直接计算算术平均数的数据，几何平均数则主要用于计算比例数据的平均数，这两个测度值与算术平均数一样，易受极端值的影响。

3.2 离散程度描述

集中趋势用来说明总体各个体变量值的代表值，其代表性如何，取决于被平均变量值之间的变异程度。在统计中，把反映现象总体中各个体的变量值之间差异程度的指标称为离散程度。反映离散程度的指标有绝对指标和相对指标两类。

3.2.1 离散程度的绝对指标

1. *极差与四分位差*

（1）极差（range）也叫全距，是一组数据的最大值与最小值之离差，即

$$R = \max(x_i) - \min(x_i) \tag{3.17}$$

式中，R 表示极差；$\max(x_i)$和 $\min(x_i)$分别表示一组数据的最大值和最小值。

对于组距分组数据，极差也可近似表示为

$$R \approx \text{最高组的上限值} - \text{最低组的下限值} \tag{3.18}$$

极差是描述数据离散程度的最简单测度值，它计算简单，易于理解，但它只是说明两个极端变量值的差异范围，因而不能反映各单位变量值的变异程度，易受极端数值的影响。

在企业质量控制中，极差又称为“公差”，它是对产品质量制定的一个容许变化的界限。

（2）四分位差是指第三四分位数（Q_3）与第一四分位数（Q_1）之差，也称为内距或四分间距（Q_r），计算公式为：$Q_r = Q_3 - Q_1$。

四分位差反映了中间 50%数据的离散程度，其数值越小，说明中间的数据越集中；数值越大，说明中间的数据越分散。四分位差不受极端值影响，因此，在某种程度上弥补了极差的一个缺陷。

2. *平均差*

平均差也称平均绝对偏差，是各变量值与其平均数离差绝对值的平均数，通常用

M_D 表示。由于各变量值与其平均数离差之和等于零，所以，在计算平均差时，是取绝对值形式的。平均差的计算根据掌握数据资料不同而采用两种不同形式。

1）简单式

对未经分组的数据资料，采用简单式，公式如下：

$$M_D=\frac{\sum_{i=1}^{n}|x-\bar{x}|}{n} \tag{3.19}$$

例 3.11　计算 5、11、7、8、9 的平均差。

解：先计算其算术平均数为 8，再代入式（3.19）得

$$M_D=\frac{|5-8|+|11-8|+|7-8|+|8-8|+|9-8|}{5}=1.6$$

2）加权式

根据分组整理的数据计算平均差，应采用加权式，公式如下：

$$M_D=\frac{\sum_{i=1}^{n}|x-\bar{x}|f_i}{\sum_{i=1}^{n}f_i} \tag{3.20}$$

例 3.12　现利用表 3.5 的资料，计算平均差。

表 3.5　平均差计算示例表

按利润分组/万元	企业数 f/个	组中值 x	$\|x-\bar{x}\|$	$\|x-\bar{x}\|f$
300 以下	19	250	176.67	3 356.73
300～400	30	350	76.67	2 300.10
400～500	42	450	23.33	979.86
500～600	18	550	123.33	2 219.94
600 及以上	11	650	223.33	2 456.63
合计	120			11 313.26

解：将表 3.5 的数据代入式（3.20）中计算得

$$M_D=\frac{\sum_{i=1}^{n}|x_i-\bar{x}|f_i}{\sum_{i=1}^{n}f_i}=\frac{11\ 313.26}{120}=94.28\text{（万元）}$$

在可比的情况下，一般平均差的数值越大，则其平均数的代表性越小，说明该组变量值分布越分散；反之，平均差的数值越小，则其平均数的代表性越大，说明该组变量值分布越集中。

平均差由于采用绝对值的离差形式，在应用上有较大的局限性。

3. 标准差与方差

标准差又称均方差，它是各单位变量值与其平均数离差平方的平均数的方根，通常用σ表示。它是测度数据离散程度的最主要方法。标准差有量纲，它与变量值的计量单位相同。

标准差本质上是求各变量值与其平均数的距离和，即先求出各变量值与其平均数离差的平方，再求其平均数，最后对其开方。之所以称其为标准差，是因为在正态分布条件下，它和平均数有明确的数量关系，是真正度量离中趋势的标准。

根据掌握的数据资料不同，有简单式和加权式两种。

1）简单式

对未经分组的数据资料，采用简单式，公式如下：

$$\sigma=\sqrt{\frac{\sum_{i=1}^{n}(x_i-\overline{x})^2}{n}} \tag{3.21}$$

例 3.13　计算 5、11、7、8、9 的标准差。

解： 易得$\overline{x}=8$，再由式（3.21）得$\sigma=\sqrt{\frac{(5-8)^2+(11-8)^2+(7-8)^2+(8-8)^2+(9-8)^2}{5}}=2$。

2）加权式

根据分组整理的数据计算标准差，应采用加权式，公式如下：

$$\sigma=\sqrt{\frac{\sum_{i=1}^{n}(x_i-\overline{x})^2 f_i}{\sum_{i=1}^{n}f_i}} \tag{3.22}$$

例 3.14　现利用表 3.6 的资料，计算标准差。

表 3.6　标准差计算示例表

按利润分组/万元	企业数f/个	组中值x	$x-\overline{x}$	$(x-\overline{x})^2$	$(x-\overline{x})^2 f$
300 以下	19	250	−176.67	31 212.29	593 033.49
300～400	30	350	−76.67	5 878.29	176 348.67
400～500	42	450	23.33	544.29	22 860.13
500～600	18	550	123.33	15 210.29	273 785.20
600 及以上	11	650	223.33	49 876.29	548 639.18
合计	120				1 614 666.67

解： 将表 3.6 的资料代入式（3.22）中计算，得

$$\sigma=\sqrt{\frac{1\,614\,666.67}{120}}=116.00\text{（万元）}$$

标准差是根据全部数据计算的，它反映了每个数据与其平均数相比平均相差的数值，因此，它能准确地反映出数据的离散程度。与平均差相比，标准差在数学处理上是通过平方消去离差的正负号，更便于数学上的处理。因此，标准差是实际中应用最广泛的离散程度测度值。

标准差有总体标准差与样本标准差之分，式（3.22）计算的是总体标准差，如要计算样本标准差，只需在分母上减 1。一般样本标准差记为 s，所以对简单式而言，

$$s=\sqrt{\frac{\sum_{i=1}^{n}(x_i-\bar{x})_i^2}{n-1}}$$；对加权式而言，$$s=\sqrt{\frac{\sum_{i=1}^{n}(x_i-\bar{x})^2 f_i}{\sum_{i=1}^{n}f_i-1}}$$。

方差是各变量值与其算术平均数离差平方和的平均数，即标准差的平方，用 σ^2 表示总体方差；用 s^2 表示样本方差。

3.2.2　离散程度的相对指标

前面介绍的极差、平均差和标准差都是反映数据离散程度的绝对值，其数据的大小一方面受原变量值本身水平高低的影响，也就是与变量的平均数大小有关，变量值绝对水平高的，离散程度的测度值自然也就大，绝对水平低的，离散程度的测度值自然也就小；另一方面，它们与原变量值的计量单位相同，采用不同计量单位计量的变量值，其离散程度的测度值也就不同。

因此，对于平均数不等或计量单位不同的不同组别的变量值，不能直接用离散程度的绝对指标比较其离散程度。为了消除变量平均数不等和计量单位不同对离散程度测度值的影响，需要计算离散程度的相对指标，即离散系数，其一般公式为

$$\text{离散系数}=\frac{\text{离散程度的绝对指标}}{\text{对应的平均指标}}$$

离散程度通常是由标准差来计算的，因此，也称为标准差系数，它是一组数据的标准差与其对应的平均数之比，是测度数据离散程度的相对指标，其计算公式如下：

$$V_\sigma=\frac{\sigma}{x}\times 100\% \tag{3.23}$$

例 3.15　某年末某地区城市和乡村人均居住面积资料的离散系数比较分析如表 3.7 所示，计算离散系数。

表 3.7　离散系数比较分析表

类别	计量单位	人均居住面积 $\bar{x}$	标准差 σ	离散系数 $V_\sigma=\frac{\sigma}{\bar{x}}\times 100\%$ /%
城市	平方米	7.3	2.8	38.36
乡村	平方米	18.0	6.0	33.33

解： 乡村人均居住面积的标准差比城市大，但并不能直接断定乡村的人均居住面积的代表性就比城市的小。因为乡村和城市的人均居住面积相差悬殊，所以只能根据离散系数的大小来判断。表 3.7 中最后一列城市和乡村的离散系数表明，乡村的平均每人居住面积的代表性比城市的要好，其结果与用标准差判断的结果正好相反。

3.3 相对程度描述指标

相对程度是两个有联系的指标的比率，如产量计划完成程度、性别比例、人均耕地面积等。反映相对程度的指标分为六类：计划完成程度相对指标、结构相对指标、比例相对指标、比较相对指标、动态相对指标和强度相对指标。

3.3.1 计划完成程度相对指标

计划完成程度相对指标简称计划完成百分数，它是以现象在某一段时间内的实际完成数与计划任务数的对比，来检查、监督计划执行情况，观察计划完成程度的一个度量指标。计算公式如下：

$$\text{计划完成程度相对指标}=\frac{\text{实际完成数}}{\text{计划任务数}}\times 100\%$$

例 3.16 某工厂 2023 年计划工业增加值为 200 万元，实际完成 220 万元，问计划执行情况如何？

解： 计划完成程度相对指标 $=\frac{220}{200}\times 100\%=110\%$。此结果表明，某工厂 2023 年工业增加值计划完成程度为 110%，超计划完成 10%，实际工业增加值比计划工业增加值增加 20 万元。

在实际计划工作中，有时用动态相对指标下达计划，如计划任务为劳动生产率增长百分之几、成本水平降低百分之几等，在计算计划完成程度相对指标时就要把上期实际水平考虑进去。

例 3.17 某公司劳动生产率计划规定比上年提高 5%，实际比上年提高 10%，问计划执行情况如何？

解： 计划完成程度相对指标 $=\frac{1+10\%}{1+5\%}\times 100\%=104.76\%$。此结果表明，该公司劳动生产率计划完成程度为 104.76%，超计划完成 4.76%。

例 3.18 某企业计划要使本月产品的单位成本比上月降低 2%，实际降低 1.5%，问计划执行情况如何？

解： 计划完成程度相对指标 $=\frac{1-1.5\%}{1-2\%}\times 100\%=100.51\%$，此结果表明，该项计划的计划完成程度为 100.51%，未完成计划；或表述为只完成任务的 99.49%。

3.3.2　结构相对指标

结构相对指标是表明总体内部的各个组成部分在总体中所占比重的综合指标，也叫比重指标，用以研究总体内各组成部分的比重情况，从而深刻认识事物各个部分在总体中的地位。计算公式如下：

$$\text{结构相对指标}=\frac{\text{总体部分数值}}{\text{总体全部数值}}\times 100\%$$

结构相对指标一般用百分数或系数表示，由于分子指标数值是分母指标数值中的一部分，因此，各部分结构相对指标数值之和等于 100%或 1。

3.3.3　比例相对指标

比例相对指标是反映总体内部各个组成部分之间数量对比关系的综合指标。计算公式如下：

$$\text{比例相对指标}=\frac{\text{总体中某一部分的数值}}{\text{总体中另一部分的数值}}$$

比例相对指标通常用比的形式表示，如 2010 年全国人口普查显示中国 0～4 岁儿童男女性别比为 119.13∶100。比例相对指标能够反映事物内部各部分之间的数量联系程度和比例关系，因而应用广泛，如储蓄与消费的比例关系、三次产业的比例关系、轻重工业的比例关系等。

3.3.4　比较相对指标

比较相对指标是同一时间（或时点）同类现象在不同总体之间的对比，用来表明同类事物在不同空间条件下数量对比关系的综合指标。计算公式如下：

$$\text{比较相对指标}=\frac{\text{某总体的某类指标数值}}{\text{另一总体的同类指标数值}}$$

比较相对指标通常也用比的形式表示，如某一地区人口总数与另一地区人口总数之比为 100∶86，A 企业劳动生产率与 B 企业劳动生产率之比为 1∶1.2 等。

比较相对指标与比例相对指标的区别在于，判别同类指标的分子、分母是否在同一总体。分属两个总体的同类指标对比是比较相对指标，属于同一总体的同类指标对比则是比例相对指标。

3.3.5　动态相对指标

动态相对指标是表明同类现象在不同时间上的对比关系，用来说明现象在时间上发展变化的方向和程度的综合指标，也称为发展速度。计算公式如下：

$$动态相对指标=\frac{报告期指标}{基期指标}\times 100\%$$

报告期是所要研究的时期，基期是与之对比的时期。通常，报告期时间在后，基期时间在前。

3.3.6 强度相对指标

强度相对指标是两个性质不同，但有一定联系的总量指标之比，用以表明现象强度、密度和普遍程度的综合指标。计算公式如下：

$$强度相对指标=\frac{某一现象总量指标数值}{另一有联系而性质不同的现象总量指标数值}$$

强度相对指标是由性质不同的指标进行对比，这和上面提到的其他相对指标不同。例如，按照全国人口计算的人均国内生产总值、人均粮食产量等指标，这些具有普遍意义的强度相对指标虽有“平均”的含义，但本质上是相对指标。某些强度相对指标分子、分母可以互换，形成同样说明问题的正、逆指标，如某地区居民拥有医护人员数，这是正指标，越大越好，而医护人员服务居民数，这是逆指标，越小越好；强度相对指标的单位有两种：一是由分子与分母指标的计量单位所构成的复名数，如人口密度的单位是人/千米^2；二是用百分数或千分数表示，如人口死亡率往往用‰。

3.3.7 相对指标应用的原则

上述六种相对指标是从不同角度反映现象之间的数量对比关系，正确计算和运用各类相对指标需要遵循下列原则。

1. 可比性原则

（1）正确选择对比基数。相对指标通过指标之间的对比来反映现象之间的联系，而现象的联系由现象本身的性质和特点决定。因此，一个指标选择什么样的基数作为对比指标，取决于现象本身的性质、特点及研究的目的。不合理的对比基数会歪曲现象之间的真实对比关系。

（2）保持对比指标的可比性。相对指标是由两个有联系的指标相比较而产生的，因此，保持两个对比指标的可比性是正确计算相对指标的前提。它涉及面很广，包括指标在经济内容、总体范围、计算口径、计算方法、计算单位等方面的可比。

2. 相对指标与总量指标结合运用原则

总量指标能够反映事物发展的总规模和总水平，却看不清事物差别的程度；相对指标反映了现象之间的数量对比关系和差异程度，却又将现象的具体规模和水平抽象了。因此，只有将相对指标和总量指标结合起来使用，才能克服认识上的片面性，达到对客观事物的全面认识。

3. 多种相对指标结合运用原则

一种相对指标，只能从一个角度出发说明问题的一个方面，要使问题得到更全面、更深刻的说明，就必须注意把多种相对指标结合运用。

3.4 应用举例

调查 20 名男婴的出生体重（单位：千克），资料如下，试分析其特征。

2.770	2.915	2.795	2.995	2.860	2.970	3.087	3.126	3.125	4.654
2.272	3.503	3.418	3.921	2.669	4.218	3.707	2.310	2.573	3.881

R 程序与运行结果如下：

```
>w=c(2.770,2.915,2.795,2.995,2.860,2.970,3.087,3.126,3.125,
4.654,2.272,3.503,3.418,3.921,2.669,4.218,3.707,2.310,2.573,3.881)
>w.mean=mean(w);w.mean                              #均值
[1]3.18845
>w.median<-median(w);w.median                       #中位数
[1]3.041
>q.quantile=quantile(w);q.quantile                  #分位数
     0%      25%      50%      75%      100%
2.27200  2.78875  3.04100  3.55400  4.65400
>Q1=q.quantile[2];Q1                                #第一四分位数
    25%
2.78875
>Q3=q.quantile[4];Q3                                #第三四分位数
    75%
3.55400
>M3=Q1*(1/4)+q.quantile[3]*(1/2)+Q3*(1/4);M3
    25%
3.106188
>m=mean(w);v=var(w);v                               #方差
[1]0.395825
>s=sd(w);s                                          #标准差
[1]0.6291462
>R=max(w)-min(w);R                                  #极差
[1]2.382
>cv=(s/m);cv                                        #变异系数
[1]0.1973204
```

```
>R1=Q3-Q1;R1                                        #四分位极差
    75%
0.76525
>Qu=Q3+1.5*R1;Qu                                    #上截断点
    75%
4.701875
>Qd=Q1-1.5*R1;Qd                                    #下截断点
    25%
1.640875
>n=length(w);                                       #w 的长度
>g1=n/((n-1)*(n-2))*sum((w-m)^3)/s^3;g1             #偏度
[1]0.7319223
>#峰度 g2
>g2=((n*(n+1))/((n-1)*(n-2)*(n-3))*sum((w-m)^4)/s^4-(3*(n-1)
^2)/((n-2)*(n-3)));g2
[1]0.1182108
```

从输出结果可以看出：均值为 3.188 45；中位数为 3.041；上、下四分位数分别为 3.554 00、2.788 75；样本方差为 0.395 825；标准差为 0.629 146 2；极差为 2.382；变异系数为 0.197 320 4；四分位极差为 0.765 25；上、下截断点分别为 4.701 875、1.640 875；偏度系数 0.731 922 3＞0，说明数据的分布形态为右侧更分散，而峰度系数 0.118 210 8＞0，表明与正态分布相比数据两侧的极端数据较多。

➢ 本章小结

集中趋势反映的是一组数据向某一中心值靠拢的倾向，根据取得这个中心值的方法不同，测度集中趋势的指标分为两类：数值平均数和位置平均数。其中数值平均数包括算术平均数、几何平均数和调和平均数；位置平均数包括中位数与分位数。

离散程度是反映现象总体中各个体的变量值之间差异程度的指标，离散程度的绝对指标包括极差与四分位差、平均差、标准差与方差；离散系数是反映离散程度的相对指标。

相对程度是两个有联系的指标的比率，反映相对程度的指标有：计划完成程度相对指标、结构相对指标、比例相对指标、比较相对指标、动态相对指标和强度相对指标。正确计算和运用各类相对指标需遵循可比性原则、相对指标与总量指标结合运用原则、多种相对指标结合运用原则。

➢ 问题与思考

1. 简述众数、中位数和均值的特点及应用场合。

2. 某班级 62 名同学“高等数学”课程的期末考试成绩（单位：分）如下，请编制次数分布表。

87　68　70　72　73　74　62　64　87　70　78　91　70　66　80　83
82　70　75　65　84　71　83　86　85　77　69　66　88　73　75　73
70　76　81　82　85　65　78　85　59　74　77　70　75　58　60　57
55　73　86　59　65　60　70　62　56　58　78　80　70　85

3. 根据下表资料，计算强度相对数的正指标和逆指标，并根据正指标数值分析该地区医疗服务条件的变动情况。

指标	2015 年	2021 年
医院数量/个	60.0	89.0
地区人口总数/万人	112.5	132.3

4. 甲乙两班同时进行数学考试，有关成绩分布如下表所示，哪一个班级考试成绩好些？哪一个班级成绩较稳定？

甲班		乙班	
成绩（百分制）/分	学生人数/人	成绩（5 分制）/分	学生人数占比/%
60 以下	3	1	0
60～70	13	2	11
70～80	18	3	39
80～90	13	4	36
90～100	5	5	14

5. 对某地区农村劳动力进行抽样调查，得到劳动力按年龄分组的统计资料如下表所示。

年龄/周岁	占比/%
25 以下	9
25～30	21
30～40	42
40～50	20
50 及以上	8
合计	100

（1）试计算劳动力平均年龄、方差。

（2）绘制劳动力年龄直方图与饼图。

第4章 统计指数

案例导入（碳排放的变动）：自人类社会进入工业化时代，以二氧化碳（CO_2）为主的温室气体排放量迅速增加，强化了大气层阻挡热量逃逸的能力，形成了更强的温室效应。火力发电厂是二氧化碳的主要排放源之一。实现火力发电厂碳减排对降低碳排放总量，减缓温室效应具有重要意义。火力发电厂的碳排放量受燃料消耗量、燃料含碳量和灰分等多种因素影响。在数学上，碳排放量可以通过发电量与单位发电量的碳排放量（碳强度）相乘进行简便计算。

某地区有甲、乙、丙三家发电厂，其在“十一五”和“十二五”期间的碳排放量如图 4.1 所示。

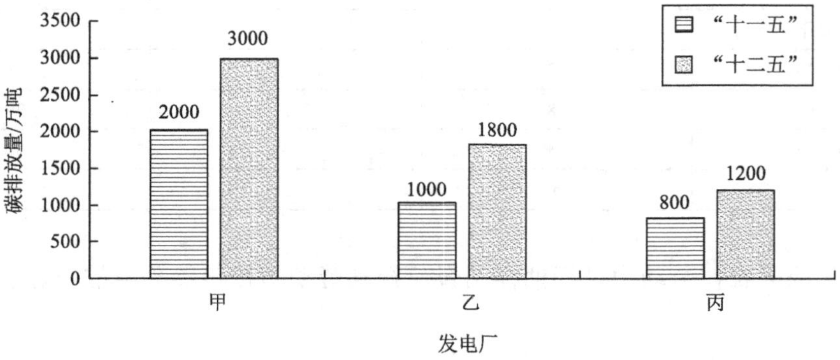

图 4.1　各发电厂“十一五”和“十二五”时期碳排放量

可以看到，“十二五”时期三家发电厂的碳排放量均较“十一五”时期有所增加。然而，由于碳减排措施、技术水平和能源结构等的差异，政府管理者发现三家发电厂的碳强度变化有增有减。其中，乙发电厂的碳强度降低了 10%，而甲发电厂和丙发电厂的碳强度则分别增加了 5%和 7%。

倘若地方政府想知道该地区发电厂的碳排放量或碳强度的综合变动，显然不能以某一家发电厂的碳排放量或碳强度变动为依据。那么，应该如何根据这些资料为政府提供可靠的信息呢？另外，从碳排放量的计算公式中可以看出，发电量的变动和碳强度的变动均会导致碳排放量的变动。那么，如何识别发电量和碳强度对碳排放量变动的贡献程度，进而采取相应的减排措施呢？想要回答这些问题，需要对统计指数进行系统学习。

除了上述问题之外，在日常工作生活中，还会遇到反映居民家庭一般所购买的消费品和服务项目价格水平变动情况的居民消费价格指数（consumer price index，CPI），反映城乡商品零售价格变动情况的商品零售价格指数（retail price index，RPI），反映生产资料价格变化状况的生产价格指数（producer price index，PPI），反映股票市场总体价格水平及其变动趋势的股票价格指数（stock price index，SPI），等等。这些指数与社会经济生活关系密切，是非常重要的宏观经济指标。通过本章学习，将了解它们是如何编制的。

4.1 基 本 问 题

4.1.1 指数的概念

指数，又称统计指数，是综合反映一个国家或地区社会经济现象数量变化的一种重要经济指标。1675 年，英国经济学家 R. 沃恩（R. Vaughan）在其所著《铸货币及其货币铸造论》一书中为了测定劳资双方对于货币交换的比例，以谷物、家畜和布帛等为样本，将 1650 年这些物品的市场价格与 1352 年作比较，开展物价指数研究之先河。1738 年，法国学者迪托（Dutot）在其所著《从政治上考虑财政和商业》一书中，将路易十四（1638～1715 年）与路易十二（1462～1515 年）时代的价格，从总数上加以对比，这是简单综合法的初端。1764 年，意大利贵族 G. R. 卡利（G. R. Carli）在其《铸币金属的价值与比例》一书中，用 1750 年的粮食、葡萄酒和植物油三类消费品的价格与 1500 年对比，再将计算出来的相对数除以 3，这就是平均指数的原始模型。1863 年，英国经济学家 W. S. 杰文斯（W. S. Jevons）在篇名为《金价的暴跌》的论文中，提出了价格指数的简单几何平均法。现阶段，指数广泛应用于社会经济生活的各个方面，一些重要的指数已成为社会经济发展的晴雨表。

指数的概念有广义和狭义之分。广义的指数是指一切用来反映社会经济现象数量变动和差异程度的相对数，如动态相对数、比较相对数、计划完成程度相对数等；狭义的指数专指反映复杂社会经济现象总体数量变动或差异程度的特殊相对数。复杂社会经济现象总体是指那些由许多度量单位不同、性质各异的个体组成，数量上不能直接加总或不可以直接加总的现象总体。如在分析某大型超市上万种商品的价格变动时，由于各种商品的计量单位不同，它们的价格不能直接相加，这个总体就称为复杂社会经济现象总体。

统计指数理论主要探讨复杂社会经济现象总体综合变动情况及对比关系。因此，若没有特别说明，本章所述指数均指狭义指数。

指数具有如下性质。①相对性。指数是某一现象在不同时期两个数值对比的结果，常以相对数或百分比表示。百分比大于或小于 100%，表示上升或下降变动的方向；比 100%大多少或小多少，就是升降变动的程度。例如，商品零售价格指数为 110%，说明商品零售价格总体上涨了 10%。②综合性。指数反映的是社会经济现象在不同时期的综合变动水平，它是社会经济现象总体的数量综合对比所形成的一个反映总体变动的量，具有高度的综合性和概括性。例如，工业生产指数（industrial production index，IPI）是反映一个国家或地区全部工业产品产量总变动的相对数。③平均性。指数所表示的综合变动是一种平均变动，是所研究现象每个项目共同变动的一般水平。例如，商品零售价格指数为 105.9%，说明商品零售价格平均上涨了 5.9%，就单个商品来讲，可能有涨有跌。

④代表性。指数是所研究项目中每个项目变动的综合反映，按理应包含所有项目。但同一现象所包含的项目品种繁多，不可能将所有项目一一列入计算范围。例如，全社会的商品数以千万计，在计算商品零售价格指数时难以将所有商品涵盖。在实际计算中，常选择代表性项目。从这个意义上来看，指数具有代表性。

4.1.2 指数的作用

指数能综合反映复杂现象总体数量的变动方向、变动程度及绝对变动值。这是指数的主要作用。在指数中，分子项和分母项是两个总量指标。我们既可以采用比值的形式计算复杂现象总体的变动程度，也可以计算分子项和分母项两个总量指标之差，反映复杂现象总体的绝对变动。

指数能分析影响复杂现象总体变动的各个因素的影响方向、影响程度及绝对影响值。社会经济现象变动受多种因素变动的影响。比如，商品销售额变动受商品销售量和价格变动的共同影响，产品总成本变动受产品产量和单位产品成本变动的共同影响，劳动生产率的变动受各类别职工人数（或比例）和各类别职工劳动生产率变动的共同影响。通过建立指数体系，可以对复杂现象的总变动进行因素分析，揭示各因素的影响。这种影响可以从相对数和绝对数两个方面分析，从而反映各因素的影响程度和绝对影响值。

指数能分析研究经济社会现象在长时间内的发展变化趋势。利用连续编制的动态指数数列，可以进行长时间的发展趋势分析和比较分析。比如，随着我国社会主义市场经济的发展，我国国民总收入、人均粮食产量和人均纯收入等近些年来都呈不断上升趋势，采用时距扩大法、移动平均法、最小平方法等方法可以反映以上现象发展变化的长期趋势。

指数能对社会经济现象的变动进行综合测评。许多社会经济现象都需用多指标构成的指标体系进行系统的描述和多角度的分析，以便在数量上对多个指标的变动程度和差异程度进行综合测评和评判。例如，用综合经济指数法评价一个地区或单位的经济效益；用平均数指数法评价和测定技术进步的程度，及其在经济增长中的作用。

4.1.3 指数的分类

统计指数按照不同的研究目的和要求，可作如下分类。

按考察对象的范围，可分为个体指数和总指数。个体指数是反映总体中个别现象或个别项目在不同时期变动程度的相对数，如某种产品的产量指数、某种商品的价格指数等。发展速度和总额指数均属于个体指数，个体指数是总指数的计算基础。总指数是反映由多种项目构成的复杂现象总体在不同时期综合变动程度的相对数，如多种产品的产量指数、多种商品的价格指数等。在总指数中，各项目的使用价值不同，其数量不能直接加总。

按指标的性质，可分为数量指标指数和质量指标指数。数量指标指数是反映数量指标综合变动程度的相对数，如产品产量指数、职工人数指数和商品销售量指数等。质量指标指数是反映质量指标综合变动程度的相对数，如商品物价指数、劳动生产率指数和产品单位成本指数等。

按指数的计算方法及特点，可分为简单指数和加权指数。简单指数中，计入指数的各个因素的重要性相同，因而又称为等权指数。加权指数对计入指数的因素依据重要程度赋予不同的权数。综合指数是将同度量因素作为权数的加权指数，平均数指数是以综合指数的分子或分母资料为权数，对个体指数加权计算总指数的加权指数。

按现象的对比基础，可分为静态指数和动态指数。静态指数包括空间指数和计划完成情况指数。空间指数用于反映同一时期同类现象在不同空间的差异程度；计划完成情况指数用于反映同一空间实际水平与计划水平的差异程度。地区物价比较指数（地区性物价指数）就属于静态指数。动态指数是用于说明社会经济现象在不同时期发展变动程度的相对数，其反映的是社会经济现象在时间上的变化过程和程度，也称时间指数。动态指数按采用的基期不同，又分为定基指数和环比指数。定基指数是指在指数数列中，各期指数都以同一固定时期为基期；环比指数是指在指数数列中，各期指数都以前一期为基期。

4.2　编 制 方 法

综合指数是总指数的基本形式，按照“先综合，后对比”的方式编制。其重要意义在于，能从绝对量和相对量两方面反映所研究现象的经济内容和数量的变化规律。其编制的基本方法是：根据客观现象之间的内在联系，先确定与研究现象有关的同度量因素（权数），把不能直接相加的现象数值转化为可以直接加总的价值形态总量，再将两个不同时期的总量指标进行综合对比得到相对指标，以测定所研究现象数量变动的程度。

设计综合指数的关键在于寻找同度量因素。同度量因素的作用在于把不能直接相加的指标过渡为可以相加的因素。例如，在求商品零售价格指数时，不同商品的单价不能相加，但当用同度量因素销量把单价过渡为销售额时就可以相加了。

综合指数有两种：数量指标综合指数和质量指标综合指数。两种指数编制的基本原理一样，在具体处理方法上则既有联系又有区别。

4.2.1　数量指标综合指数

数量指标综合指数是说明总体规模变动情况的相对数。例如，商品销售量指数、工业生产指数、货物运输量指数等。下面以商品销售量指数为例说明数量指标综合指数计算公式的形成过程。

例 4.1　某商店 3 种商品的销售价格和销售量资料如表 4.1 所示。

表 4.1　某商店 3 种商品的销售价格和销售量资料

商品名称	单位	销售量		价格/元	
		基期 q_0	报告期 q_1	基期 p_0	报告期 p_1
甲	千克	50	62.5	20	14
乙	套	75	90	10	8
丙	件	100	115	5	5

表 4.1 中，q 表示物量，如销售量、生产量；p 表示商品价格；下标 0 表示基期；下标 1 表示报告期。

用 k_q 代表个体销售量指数，计算上述 3 种商品的销售量指数，可得 $k_q^{甲}=\frac{q_{1甲}}{q_{0甲}}=\frac{62.5}{50}=125\%$，$k_q^{乙}=\frac{q_{1乙}}{q_{0乙}}=\frac{90}{75}=120\%$，$k_q^{丙}=\frac{q_{1丙}}{q_{0丙}}=\frac{115}{100}=115\%$。即甲商品的销售量增加了 25%，乙商品的销售量增加了 20%，丙商品的销售量增加了 15%。

商品销售量指数并非某种商品的个体指数，而是多种商品销售量的总指数。不同商品的度量单位不同，因而商品的销售量无法直接相加。

那么，在编制数值指标综合指数时，如何解决指标不能相加的问题呢？一般做法是将各商品的销售量乘以某一同度量因素，进而将不能相加的指标过渡到可以相加的指标。关于同度量因素的选取，通常是从经济关系式出发，保证指标相乘之后具有明确的经济含义。本例中，销售量乘销售价格等于销售额，因而可以将销售价格作为同度量因素。

为了单纯考察销售量的变动，需要将价格固定下来，以反映两时期的商品销售额按同一时期的价格计算。此时，面临第二个问题，即选择何时期的价格较为合理？

对于选择何时期的同度量因素，统计界存在不同的看法和主张，因此便产生了采用不同度量因素的各种指数公式。

1. 用基期价格作为同度量因素的综合指数

计算表的形式如表 4.2 所示。

表 4.2　某商店 3 种商品销售量综合指数计算表

商品名称	单位	销售量		价格/元		q_0p_0	q_1p_1	q_1p_0	q_0p_1
		q_0	q_1	p_0	p_1				
甲	千克	50	62.5	20	14	1000	875	1250	700
乙	套	75	90	10	8	750	720	900	600
丙	件	100	115	5	5	500	575	575	500
合计						2250	2170	2725	1800

记 $\bar{K}_q$ 为销售量总指数或销售量综合指数，则 $\bar{K}_q=\frac{\sum q_1p_0}{\sum q_0p_0}=\frac{2725}{2250}=121.11\%$。

商品销售量综合指数是两个商品销售额之比，商品销售额数值不同的原因仅有一个，即各商品报告期的销售量与基期的销售量出现了差异。

商品销售量综合指数的计算结果可以反映如下信息。

（1）多种商品销售量综合变动的方向和程度。本例中有 3 种商品，销售量均有所增长，但增长幅度不同，总体来看，商品销售量报告期比基期增长 21.11%。

（2）商品销售量变动对商品销售额的影响程度。本例中，商品销售量增长了 21.11%，销售量的变动使商品销售额增加了 21.11%。

（3）分子和分母之差反映了商品销售量变动对销售额的绝对影响。本例中分子与分母的差额为 475 元，即该商店由于销售量增加使销售额增加了 475 元。

2. 用报告期价格作为同度量因素的综合指数

若不用基期的价格作为同度量因素，而用报告期的价格作为同度量因素，那么，$\bar{K}_q=\dfrac{\sum q_1p_1}{\sum q_0p_1}=\dfrac{2170}{1800}=120.56\%$，$\sum q_1p_1-\sum q_0p_1=2170-1800=370$（元）。即商品销售量综合指数为 120.56%。商品销售量报告期比基期总体上增长了 20.56%。销售量的变动使商品销售额增加了 20.56%，即 370 元。

注意到，同样的 3 种商品，选择不同时期的同度量因素时，计算结果不同。以基期价格作为同度量因素计算出的指数称为拉氏指数，其由德国经济学家埃蒂恩・拉斯贝尔（Etienne Laspeyres）提出。拉氏指数的优点是只反映商品数量的变动，而不包括商品价格的变动。局限性在于，计算分子分母差额时容易偏离实际，原因是报告期的销售额是按基期价格计算的，偏离了报告期的实际价格。

以报告期作为同度量因素计算出的指数可称为帕氏指数，是由德国经济学家赫尔曼・帕舍（Herman Paasche）提出。帕氏指数避免了价格偏离报告期实际价格的缺陷，但由于采用了报告价格作为权数，因而会将价格的变动影响代入指数中，使得指数不但反映了销售量的变动，还包含了价格变动的影响。

事实上，

$$\bar{K}_q=\frac{\sum q_1p_1}{\sum q_0p_1}=\frac{\sum q_1p_0+\sum q_1(p_1-p_0)}{\sum q_0p_0+\sum q_0(p_1-p_0)}$$

易见，帕氏指数增加了价格变动的影响 (p_1-p_0)。从绝对值差额中也可以明显看出来

$$\begin{aligned}\sum q_1p_1-\sum q_0p_1&=\sum q_1(p_1-p_0)+\sum q_1p_0-\left[\sum q_0(p_1-p_0)+\sum q_0p_0\right]\\&=\left(\sum q_1p_0-\sum q_0p_0\right)+\left[\sum q_1(p_1-p_0)-\sum q_0(p_1-p_0)\right]\\&=\left(\sum q_1p_0-\sum q_0p_0\right)+\sum(q_1-q_0)(p_1-p_0)\end{aligned}$$

式中，$\sum(q_1-q_0)(p_1-p_0)$ 体现了销售量和价格同时变动的影响，称为“共变影响额”。

从理论上看，拉氏指数和帕氏指数都是成立的，都是在一定假设条件下反映产量变动程度的。但实际应用中，就编制数量指标综合指数的目的而言，其应只反映数量的变化，不应同时反映价格的变动。因而，在编制数量指标综合指数时，往往用基期质量指标作为同度量因素。

4.2.2 质量指标综合指数

质量指标综合指数是说明总体内涵数量变动情况的相对数。例如，商品价格指数、工资水平指数、成本指数和股票价格指数等。下面以商品价格指数为例来说明质量指标综合指数的编制方法。

仍采用表 4.1 中的资料。用 k_p 代表个体价格指数，3 种商品的个体价格指数分别为 $k_p^{甲}=\frac{p_{1甲}}{p_{0甲}}=\frac{14}{20}=70\%$，$k_p^{乙}=\frac{p_{1乙}}{p_{0乙}}=\frac{8}{10}=80\%$，$k_p^{丙}=\frac{p_{1丙}}{p_{0丙}}=\frac{5}{5}=100\%$，即甲商品价格降低了 30%，乙商品价格降低了 20%，丙商品价格保持不变。

要说明 3 种商品价格总的变动情况，需要计算价格总指数。同数量指标综合指数编制方法相同，商品价格指数要以商品销售量为同度量因素。

1. 用基期销售量作为同度量因素的综合指数

依据表 4.2 中的数据可得 $\bar{K}_p=\frac{\sum p_1q_0}{\sum p_0q_0}=\frac{1800}{2250}=80\%$，这里，$\bar{K}_p$ 为价格总指数或称拉氏质量指标指数。由 $\sum p_1q_0-\sum p_0q_0=1800-2250=-450$（元），可知居民在维持基期生活水平的情况下，报告期比基期少支出 450 元。

2. 用报告期销售量作为同度量因素的综合指数

依表 4.2 中数据，计算可得 $\bar{K}_p=\frac{\sum p_1q_1}{\sum p_0q_1}=\frac{2170}{2725}=79.63\%$，这里，$\bar{K}_p$ 以报告期销售量作为同度量因素，故称为帕氏质量指标指数。结果显示，3 种商品的价格平均下降 20.37%。由 $\sum p_1q_1-\sum p_0q_1=2170-2725=-555$（元），可知居民在维持报告期生活水平的情况下，由于物价下降，少支出了 555 元。

需要注意的是，上述帕氏质量指标指数不但包含了价格变动的影响，还包含了销售量和价格同时变动的影响。从实际生活角度看，人们更加关注报告期销售量条件下价格变动对于实际生活的影响。因此，帕氏指数在实际中应用得较多。

拉氏指数和帕氏指数是最常用的两类指数，其在计算时都需要 3 个系列的数据。如要获得拉氏质量指标指数，必须要有 q_0、p_0、p_1、资料作为计算基础；要获得帕氏质量指标指数，必须要有 q_1、p_0、p_1 资料作为计算基础。这 3 个系列的数据不一定能够直接得到，在实际工作中获得价格比率的资料往往比获得价格的资料更容易些。此时，需考虑运用平均数指数。

4.3 平均数指数

平均数指数按照“先对比，后平均”的方式编制。编制的基本方法：先计算个别现象的个体指数，然后对个体指数进行加权，采用加权平均的方法得到总指数，以测定所研究现象数量的变动程度。

在现实中，加权平均数指数应用较为普遍。加权平均数指数是以某一时期的总量为权数对个体指数进行加权（算数或调和）平均计算出来的。按加权方式不同，可分为加权算术平均数指数和加权调和平均数指数。

加权平均数指数的编制原理可以概括如下。

（1）为了对复杂现象总体进行对比分析，首先对构成总体的个别元素计算个体指数，所得到的无量纲化的相对数是编制总指数的基础。

（2）为了反映个别元素在总体中重要性的差异，必须以相应的总值指标作为权数对个体指数进行加权平均，从而得到说明总体现象数量对比关系的总指数。

下面介绍两种常用的加权平均数指数。

4.3.1　加权算术平均数指数

加权算术平均数指数是以综合指数的分母资料为权数对个体指数进行加权，运用加权算术平均法计算的总指数。

数量指标算术平均数指数的计算公式为

$$A_q=\frac{\sum k_q q_0 p_0}{q_0 p_0}=\frac{\sum \frac{q_1}{q_0}\times q_0 p_0}{\sum q_0 p_0}=\frac{\sum q_1 p_0}{q_0 p_0} \tag{4.1}$$

式中，$k_q=\frac{q_1}{q_0}$ 表示数量指标的个体指数。式（4.1）说明，以 $q_0 p_0$ 为权数的个体数量指标指数的加权算术平均数等于数量指标综合指数。

质量指标算术平均数指数的计算公式为

$$A_p=\frac{\sum k_p q_1 p_0}{\sum q_1 p_0}=\frac{\sum \frac{p_1}{p_0}\times q_1 p_0}{\sum q_1 p_0}=\frac{\sum q_1 p_1}{q_1 p_0} \tag{4.2}$$

式中，$k_p=\frac{p_1}{p_0}$ 表示质量指标的个体指数。式（4.2）说明，以 $q_1 p_0$ 为权数的个体质量指标指数的加权算术平均数等于质量指标综合指数。

例 4.2　根据表 4.3 中的数据，计算某超市 3 种商品的销售量总指数。

表 4.3　某超市 3 种商品算术平均数指数计算表

商品	计量单位	基期销售量 q_0	报告期销售量 q_1	个体销售量指数 $k_q=q_1/q_0$/%	基期销售额 q_0p_0
甲	千克	50	62.5	125	1000
乙	套	75	90	120	750
丙	件	100	115	115	500

解： 本例所求为数量指标综合指数，已知个体销售量指数和基期销售额，由式（4.1）有

$$A_q=\frac{\sum k_q q_0 p_0}{\sum q_0 p_0}=\frac{125\%\times1000+120\%\times750+115\%\times500}{1000+750+500}=121.11\%$$

故 3 种商品的销售量总指数为 121.11%。

4.3.2 加权调和平均数指数

加权调和平均数指数是以综合指数的分子资料为权数对个体指数进行加权，运用加权调和平均法计算的总指数。

数量指标调和平均数指数的计算公式为

$$H_q=\frac{\sum q_1p_0}{\sum\frac{1}{k_q}q_1p_0}=\frac{\sum q_1p_0}{\sum\frac{q_0}{q_1}\times q_1p_0}=\frac{\sum q_1p_0}{\sum q_0p_0} \quad (4.3)$$

式中，$k_q=\frac{q_1}{q_2}$表示数量指标的个体指数。式（4.3）说明，以q_1p_0为权数、取个体数量指标指数的倒数的加权调和平均数等于数量指标综合指数。现实中，q_1p_0数据一般存在获取难度。

质量指标调和平均数指数的计算公式为

$$H_p=\frac{\sum q_1p_1}{\sum\frac{1}{k_p}q_1p_1}=\frac{\sum q_1p_1}{\sum\frac{p_0}{p_1}\times q_1p_1}=\frac{\sum q_1p_1}{\sum q_1p_0} \quad (4.4)$$

式中，$k_p=\frac{p_1}{p_0}$表示质量指标的个体指数。式（4.4）说明，以q_1p_1为权数、取个体质量指标指数的倒数的加权调和平均数等于质量指标综合指数。

例 4.3 根据表 4.4 中的数据，计算某超市 3 种商品的销售价格总指数。

表 4.4 某超市 3 种商品调和平均数指数计算表

商品	计量单位	基期销售价格 p_0	报告期销售价格 p_1	个体价格指数 p_1/p_0/%	报告期销售额 q_1p_1
甲	千克	20	14	70	875
乙	套	10	8	80	720
丙	件	5	5	100	575

解： 本例所求为质量指标综合指数，已知个体价格指数和报告期销售额，由式（4.4），有

$$H_p=\frac{\sum q_1p_1}{\sum\frac{1}{k_p}q_1p_1}=\frac{875+720+575}{\frac{1}{0.7}\times 875+\frac{1}{0.8}\times 720+\frac{1}{1.0}\times 575}=79.63\%$$

结果说明，3 种商品的销售价格总指数为 79.63%。

4.4　指数体系及因素分析

经济社会现象的变动往往受两个或多个因素影响。指数因素分析可以用于分析各影响因素的变动对现象总变动的影响方向和影响程度。因素分析法的应用依赖于指数体系的建立。

4.4.1　指数体系的概念

指数体系的概念有广义和狭义之分。

广义的指数体系类似指标体系的概念，泛指由若干相互关联的统计指数所构成的体系。例如，工业品批发价格指数、农产品收购价格指数和消费品零售价格指数等构成了“市场物价指数体系”，而国民经济运行的生产、流通和使用各环节以及国民经济各部门的多种经济指数则构成了“国民经济核算指数体系”。其中，除上面列举的有关价格指数之外，还包括诸如国内总产出价格指数和物量指数、国内生产总值价格指数和物量指数、投资价格指数和物量指数，以及资产负债存量价格指数等，其内容及构成十分庞大和复杂。

狭义的指数体系仅指几个指数之间在一定的经济联系基础上所构成的严密的数量关系式。复杂现象及其构成在静态上的数量关系往往可以用指标体系来表现。一般可以分解为数量指标因素和质量指标因素。如，商品销售额 = 商品销售量×商品销售价格；产品总成本 = 产品产量×单位产品成本。

除了静态数量关系之外，指数体系也可以反映动态数量关系。此时，反映社会经济现象总体变动的指数可以分解为数量指标指数和质量指标指数。如，商品销售额指数 = 商品销售量指数×商品销售价格指数；产品总成本指数 = 产品产量指数×单位产品成本指数。

上述指数体系是建立在指标之间的经济联系基础之上的，因而它们具有非常实际的经济分析意义。指数体系为因素分析提供了确定影响因素的依据。

4.4.2　双因素指数分析

在指数体系中，两个因素乘积的变动程度（总量指标指数）等于某因素单独变动的指数乘以在该因素已变动的前提下另一个因素的变动指数。其中，双因素指数需要一个采用拉氏指数，另一个采用帕氏指数，其相对和绝对变动的公式为

$$\frac{\sum q_1p_1}{\sum q_0p_0}=\frac{\sum q_1p_0}{\sum q_0p_0}\times\frac{\sum q_1p_1}{\sum q_1p_0} \tag{4.5}$$

$$\sum q_1p_1-\sum q_0p_0=\left(\sum q_1p_0-\sum q_0p_0\right)+\left(\sum q_1p_1-\sum q_1p_0\right) \tag{4.6}$$

式中，$\frac{\sum q_1p_1}{\sum q_0p_0}$ 表示总量指标的相对变动程度；$\frac{\sum q_1p_0}{\sum q_0p_0}$ 表示数量指标的相对变动程度；

$\frac{\sum q_1p_1}{\sum q_1p_0}$表示质量指标的相对变动程度。$\sum q_1p_0-\sum q_0p_0=\sum (q_1-q_0)p_0$表示质量指标固定在基期的情况下，数量指标变动所引起的总量指标的绝对变动值；$\sum q_1p_1-\sum q_1p_0=\sum q_1(p_1-p_0)$表示数量指标固定在报告期的情况下，质量指标变动所引起的总量指标的绝对变动值。

式（4.5）和式（4.6）反映出，在指数体系中总量指标与各因素指标之间的数量关系表现为两个方面：一是从相对量来看，总量指标的相对变动程度等于各因素指标相对变动程度的乘积；二是从绝对量来看，总量指标的变动差额等于各因素指标变动的差额之和。

例 4.4 某食品厂产品产量和价格资料如表 4.5 所示，试进行双因素指数分析。

表 4.5 某食品厂产品产量和价格资料

产品	产量/万斤		价格/元		产值/万元		
	q_0	q_1	p_0	p_1	q_0p_0	q_1p_1	q_1p_0
甲	50	80	2.4	3	120	240	192
乙	100	120	1.6	2.2	160	264	192
合计					280	504	384

解：由表 4.5 可知，基期总产值为 280 万元，报告期总产值为 504 万元，报告期对基期的变动，以产值指数表示为

$$\text{总产值指数}=\frac{\sum q_1p_1}{\sum q_0p_0}=\frac{504}{280}=180\%$$

以变动额表示为

$$\text{总产值变动额}=\sum q_1p_1-\sum q_0p_0=504-280=224\text{（万元）}$$

说明报告期总产值比基期总产值增长了 80%，总产值增加了 224 万元。

总产值的变动受产量和价格两个因素的影响，指数体系为

$$\text{总产值指数}=\text{产量指数}\times\text{价格指数}$$

即

$$\frac{\sum q_1p_1}{\sum q_0p_0}=\frac{\sum q_1p_0}{\sum q_0p_0}\times\frac{\sum q_1p_1}{\sum q_1p_0}$$

由表 4.5 资料可得

$$\frac{504}{280}=\frac{384}{280}\times\frac{504}{384}$$

即

$$180\%=137.14\%\times 131.25\%$$

上式说明，该厂报告期总产值比基期增长了 80%，这是产量增长 37.14%和价格提高 31.25%这两个因素共同作用的结果。

从绝对量上看，分子分母之差为

$$\sum q_1p_1-\sum q_0p_0=\left(\sum q_1p_0-\sum q_0p_0\right)+\left(\sum q_1p_1-\sum q_1p_0\right)$$

由表 4.5 资料可得

$$504-280=(384-280)+(504-384)$$

即

$$224=104+120$$

上式说明，报告期总产值比基期增加了 224 万元，是产量增加使总产值增加 104 万元和价格增加使总产值增加 120 万元这二者共同影响的结果。

4.4.3　多因素指数分析

在实际分析中，有些现象总量不仅可以分解为两个因素，还可以分解为三个，甚至更多的因素。当现象由三个或三个以上因素构成时，测定这些因素对该现象影响的相对程度和影响的绝对额，即为多因素分析。

多因素构成的指标体系可以通过对两个因素的指标体系进行拓展而得。例如，总产值 = 总产量×产品价格，而总产量 = 工人数×工人劳动生产率。由此，总产值的三因素体系可写为

$$总产值=工人数\times工人劳动生产率\times产品价格$$

可以采用连环替代法对多因素逐步进行分析。即分析第一个因素时，把其余因素都固定在基期；分析第二个因素时，将已分析过的第一个因素固定在报告期，其余未分析的因素依旧固定在基期，以此类推。

多因素指数分析的具体步骤如下。①明确总指标和各因子，并检查他们之间是否具有乘积关系。②确定各因子的排列顺序，按照数量指标在前、质量指标在后的顺序排列；在多因素分析中，相邻排列的两个因素的乘积应具有经济意义。③按照排列好的顺序对乘式中的各因子逐一进行连环替代，在连环替代中分析各因素变动对总指标的影响效应。

以三因素指数分析为例。如对某企业生产活动的增加值进行因素分析，则可将增加值按下述方式进行分解

$$增加值=职工人数(a)\times劳动生产率(b)\times增加值率(c)$$

上式说明，增加值受三个因素的影响，即职工人数的多少，按人均总产值计算的劳动生产率的高低，以及增加值率的高低。

依据连环替代法，对增加值进行分析的程序是

$$a_0b_0c_0—a_1b_0c_0—a_1b_1c_0—a_1b_1c_1$$

据此得到的个体指数体系为

$$\frac{a_1b_1c_1}{a_0b_0c_0}=\frac{a_1b_0c_0}{a_0b_0c_0}\times\frac{a_1b_1c_0}{a_1b_0c_0}\times\frac{a_1b_1c_1}{a_1b_1c_0}$$

$$a_1b_1c_1-a_0b_0c_0=(a_1b_0c_0-a_0b_0c_0)+(a_1b_1c_0-a_1b_0c_0)+(a_1b_1c_1-a_1b_1c_0)$$

进而，针对总量指标的指数体系可以写为

$$\frac{\sum a_1b_1c_1}{\sum a_0b_0c_0}=\frac{\sum a_1b_0c_0}{\sum a_0b_0c_0}\times\frac{\sum a_1b_1c_0}{\sum a_1b_0c_0}\times\frac{\sum a_1b_1c_1}{\sum a_1b_1c_0}$$

$$\sum a_1b_1c_1-\sum a_0b_0c_0=\left(\sum a_1b_0c_0-\sum a_0b_0c_0\right)+\left(\sum a_1b_1c_0-\sum a_1b_0c_0\right)+\left(\sum a_1b_1c_1-\sum a_1b_1c_0\right)$$

需要注意的是，在多因素分析中各因素的排列顺序不能随意确定，更不能随意改变。一般遵循数量指标在前、质量指标在后的顺序，需要确保相邻指标结合后可以形成有经济意义的指标，最终可以返回双因素体系的形式。

例 4.5 某发电企业发电量和能耗数据如表 4.6 所示，试对碳排放总量进行多因素分析。

表 4.6 某发电企业发电量和能耗数据

企业	发电量/亿千瓦时		能源强度/(万吨标煤/亿千瓦时)		碳排放系数/(吨碳/吨标煤)		碳排放量/万吨			
	q_0	q_1	e_0	e_1	f_0	f_1	$q_0e_0f_0$	$q_1e_1f_1$	$q_1e_0f_0$	$q_1e_1f_0$
甲	209	251	3.6	3.20	2.53	2.40	1903.57	1927.68	2286.11	2032.10
乙	180	188	3.8	3.90	2.62	2.67	1792.08	1957.64	1871.73	1920.98
丙	67	80	4.3	3.29	2.53	2.21	728.89	581.67	870.32	665.90
合计*							4424.55	4467.00	5028.16	4618.98

* 按原始数据计算所得，下同

解：碳排放量变动的因素分析指标体系为

$$碳排放量=发电量(q)\times能源强度(e)\times碳排放系数(f)$$

碳排放量的指数体系为

$$\frac{\sum q_1e_1f_1}{\sum q_0e_0f_0}=\frac{\sum q_1e_0f_0}{\sum q_0e_0f_0}\times\frac{\sum q_1e_1f_0}{\sum q_1e_0f_0}\times\frac{\sum q_1e_1f_1}{\sum q_1e_1f_0}$$

指数体系中，各指数的分子与分母之差，构成各因素影响额的分析体系：

$$\sum q_1e_1f_1-\sum q_0e_0f_0=\left(\sum q_1e_0f_0-\sum q_0e_0f_0\right)+\left(\sum q_1e_1f_0-\sum q_1e_0f_0\right)+\left(\sum q_1e_1f_1-\sum q_1e_1f_0\right)$$

由此可得：

（1）碳排放量总指数

$$\frac{\sum q_1e_1f_1}{\sum q_0e_0f_0}=\frac{4467.00}{4424.55}=100.96\%$$

$$\sum q_1e_1f_1-\sum q_0e_0f_0=4467.00-4424.55=42.45（万吨）$$

（2）发电量总指数

$$\frac{\sum q_1e_0f_0}{\sum q_0e_0f_0}=\frac{5028.16}{4424.55}=113.64\%$$

$$\sum q_1e_0f_0-\sum q_0e_0f_0=5028.16-4424.55=603.61（万吨）$$

（3）能源强度总指数

$$\frac{\sum q_1e_1f_0}{\sum q_1e_0f_0}=\frac{4618.98}{5028.16}=91.86\%$$

$$\sum q_1e_1f_0-\sum q_1e_0f_0=4618.98-5028.16=-409.18\text{（万吨）}$$

（4）碳排放系数总指数

$$\frac{\sum q_1e_1f_1}{\sum q_1e_1f_0}=\frac{4467.00}{4618.98}=96.71\%$$

$$\sum q_1e_1f_1-\sum q_1e_1f_0=4467.00-4618.98=-151.98\text{（万吨）}$$

上述计算结果可构成指数体系的相对因素关系式

$$100.96\%=113.64\%\times 91.86\%\times 96.71\%$$

以及绝对因素关系式

$$42.45=603.61+(-409.18)+(-151.98)$$

计算结果表明，报告期碳排放量比基期增长了0.96%，多排放了42.45万吨，这是三个因素共同影响的结果。其中，发电量增长了13.64%，使碳排放量增加了603.61万吨；能源强度下降了8.14%，使碳排放量减少了409.18万吨；碳排放系数下降了3.29%，使碳排放量减少了151.98万吨。本例说明提升能源效率（即降低能源强度）以及优化能源结构（如使用更清洁的能源从而降低碳排放系数）有利于减排二氧化碳。

4.4.4 平均指标的因素分析

平均指标是表明社会经济总体一般水平的指标。总体一般水平决定于两个因素：一个是总体内部各组分的水平；另一个是总体的结构，即各组分在总体中所占的比例。总体平均指标的变动是这两个因素变动的综合结果。

平均指标变动的因素分析，就是利用指数因素分析方法，从数量上分析总体各组分水平与总体结构这两个因素变动对总体平均指标变动的影响。例如，一个部门的劳动生产率水平取决于部门内各单位（组）的劳动生产率水平和不同劳动生产率水平的单位（组）在部门内的比例这两个因素。通过因素分析，可以弄清楚这两个因素各自的影响方向和影响程度，从而对部门劳动生产率的变动有更深入的认识。

为分析各组分水平值（x）与总体的单位结构值（$f/\sum f$）的变动对平均指标（$\bar{x}$）产生的影响，设$\bar{x}_1=\dfrac{\sum x_1f_1}{\sum f_1}$为报告期各组分的平均指标，$\bar{x}_0=\dfrac{\sum x_0f_0}{\sum f_0}$为基期各组分的平均指标。依据指数因素分析的一般原理，规定以总体的单位结构值（$f/\sum f$）为与数量指标相似的数值，规定各组分水平值（x）为与质量指标类似的数值，由此便可列出平均指标变动因素分析的指标体系，即相对数：

$$\frac{\bar{x}_1}{\bar{x}_0}=\frac{\dfrac{\sum x_1f_1}{\sum f_1}}{\dfrac{\sum x_0f_0}{\sum f_0}}=\frac{\dfrac{\sum x_0f_1}{\sum f_1}}{\dfrac{\sum x_0f_0}{\sum f_0}}\times\frac{\dfrac{\sum x_1f_1}{\sum f_1}}{\dfrac{\sum x_0f_1}{\sum f_1}}$$

绝对数：

$$\frac{\sum x_1 f_1}{\sum f_1}-\frac{\sum x_0 f_0}{\sum f_0}=\left(\frac{\sum x_0 f_1}{\sum f_1}-\frac{\sum x_0 f_0}{\sum f_0}\right)+\left(\frac{\sum x_1 f_1}{\sum f_1}-\frac{\sum x_0 f_1}{\sum f_1}\right)$$

式中，$\overline{x}_1/\overline{x}_0$ 由报告期和基期总体平均指标的实际水平对比计算而得，它全面反映了总体平均水平的实际变动情况，可称为总平均数指数；$\frac{\sum x_0 f_1}{\sum f_1}\bigg/\frac{\sum x_0 f_0}{\sum f_0}$ 是将各部分水平固定在基期计算的总平均指标指数，用以反映总体结构变动对总体平均指标变动的影响，称为结构影响指数；$\frac{\sum x_1 f_1}{\sum f_1}\bigg/\frac{\sum x_0 f_1}{\sum f_1}$ 是将总体构成（即各组分的比例）固定在报告期计算的总平均指标指数，其消除了总体结构变动的影响，专门用以综合反映各组分水平变动对总体平均指标变动的影响，称为固定构成指数。三个指数之间满足：总平均数指数＝结构影响指数×固定构成指数，因而形成指数体系。

例 4.6 以表 4.7 中数据，分析某公司某年总平均工资的变动及其原因。

表 4.7 某公司下属 3 家企业的职工人数和工资资料

企业	职工人数/人		平均工资/万元		工资总额/万元		
	f_0	f_1	x_0	x_1	x_0f_0	x_1f_1	x_0f_1
企业 1	1 500	1 400	5	5.1	7 500	7 140	7 000
企业 2	1 420	1 440	6	6.3	8 520	9 072	8 640
企业 3	1 300	1 100	8	8.4	10 400	9 240	8 800
合计	4 220	3 940	6.26	6.46	26 420	25 452	24 440

解：（1）总平均工资指数及总平均工资增减绝对额为

$$\frac{\overline{x}_1}{\overline{x}_0}=\frac{\dfrac{\sum x_1 f_1}{\sum f_1}}{\dfrac{\sum x_0 f_0}{\sum f_0}}=\frac{\dfrac{25\,452}{3\,940}}{\dfrac{26\,420}{4\,220}}=\frac{6.46}{6.26}=103.19\%$$

$$\overline{x}_1-\overline{x}_0=\frac{\sum x_1 f_1}{\sum f_1}-\frac{\sum x_0 f_0}{\sum f_0}=6.46-6.26=0.20\text{（万元）}$$

（2）各企业职工人数结构变动及其对总平均工资的影响为

$$\frac{\dfrac{\sum x_0 f_1}{\sum f_1}}{\dfrac{\sum x_0 f_0}{\sum f_0}}=\frac{\dfrac{24\,440}{3\,940}}{\dfrac{26\,420}{4\,220}}=\frac{6.20}{6.26}=99.04\%$$

$$\frac{\sum x_0 f_1}{\sum f_1}-\frac{\sum x_0 f_0}{\sum f_0}=6.20-6.26=-0.06\text{（万元）}$$

(3）组平均工资指数及其对总平均工资的影响为

$$\frac{\dfrac{\sum x_1 f_1}{\sum f_1}}{\dfrac{\sum x_0 f_1}{\sum f_1}}=\frac{\dfrac{25\,452}{3\,940}}{\dfrac{24\,440}{3\,940}}=\frac{6.46}{6.20}=104.19\%$$

$$\frac{\sum x_1 f_1}{\sum f_1}-\frac{\sum x_0 f_1}{\sum f_1}=6.46-6.20=0.26\text{（万元）}$$

(4）三者的关系如下。

相对数变动关系：

$$103.19\%=104.19\%\times 99.04\%$$

绝对数变动关系：

$$0.20\text{（万元）}=0.26\text{（万元）}-0.06\text{（万元）}$$

上述计算结果表明：该公司职工总平均工资比基期上升了 3.19%，平均每个职工的工资较基期增加了 0.20 万元。其中，由于各企业职工人数结构发生变动，公司平均工资下降了 0.96%，使每个职工的工资平均减少了 0.06 万元；由于各企业职工平均工资变动，公司平均工资上升了 4.19%，使每个职工的工资平均增加了 0.26 万元。

4.5　常用统计指数简介

4.5.1　居民消费价格指数

居民消费价格指数是大多数国家都编制的一种指数。其是反映一定时期内，城乡居民所购买的生活消费品价格和服务项目价格的变动情况的一种相对数，是进行国民经济核算、宏观经济分析和预测、实施价格总水平调控的一项重要指标。

自 2001 年起，我国采用国际通用方法计算定基价格指数，即以 2000 年平均价格作基准，计算出各月定基价格指数，再推算月环比、月同比及年同比价格指数，同时推算任意时间间距的多种价格指数。

我国居民消费价格指数是由居民用于日常生活消费的全部商品和服务项目所构成的，目前共包括食品烟酒、衣着、居住、生活用品及服务、交通通信、教育文化、医疗保健和其他用品及服务。每个大类可分为若干中类，每个中类又分为若干小类，每个小类又进一步分为具体商品。

居民消费价格指数采用加权算术平均公式进行编制。年度指数计算以上一年为基数的指数，月度指数则分别计算以上一年同期和上个月为基期的同比和月环比两种指数。计算公式为

$$\bar{K}_p=\frac{\sum k_p w}{\sum w}\tag{4.7}$$

式中，$\bar{K}_p$ 表示居民消费价格指数；k_p 表示商品（或类）价格指数；w 表示权数。权数

的确定分别依据城市样本的约 40 000 个家庭和农村样本的约 60 000 个家庭的实际消费构成。

例 4.7 根据表 4.8 中的数据计算某市居民消费价格指数。

表 4.8 某市居民消费价格指数计算表

商品类别及名称	代表规格品的规格等级牌号	计量单位	平均价/元			以上年为基础	
			上年 p_0	本年 p_1	权数 w/%	个体和类指数 $k_p=p_1/p_0$/%	个体和类指数乘以权数 k_pw/%
（甲）	（乙）	（丙）	(1)	(2)	(3)	$(4)=\frac{(2)}{(1)}$	$(5)=(4)\times(3)$
总指数					100		105.120
（一）食品烟酒					34	104.36	35.482
1.粮食					15	105.04	15.756
2.食用油					5	95.38	4.769
3.鲜菜					10	108.00	10.800
4.畜肉类					21	117.93	24.765
（1）猪肉					48	120.00	57.600
①A	A		20	26	40	130.00	52.000
②B	B		24	27.2	60	113.33	67.998
（2）牛肉				35	44	116.67	51.335
（3）羊肉				54	8	112.50	9.000
5.水产品					13	102.36	13.307
6.蛋类					3	97.58	2.927
7.奶类					8	99.65	7.972
8.鲜果					11	96.34	10.597
9.卷烟					6	101.37	6.082
10.酒类					8	92.34	7.387
（二）衣着					9	102.00	9.180
（三）居住					13	118.71	15.432
（四）生活用品及服务					6	97.50	5.850
（五）交通通信					10	98.35	9.835
（六）教育文化娱乐					8	102.24	8.179
（七）医疗保健					6	104.28	6.257
（八）金融中介服务类					6	105.36	6.322
（九）保险服务类					4	106.21	4.248
（十）其他商品及服务					4	108.34	4.334

计算步骤如下。

(1) 计算各个代表规格品的个体零售价格指数，如猪肉小类下游两个代表规格品 A 和 B。其中，A 的个体价格指数为 $k_p=\frac{p_1}{p_2}=\frac{26}{20}=130.00\%$，同理可计算 B 的个体价格指数为 113.33%。

(2) 把各个体价格指数乘上相应权数后相加，再计算其算术平均数，得小类指数。如猪肉小类指数为

$$\bar{K}_p=\frac{\sum k_p p_0 q_0}{\sum p_0 q_0}=\sum k_p w=130.00\%\times 0.4+113.33\%\times 0.6=120.00\%$$

(3) 把各个小类指数分别乘上相应的权数后，再计算其算术平均数，得中类指数。如畜肉中类指数为

$$\bar{K}_p=\frac{\sum k_p p_0 q_0}{\sum p_0 q_0}=\sum k_p w=120.00\%\times 0.48+116.67\%\times 0.44+112.50\%\times 0.08=117.93\%$$

(4) 把各中类指数乘以相应的权数后计算其算术平均数，即得大类指数。如食品烟酒类指数为

$$\begin{aligned}\bar{K}_p&=\frac{\sum k_p p_0 q_0}{\sum p_0 q_0}=\sum k_p w\\&=105.04\%\times 0.15+95.38\%\times 0.05+108.00\%\times 0.10\\&\quad+117.93\%\times 0.21+102.36\%\times 0.13+97.58\%\times 0.03\\&\quad+99.65\%\times 0.08+96.34\%\times 0.11+101.37\%\times 0.06\\&\quad+92.34\%\times 0.08\\&=104.36\%\end{aligned}$$

(5) 把各大类指数乘以相应的权数后计算其算术平均数，即得总指数

$$\begin{aligned}\bar{K}_p&=\frac{\sum k_p p_0 q_0}{\sum p_0 q_0}=\sum k_p w\\&=104.36\%\times 0.34+102.00\%\times 0.09+118.71\%\times 0.13\\&\quad+97.50\%\times 0.06+98.35\%\times 0.10+102.24\%\times 0.08\\&\quad+104.28\%\times 0.06+105.36\%\times 0.06+106.21\%\times 0.04\\&\quad+108.34\%\times 0.04\\&=105.12\%\end{aligned}$$

居民消费价格指数可以用于观察居民生活消费品及服务项目价格的变动对城乡居民生活的影响，对于各级部门掌握居民消费价格状况和研究并制定居民消费价格政策、工资政策以及测定通货膨胀等，都有重要现实意义。

与居民消费价格指数密切相关的经济指标有如下几种。

(1) 通货膨胀率。通货膨胀率用于反映通货膨胀的严重程度，它说明了一定时期内商品价格持续上升的幅度。其与居民消费价格指数之间的关系是

$$\text{通货膨胀率}=\frac{\text{报告期居民消费价格指数}-\text{基期居民消费价格指数}}{\text{基期居民消费价格指数}}\times 100\%$$

通货膨胀率大于 0，说明存在通货膨胀；反之，存在通货紧缩。由此可以看出，居民消费价格指数可以用于反映通货膨胀状况。

（2）货币购买力指数。货币购买力指数是指单位货币能购买到的消费品和服务的数量，其与居民消费价格指数呈反比例关系，即居民消费价格指数的倒数是货币购买力指数：

$$货币购买力指数=\frac{1}{居民消费价格指数}\times 100\%$$

居民消费价格指数上涨，货币购买力下降，反之则上升。

（3）职工实际工资指数。消费价格指数的提高意味着实际工资的减少，反之，意味着实际工资的提高。因此，居民消费价格指数可以用于将名义工资转化为实际工资：

$$职工实际工资指数=\frac{职工平均工资指数}{居民消费价格指数}\times 100\%$$

4.5.2 商品零售价格指数

商品零售价格指数是反映城乡商品零售价格变动趋势的一种经济指数，是观察和分析经济活动的重要工具之一。它的变动直接影响城乡居民的生活支出与国家的财政收入，影响居民购买力与市场供需平衡以及消费和积累的比例。

零售价格指数的编制与居民消费价格指数的计算公式相同。但二者也有区别，具体表现在以下几个方面。①编制的角度不同。零售价格指数是从商品卖方的角度出发，着眼于零售市场，观察零售商品的平均价格水平及其对经济社会的影响；居民消费价格指数是从商品买方的角度出发，着眼于人民生活，观察居民生活消费品及服务项目价格的变动对城乡居民生活的影响。②涵盖范围不同。体现在二者所包含的项目和具体商品的差异上。我国零售价格指数分为十六大类，具体商品品类国家做了规定，分别是食品、饮料烟酒、服装鞋帽、纺织品、家用电器及音像器材、文化办公用品、日用品、体育娱乐用品、交通通信用品、家具、化妆品、金银饰品、中西药品及医疗保健用品、书报杂志及电子出版物、燃料、建筑材料及五金电料[①]。注意到，商品零售价格指数既包含生活消费品，也包括建筑材料和机电产品等，但不包含非商品形态的服务项目。与之不同，居民消费品价格指数分为八大类，既包括生活消费品，又包括服务项目。③权数的确定不同。编制居民消费价格指数的类权数和大部分商品与服务项目的权数，是根据住户调查中居民的实际消费构成计算的。零售价格指数资料是采用分层抽样的方式获得的，即在全国选取不同经济区域和分布合理地区的有代表性的商品作为样本，对市场价格进行经常性调查，以样本推断总体。在全国各省（自治区、直辖市）被抽中的约 500 个市、县开展调查。

商品零售价格指数的编制步骤如下。一是调查地区和调查点的选择。调查地区按照经济区域和地区分布合理等原则，选出具有代表性的大、中、小城市和县作为国家的调

① 自 2023 年起，因国家调查制度优化调整，商品零售价格指数不再计算和发布。

查地区，在此基础上选择经营规模大、商品种类多的商场（包括集市）作为调查点。二是代表商品和代表规格品的选择。代表商品选择那些消费量大、价格变动有代表性的商品。代表规格品的确定是根据商品零售资料和城市居民、农村居民的消费支出记账资料，按有关规定筛选的。筛选原则：①与社会生产和人民生活密切相关；②销售数量（金额）大；③市场供应保持稳定；④价格变动趋势有代表性；⑤所选的代表规格品之间差异较大。三是确定价格调查方式。一般来说是采用派员调查方式，直接到调查点登记调查，同时在全国范围内聘请近万名辅助调查员协助登记调查。四是权数的确定。零售商品价格指数的计算权数是根据社会商品零售额统计确定的，采用加权算术平均公式进行计算。具体公式为

$$\bar{K}_p = \sum k_p \frac{w}{\sum w} \tag{4.8}$$

式中，$\bar{K}_p$ 表示零售商品价格指数；$k_p = \frac{p_1}{p_0}$ 表示各种代表规格品的个体物价指数；$\frac{w}{\sum w}$ 表示各种代表规格品所代表的商品零售额的比重（固定权数）。权数直接影响指数的可靠性，因此会根据历年居民家庭收支调查的资料进行调整。

例 4.8　根据表 4.9 中数据计算某地区商品零售价格指数。

表 4.9　某市 2020 年商品零售价格指数计算表

商品类别及名称	代表规格品的规格等级牌号	计量单位	平均价/元		权数/%	基数 100	
			基期 p_0	报告期 p_1		指数	加权数
（甲）	（乙）	（丙）	(1)	(2)	(3)	$(4)=\frac{(2)}{(1)}$	$(5)=(4)\times(3)$
总指数					100	102.38	
（一）食品					20	110.19	22.04
1　粮食					24	99.40	23.86
2　鲜菜					10	113.80	11.38
3. 畜肉					25	136.30	34.08
4. 水产品					15	106.40	15.96
5. 蛋					11	94.10	10.35
6. 鲜果					15	97.10	14.57
（二）饮料烟酒					15	102.00	15.30
（三）服装鞋帽					8	97.40	7.79
（四）纺织品					3	101.30	3.04
（五）家用电器及音像器材					6	97.90	5.87
（六）文化办公用品					3	103.90	3.12
（七）日用品					10	100.30	10.03
（八）体育娱乐用品					4	100.20	4.01

续表

商品类别及名称	代表规格品的规格等级牌号	计量单位	平均价/元		权数/%	基数 100	
			基期 p_0	报告期 p_1		指数	加权数
（甲）	（乙）	（丙）	（1）	（2）	（3）	$(4)=\frac{(2)}{(1)}$	$(5)=(4)\times(3)$
（九）交通通信用品					8	99.80	7.98
（十）家具					4	100.60	4.02
（十一）化妆品					5	100.80	5.04
（十二）金银饰品					2	117.50	2.35
（十三）中西药品及医疗保健用品					5	98.90	4.95
（十四）书报杂志及电子出版物					1	106.80	1.07
（十五）燃料					1	91.00	0.91
（十六）建筑材料及五金电料					5	97.30	4.87

编制商品零售价格指数的步骤如下。

（1）将各指数乘以权数，加总计算得到各大类指数。如食品大类的指数为

$$\begin{aligned}\bar{K}_p &= \sum k_p \frac{w}{\sum w} \\ &= 99.40\% \times 0.24 + 113.80\% \times 0.10 + 136.30\% \times 0.25 \\ &\quad + 106.40\% \times 0.15 + 94.10\% \times 0.11 + 97.10\% \times 0.15 \\ &= 110.19\%\end{aligned}$$

（2）各大类指数乘以权数，加总计算得到总指数，即

$$\begin{aligned}\bar{K}_p &= \sum k_p \frac{w}{\sum w} \\ &= 110.19\% \times 0.20 + 102.00\% \times 0.15 + 97.40\% \times 0.08 + 101.30\% \times 0.03 \\ &\quad + 97.90\% \times 0.06 + 103.90\% \times 0.03 + 100.30\% \times 0.10 + 100.20\% \times 0.04 \\ &\quad + 99.80\% \times 0.08 + 100.60\% \times 0.04 + 100.80\% \times 0.05 + 117.50\% \times 0.02 \\ &\quad + 98.9\% \times 0.05 + 106.80\% \times 0.01 + 91.00\% \times 0.01 + 97.30\% \times 0.05 \\ &= 102.38\%\end{aligned}$$

则该市 2020 年商品零售价格指数为 102.38%。

4.5.3 农产品收购价格指数

农产品收购价格指数是反映一定时期内农产品收购价格变动趋势和程度的指标。农产品价格变动与农业生产的水平、速度和农村产业结构的变动，以及农民的收入和生活水平密切相关。因此，农产品收购价格指数是各级政府研究农村经济和农民生活问题、制定农村经济政策的重要依据。

编制农产品收购价格指数的商品有十一大类，分别为粮食类、经济作物类、竹木材类、工业用油漆类、禽畜产品类、蚕茧蚕丝类、干鲜果类、干鲜菜及调味品类、土特产品类、药材类、水产品类。代表商品近 300 种，地方可根据实际情况适当增加当地产量大的主要产品，减去当地不产或产量很小且没有代表性的商品。对于规格等价多变的商品，必须选两个以上的代表规格品。

农产品收购价格指数的计算采用加权调和平均公式，具体为

$$\bar{K}_p = \frac{\sum p_1 q_1}{\sum \frac{1}{k_p} p_1 q_1} \tag{4.9}$$

式中，$\bar{K}_p$ 表示农产品收购价格总指数；k_p 表示单项农产品收购价格指数；$p_1 q_1$ 表示报告期各类农产品实际收购额。

例 4.9 根据表 4.10 中数据计算某地区农产品收购价格指数。

表 4.10 某地区农产品收购价格指数计算表

商品类别及名称	代表规格品的规格等级牌号	计量单位	平均价/元		指数/%	收购金额/万元	
			基期 p_0	报告期 p_1	$k_p = \frac{q_1}{p_0}$	$p_1 q_1$	$\frac{1}{k_p} = p_1 q_1$
（甲）	（乙）	（丙）	(1)	(2)	$(3) = \frac{(2)}{(1)}$	(4)	$(5) = \frac{(4)}{(3)}$
总指数					114.62	325 390	283 880.99
（一）粮食类					115.34	91 730	79 530.08
（二）经济作物类					123.41	54 260	43 967.26
1.棉花	A	千克	65	79	121.54	16 360	13 460.59
2.麻	B	千克	59	85	144.07	5 400	3 748.18
3.烤烟	C	千克	55	63	114.55	14 000	12 221.74
4.芝麻	D	千克	22	28	127.27	18 500	14 536.03
（三）竹木材类					128.41	6 000	4 672.53
（四）工业用油漆类					118.34	1 200	1 014.03
（五）禽畜产品类					118.00	32 000	27 118.64
（六）蚕茧蚕丝类					135.68	7 200	5 306.60
（七）干鲜果类					112.00	20 000	17 857.14
（八）干鲜菜及调味品类					110.00	49 000	44 545.45
（九）土特产品类					106.00	30 000	28 301.89
（十）药材类					105.50	22 000	20 853.08
（十一）水产品类					112.00	12 000	10 714.29

由表 4.10 中的数据，可以计算得到该地区农产品收购价格指数为

$$\bar{K}_p = \frac{\sum p_1 q_1}{\sum \frac{1}{k_p} p_1 q_1} = \frac{325\ 390}{283\ 880.99} = 114.62\%$$

即该地区农产品收购价格提高了 14.62%。

4.5.4 股票价格指数

在股票市场上，每时每刻都有许多股票进行交易。在同一时间里，这些股票价格各异，而且它们都随着时间在不断变动。有些股票价格上涨，有些股票价格下跌，各种股票的涨跌幅度也不尽相同。在如此千变万化的市场中，用任何一支股票价格的变动来描述整个股票市场的情况都是不行的。那么，究竟怎样衡量整个股票市场行情的变化呢？

针对这一问题，金融服务机构编制出股票价格指数这一指标。其计算方法是将样本股票报告期的价格总和与样本股票基期的价格总和进行比较，用以反映整个市场上各种股票市场价格的总体水平及其变动情况，简称股价指数。指数单位一般用“点”表示，“点”是衡量股票价格起落的尺度，即将基期指数定为 100 点，每上升或下降一个百分点称为“1 点”。

股票价格指数的计算方法有三种：一是相对法；二是综合法；三是加权法。

1. 相对法

相对法又称平均法，就是先计算各样本股票价格指数，再将各样本股票价格指数加总后求其算术平均数。其计算公式为

$$\bar{K}_p = \frac{1}{n} \times \left(\sum \frac{p_1}{p_0} \right) \tag{4.10}$$

式中，$\bar{K}_p$ 表示股票价格指数；p_1 表示股票的报告期价格；p_0 表示股票的基期价格。目前使用该法计算的有道•琼斯指数、英国《金融时报》综合精算股票指数等。

2. 综合法

综合法是指分别把基期和报告期的股票价格进行加总，然后用报告期股价总额与基期股价总额相比较而得出股票价格指数的一种方法。其计算公式为

$$\bar{K}_p = \frac{\sum p_1}{\sum p_0} \tag{4.11}$$

式中，$\bar{K}_p$ 表示股票价格指数；p_1 表示股票的报告期价格；p_0 表示股票的基期价格。目前使用该法计算的有美国纽约证券交易所编制的股票价格指数等。

从相对法和综合法计算股票价格指数来看，两者均未考虑样本股票的发行量和交易量对股市股价的影响，因此，计算出的指数不够准确。

3. 加权法

加权法是根据各期样本股票的相对重要性予以加权，其权数可以是成交股数、股票发行量等。计算公式为

$$\bar{K}_p = \frac{\sum p_1 \times q}{\sum p_0 \times q} \tag{4.12}$$

式中，$\bar{K}_p$ 表示股票价格指数；p_1 表示股票的报告期价格；p_0 表示股票的基期价格；q 表示股票的成交股数（或发行量），它可以确定为基期，也可以确定为报告期。例如，上海证券综合指数以样本股基期发行量为权数，沪深 300 指数以样本股报告期交易量为权数。大多数股票价格指数是以报告期发行量为权数计算的，如标准·普尔股价指数、深证综合指数等。

例 4.10 某证券交易所采用样本股编制股票价格指数，以报告期交易量为权数，并将基期指数值定为 100。样本股票的相关资料如表 4.11 所示，试分别用相对法、综合法以及加权法计算股票价格指数。

表 4.11 样本股票的相关资料

项目种类	市价/元		交易量/万股		发行量/万股	
	基期	报告期	基期	报告期	基期	报告期
A	5	8	1 000	1 500	3 000	5 000
B	8	12	500	900	6 000	6 000
C	10	14	1 200	700	5 000	6 000
D	15	18	600	800	7 000	10 000

解：

（1）用相对法计算报告期股票价格指数：

$$\bar{K}_p = \frac{1}{n}\sum\frac{p_1}{p_0} = \frac{1}{4}\times\left(\frac{8}{5}+\frac{12}{8}+\frac{14}{10}+\frac{18}{15}\right)\times 100\% = 142.50\%$$

（2）用综合法计算报告期股票价格指数：

$$\bar{K}_p = \frac{\sum p_1}{\sum p_0} = \left(\frac{8+12+14+18}{5+8+10+15}\right)\times 100\% = 136.84\%$$

（3）用加权法（报告期交易量为权数）计算报告期股票价格指数：

$$\bar{K}_p = \frac{\sum p_1 \times q}{\sum p_0 \times q} = \frac{8\times1500+12\times900+14\times700+18\times800}{5\times1500+8\times900+10\times700+15\times800}\times 100\% = 139.47\%$$

国内外常见的股票价格指数有如下几种。

1）道·琼斯指数

道·琼斯指数是世界上历史最悠久的股票价格指数，它的全称为道·琼斯股票价格平均指数。通常人们所说的道·琼斯指数一般是指道·琼斯指数四组中的第一组道·琼斯工业平均指数（Dow Jones Industrial Average）。

道·琼斯指数最早在 1884 年由道·琼斯公司的创始人查尔斯·道开始编制。最初的道·琼斯指数是根据 11 种具有代表性的铁路公司的股票，采用算术平均法编制而成的。现在的道·琼斯指数以 1928 年 10 月 1 日为基准日，因为这一天收盘时的道·琼斯指数平均数恰好约为 100 美元。此后每一期的股票价格与基期价格的比值所对应的百分数，就表示各期的股票价格指数。股票价格指数普遍用“点”来做单位，每一点的涨跌情况反映的就是相对于基准日的涨跌百分数。

2）纳斯达克综合指数

纳斯达克综合指数包括 5000 多种股票，涵盖了所有的新技术行业以及微软、英特尔、美国在线、雅虎等家喻户晓的高科技公司，超过其他任何单一的证券市场。正因为它有如此广泛的基础，现已成为最有影响力的证券市场指数之一。

纳斯达克综合指数是以公司市值（最新的股票卖价×发行的股票股数）所占整个市场总体市值比重为加权数来进行加总计算的（纳斯达克 100 指数还额外采用了一种修正市值的方法）。比如，昨日一个基数为 100 的股指开始运作，收盘时的股指所包含的股票的总市值为 1000 美元。今日这些股票价格上涨，使得股指包括的股票的总市值上涨到 1100 美元，那么在股指基数为 100 的情况下，其股指就上涨到 110。

值得说明的是，除了纳斯达克综合指数，纳斯达克还推出了纳斯达克 100 指数，其以剔除金融股后纳斯达克市场中最重要的 100 只股票作为样本股来反映市场走势。

3）香港恒生指数

香港恒生指数（Hongkong Hang Seng Index），是由香港恒生银行的全资子公司恒生指数公司编制的指数，样本股票为香港证券市场的 33 家上市公司，是以发行量为权重的加权平均股价指数，代表了香港证券交易所所有上市公司一年内每月平均市值覆盖率的 63%，是香港股市最具影响力的指数。其计算方法是将 33 种股票按每天的收盘价乘以各自的发行股数为计算日的市值，再与基期市值相比较，乘以 100 得出当天的股票价格指数。

恒生指数的编制是以 1964 年 7 月 31 日为基期，因为这一天香港股市运行正常，成交价均匀，可反映整个香港股市的基本情况，基点确定为 100 点。恒生指数在很大程度上可以反映香港股市的情况，而它的成分股并不是一直不变的，会根据公司以及市场情况进行剔除。

4）上海证券综合指数

上海证券综合指数是上海证券交易所编制的，以上海证券交易所挂牌的全部股票为计算范围，以发行量为权数的加权综合股价指数。该指数以 1990 年 12 月 19 日为基准日，基期指数定为 100 点，自 1991 年 7 月 15 日开始发布。该指数反映上海证券交易所上市的全部 A 股和 B 股的股价走势。上海证券综合指数是将其内所有股票进行加权计算出来的，其中权数为各样本股发行总股数，根据这些原则，先设定一个基期指数，再根据总市值与基期市值之比，得出当期的指数。

上海证券综合指数是上海证券交易所股票的趋势体现，因此，影响上海证券综合指数的根本因素是交易所上市企业的经营状况，上市企业的各项财务指标可以作为企业经营状况的体现。

5）深证综合指数

深证综合指数指的是深圳证券交易所编制的，以深圳证券交易所挂牌上市的全部股票为计算范围，以发行量为权数的加权综合股价指数。深证综合指数是深圳证券交易所从 1991 年 4 月 3 日开始编制并公开发表的一种股票价格指数。该指数规定 1991 年 4 月 3 日为基期，基期指数为 100 点。在具体计算时，若某一成份股暂停交易，则需将其暂时剔除于指数计算外；若有成份股在交易期间突然停牌，则将取其最近成交价计算即时指数，直到收市后再作必要的调整。对于除权除息，由于保持总市值不变，因而指数保持不变。

深证综合指数以所有挂牌的上市公司为样本，代表性非常广泛，是股民和证券从业人员研判深圳股市股票价格变化趋势必不可少的参考依据。

4.6 案例分析

下面对本章的导入案例予以解析。

在该案例中，可以通过计算一系列指数获得多个信息，比如该地区火力发电厂碳排放变动程度和变动量、碳强度综合变动程度、发电量综合变动程度，以及由于碳强度变动、发电量变动而被影响的碳排放变动额。

为获得上述信息，首先编制表 4.12。其中，碳强度表示为 p，发电量表示为 q，个体碳强度指数 k_p 可以通过各发电厂“十二五”与“十一五”的碳强度变动幅度计算得到。

表 4.12　碳排放及碳强度综合指数计算表

发电厂	碳排放量/万吨		“十二五”与“十一五”相比碳强度提高（+）或下降（−）的百分比/%	个体碳强度指数 k_p/%	$\frac{1}{k_p}\times p_1q_1$
	“十一五” p_0q_0	“十二五” p_1q_1			
甲	2000	3000	5	105	2857.14
乙	1000	1800	−10	90	2000.00
丙	800	1200	7	107	1121.50
合计	3800	6000			5978.64

由表可知，“十一五”时期碳排放总量为 3800 万吨，“十二五”时期碳排放总量为 6000 万吨。因而，总碳排放指数可以表示为

$$\text{总碳排放指数}=\frac{\sum p_1q_1}{\sum p_0q_0}=\frac{6000}{3800}=157.89\%$$

总碳排放变动额表示为

$$\text{总碳排放变动额}=\sum p_1q_1-\sum p_0q_0=6000-3800=2200\text{（万吨）}$$

上式说明，“十二五”时期碳排放量比“十一五”时期碳排放量增长了 57.89%，总量增加了 2200 万吨。

通过表 4.12，也可以计算碳强度综合指数

$$\text{碳强度综合指数}H_p = \frac{\sum p_1 q_1}{\sum \frac{1}{k_p} p_1 q_1} = \frac{6000}{5978.64} = 100.36\%$$

上式说明，因碳强度变动而使碳排放总量增加了 0.36%。从绝对量上看，由

$$\sum p_1 q_1 - \sum \frac{1}{k_p} p_1 q_1 = 6000 - 5978.64 = 21.36\text{（万吨）}$$

可知，碳排放总量因碳强度变动增加了 21.36 万吨。

碳排放量受碳强度和发电量两个因素的影响，因而，虽然表 4.12 中没有给出发电量数据，但可以利用指数体系（总碳排放指数 = 发电量综合指数×碳强度综合指数）进一步推算出三家发电厂的发电量综合指数，以及由于发电量变动而被影响的碳排放变动。具体为：发电量综合指数 = 总碳排放指数/碳强度综合指数 = $157.89\% / 100.36\% = 157.32\%$，这一结果说明碳排放总量因发电量变动而增长了 57.32%。

进一步，由 $\sum p_0 q_1 = 157.32\% \times \sum p_0 q_0 = 5978.16$，可得由于发电量变动，碳排放量增加了

$$\sum p_0 q_1 - \sum p_0 q_0 = 5978.16 - 3800 = 2178.16\text{（万吨）}$$

上述分析说明，发电量是碳排放增长的主要原因。

> **本章小结**

指数是综合反映一个国家或地区社会经济现象数量变化的一种重要经济指标，具有相对性、综合性、平均性和代表性等特征。指数具有诸多作用，包括综合反映复杂现象总体数量的变动方向、变动程度及绝对变动值，分析影响复杂现象总体变动各个因素的影响方向、影响程度及绝对影响值，分析研究经济社会现象在长时间内的发展变化趋势，以及对社会经济现象的变动进行综合测评等。

指数亦有不同的分类方法。按考察对象的范围不同，可以将指数划分为个体指数和总指数；按所反映指标的性质不同，可以将指数划分为数量指标指数和质量指标指数；按指数计算方法及特点的不同，可分为简单指数和加权指数；按反映现象的对比基础的不同，可以将指数划分为静态指数和动态指数。

综合指数是通过“先综合，后对比”的方式编制的总指数。综合指数可分为数量指标综合指数和质量指标综合指数两种。按所选取的同度量因素时期的不同，可分为拉氏指数和帕氏指数。其中，拉氏指数是以基期同度量因素作为权数计算的综合指数，帕氏指数是以报告期同度量因素作为权数计算的综合指数。

平均数指数是通过“先对比，后平均”的方式编制的总指数，可以分为加权算术平均数指数和加权调和平均数指数。前者是以综合指数的分母资料为权数对个体指数进行加权，然后运用加权算术平均法计算的总指数；后者则是以综合指数的分子资料为权数对个体指数进行加权，然后运用加权调和平均法计算的总指数。平均数指数与综合指数有着内在联系。

指数体系指几个指数之间在一定经济联系的基础上所构成的严密的数量关系式。指

数体系中总量指标与各因素指标之间的数量关系表现为两个方面：从相对量来看，总量指标的相对变动程度等于各因素指标相对变动程度的乘积；从绝对量来看，总量指标的变动差额等于各因素指标变动的差额之和。

因素分析法是利用指数体系从相对数和绝对数两个方面分析现象的总变动受各因素变动影响的情况，按分析时包含因素的多少，可分为双因素分析和多因素分析。

常用的统计指数包括居民消费价格指数、商品零售价格指数、农产品收购价格指数以及股票价格指数等，这些指数已经成为社会经济发展的晴雨表。

➢ 问题与思考

1. 简述指数的含义。
2. 简述拉氏指数与帕氏指数的优缺点。
3. 简述指数体系的含义及作用。
4. 简述同度量因素的含义及其所起的作用。
5. 试述综合指数与平均数指数之间的关系。
6. 居民消费价格指数有哪些作用？
7. 已知某企业两种产品产量和成本资料如下：

商品	单位	产量 q		单位成本 z/元	
		基期	报告期	基期	报告期
甲	件	2000	3000	100	95
乙	台	1000	1800	300	250

试计算该企业产量总指数、单位成本总指数以及总成本指数。

8. 已知三种商品的有关资料如下：

商品名称	单位	销售额/万元		销售量个体指数/%	个体价格指数/%
		基期	报告期		
甲	张	25	18	80	90
乙	把	35	56	125	128
丙	件	100	168	140	120
合计		160	242		

（1）计算三种商品的销售量总指数以及由于销售量变动而增加或减少的销售额。

（2）计算三种商品的价格总指数以及由于价格变动而增加或减少的销售额。

第5章 概率及其计算

案例导入（密码破译）：一次，福尔摩斯受理破译一份密码，密码写在一张纸条上，这份密码上画的全是一些会跳舞的小人，如何破译呢？福尔摩斯的回答是：只要看出这些符号是代表字母的，再应用字母的规律来分析，就不难找到答案。那么字母的规律又是什么呢？人们通过大量的试验发现，在英文文章中，每个字母出现的频率不同但相当稳定。比如，一份英文字母频率统计表的结果显示，字母E出现的频率最高，为12.70%，T为9.78%，A为7.88%，O为7.76%，I为7.07%，字母Z出现的频率最低，只有0.60%。福尔摩斯正是运用了这种规律，破译了那份神秘的密码，最终抓到了凶手。

5.1 随机试验与事件

具有“偶然性”或者“随机性”的现象非常普遍。例如，抛掷一枚硬币，可能出现正面也可能出现反面，但在抛掷之前，无法确定出现哪一面；给朋友打电话，电话可能接通，也可能无法接通，但在拨打之前无法确定是否能接通；和朋友打扑克的时候，摸牌之前你并不知道是否会幸运地摸到大王；在某个公交站，某一时点有很多人等车，但无法事先预测这一时点确切的候车人数。这些现象，在一定条件下可能出现这样的结果，也可能出现那样的结果，也即结果不是唯一确定的，同时在试验或者观察之前不能预知确切的结果。另外，在大量重复观测或试验时，它们又呈现某种固有的规律性，通常称之为统计规律性。比如，一个均匀的硬币在多次抛掷后，出现正面和反面的次数大致相当；对于特定的公交站和时刻，等候上车的人数一般会相对稳定，通过历史数据，人们可以进行有效预测。这种在个别试验中其结果呈现出不确定性，但在大量重复试验中其结果又具有统计规律性的现象，我们称之为随机现象。

5.1.1 随机试验

在对随机现象进行研究的过程中，需要对其进行科学实验或者观察。我们将这些活动用试验这一含义广泛的术语进行表述，称具有如下三个特征的试验为随机试验。

（1）试验的可能结果不唯一，且所有可能发生的结果均已知。

（2）在试验之前不能确定哪一个结果出现。

（3）在同等条件下试验可以重复进行。

举例来说，在52张扑克牌中摸一张扑克牌，记录其出现的花色，这就是一个随机试验。首先，扑克牌的花色一共有4种，不是唯一的，同时所有可能的结果是已知且明确的；其次，摸一张牌之前是无法确定会摸到哪种花色的；最后，摸牌这一试验可以重复进行。

统计学研究的一个主要问题是通过试验推断总体，为达到这一目的，就需要确定全体可能出现的试验结果，用统计学的术语来说就是确定样本空间。

定义 5.1 随机试验的所有可能结果组成的集合称为该试验的样本空间。样本空间的元素，也即试验的每一个可能的结果称为样本点。

对于摸牌观察花色这一随机试验，样本空间 $S=\{黑桃,红桃,梅花,方块\}$。再如抛掷硬币观察正反面出现的情况，试验所有可能的结果有两种，正面朝上（正）和反面朝上（反），即 $S=\{正,反\}$。再看公交车候车试验，候车的人数最少时可以是 0，最多理论上可以无上限（或者理论上可以不设限），此时 $S=\{0,1,2,\cdots\}$。

很多时候，我们不是对整个样本空间感兴趣，而是对它的某些满足一定条件的子集。这些子集具有更明确清晰的意义而成为我们研究的重点。例如，对于公交车的候车试验，若规定候车人数少于 10 人为空闲，则我们关心的子集为 $A=\{n\,|\,0\leqslant n<10\}=\{0,1,\cdots,9\}$。

5.1.2 随机事件及其运算

一般地，称样本空间 S 的子集为对应试验的随机事件，简称事件，通常用 A,B,C 表示。在每次试验中，当且仅当这一子集中的一个样本点出现时，称这一事件发生。进一步，由单独一个样本点组成的单点集，称为基本事件。例如，摸牌实验中，有四个基本事件$\{黑桃\}$、$\{红桃\}$、$\{梅花\}$和$\{方块\}$。由于样本空间 S 包含所有样本点，根据事件发生的定义，在每次试验中，S 一定会发生，因而又被称为必然事件。另外，空集 $\varnothing$ 也是样本空间的子集，所以也是事件。但该事件不包含任何样本点，故而在每次试验中，空集都不可能发生，被称为不可能事件。

在给出了随机事件的定义之后，进一步考虑事件之间的相互关系以及运算问题。注意到事件对应集合的子集的概念，因此事件的关系与运算法则可以和集合的关系与运算法则对应起来。

首先若 $A\subset B$，那么事件 A 的任一样本点也都属于事件 B，这就意味着若 A 发生，则 B 一定发生，称事件 A 包含于事件 B 或事件 B 包含 A，也称事件 A 是事件 B 的子事件。若同时有 $A\subset B,B\subset A$ 则有 $A=B$，也就是 A 和 B 是同一事件。

给定两个事件 A 和 B，定义以下事件运算。

交：事件 A 和 B 的交事件记为 $A\cap B$ 或者 AB，AB 发生等价于 A、B 都发生（图 5.1）。特别地，若 $AB=\varnothing$，称 A,B 互斥或不相容。

并：事件 A 和 B 的并事件记为 $A\cup B$，$A\cup B$ 发生等价于 A、B 中至少有一个事件发生（图 5.2）。特别地，如果 A、B 互斥，通常用 $A+B$ 表示二者的并。

补：事件 A 的补事件或对立事件为集合 A 的补集 $\overline{A}$，A 的对立事件发生等价于 A 不发生（图 5.3）。对于一次试验而言，事件 A 和它的对立事件 $\overline{A}$ 必有一个发生，且仅有一个发生，即 A 和 $\overline{A}$ 互斥且 $A\cup\overline{A}=S$。

差：事件 A 与事件 B 的差事件记为 $A-B$，也就是由属于 A 但不属于 B 的元素构成的集合。$A-B$ 发生等价于 A 发生但 B 不发生，即 $A\overline{B}$。容易看出 $A-B=A-AB$ 以及 $A=(A-B)\cup AB$（图 5.4）。

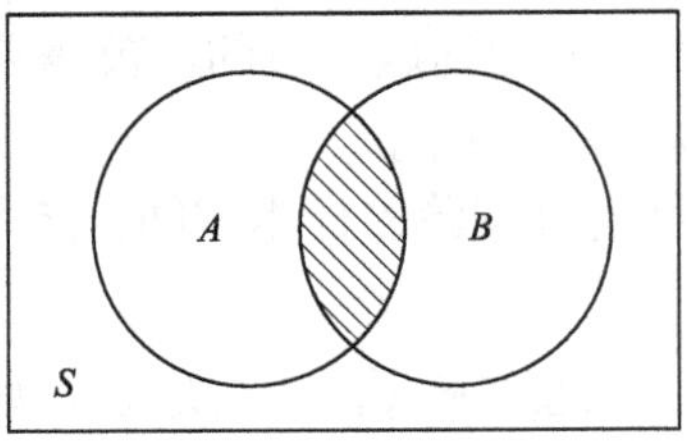

图 5.1　$A \cap B$

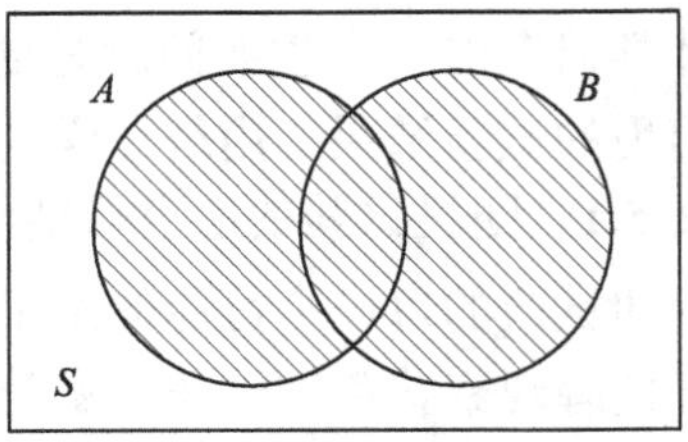

图 5.2　$A \cup B$

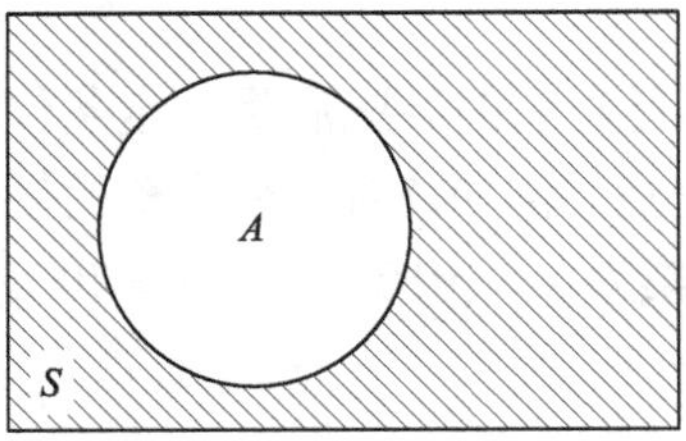

图 5.3　$\overline{A}$

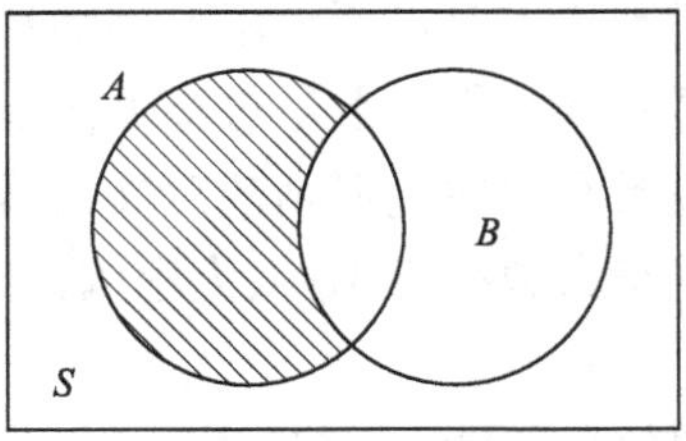

图 5.4　$A - B$

事件的并和交可以推广到多个事件的情形。称$\bigcup_{i=1}^{n} A_i$为 n 个事件 $A_1, A_2, \cdots, A_n$ 的并事件其发生表示这 n 个事件中至少有一个事件发生；称$\bigcap_{i=1}^{n} A_i$为 n 个事件 $A_1, A_2, \cdots, A_n$ 的交事件，其发生表示这 n 个事件全部发生。并和交也可以推广至可列的情形，分别称$\bigcup_{i=1}^{\infty} A_i$和$\bigcap_{i=1}^{\infty} A_i$为可列多个事件 $A_1, A_2, \cdots$ 的并和交事件。

在进行事件运算时，经常要用到下列集合运算法则。

（1）交换律：$A \cup B = B \cup A$；$AB = BA$。

（2）结合律：$(A \cup B) \cup C = A \cup (B \cup C)$；$(AB)C = A(BC)$。

（3）分配律：$(A \cup B)C = (AC) \cup (BC)$；$(AB) \cup C = (A \cup C)(B \cup C)$。

（4）德摩根律：$\overline{\bigcap_{i=1}^{\infty} A_i} = \bigcup_{i=1}^{\infty} \overline{A_i}$；$\overline{\bigcup_{i=1}^{\infty} A_i} = \bigcap_{i=1}^{\infty} \overline{A_i}$。

5.2　概率的定义

对于随机事件而言，只有当它所包含的某个样本点出现时，该事件才会发生。这就说明除了必然事件和不可能事件以外的随机事件，在一次试验中可能发生也可能不发生。我们感兴趣的是事件发生的可能性究竟有多大，而概率就是对这种可能性的度量。概率笼统来说很容易理解，它是一个介于 0～1 的表示事件发生可能性的数量指标，但系统且严谨地定义概率并不容易。本节介绍概率的古典定义、统计定义和公理化定义。

5.2.1　概率的古典定义

假设某个随机试验的样本空间有有限个样本点$e_1, \cdots, e_N$，而且基于该试验的条件以及实施方法分析，找不到理由认为某个样本点e_i更容易出现或更不易出现。因此，认为这些样本点是等可能的出现，那么，从数量上，可以认为每个样本点都有$1/N$的机会出现。若事件A包含M个样本点，则自然地，事件A的概率应为M/N。例如，从一副扑克牌中任意抽取一张，抽到任何一张牌的机会均等，出现的机会都是 1/54，而“抽到数字 9”这一事件包含 4 个可能的结果：黑桃 9、红桃 9、梅花 9 和方块 9，因此抽到数字 9 的机会应为 2/27。这就是古典概率的定义。

定义 5.2 假设一个随机试验的样本空间有N个样本点，且所有样本点都是等可能出现，若事件A包含了其中$M(0\leqslant M\leqslant N)$个样本点，将事件$A$的概率记作$P(A)$，定义为

$$P(A)=\frac{M}{N}$$

根据定义 5.2，任意事件A的概率$P(A)$介于 0～1，其中，不可能事件的概率为 0，必然事件的概率为 1，这符合对概率的预期。此外，古典概率还有一些直观的性质，例如，若$A\subset B$，则$P(A)\leqslant P(B)$；$P(A)+P(\overline{A})=1$；若$A_1,\cdots,A_n$互斥，则有$P(\bigcup_{i=1}^{n}A_i)=\sum_{i=1}^{n}P(A_i)$。

在古典概率模型下计算某事件概率时，首先计算所有可能的样本点数量（这些样本点必须等可能出现），再计算事件所包含的所有样本点的数量，最后计算比值即可。其中，计算相应样本点数量时，大多涉及排列组合算法，在下节对其做一些回顾。

注意到古典概型仅针对样本空间包含有限个样本点且样本点等可能出现的情形，其他情形并不适用，因此，古典概型的应用范围非常有限。

5.2.2 概率的统计定义

另外，直观上来看，事件发生的可能性大小可以通过多次重复试验中其出现的频繁程度来刻画，这一频繁程度的数量指标称为频率。

定义 5.3 在同等条件下，对一随机试验进行n次重复，记n_A为n次试验中事件A发生的次数。称n_A为事件A发生的频数，比值$f_n(A)=n_A/n$为事件A发生的频率。

频率虽然能描述事件发生可能性的大小，但频数或者频率一般会随着试验总次数n的变化而变化，因此，它不能直接作为事件可能性大小的客观度量。然而，人们在实践中发现当试验次数n很大时，事件A的频率$f_n(A)$呈现一定的稳定性，亦即在某个常数附近波动，且波动随着试验次数的增加逐渐变小。这种稳定性就是之前所说的统计规律性，而这个频率所趋近的常数应为事件的概率，这就是概率的统计定义。

下面列举介绍三个与频率稳定性有关的经典试验。

1. 抛硬币试验

若硬币是均匀的，直观上出现正面与出现反面的机会应该相等，即在大量试验中出现正面的频率应接近 50%。对此，可将一枚硬币抛掷 5 次、50 次、500 次，各做 5 遍，得到数据如表 5.1 所示（其中n_H表示出现正面H发生的频数，$f_n(H)$表示H发生的频率）。

表 5.1 抛硬币频数和频率

实验序号	$n=5$		$n=50$		$n=500$	
	n_H	$f_n(H)$	n_H	$f_n(H)$	n_H	$f_n(H)$
1	2	0.4	22	0.44	251	0.502
2	3	0.6	25	0.50	262	0.524
3	1	0.2	21	0.42	244	0.488
4	5	1.0	18	0.36	249	0.498
5	4	0.8	31	0.62	246	0.492

这种试验历史上很多知名的学者也曾做过，得到了表 5.2 中的数据。

表 5.2 抛硬币历史频数和频率

实验者	n	n_H	$f_n(H)$
德摩根	2 048	1 061	0.518 1
蒲丰	4 040	2 048	0.506 9
皮尔逊	24 000	12 012	0.500 5

表 5.1 和表 5.2 能告诉我们哪些信息呢？首先，对于相同的试验次数 n，n_H 也是不同的，这再次说明了试验的随机性。其次，在试验次数 n 较小时，频数和频率的波动都很大，但随着 n 的增大，频率 $f_n(H)$ 逐渐稳定，即当 n 逐渐增大时，$f_n(H)$ 总是在 0.5 附近作小幅波动。易见，这种稳定性需要进行大量重复试验才能得到。

2. 字母频率试验

考察英语中字母出现的频率，当观测的字母个数 n（试验次数）较小时，频率会有较大的波动，但当 n 增大时，频率呈现出稳定性，表 5.3 就是英文字母使用频率的一份统计表。

表 5.3 英文字母使用频率

字母	频率	字母	频率	字母	频率
E	0.1268	L	0.0394	P	0.0186
T	0.0978	D	0.0389	B	0.0156
A	0.0788	U	0.0280	V	0.0102
O	0.0776	C	0.0268	K	0.0060
I	0.0707	F	0.0256	X	0.0016
N	0.0706	M	0.0244	J	0.0010
S	0.0634	W	0.0214	Q	0.0009
R	0.0594	Y	0.0202	Z	0.0006
H	0.0573	G	0.0187		

进行这种字母使用频率的统计汇总是有意义的，比如本章开头所举的案例中，福尔摩斯正是利用字母的使用规律最终推理出了密码的含义。更进一步，这种基于字母或用词使用频率的研究更深入到文学语言学的研究中。比如 1985 年 11 月，研究莎士比亚的学者泰勒从 1775 年以来就保存于博德莱安（Bodleian）图书馆的收藏中发现了写在纸片上的九节新诗。新诗只有 429 个字，没有记载谁是诗的作者。会是莎士比亚的作品吗？两个统计学者 Thisted 和 Efron（1987）利用统计方法研究了这个问题，他们得出结论：这首诗的用词风格与莎士比亚的作品风格非常一致。由此他们断定该诗应该是莎士比亚的作品。再如，在对《红楼梦》这一著作的研究中，一个重要且具有争议的问题是前八十回和后四十回的作者是否皆为曹雪芹。此类问题一般可以通过研究对应作品在用词风格上是否较为接近来回答，而这种风格上的分析又主要是通过统计汇总一些较为特殊的指标（如一些虚词出现的频率）来进行研究。国内众多学者对此做了很多工作。

3. 蒲丰投针试验

蒲丰投针试验巧妙地利用频率和概率的关系，来求圆周率 π 的近似值。公元 1777 年的一天，法国科学家蒲丰邀请宾客来观看一次奇特的试验。试验开始，但见年已古稀的蒲丰先生兴致勃勃地拿出一张纸，纸上预先画好了一条条等距离的平行线，接着他又抓出一把原先准备好的小针，这些小针的长度都是平行线间距离的一半，然后蒲丰宣布：请诸位把这些小针一根一根地往纸上扔吧，不过请大家务必把扔下的针是否与纸上的平行线相交告诉我。

客人们不知道蒲丰要玩什么把戏，只好客随主便，一个个加入到试验的行列。一把小针扔完了，把它捡起来又扔，而蒲丰本人则不停地在一旁数着、记着。如此这般忙碌了将近一个小时，最后他宣布：我记录了刚才的投针结果，共投了 2212 次，其中与平行线相交的有 704 次。总数 2212 与相交数 704 的比值为 3.142，而这就是圆周率的近似值。π 在这种场合出现，实在是太出乎人们的意料，然而它却是千真万确的事实。

平面上画有等距离为 a 的一组平行线，向平面上任投一根长为 $L(L<a)$ 的针，针与平行线相交的概率是多少呢？蒲丰最早设计了这个随机投针试验，并给出了针与平行线相交的概率的计算公式如下：

$$P=\frac{2L}{\pi\times a}$$

[对该公式的推导，读者可参见李贤平（2010）]。可以想到，若利用频率稳定性，当投针次数很多时，用针和平行线相交的频率去近似概率，即频率 $=2L/(\pi\times a)$，则可以得到 π 的近似值。在此不去关心这个概率是如何计算得到的，我们更感兴趣的是蒲丰通过一个随机化的设计解决了一个非随机的问题，这是一种非常重要的思想。实际上，这一思想经过众多数学家、统计学家的发展，已经成为一种重要的模拟计算思路——蒙特卡罗模拟。蒙特卡罗模拟方法是在 20 世纪 40 年代第二次世界大战中由美国原子弹研制“曼哈顿计划”成员 S. M. 乌拉姆和 J. 冯・诺伊曼首先提出。数学家冯・诺伊曼用驰名世界的赌城——摩纳哥的 Monte Carlo——来命名这种方法，为它蒙上了一层神秘色彩。另外注意到在蒲丰设计的原始试验中，投针是通过人工进行的，如果重复的试验次数非常大以

保证近似的精度，人工操作会非常烦琐，现代的蒙特卡罗方法已逐渐借助计算机模拟计算来完成试验次数的重复，可提高效率和准确度。

基于频率的概率定义为估计概率提供了重要的方法，但依然没有明确地定义概率，如是否一定存在一个概率，以及事件的频率究竟在什么意义下趋近于概率等。此外，在实际中，事件频率的计算也并不总是容易的。因为我们不可能针对每个事件都做大量的试验，甚至有些特定的随机现象无法进行重复试验或者重复的成本费用很高，比如“明天要下雨”“某人通过面试”等。一般地，当事件的频率无法获得时，人们会基于经验知识或者对事件发生的信心等，给出一个主观概率。主观概率虽然没有严格的理论支撑，但也不是毫无根据地瞎猜。当人们很难或者无法获得事件的客观概率时，基于经验知识的主观概率不失为一个有用的参考。

5.2.3 概率的公理化定义

严格的概率定义是由苏联数学家科尔莫戈罗夫（Kolmogorov）在 1933 年给出的概率的公理化定义，简要表述如下。

定义 5.4 设随机试验的样本空间为 S，A 是其中任意一个事件，对每个事件 A 赋予一个实数，记为 $P(A)$，如果以下三个条件成立，

（1）非负性：对于每个事件 A，都有 $P(A)\geqslant 0$。

（2）规范性：对于必然事件 S，有 $P(S)=1$。

（3）可列可加性：若 $A_1,A_2,\cdots$ 互不相容，即 $A_iA_j=\varnothing$，$i\neq j$，有

$$P(\bigcup_{i=1}^{\infty}A_i)=\sum_{i=1}^{\infty}P(A_i)$$

则集合函数 P 称为 S 上的概率，$P(A)$为事件 A 的概率。

这三个条件是符合直觉的。称事件 A 的概率就是事件 A 发生可能性的数量化度量。对于任一事件，发生的可能性最低为 0，所以非负性成立。由于必然事件在每次试验中必然发生，所以它的概率为 1。对于两两不可能同时发生的事件，它们至少有一个发生的可能性正好等于它们各自发生可能性的和。科尔莫戈罗夫把事件的概率当作与“长度”“面积”一样的一种度量，着眼于规定事件及其概率的最基本的关系和性质，并由此给出概率的定义。上述第三个条件是概率作为度量的最本质的特征。由概率的定义，可以推导出概率的一些其他重要性质。

（1）$P(\varnothing)=0$。不可能事件 $\varnothing$ 不包含任一样本点，其发生的概率为 0，严格的证明可以考虑一列不可能事件，进而使用可列可加性即可。

（2）有限可加性。若 $A_1,A_2,\cdots,A_n$ 是两两互不相容的事件，则有 $P(\bigcup_{i=1}^{n}A_i)=\sum_{i=1}^{n}P(A_i)$。

证明：对于 $m>n$，令 $A_m=\varnothing$，则有 $A_iA_j=\varnothing$，$i\neq j\geqslant 1$，根据 $P(\varnothing)=0$ 以及可列可加性得到结论。

（3）减法及单调性。设 A,B 是两个事件，若 $A\subset B$，则有

$$P(B-A)=P(B)-P(A);\ \ P(B)\geqslant P(A)$$

证明：由 $A\subset B$ 知 $B=A\cup(B-A)$，同时 $A(B-A)=\varnothing$，则根据有限可加性得到 $P(B)=P(A\cup(B-A))=P(A)+P(B-A)$。从而第一个结果成立。进一步根据概率的非负性容易得出 $P(B)\geqslant P(A)$。特别地，当 $B=S$ 时，得到对于任一事件 A，$P(A)\leqslant P(S)=1$。

（4）对立事件的概率。对于任一事件 A，有 $P(\bar{A})=1-P(A)$。在减法公式中令 $B=S$ 即可。

（5）加法公式。对于任意两个事件 A,B 有

$$P(A\cup B)=P(A)+P(B)-P(AB)$$

证明：注意到 $A\cup B=A\cup(B-AB), A(B-AB)=\varnothing, AB\subset B$，根据有限可加性和减法公式可以得到

$$P(A\cup B)=P(A)+P(B-AB)=P(A)+P(B)-P(AB)$$

加法公式是非常重要的公式，有很多应用。比如已知 A 和 B 单独发生的概率为 $P(A)$ 和 $P(B)$，希望计算 A 和 B 同时发生的概率或至少有一个发生的概率，如果能进一步知道 $P(A\cup B)$ 或 $P(AB)$ 的值则可以利用加法公式得到另一个概率的值。加法公式可以推广到多个事件的情况。例如，A_1,A_2,A_3 为任意三个事件，则有

$$P(A_1\cup A_2\cup A_3)=P(A_1)+P(A_2)+P(A_3)-P(A_1A_2)-P(A_1A_3)-P(A_2A_3)+P(A_1A_2A_3)$$

一般地，对于任意 n 个事件 $A_1,A_2,\cdots,A_n$，可以用归纳法证得如下结果

$$P\left(\bigcup_{i=1}^{n}A_i\right)=\sum_{i=1}^{n}P(A_i)-\sum_{1\leqslant i<j\leqslant n}P(A_iA_j)+\sum_{1\leqslant i<j<k\leqslant n}P(A_iA_jA_k)+\cdots+(-1)^{n-1}P(A_1A_2\cdots A_n)$$

基于加法公式以及 $P(AB)\geqslant 0$ 和 $P(A\cup B)\leqslant 1$，还可以得到两个有用的不等式：

$$P(A\cup B)\leqslant P(A)+P(B)$$

和

$$P(AB)\geqslant P(A)+P(B)-1$$

二者分别称为布尔不等式（概率次可加性）和邦费罗尼（Bonferroni）不等式，一般形式如下。

（1）布尔不等式：$P\left(\bigcup_{i=1}^{\infty}A_i\right)\leqslant \sum_{i=1}^{\infty}P(A_i)$。

（2）Bonferroni 不等式：$P\left(\bigcap_{i=1}^{n}A_i\right)\geqslant \sum_{i=1}^{n}P(A_i)-(n-1)$。

例 5.1 甲、乙、丙 3 人去参加某个集会的概率均为 0.4，其中至少有两人参加的概率为 0.3，都参加的概率为 0.05，求 3 人中至少有一人参加的概率。

解：设 A,B,C 分别表示甲、乙、丙参加，由条件知 $P(A)=P(B)=P(C)=0.4$，$P(AB\cup AC\cup BC)=0.3$，$P(ABC)=0.05$。进一步，由加法公式知

$$P(AB\cup AC\cup BC)=P(AB)+P(AC)+P(BC)-2P(ABC)$$

得 $P(AB)+P(AC)+P(BC)=0.3+2\times 0.05=0.4$。再次使用加法公式得到至少有一个人参加的概率为

$$P(A\cup B\cup C)=P(A)+P(B)+P(C)-P(AB)-P(AC)-P(BC)+P(ABC)=0.85$$

5.3 古典概率计算

5.2 节提到，计算古典概率的主要任务就是计数，而排列和组合是计数的基本方法。在回顾两者之前，先来回顾一下加法原理和乘法原理。

加法原理是指假定一个事情的完成可以有 r 种方法，第一种方法又有 n_1 种方式，第二种方法有 n_2 种方式……第 r 种方法有 n_r 种方式，那么完成这件事情一共可以有 $n_1+n_2+\cdots+n_r$ 种方式。注意，这里不同种方法中的方式不能有重合。乘法原理是指假定一个事情的完成需要 r 个步骤，第一步有 n_1 种方式，第二步有 n_2 种方式……第 r 步有 n_r 种方式，那么完成这件事情一共可以有 $n_1n_2\cdots n_r$ 种方式。

排列：从 n 个不同的元素中任意抽取 $r(r\leqslant n)$ 个元素排成一列称为排列。根据乘法原理，共有 $n(n-1)\cdots(n-r+1)$ 种不同的排列，记为 A_n^r。当 $r=n$ 时称为全排列，记为 $n!$。举例来说，随意从字母 a,b,c,d,e 中任取 3 个排成一列，一共有多少种不同的排列方式呢？每一排列共有 3 个位置，每个位置元素各不相同，第一个位置可以有 5 个选择，第一个位置确定之后，第二个位置则有 4 个选择，第三个位置则只有 3 个选择。因而可以使用乘法原理，共有 $5\times4\times3=60$ 种可能的排列。大家熟悉的《西游记》中有一章回，孙悟空面对金角大王和银角大王的紫金红葫芦一会叫孙行者，一会叫者行孙，一会又叫行者孙。容易知道孙、行、者这三个汉字可以组成 $3\times2\times1=6$ 个不同的名字。

组合：从 n 个不同的元素中任意抽取 $r(r\leqslant n)$ 个元素并成一组（不考虑顺序）称为一个组合，组合总数记为 $\binom{n}{r}$ 或者 C_n^r，基于排列数不难得到 $\mathrm{C}_n^r=\dfrac{\mathrm{A}_n^r}{r!}=\dfrac{n!}{r!(n-r)!}$。举例来说，从字母 a,b,c,d,e 中任取 3 个组成一组，一共有多少个不同的组呢？对此，可先考虑将这 3 个字母进行排列，由上面的讨论可知共有 60 种不同的排列。但需要注意的是每一个包含 3 个元素的组（如包含 a,b,c 的组）都被计算了 6 次（即如果考虑顺序，所有的排列 abc,acb,bac,bca,cab,cba 都被算了一次），所以组的总数为 60/6 = 10。上述的抽取也可以表述成划分，将 n 个元素分成 k 组，第一组 n_1 个，第二组 n_2 个……第 k 组 n_k 个，且 $n_1+n_2+\cdots+n_k=n$，则共有 $\begin{pmatrix} & n & \\ n_1 & \cdots & n_k\end{pmatrix}=\dfrac{n!}{n_1!\cdots n_k!}$ 种分法。

排列和组合的区别就在于是否考虑顺序，排列是有顺序的，而组合和顺序无关。比如一个班里选两个同学参加某比赛，与选取的先后顺序无关是组合问题；而如果选两个人出来分别参加歌唱和舞蹈比赛，就与选取的先后顺序有关了，是排列问题。

例 5.2 掷两枚骰子，那么出现点数之和为 8 的概率是多少？

解： 掷两枚骰子共有 $6\times6=36$ 个等可能的结果。其中有 5 种可能的结果满足点数之和为 8，即(2,6),(3,5),(4,4),(5,3),(6,2)。因此所求概率等于 5/36。

例 5.3 一个碗中共有 6 个白球、5 个黑球，随机从中选取 3 个球，那么恰有 1 个白球和 2 个黑球的概率是多少？

解： 该问题中重要的是得到由 1 个白球和 2 个黑球构成的组合，并不需要考虑相关的顺序，所以这是一个组合问题。从 11 个球中取出 3 个球共有 $C_{11}^3 = 165$ 种等可能的结果；随机事件“1 个白球 2 个黑球”所包含的样本点个数为 $C_6^1 C_5^2 = 60$。故所求概率为 $60/165 = 4/11$。

类似的计算是常见的。比如随机从 10 对夫妻中选取 5 人，求这 5 人来自不同家庭的概率 $P(A)$。该问题要求得到由 5 人组成的集合，顺序同样不需要考虑。因而从 10 对夫妻也就是 20 人中选取 5 人共有 C_{20}^5 种可能。事件 A“5 人来自不同家庭”则需要进行 6 步操作。第一步从 10 对夫妻中选取 5 对夫妻；接下来的 5 步是这 5 对夫妻中的每一对都有一个人被选出。这样共有 $C_{10}^5 2^5$ 种可能的结果。故所求概率为 $P(A) = \dfrac{C_{10}^5 2^5}{C_{20}^5}$。

例 5.4 袋中有 a 个白球、b 个黑球，除颜色不同外，这些球没有区别。现分别采用有放回和无放回抽样的方式抽球，求第 $k(k \leqslant a+b)$ 次取得白球的概率是多少？

解：有放回抽取时，袋中球的个数和结构始终没有改变，所以第 $k(k \leqslant a+b)$ 次取得白球的概率为 $\dfrac{a}{a+b}$。现在重点考察无放回抽取的情况。考虑随机试验：把 $a+b$ 个球排成一列，将每个球按照 $1,2,\cdots,a+b$ 编号，则每一种可能的排列是一个样本点，所以样本空间共有 $(a+b)!$ 个样本点。我们所考虑的随机事件 A_k“第 k 次取得白球”指的是第 k 个位置放 a 个白球中的任一个，共有 a 种放法。再将其余 $a+b-1$ 个球在剩下的 $a+b-1$ 个位置上做全排列，共有 $(a+b-1)!$ 种放法。根据乘法原理，A_k 所包含的样本点共有 $a(a+b-1)!$ 个。故所求概率为

$$P(A_k) = \frac{a(a+b-1)!}{(a+b)!} = \frac{a}{a+b}$$

以上是对所有球进行排列来考虑的。也可以只对 k 个球进行排列。即考虑随机试验：从袋中依次取出 k 个球排成一列，此时样本空间共有 A_{a+b}^k 个样本点。此时事件 A_k 的样本点个数可作如下分析：最后一个即第 k 个位置可以取 a 个白球中的任一个，其余 $k-1$ 个位置可从 $a+b-1$ 个球中取 $k-1$ 个做排列，共有 aA_{a+b-1}^{k-1} 个样本点，故所求概率为 $P(A_k) = \dfrac{aA_{a+b-1}^{k-1}}{A_{a+b}^k} = \dfrac{a}{a+b}$。

注意例 5.4 中所求概率与 k 无关，其论证了一个事实：抽签（或抓阄）的结果与顺序无关。

例 5.5 将 n 个球随机放入 $N(N \geqslant n)$ 个盒子中，试求每个盒子至多有一个球的概率。

解：因为每个球都可以放入 N 个盒子的任一个，共有 N^n 种不同的放法。而对于事件“每个盒子至多放一个球”的样本点个数可作如下分析：对于第一个球，其共有 N 种放法，放好第一个球之后，由于每个盒子至多放一个球，那么第二个球只有 $N-1$ 种放法，由此可知事件“每个盒子至多放一个球”共有 $N(N-1)\cdots[N-(n-1)]$ 个样本点。因而所求概率为 $p = \dfrac{N(N-1)\cdots(N-n+1)}{N^n} = \dfrac{A_N^n}{N^n}$。

作为该例子的应用，可以考虑生日问题，如在一个有 $n(\leqslant 365)$ 个学生的班级里，至少有两人生日相同的概率是多少？设 $B = \{$至少两人生日相同$\}$，则

$$P(B)=1-P(\overline{B})=1-\frac{A_{365}^{n}}{365^{n}}$$

当$n=60$时，上述概率约等于 0.994。也就是说在一个 60 人的班级或群体里，几乎可以肯定至少有两人生日相同。

5.4 条件概率及其计算

5.4.1 条件概率

条件概率是概率论中非常重要的概念之一。这个概念的重要性是双重的。首先，在计算某些事件的概率时，同时具有某些关于该事件的附加信息，这时概率就应该是条件概率。其次，即使没有附加信息，也可利用条件概率的方法计算某些事件的概率，而这种方法可以使计算变得非常简单。

下面来看一个简单的例子

例 5.6 掷两枚骰子，已知第一枚骰子的点数是 3，那么出现点数之和为 8 的概率是多少？

解： 由题意，样本空间为$S=\{(i,j),i,j=1,2,\cdots,6\}$。

A 表示事件“第一枚骰子的点数是 3”，则$A=\{(3,j),j=1,2,\cdots,6\}$；

B 表示事件“出现点数之和为 8”，则$B=\{(2,6),(3,5),(4,4),(5,3),(6,2)\}$。

由于事件 A 已经发生成为既定事实，所以试验的可能结果只有 6 种，即$(3,j)(j=1,2,\cdots,6)$，而事件 B 包含的基本事件只占其中的一种，所以在事件 A 已经发生的条件下，事件 B 发生的概率（记为$P(B|A)$）为 1/6。

在本例中，若不知道事件 A 已经发生，那么 B 发生的概率为$P(B)=5/36\neq P(B|A)$。其原因在于事件 A 的发生改变了样本空间，使它由原来的 S 缩减为$B_A=A$，而$P(B|A)$是在新的样本空间$S_A=A$中由古典概率的计算公式得到的。

一般地，对于任意两个事件 A 和 B，其中$P(A)>0$。如果 A 已经发生，那么为使 B 发生，其结果必然既属于 B 也属于 A，即这个结果必然属于 AB。既然已知 A 已经发生，A 成为新的样本空间，因此 B 发生的（条件）概率应为 AB 发生的概率与 A 发生的概率之比。

定义 5.5 设A,B是两个事件，且$P(A)>0$，称$P(B|A)=\dfrac{P(AB)}{P(A)}$为在事件 A 已经发生的条件下事件 B 发生的条件概率。

不难验证条件概率$P(\cdot|A)$是一种特殊的概率，满足概率的三条基本公理如下。

（1）对任意事件 B，都有$P(B|A)\geqslant 0$。

（2）对于必然事件，都$P(S|A)=1$。

（3）设$A_1,A_2,\cdots$互不相容，则有$P\left(\bigcup_{i=1}^{\infty}B_i|A\right)=\sum_{i=1}^{\infty}P(B_i|A)$。

因此，条件概率也具有概率所具有的其他性质，如有限可加性、单调性和加法公式等。

例 5.7　小张以 0.8 的概率确信他把失踪的钥匙放在了他一件外套的两个口袋中的一个里。他以 0.4 的概率确信放在左口袋，以 0.4 的概率确信放在右口袋。如果检查了左口袋发现没有找到钥匙，那么钥匙在右口袋的概率是多少呢？

解：设 L,R 分别表示“钥匙在左口袋”和“钥匙在右口袋”。则所求概率为

$$P(R\mid\overline{L})=\frac{P(R\overline{L})}{P(\overline{L})}=\frac{P(R)}{1-P(L)}=\frac{0.4}{1-0.4}=\frac{2}{3}$$

注意本例中所考虑的事件都无法也不需要进行重复试验。小张对事件发生可能性或概率的判断基于其经验，因而是主观概率。

由条件概率的定义可以得到下述结果。

乘法公式：设 $P(A)>0$，则有 $P(AB)=P(A)P(B\mid A)$。

类似地，对于三个事件的交事件有 $P(ABC)=P(A)P(B\mid A)P(C\mid AB)$。$n$ 个事件的一般情形为

$$P(A_1\cdots A_n)=P(A_1)P(A_2\mid A_1)P(A_3\mid A_1A_2)\cdots P(A_{n-1}\mid A_1\cdots A_{n-2})P(A_n\mid A_1\cdots A_{n-1})$$

例 5.8　某行业进行专业劳动技能考核，一个月安排一次，每人最多参加 3 次；某人第一次参加能通过的概率为 60%；如果第一次未通过就去参加第二次，这时能通过的概率为 80%；如果第二次再未通过，则去参加第三次，此时能通过的概率为 90%。求此人能通过考核的概率。

解：设 A_i= {此人第 i 次通过考核}，$i=1,2,3$；A= {此人通过考核}，则有

$$A=A_1\cup\overline{A}_1A_2\cup\overline{A}_1\overline{A}_2A_3$$

从而，

$$\begin{aligned}P(A)&=P(A_1\cup\overline{A}_1A_2\cup\overline{A}_1\overline{A}_2A_3)\\&=P(A_1)+P(\overline{A}_1)P(A_2\mid\overline{A}_1)+P(\overline{A}_1)P(\overline{A}_2\mid\overline{A}_1)P(A_3\mid\overline{A}_1\overline{A}_2)\\&=0.6+0.4\times0.8+0.4\times0.2\times0.9\\&=0.992\end{aligned}$$

也可以考虑对立事件，

$$\begin{aligned}P(A)&=1-P(\overline{A})\\&=1-P(\overline{A}_1\overline{A}_2\overline{A}_3)\\&=1-P(\overline{A}_1)P(\overline{A}_2\mid\overline{A}_1)P(\overline{A}_3)P(\overline{A}_3\mid\overline{A}_1\overline{A}_2)\\&=1-0.4\times0.2\times0.1\\&=0.992\end{aligned}$$

下面介绍全概率公式和贝叶斯公式。首先引入样本空间划分的概念。

定义 5.6　设随机试验的样本空间为 S，$B_1,B_2,\cdots,B_n$ 是一组随机事件，满足 $B_1,B_2,\cdots,B_n$ 互不相容，即 $B_iB_j=\varnothing,i\neq j,i,j=1,2,\cdots,n$，$\bigcup_{i=1}^{n}B_i=S$，称 $B_1,B_2,\cdots,B_n$ 为 S 的一个划分。

样本空间的划分类似于世界地图。将整个地球看作 S，那么所有国家组合在一起就构成了地球，而不同的国家没有重叠的部分。根据划分的定义可以知道若 $B_1,B_2,\cdots,B_n$ 为 S 的一个划分，则在每次试验中，事件 $B_1,B_2,\cdots,B_n$ 中有且仅有一个发生。

5.4.2　全概率公式

定理 5.1（全概率公式）　设随机试验的样本空间为 S，A 是任一事件，$B_1,B_2,\cdots,B_n$ 为 S 的一个划分，$P(B_i)>0(i=1,2,\cdots,n)$，则有 $P(A)=\sum_{i=1}^{n}P(B_i)P(A|B_i)$。

证明：$A=AS=A\left(\bigcup_{i=1}^{n}B_i\right)=\bigcup_{i=1}^{n}AB_i$。由于 $B_1,B_2,\cdots,B_n$ 互不相容，所以 $AB_1,AB_2,\cdots,AB_n$ 互不相容，根据有限可加性得

$$P(A)=\sum_{i=1}^{n}P(AB_i)=\sum_{i=1}^{n}P(B_i)P(A|B_i)$$

基于样本空间的划分，全概率公式将问题有效分解到一些特定的情形下，这些特定情形下事件的概率，也就是条件概率通常更容易获得，进而对这些条件概率加权平均，而权重为划分所对应的事件发生的概率。全概率公式是计算事件概率非常重要的工具，应该熟练掌握。另外，在一些复杂的概率计算中，应用全概率公式的一个关键是选择一个合适的划分，一个合适的划分能够起到事半功倍的作用。

5.4.3　贝叶斯公式

与全概率公式紧密相关的另一个著名的公式为贝叶斯公式，也称为贝叶斯法则，它是由 18 世纪英国的数学家及神学家托马斯·贝叶斯建立的。

定理 5.2（贝叶斯公式）　设随机试验的样本空间为 S，A 是任一事件，$B_1,B_2,\cdots,B_n$ 为 S 的一个划分，且 $P(A)>0,P(B_i)>0(i=1,2,\cdots,n)$，则有

$$P(B_i|A)=\frac{P(B_i)P(A|B_i)}{\sum_{j=1}^{n}P(B_j)P(A|B_j)}$$

贝叶斯公式综合应用了条件概率的定义、乘法公式以及全概率公式，是计算条件概率的重要工具或方法。在上述公式中，$P(B_i)$ 称为 B_i 的先验概率，$P(A|B_i)$ 称为似然度，$P(B_i|A)$ 称为 B_i 在 A 发生条件下的后验概率，则贝叶斯公式说明后验概率受到先验概率和似然度共同的影响，与两者的乘积成正比。因此，贝叶斯公式提供了利用搜集到的信息对原有判断进行修正的有效手段和方法论。贝叶斯公式已被广泛研究和应用，如统计推断中的贝叶斯方法，即贝叶斯统计。贝叶斯理论也在人工智能、机器学习、生物信息学和经济金融等领域得到广泛应用。

例 5.9　一种疾病的患者其某项血液化验有 95%的概率为阳性。同时这项化验用于健康人也会有 1%的“假阳性”结果（即如果一个健康人接受这项化验，则化验结果误诊此人患有该疾病的概率为 1%）。如果该疾病的患者事实上只占总人口的 0.5%，若某人化验结果为阳性，那么此人确实患有该疾病的概率是多少？

解：令 D 表示“接受化验的这个人患有该疾病”，令 E 表示“其化验结果为阳性”，则所求概率为

$$P(D|E)=\frac{P(DE)}{P(E)}=\frac{P(E|D)P(D)}{P(E|D)P(D)+P(E|\bar{D})P(\bar{D})}$$
$$=\frac{0.95\times 0.005}{0.95\times 0.005+0.01\times 0.995}$$
$$\approx 0.323$$

因此在验血结果为阳性的人当中，真正患有该疾病的人只有 32.3%左右。这似乎让人感到非常吃惊，因为验血似乎是个好办法，直观上会觉得这一数值应该会高得多。下面给出第二种解法，尽管并不太严格，但却更容易理解。

一方面，由于事实上患该病的人占总人口的比例为 0.5%，平均来说，接受化验的每 200 个人中应该有 1 个患者，而这项化验只能保证患有该病的人被诊断为患病的概率为 0.95。因此平均来说，每 200 个接受化验的人能保证有 0.95 个人被诊断出来，且此人真的患病。但另一方面，平均来说，在其余 199 个健康人中，这项化验会错误地诊断出 199 × 0.01 个人患该病。因此每当诊断出 0.95 个真正的病人总有 1.99 个健康人被误诊为患病。于是当验血结果确定某人患有该病时，正确诊断所占比例为

$$\frac{0.95}{0.95+199\times 0.01}\approx 0.323$$

例 5.10　在数字通信中发报机分别以 0.7 和 0.3 的概率发送信号 0 和 1。由于系统受到各种干扰，当发出信号 0 时，接收机不一定总能收到 0，而是以 0.8 和 0.2 的概率收到 0 和 1；同样发报机发出信号 1 时，接收机分别以 0.9 和 0.1 的概率收到 1 和 0。试求接收机收到 0 的概率有多大？进一步，若已知收到信号 0，求发报机确实发出 0 的概率又是多少？

解：设 H_0 表示“发出信号 0”，H_1 表示“发出信号 1”，A 表示“接到信号 0”。根据题意可知 $P(A|H_0)=0.8, P(A|H_1)=0.1, P(H_0)=0.7, P(H_1)=0.3$，所以根据全概率公式有 $P(A)=P(H_0)P(A|H_0)+P(H_1)P(A|H_1)=0.7\times 0.8+0.3\times 0.1=0.59$。

再由贝叶斯公式得第二问所求概率 $P(H_0|A)=\frac{P(H_0)P(A|H_0)}{P(A)}=\frac{0.7\times 0.8}{0.59}=0.949$。

5.5　事件的独立性

条件概率 $P(B|A)$ 刻画的是在某一事件 A 已经发生的条件下，另一事件 B 发生的概率。事件 A 已经发生这一附加信息常常会改变 B 发生的概率，也就是说事件 A 对事件 B 是有影响的。比如已知今天下了大雨，那么明天也下雨的可能性就非常高。但如果考虑的时间间隔很长，比如尽管今天下了雨，10 天或者 30 天后下雨的可能性就基本和今天下雨这一事件无关了。

定义 5.7　对于两个随机事件 A 和 B，如果 $P(AB)=P(A)P(B)$，则称 A 和 B 相互独立。

显然必然事件 S 和不可能事件 $\varnothing$ 与任意事件 A 独立。这里要注意事件相互独立和事件互不相容（互斥）这两个概念的区别与联系。首先两事件互斥是指两个事件不能同时

发生，不涉及概率，而独立性需要通过概率来判定。一般来说，互斥和独立没有必然的联系。特殊地，设 $P(A), P(B) > 0$，若 A 和 B 相互独立，则有 $P(AB) = P(A)P(B) > 0$，表明两个事件不是互斥的；反过来，若两者互斥，则有 $0 = P(AB) \neq P(A)P(B) > 0$，表明两事件非独立。

容易知道若 $P(A), P(B) > 0$，A 和 B 相互独立等价于 $P(B|A) = P(B)$，$P(A|B) = P(A)$，即两事件相互独立等价于条件概率等于无条件概率。直观地讲就是其中一个事件的发生对另一事件发生的概率没有影响。

定理 5.3 若事件 A 和 B 相互独立，那么下列各对事件 A 和 $\overline{B}$、$\overline{A}$ 和 B、$\overline{A}$ 和 $\overline{B}$ 也相互独立。

定理 5.3 指出两事件相互独立在对立事件下依然成立，这一结果在事件概率计算中很有用。证明留作练习。独立性的概念可以推广到三个事件及以上的情形。

定义 5.8 设 A、B 和 C 是三个随机事件，如果

$$P(AB) = P(A)P(B),\ P(AC) = P(A)P(C),\ P(BC) = P(B)P(C)$$

以及

$$P(ABC) = P(A)P(B)P(C)$$

则称事件 A、B 和 C 相互独立。

注意最后一个等式是必需的，否则只能叫作 A、B 和 C 两两独立。三个事件相互独立能够得到两两独立，但反过来不一定成立。

定义 5.9 设 $B_1, B_2, \cdots, B_n$ 为 n 个随机事件，若对于 $2 \leqslant k \leqslant n$，都有

$$P(B_{i_1} B_{i_2} \cdots B_{i_k}) = \prod_{j=1}^{k} P(B_{i_j})$$

则称 $B_1, B_2, \cdots, B_n$ 相互独立。

类似于两个事件，多个事件的相互独立也在对立下封闭：若 $B_1, B_2, \cdots, B_n$ 独立，则有 $\tilde{B}_1, \tilde{B}_2, \cdots, \tilde{B}_n$ 相互独立，这里 $\tilde{B}_i$ 为 B_i 或者 $\overline{B}_i\ (i = 1, \cdots, n)$。在实际应用中，对于事件的独立性常常根据事件的实际意义判断。一般，如果两个事件 A 和 B 之间没有关联或者关联很微弱，那就认为它们相互独立。比如相距很远的两人是否感冒可近似认为是独立的，间隔很长的两天的天气情况也可近似认为是独立的。

例 5.11 某仪器上有 3 个灯泡，工作状况相互独立，烧坏第 1, 2, 3 个灯泡的概率分别为 0.1、0.2 和 0.3，恰好烧坏 1 个灯泡导致机器发生故障的概率为 0.25，恰好烧坏 2 个灯泡时为 0.6，恰好烧坏 3 个灯泡时为 0.9，3 个灯泡都完好时仪器发生故障的概率为 0.1，求仪器发生故障的概率。

解： 设 H_i 表示"恰好有 i 个灯泡被烧坏"，A_i 表示"第 i 个灯泡被烧坏"（$i = 1,2,3$）。由独立性可得

$$P(H_0) = P(\overline{A}_1 \overline{A}_2 \overline{A}_3) = 0.9 \times 0.8 \times 0.7 = 0.504$$

和

$$\begin{aligned} P(H_1) &= P(A_1 \overline{A}_2 \overline{A}_3) + P(\overline{A}_1 A_2 \overline{A}_3) + P(\overline{A}_1 \overline{A}_2 A_3) \\ &= 0.1 \times 0.8 \times 0.7 + 0.9 \times 0.2 \times 0.7 + 0.9 \times 0.8 \times 0.3 = 0.398 \end{aligned}$$

和

$$P(H_2) = P(A_1A_2\overline{A}_3) + P(\overline{A}_1A_2A_3) + P(A_1\overline{A}_2A_3)$$
$$= 0.1\times0.2\times0.7 + 0.9\times0.2\times0.3 + 0.1\times0.8\times0.3 = 0.092$$

以及

$$P(H_3) = P(A_1A_2A_3) = 0.1\times0.2\times0.3 = 0.006$$

设 A 表示“仪器发生故障”，由题意可知

$$P(A\,|\,H_0) = 0.1,\ P(A\,|\,H_1) = 0.25,\ P(A\,|\,H_2) = 0.6,\ P(A\,|\,H_3) = 0.9$$

根据全概率公式可得

$$P(A) = \sum_{i=0}^{3} P(H_i)P(A|H_i)$$
$$= 0.504\times0.1 + 0.398\times0.25 + 0.092\times0.6 + 0.006\times0.9 = 0.2105$$

➢ 本章小结

随机试验的所有可能结果组成的集合 S 为样本空间。样本空间的子集称为事件。当且仅当该子集中的任一样本点出现时，该事件发生。事件间的关系和运算可按照集合论中集合之间的关系和运算来进行处理。重要的是要理解这些关系和运算的概率意义。

本章介绍了概率的三个定义，包括古典概率、统计定义以及公理化定义。古典概率直观简单，但是计算并不容易，本章回顾了基本的计数方法：排列和组合。基于频率的概率统计定义比较直观，也为现实中获得事件的概率提供了重要的方法，但它不够严谨。严谨的概率数学定义是科尔莫戈罗夫建立的概率公理化定义，该定义较为抽象，也没有提供计算概率的具体方法，但它的确描述了概率的本质，是构建概率论宏伟大厦的基石。

条件概率是指在一个事件发生的条件下另一个事件发生的概率，是概率论中非常重要的基础概念。条件概率不仅能够描述事件间的相互影响，也能帮助计算一些更为复杂的事件的概率，特别地，本章介绍与之相关的三个重要公式：乘法公式、全概率公式以及贝叶斯公式。这三个公式值得我们熟练掌握。

如果条件概率 $P(B\,|\,A)$ 等于无条件概率 $P(B)$，直观上事件 A 对事件 B 发生的概率没有影响。在此基础上本章给出了两个事件相互独立性的定义，也将其推广到了多个事件的情形。特别地，事件的相互独立性在逆事件下封闭。独立是非常重要的概念，概率论与统计学的很多研究内容都以独立性为前提。独立性的成立可以简化相关概率的计算。

➢ 问题与思考

1. 已知 $P(A)=1/2, P(B)=1/3, P(C)=1/5, P(AB)=1/10, P(AC)=1/15, P(BC)=1/20$, $P(ABC)=1/30$，求 $\overline{A}\overline{B}$ 和 $\overline{A}\overline{B}C$ 的概率。

2. 10 片药片中有 5 片是安慰剂

（1）从中任意抽取 5 片，求至少有 2 片是安慰剂的概率。

（2）从中每次取 1 片，作不放回抽样，求前 3 次都取到安慰剂的概率。

3. 同时掷两枚均匀的骰子，求第二枚骰子的点数大于第一枚骰子的点数的概率。

4. 从 5 双不同的鞋子中任取 4 只，问这 4 只鞋至少有两只配成一对的概率是多少？

5. 已知 $P(A)=1/4, P(B\,|\,A)=1/3, P(A\,|\,B)=1/2$，求 $P(A\cup B)$。

6. 两条小河被工厂的废水污染，第一条河被污染的概率为0.4，第二条河被污染的概率为0.75，已知至少有一条河被污染的概率为0.8，求第一条河被污染的条件下第二条河也被污染的概率。

7. 施工所需水泥来自两个公司，甲公司每天供600袋，其中3%不符合质量标准，乙公司每天供400袋，其中1%不符合质量标准。随机选出一袋进行检测，它不符合质量标准的概率多大？又问如果它不符合标准，来自甲公司的概率多大？

8. 商店甲、乙、丙各有50名、75名和100名员工，其中分别有50%、60%和70%是女性。假定每个员工辞职是等可能的，且没有性别差异。若有某个员工辞职了，且是女性，则她在丙店工作的概率是多少？

9. 某学生为出国留学，请其任课老师写封推荐信。他估计如果得到了强有力的推荐，那么有80%的可能拿到offer（录取通知）；如果得到了一般的推荐，有40%的概率拿到offer；如果得到比较弱的推荐，则只有10%的可能拿到offer。他估计他能得到强有力的推荐、一般的推荐和较弱的推荐的概率分别为0.7、0.2和0.1。那么他有多大的把握认为他能够拿到offer。如果他拿到了offer，他得到了强有力推荐的概率是多少？

10. 一个关于股价变化的简化模型为：每天股价上涨一个单位的概率为p，下跌一个单位的概率为$1-p$，不同天里的变化认为是独立的。那么

（1）2天后股价仍维持在初始水平的概率是多大？

（2）3天后股价上涨一个单位的概率是多大？

11. 在一个答题秀上，一对夫妇遇到了一道题目，丈夫和妻子独立给出正确答案的概率都是p。对于这道题，以下哪个策略更好？

（1）任选一人并让其答题。

（2）他们俩都给出问题的答案，如果答案一致，那么就采用这个答案；如果答案不一致，则抛硬币决定采用谁的答案。

12. 三人独立地破译一份密码，已知每人能够破译的概率分别为1/5、1/3和1/4。问三人至少有一个能将此密码破译出来的概率是多少？

第 6 章　一元随机变量及其概率分布

案例导入（亲子鉴定）：某人被指控为一个新生儿的父亲。已知母亲的孕期（即从受孕到婴儿出生的时间）天数是随机的，一般平均 270 天，误差正负 10 天。被告提供的证词表明，他在孩子出生前 290 天出国，而于出生前 240 天才回来。根据这些信息，是否可以判断被告是孩子的父亲呢？

6.1　随机变量的定义

在第 5 章中，可以发现有时随机试验的样本空间较大，直接使用起来并不方便。实际上，很多时候我们关心的不是具体的样本点，而是某些对样本空间具有一定概括作用的变量。

例如，将一枚硬币抛掷三次，观察正面和反面出现的情况，则该随机试验的样本空间 $S=\{\mathrm{TTT}, \mathrm{HTT}, \mathrm{THT}, \mathrm{TTH}, \mathrm{HHT}, \mathrm{HTH}, \mathrm{THH}, \mathrm{HHH},\}$，共有 2^3 个元素。我们关心的是"三次抛掷中正面 H 出现 k 次"这一事件。定义 X 为三次抛掷出现正面 H 的次数，那么这一事件可以表示为 $X=k$。注意到 X 取值的集合为$\{0, 1, 2, 3\}$，并且对于样本空间 $S=\{e\}$ 中的每一个样本点 e，X 都有一个取值与之对应，即

$$X(e)=\begin{cases}0, & e=\mathrm{TTT} \\ 1, & e=\mathrm{HTT}, \mathrm{THT}, \mathrm{TTH} \\ 2, & e=\mathrm{HHT}, \mathrm{HTH}, \mathrm{THH} \\ 3, & e=\mathrm{HHH}\end{cases}$$

这样一来，X 就是定义在样本空间 S 上的一个实值单值函数，定义域是样本空间 S，值域为$\{0, 1, 2, 3\}$。基于 X 的定义，X 的取值就对应着特定事件。例如，$X=2$ 等价于事件$\{\mathrm{HHT}, \mathrm{HTH}, \mathrm{THH}\}$。

再比如考虑某零部件的寿命，样本空间为$\{0 \leqslant e < \infty\}$。若记 Y 为该零部件的寿命，则 $Y(e)=e$，Y 就是一个从样本空间到实数的恒等函数，所考虑的事件"零部件的寿命大于 100 小时"可以表示为 $Y>100=\{e>100\}$。

将上述的 X 和 Y 称为随机变量。一般地，对于给定的样本空间 S，随机变量 X 是定义在 S 上的实值函数，也就是说对任意的样本点 e，$X(e)$是一个实数，通常将 $X(e)$简记为 X。从上边的例子不难看出，对于随机变量来说，当试验结果未定的时候，其取值不确定，而当试验结果确定时，其取值也随之确定，也就是说随机变量的取值是由随机试验的结果而定。例如，在上述抛硬币的例子中，X 表示三次抛掷得到正面 H 的总数，在试验之前只知道 X 取值的集合为$\{0, 1, 2, 3\}$，但具体取值不能确定，也就是随机的。只有当试验结果为样本点 HTT、THT、TTH 中的某一个时，确定 $X=1$。

引入随机变量之后，还可以方便地定义更多事件。如抛硬币的例子中，可用 $X \geqslant 1$、$X \leqslant 2$ 分别表示“至少出现 1 次正面”和“最多出现 2 次正面”，其中 $X \geqslant 1 = \{X=1\} \cup \{X=2\} \cup \{X=3\} = \{\text{HTT, THT, TTH, HHT, HTH, THH, HHH}\}$；类似地，也可以定义 Z 为反面 T 出现的次数，进而可以用事件 $X > Z$ 表示“正面出现次数多过反面”这一事件；对于零部件的寿命，$100 \leqslant Y \leqslant 500$ 表示“寿命在 100 小时到 500 小时之间”。

通常，使用大写字母如 X, Y, Z 等来表示随机变量，用小写字母 x, y, z 等表示随机变量的取值。对任意的实数集合 A，记事件

$$X \in A = \{e : X(e) \in A\}$$

特别地，

$$X \leqslant x = \{e : X(e) \leqslant x\}$$

$$x \leqslant Y \leqslant y = \{e : x \leqslant Y(e) \leqslant y\}$$

一般地，随机变量 X 的函数 $g(X)$ 也是随机变量，如 $X^2, \sqrt{X}, \mathrm{e}^X$ 等，两个随机变量的和、差和积等也是随机变量。可见，随机变量的引入极大地方便了我们描述各种复杂的随机事件，也使我们可以使用数学分析的方法和手段深入研究随机现象。

前面提到，随机变量的取值具有随机性，那么如何刻画随机变量的取值规律呢？是否需要给出随机变量落入任何实数集 A 上的概率 $P(X \in A)$？事实上，数学上可以严格证明，只给出 $P(X \leqslant x)\,(-\infty < x < +\infty)$，对描述随机变量取值规律是足够的。下面来介绍随机变量分布函数的概念。

定义 6.1　设 X 是一个随机变量，x 是任意实数，函数 $F(x) = P(X \leqslant x), -\infty < x < +\infty$ 称为 X 的分布函数。

注意到分布函数的定义域是实数轴，而值域是[0, 1]。

事实上，分布函数能够完整刻画随机变量的取值规律。由分布函数的定义，易见

$$P(X > x) = 1 - F(x), \quad -\infty < x < +\infty$$

以及对于任意实数 $x_1 < x_2$，

$$P(x_1 < X \leqslant x_2) = P(X \leqslant x_2) - P(X \leqslant x_1) = F(x_2) - F(x_1)$$

可以证明分布函数具有如下基本性质。

（1）单调不减：对于任意实数 $x_1 < x_2$，有 $F(x_2) \geqslant F(x_1)$。

（2）右连续：$\lim\limits_{x \to x_0^+} F(x) = F(x_0)$。

（3）$F(-\infty) = \lim\limits_{x \to -\infty} F(x) = 0, F(+\infty) = \lim\limits_{x \to +\infty} F(x) = 1$。

同时，上述性质也可用于判断一个给定的函数是否为某个随机变量的分布函数。

6.1.1　离散型随机变量

有的随机变量只取有限多或者可列多个孤立点，如硬币正面个数、交通事故数和候车人数等。有的随机变量的取值则无法一一列举，其全部可能取值不仅无穷多，而且可

以充满数轴上的某个区间，如零部件的寿命、最高温度和降雨量等。根据随机变量取值的不同可以将随机变量分为离散型随机变量和非离散型随机变量。本节主要介绍离散型随机变量分布律的概念以及几个典型的离散型随机变量及其分布。

分布函数可以完整描述一个随机变量的取值规律，但对于离散型随机变量，采用下面介绍的分布律来描述其取值规律则更为方便和直观。

定义 6.2　设 $x_k, k=1,2,\cdots$ 是离散型随机变量 X 所有可能的取值，称

$$P(X=x_k)=p_k,\ k=1,2,\cdots$$

为离散型随机变量 X 的分布律，这里 p_k 满足：

$$\sum_{k=1}^{\infty} p_k=1,\ p_k \geqslant 0,\ k=1,2,\cdots$$

分布律也可用表格（表 6.1）来表示。

表 6.1　分布律

X	x_1	x_2	$\cdots$	x_n	$\cdots$
p_k	p_1	p_2	$\cdots$	p_n	$\cdots$

需要注意的是离散型随机变量的分布律和其分布函数一一对应。由分布律容易得到分布函数如下。

当 $x<x_1$ 时，$F(x)=P(X\leqslant x)=P(X<x_1)=0$。

当 $x_1\leqslant x<x_2$ 时，$F(x)=P(X\leqslant x)=P(X<x_2)=P(X=x_1)=p_1$。

当 $x_2\leqslant x<x_3$ 时，$F(x)=P(X\leqslant x)=P(X<x_3)=P(X=x_1)+P(X=x_2)=p_1+p_2$。

一般地，有

$$F(x)\begin{cases}0, & x<x_1\\ p_1, & x_1\leqslant x<x_2\\ p_1+p_2, & x_2\leqslant x<x_3\\ \cdots & \\ \sum_{i=1}^{n-1} p_i, & x_{n-1}\leqslant x<x_n\\ \cdots & \end{cases}$$

也可写成

$$F(x)=P(X\leqslant x)=P(\cup_{x_k\leqslant x}(X=x_k))=\sum_{x_k\leqslant x} P(X=x_k)=\sum_{x_k\leqslant x} p_k$$

反过来，基于分布函数，可得分布律 $p_k=P(X=x_k)=F(x_k)-F(x_{k-1}), k=1,2,\cdots$。

由此可知，离散型随机变量的分布函数是分段阶梯函数，在随机变量 X 的可能取值 x_k 处发生间断，跳跃值为 p_k。

下面介绍几种常见的离散型随机变量。

1. 0-1 分布

若随机试验只有两个可能的结果，我们感兴趣或者较为期待的一种结果称为“成功”

(A)，每次试验成功的概率为p；另外一个可能的结果称为“失败”（$\overline{A}$），其发生的概率为1–p。这种只有两个可能结果的随机试验，又称其为伯努利试验。对于这种随机试验，其样本空间只有两个值，即 S = {成功, 失败}。对此可以定义一个随机变量 X。若 e = 成功，令 X = 1；若 e = 失败，令 X = 0。

若 X 的分布律如下：

$$P(X=1)=p=1-P(X=0)$$

则称 X 服从以 p 为参数的 0-1 分布（也称为两点分布或伯努利分布）。这里以 p 为参数是指随机变量 X 的分布律完全由参数 p 决定。0-1 分布是常见的一种分布。如对新生婴儿性别进行登记，检查产品的质量是否合格，抛硬币是否出现正面，电话是否接通，等等。

2. 二项分布

将伯努利试验独立重复地进行 n 次，则称这一串重复的独立试验为 n 重伯努利试验。这里“重复”是指在一次试验中成功的概率 $P(A)=p$ 保持不变；“独立”则指各次试验的结果互相没有影响。具体地，若用 C_i 表示第 i 次试验的结果，则 $C_i=A$ 或者 $\overline{A}, i=1,2,\cdots,n$。那么“独立”就是指 $P(C_1C_2\cdots C_n)=P(C_1)P(C_2)\cdots P(C_n)$。

例如，抛掷一枚硬币，A 表示出现正面，那么这是一个一重伯努利试验；如将硬币抛掷 n 次，就是 n 重伯努利试验。又如在装有 a 只白球、b 只红球的袋中任取一只球，观察球的颜色。以 A 表示“取到红球”，容易知道 $P(A)=b/(a+b)$。若有放回地连续取球 n 次，这就是 n 重伯努利试验。这是由于在每次试验中 $P(A)=b/(a+b)$ 总是成立，且各次试验相互独立。然而，若作不放回抽样，虽然每次试验仍然有 $P(A)=b/(a+b)$ 成立（取球概率和取球次序无关），但各次试验不再相互独立（第一次的取球结果改变了袋中球的结构从而影响了第二次取球的结果，这里适用条件概率的概念），因而不再是 n 重伯努利试验。

对于 n 重伯努利试验，可以构造多个不同的随机变量来概括这种试验的信息。其中一种常见且重要的随机变量是考虑在 n 重伯努利试验中感兴趣的事件 A 发生的次数，用 X 表示。易见 X 的取值有限且所有可能的取值是 $0,1,2,\cdots,n$。因而，求 X 的分布律，关键是求解其取到 0～n 中某一整数的概率。对此，先考虑 $n=3$ 时的结果。设 A_i = {第 i 次事件 A 发生}。易知，事件 A 共发生 1 次有三种可能的结果，即只在第一次或第二次或第三次发生，再由试验的相互独立性得到每一种可能结果的概率相同且都是 $p(1-p)^2$，所以

$$P(X=1)=P(A_1\overline{A}_2\overline{A}_3\cup\overline{A}_1A_2\overline{A}_3\cup\overline{A}_1\overline{A}_2A_3)=3p(1-p)^2$$

其他情形可以类似得出

$$P(X=0)=P(\overline{A}_1\overline{A}_2\overline{A}_3)=(1-p)^3$$

$$P(X=2)=P(A_1A_2\overline{A}_3\cup\overline{A}_1A_2A_3\cup A_1\overline{A}_2A_3)=3p^2(1-p)$$

$$P(X=3)=P(A_1A_2A_3)=p^3$$

对于一般情形，事件 A 在 n 次试验中共发生 k 次，共有 C_n^k 种可能的结果。对于每种可能的结果，A 在指定的 k 次试验中发生，在其他的 $n-k$ 次试验中不发生。比如在前 k

次试验中 A 发生而在后 $n-k$ 次试验中不发生。由于各次试验相互独立，那么每次可能结果发生的概率相同且都是 $p^k(1-p)^{n-k}$，故

$$P(X=k)=\mathrm{C}_n^k p^k(1-p)^{n-k},\ k=0,1,\cdots,n$$

注意到 $P(X=k)$ 恰为 $(p+q)^n$ 二项式展开中的第 k 项，故称 X 服从参数为 n 和 p 的二项分布，记为 $X\sim B(n,p)$。此外，若记 X_i 为第 i 次试验事件 A 发生的次数，则 X_i 服从参数为 p 的 0-1 分布，也记为 $X_i\sim B(1,p)$，$i=1,\cdots,n$，从而 $X=X_1+X_2+\cdots+X_n$。

设一批产品共 N 件，其中 K 件是次品，从中有放回地任取 n 件，则这 n 件产品中的次品数 X 服从参数为 n 和 K/N（次品率）的二项分布，即 $X\sim B\left(n,K/N\right)$。若无放回地抽取 $n(n\leqslant N)$ 件，那么次品数 X 就不再是二项分布了，它的可能取值为 $0,1,\cdots,\min\{n,K\}$，由古典概型不难计算取值概率为

$$P(X=k)=\frac{\mathrm{C}_K^k\mathrm{C}_{N-K}^{n-k}}{\mathrm{C}_N^n},\ \max\{0,n+K-N\}\leqslant k\leqslant\min\{n,K\}$$

此时，称 X 服从参数为 N,K,n 的超几何分布，记作 $X\sim H(N,K,n)$。超几何分布的得名源自超几何级数的概念。超几何分布在产品的抽样检验和质量管理中有广泛应用。

更一般地，将总体中的元素分成两类（如通过和未通过，女性和男性，被录用和未被录用等），将感兴趣的结果称为“成功”，比如在上述产品抽检问题中抽到次品可认为是“成功”。超几何分布描述的是从一个包含 K 次“成功”的大小为 N 的有限总体中，进行 n 次无放回抽样，成功 k 次的概率。而二项分布描述的是从一个包含 K 次成功的大小为 N 的有限总体中，进行 n 次有放回抽样，成功 k 次的概率。注意到两种分布的差别在于抽样方式，当有放回抽样时，确保了每次抽到“成功”的概率相同且抽取结果互不影响。一般来说，有放回抽样和无放回抽样对概率的计算不同，但当总体的个数足够大时，两者的差异可以很小。记 N 为产品数目，K 为次品数，若 $\lim\limits_{N\to\infty}K/N=p$，可以证明对任意的 $k\leqslant n$，有

$$\lim_{N\to\infty}\frac{\mathrm{C}_K^k\mathrm{C}_{N-K}^{n-k}}{\mathrm{C}_N^n}=\mathrm{C}_n^k p^k(1-p)^{n-k}$$

这表明在足够多的产品中，任意无放回抽取的 n 个产品中含有的次品数近似服从二项分布。人们在实际工作中常利用这一点，把抽样对象数量较大时的无放回抽样当作有放回抽样来处理。

例 6.1　有一大批产品，其次品率为 0.1，现从中任意抽取 10 件，则至少有一件次品的概率是多少？

解： 由于产品数量庞大，可直接当作有放回抽样处理。记 X 为次品数，则 $X\sim B(10,0.1)$，故所求概率为

$$P(X\geqslant 1)=1-P(X=0)=1-(1-0.1)^{10}=0.6513$$

尽管在一次试验中抽到次品的概率只有 0.1，但重复 10 次抽样至少有一件次品的概率则显著增加。如果不是抽取 10 件，而是 100 件，则上述概率增加到 0.9999。也就是说，尽管次品率仅为 0.1，但在抽取的 100 件产品中几乎可以肯定有次品。这一事实说明，尽

管概率很小的事件在一次试验中几乎是不发生的，但只要试验次数足够多，而且试验是独立（或近似独立）进行的，那么这一事件肯定会发生，这称为小概率事件原理。

例 6.2 美国电影《十二怒汉》中十二个不同职业的人组成了一起谋杀案的陪审团，为宣判被告有罪，必须全部陪审员投票认为他有罪。假定陪审员的判断相互独立，且不论被告是否有罪，每位陪审员做出正确判断的概率都是 p，那么这个陪审团做出正确判决的概率是多少？

解：若被告有罪，则陪审团做出正确判决（即宣判被告有罪）的概率是 p^{12}；若被告本无罪，则陪审团做出正确判决（即宣判被告无罪）的概率是$1-(1-p)^{12}$。虽然被告是否真的有罪是未知的，但注意到对于任意的$0 \leqslant p \leqslant 1$，$1-(1-p)^{12} \geqslant p^{12}$，即当被告真的无罪时陪审团做出正确判决的概率大于被告有罪时陪审团做出正确判决的概率。由此从概率的角度说明这种陪审团制度是对被告的一种保护制度，体现了无罪推定的法律原则。

3. 几何分布

考虑连续的独立重复伯努利试验，记 X 为首次出现“成功”时已进行的试验次数，则其取值为$1, 2, \cdots$。假设单次试验里“成功”出现的概率为$p(>0)$，则有

$$P(X=k)=(1-p)^{k-1}p,\ k=1,2,\cdots$$

称 X 服从参数为 p 的几何分布，记作 $X \sim G(p)$。容易验证

$$P(X<\infty)=\sum_{k=1}^{\infty}P(X=k)=\sum_{k=1}^{\infty}(1-p)^{k-1}p=1$$

也能看到几何分布的得名是因为几何级数。同样，上式也表明，不论“成功”概率有多小，只要大于 0，那么有限次试验内“成功”必然发生。例如，我们总能在有限次内抛出硬币的正面，在有限次内射中目标等。

如果 $X \sim G(p)$，则前 k 次试验内未出现“成功”的概率为

$$P(X>k)=(1-p)^k,\ k=0,1,\cdots$$

进一步，如果已知前 k 次试验内未出现“成功”，接下来的 m 次内还不出现“成功”的概率为

$$P(X>k+m|X>k)=\frac{P(X>k+m, X>k)}{P(X>k)}=\frac{P(X>k+m)}{P(X>k)}=(1-p)^m=P(X>m)$$ 表明在几何分布下，这一条件概率与 k 无关，称几何分布具有无记忆性。在离散随机变量中，仅有几何分布具有这一特征。

例 6.3 假设某地居民对一项政策的支持率约为 10%。现随机采访该地居民，则至少需要采访多少人，才能使采访到支持者的概率不小于 95%？如果已经采访了 10 人还未碰到支持者，那还需采访多少人能够达到上述要求？

解：记采访到首个支持者时需采访的人数为 X，根据要求寻找合适的 x 使得

$$P(X \leqslant x) = 0.95$$

或者

$$P(X > x) = 0.05$$

注意到 $X \sim G(0.1)$，则需满足 $0.9^x = 0.05$，可得 $x \approx 29$，即至少需要采访 29 人才能使采访到支持者的概率不小于 95%。如果已经采访了 10 人还未碰到支持者，由几何分布的无记忆性，则还需要采访至少 29 人才能达到上述要求。

4. 泊松分布

设 $\lambda > 0$ 为常数，若

$$P(X = k) = \frac{\lambda^k \mathrm{e}^{-\lambda}}{k!}, \ k = 0, 1, \cdots$$

则称随机变量 X 服从参数为 λ 的泊松分布，记为 $X \sim P(\lambda)$。泊松概率函数的规范性可由 $\mathrm{e}^{\lambda} = \sum_{k=0}^{\infty} \frac{\lambda^k}{k!}$ 快速验证。

泊松分布常用来描述一段时间或空间内某一特定事件发生次数的分布。比如某人一天内收到的电子邮件个数，某商店一天内来访的顾客人数，世界杯比赛期间进球的个数，某医院急诊科晚上 11 点到 12 点期间到诊的病人数，某一城市中午 12 点到下午 1 点发生的事故个数，某地区 5 级以上地震发生的次数，等等。事实上，泊松分布可以看作二项分布的极限。考虑一个特定的时间段 $[0, \lambda]$，$\lambda > 0$ 为常数，现将该区间 n 等分，产生 n 个小区间 $\left[0, \frac{\lambda}{n}\right), \left[\frac{\lambda}{n}, \frac{2\lambda}{n}\right), \cdots, \left[\frac{(n-1)\lambda}{n}, \lambda\right]$，当 n 很大时，这些区间都很小。假设每个小区间发生 1 次事件的概率为区间的长度 $\frac{\lambda}{n}$，不发生事件的概率为 $1 - \frac{\lambda}{n}$，而且每个小区间是否发生事件相互独立，则根据二项分布的定义，在 n 等分下，整个时间段内事件发生次数 X_n 服从试验次数为 n、成功概率为 $p_n = \frac{\lambda}{n}$ 的二项分布，即 $X_n \sim B(n, p_n)$，则

$$P(X_n = k) = \mathrm{C}_n^k \left(\frac{\lambda}{n}\right)^k \left(1 - \frac{\lambda}{n}\right)^{n-k}, \ 0 \leqslant k \leqslant n$$

令 $n \to \infty$，则对任意的非负整数 k，

$$\begin{aligned}
\lim_{n\to\infty} P(X_n = k) &= \lim_{n\to\infty} \mathrm{C}_n^k \left(\frac{\lambda}{n}\right)^k \left(1 - \frac{\lambda}{n}\right)^{n-k} \\
&= \lim_{n\to\infty} \frac{\lambda^k}{k!} \frac{n(n-1)\cdots(n-k+1)}{n^k} \left(1 - \frac{\lambda}{n}\right)^{n-k}
\end{aligned}$$

已知 $\lim_{n\to\infty} \left(1 - \frac{\lambda}{n}\right)^{n-k} = \mathrm{e}^{-\lambda}$，故对任意的非负整数 k，有

$$\lim_{n\to\infty}P(X_n=k)=\frac{\lambda^k}{k!}e^{-\lambda}$$

等号右边就是泊松概率了。

注意到上述讨论要求$np_n=\lambda$，则当二项分布的参数 n 很大、p 很小时，可以用泊松分布 $P(np)$来近似二项概率，

$$C_n^k p^k(1-p)^{n-k}\approx\frac{(np)^k}{k!}e^{-np}$$

图 6.1 展示了泊松分布 $P(2.5)$近似二项分布 $B(10, 0.25)$的效果。

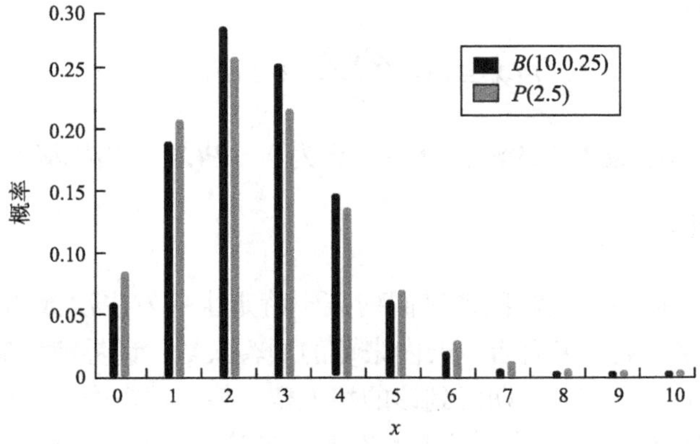

图 6.1　泊松分布近似二项分布

例 6.4　某地区一年沙尘暴出现的次数 X 服从参数 $\lambda=3$ 的泊松分布，试求以下问题。

（1）一年中至少发生三次沙尘暴的概率。

（2）连续观测 10 年，恰有 4 年至少发生三次沙尘暴的概率。

解：（1）由题意 $P(X\geqslant 3)=1-P(X=0)-P(X=1)-P(X=2)=1-e^{-3}-3e^{-3}-\frac{3^2e^{-3}}{2!}\approx$ 0.5768。

（2）设 10 年内有 Y 年“至少发生三次沙尘暴”，则$Y\sim B(10,p)$，其中$p=P(X\geqslant 3)\approx$ 0.5768。于是$P(Y=4)=C_{10}^4p^4(1-p)^6=0.1335$。

例 6.5　设每次射击命中目标的概率为 0.001，共射击 5000 次，令 X 表示命中的次数，求至少有两次命中目标的概率。

解：已知 $X\sim B(5000, 0.001)$，则所求概率为$P(X\geqslant 2)$，注意到 n 很大、p 很小，则可用泊松分布 $P(5)$近似之，即有

$$\begin{aligned}P(X\geqslant 2)&=1-P(X=0)-P(X=1)\\&\approx 1-e^{-5}-5e^{-5}\\&\approx 0.9596\end{aligned}$$

6.1.2　连续型随机变量

6.1.1 节讨论了离散型随机变量，本节讨论连续型随机变量。

定义 6.3　若对于随机变量 X 的分布函数 $F(x)$，存在非负可积函数 $f(x)$，使得对于任意实数 x 都有 $F(x)=\int_{-\infty}^{x} f(t)\mathrm{d}t$，则称 X 为连续型随机变量，$f(x)$称为 X 的概率密度函数，简称概率密度。

由定义易知，概率密度函数 $f(x)$具有如下性质。

（1）$f(x)\geqslant 0$。

（2）$\int_{-\infty}^{+\infty} f(x)\mathrm{d}x=1$。

上述性质类似于分布律的性质，但需要注意的是概率密度函数 $f(x)$不一定总是小于或等于 1。给定了密度函数 $f(x)$，可以通过积分运算得到分布函数 $F(x)$。反过来，若 $f(x)$在 x 点连续，分布函数的导函数即为密度函数，即

$$f(x)=F'(x)=\lim_{\Delta x\to 0^+}\frac{F(x+\Delta x)-F(x)}{\Delta x}=\lim_{\Delta x\to 0^+}\frac{P(x<X\leqslant x+\Delta x)}{\Delta x}$$

因而 $f(x)$ 在 x 点的取值是随机变量 X 落入区间$(x, x+\Delta x]$上的概率与区间长度 Δx 之比的极限。如果把概率理解为质量，可以设想一条极细的无穷长的金属杆，总质量为 1，$f(x)$ 相当于杆上各点的质量密度，这就是 $f(x)$ 被称为概率密度的缘由。

另外也可利用密度函数计算随机变量落入某区间的概率，对于任意实数 $x_1, x_2(x_1<x_2)$，易得

$$P(x_1<X\leqslant x_2)=F(x_2)-F(x_1)=\int_{x_1}^{x_2} f(x)\mathrm{d}x$$

积分值 $\int_{x_1}^{x_2} f(x)\mathrm{d}x$ 是在概率密度曲线 $f(x)$下方界于 $x=x_1$ 和 $x=x_2$ 之间曲边梯形的面积。这就给出了概率密度函数含义的几何解释。

需要指出的是连续型随机变量 X 取任一实数 x'的概率均为 0，即 $P(X=x')=0$。事实上

$$0\leqslant P(X=x')\leqslant P(x'-\Delta x<X\leqslant x')=F(x')-F(x'-\Delta x)$$

令 $\Delta x\to 0$，由于连续型随机变量的分布函数是积分上限函数，故其连续，则有 $F(x')-F(x'-\Delta x)\to 0$。于是 $P(X=x')=0$。

由此可知，对于连续型随机变量，计算其落入某区间的概率时，不需要关心该区间是开区间、闭区间或者半开半闭区间，也就是有

$$P(x_1<X\leqslant x_2)=P(x_1\leqslant X\leqslant x_2)=P(x_1<X<x_2)$$

这再次说明对于连续型随机变量，我们关心的不是它取某个值的可能性，而是它落入某个区间的可能性。

例 6.6 设 X 是一个连续型随机变量，其密度函数

$$f(x)=\begin{cases}C(4x-2x^2), & 0<x<2\\ 0, & \text{其他}\end{cases}$$

（1）求常数 C。
（2）求 X 的分布函数。
（3）求 $P(X>1)$。

解：（1）由密度函数的性质，知 $\int_{-\infty}^{+\infty}f(x)\mathrm{d}x=1$，从而有

$$1=\int_0^2 f(x)\mathrm{d}x=C\int_0^2(4x-2x^2)\mathrm{d}x=\frac{8C}{3}$$

于是 $C=3/8$。

（2）若 $x\leqslant 0, f(x)\equiv 0, F(x)=\int_{-\infty}^{x}f(t)\mathrm{d}t=0$；若 $0<x<2, f(x)=3\left(4x-2x^2\right)/8$，$F(x)=\int_{-\infty}^{x}f(t)\mathrm{d}t=\int_{-\infty}^{0}f(t)\mathrm{d}t+\int_0^x f(t)\mathrm{d}t=0+\int_0^x\frac{3}{8}\left(4t-2t^2\right)\mathrm{d}t=\frac{3}{8}\left(2x^2-\frac{2x^3}{3}\right)$。

若 $x\geqslant 2$，易知 $F(x)=F(2)=1$。

（3）$P(X>1)=1-P(X\leqslant 1)=1-F(1)=1-\frac{3}{8}\left(2-\frac{2}{3}\right)=\frac{1}{2}$。

下面介绍几种常见的连续型分布。

1. 均匀分布

若随机变量 X 的概率密度为

$$f(x)=\begin{cases}\dfrac{1}{b-a}, & a\leqslant x\leqslant b\\ 0, & \text{其他}\end{cases}$$

这里，$a,b(a<b)$ 为常数，则称 X 在 $[a,b]$ 上服从均匀分布，或称 X 是 $[a,b]$ 上的均匀分布随机变量，记为 $X\sim U(a,b)$。

易知若区间长度 $b-a<1$，则 $f(x)>1$，这表明密度函数的取值可以大于 1。

由上式可知 X 的分布函数为

$$F(x)=\begin{cases}0, & x<a\\ \dfrac{1}{b-a}, & a\leqslant x<b\\ 1, & x\geqslant b\end{cases}$$

$U(1,3)$ 的密度函数和分布函数如图 6.2 和图 6.3 所示。

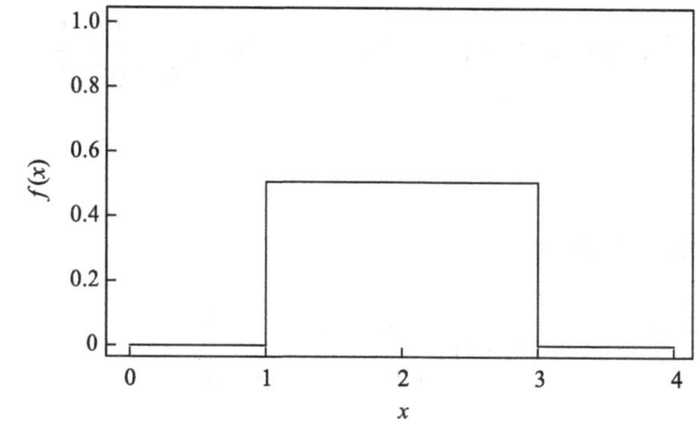

图 6.2　均匀分布 $U(1, 3)$的密度函数

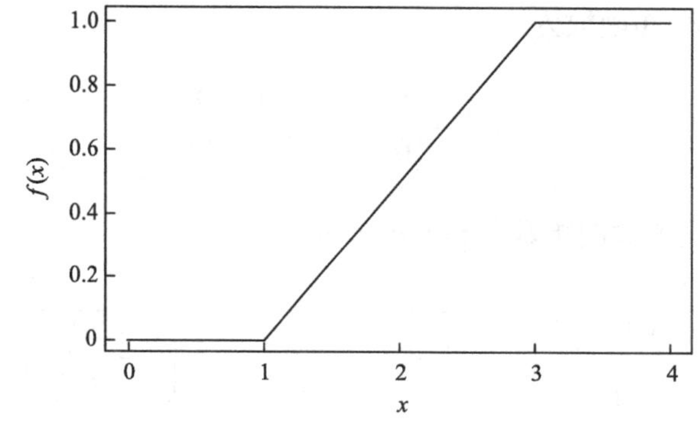

图 6.3　均匀分布 $U(1, 3)$的分布函数

设 X 在$[a, b]$上服从均匀分布，$[c, d]$是$[a, b]$内任一子区间，则

$$P(c \leqslant X \leqslant d) = \int_c^d f(x)\mathrm{d}x = \int_c^d \frac{1}{b-a}\mathrm{d}x = \frac{d-c}{b-a}$$

这说明 X 落在子区间$[c, d]$的概率只依赖于区间的长度，而与子区间的位置无关。实际问题中经常会遇到均匀分布随机变量，例如，用刻度标至毫米的尺测量一批桌面的长度时，只读出最接近的毫米数，由此产生的误差 X（读数与真实长度的差）是一个随机变量，可以假设它服从$(-0.5, 0.5)$上的均匀分布（单位：毫米）。

例 6.7　某公共汽车站从上午 6 点起，每 15 分钟来一辆车，即 6:00、6:15、6:30、6:45 等时刻有汽车到达此站。如某乘客到达此站的时间是 6:00 到 6:30 之间的均匀分布随机变量，试求该乘客等待时间少于 5 分钟的概率。

解：设乘客于 6 点 X 分到达此站，X 在$[0, 30]$上服从均匀分布。所以概率密度为

$$f(x) = \begin{cases} \dfrac{1}{30}, & 0 \leqslant x \leqslant 30 \\ 0, & \text{其他} \end{cases}$$

为使等车时间少于 5 分钟，必须在 6:10 到 6:15 之间或在 6:25 到 6:30 之间到达车站。因此所求概率为

$$P(10 < x < 15) + P(25 < x < 30) = \frac{1}{6} + \frac{1}{6} = \frac{1}{3}$$

2. 指数分布

若随机变量 X 的概率密度为

$$f(x) = \begin{cases} \lambda e^{-\lambda x}, & x \geqslant 0 \\ 0, & x < 0 \end{cases}$$

式中，$\lambda > 0$ 表示常数，称 X 服从参数为 λ 的指数分布，或称 X 是服从参数为 λ 的指数分布随机变量，记为 $X \sim E(\lambda)$。

由上式可知 X 的分布函数为

$$F(x) = \begin{cases} 1 - e^{-\lambda x}, & x \geqslant 0 \\ 0, & x < 0 \end{cases}$$

图 6.4 给出了不同参数的指数分布密度曲线。

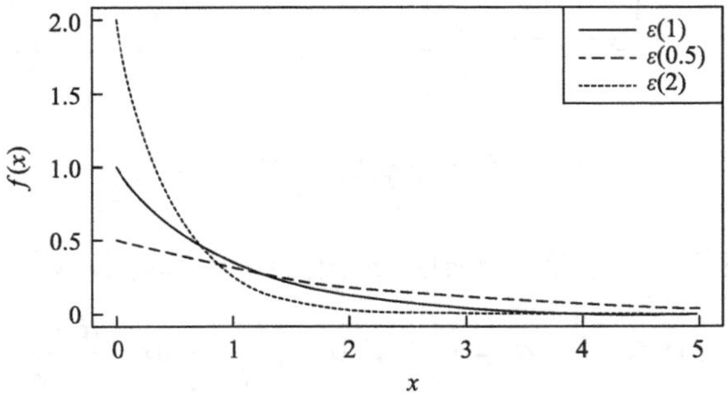

图 6.4　指数分布密度曲线

在实践中，指数分布常被用来描述某个事件发生的等待时间。比如从现在开始计算，地震发生的时间间隔，一场新的战争爆发的时间间隔，你接到下一个误拨电话的时间间隔。指数分布也可被用来描述元器件的使用寿命以及生物体的寿命等。

与几何分布一样，指数分布也具有无记忆性，因为对任意 $s, t > 0$，有

$$P(X > s + t | X > s) = \frac{P(X > s + t, X > s)}{P(X > s)} = \frac{P(X > s + t)}{P(X > s)} = \frac{e^{-\lambda(s+t)}}{e^{-\lambda s}} = e^{-\lambda t} = P(X > t)$$

而且它是唯一具有此性质的连续型分布。若令 X 表示元器件的寿命，则无记忆性表明元器件在已使用了 s 小时的条件下又使用了至少 t 小时的条件概率与元器件寿命大于 t 小时的概率一样，也即元器件对它已使用了 s 小时没有记忆。

例 6.8　某个邮局有两个职员，假设当小王走进邮局时，发现两个职员正分别接待小李和小张。小王被告知，一旦处理完小李或小张的事情就开始接待他。如果职员给每位

顾客服务的时间都服从参数为λ的指数分布，那么三人中，小王是最后一个办完事情的概率为多大？

解：从小王开始接受服务时考虑。小王接受服务时，小李和小张中有一个人已经离开，另一个人仍在继续接受服务。然而因为指数分布是无记忆的，所以仍在接受服务的顾客（小李或小张）的剩余服务时间依然服从参数为λ的指数分布。因此，根据对称性可知，剩下的一个人在小李之前完成服务的概率是 1/2。

3. 正态分布

若随机变量X的概率密度为

$$f(x)=\frac{1}{\sqrt{2\pi}\sigma}\mathrm{e}^{-\frac{(x-\mu)^2}{2\sigma^2}},\ -\infty<x<+\infty$$

式中，$\mu,\sigma>0$表示常数，称X服从参数为μ,σ^2的正态分布，或称X是服从参数为μ,σ^2的正态分布随机变量，记为$X\sim N(\mu,\sigma^2)$。

显然$f(x)\geqslant 0$，下面说明$\int_{-\infty}^{+\infty}f(x)\mathrm{d}x=1$。令$u=\dfrac{x-\mu}{\sigma}$，则

$$\int_{-\infty}^{+\infty}\frac{1}{\sqrt{2\pi}\sigma}\mathrm{e}^{-\frac{(x-\mu)^2}{2\sigma^2}}\mathrm{d}x=\int_{-\infty}^{+\infty}\frac{1}{\sqrt{2\pi}}\mathrm{e}^{-\frac{u^2}{2}}\mathrm{d}u$$

使用极坐标变换，$u=r\cos\theta, \upsilon=r\sin\theta$，可得

$$\int_{-\infty}^{+\infty}\frac{1}{\sqrt{2\pi}}\mathrm{e}^{-\frac{u^2}{2}}\mathrm{d}u\int_{-\infty}^{+\infty}\frac{1}{\sqrt{2\pi}}\mathrm{e}^{-\frac{\upsilon^2}{2}}\mathrm{d}\upsilon=\int_{-\infty}^{+\infty}\int_{-\infty}^{+\infty}\mathrm{e}^{-\frac{u^2+\upsilon^2}{2}}\mathrm{d}u\mathrm{d}\upsilon=\int_0^{2\pi}\mathrm{d}\theta\int_0^{+\infty}\mathrm{e}^{-\frac{r^2}{2}}r\mathrm{d}r=2\pi$$

由此可知$\int_{-\infty}^{+\infty}\mathrm{e}^{-\frac{u^2}{2}}\mathrm{d}u=\sqrt{2\pi}$，所以$\int_{-\infty}^{+\infty}f(x)\mathrm{d}x=1$成立。

正态分布是由法国数学家亚伯拉罕·棣莫弗于 1773 年引入的。他利用正态分布求出了有关抛掷硬币试验中随机事件概率的近似值，当时正态分布被称为指数钟形曲线。直到 1809 年，德国数学家高斯以正态分布作为主要工具预测天文学中星体的位置，正态分布才展现了它的应用价值。自此以后，正态分布也被称为高斯分布。

正态分布在整个统计学中占据中心地位，主要原因有三个：首先，正态分布及其相关分布易于利用解析手段进行处理（尽管看上去并不如此）；其次，正态分布的图像是我们熟悉的钟形，其对称性保证了正态分布是进行总体建模的最佳选择，虽然还存在其他一些钟形分布，但它们都没有正态分布易于处理；最后，中心极限定理（见第 8 章）表明，在适当条件下实际中出现的许多随机变量都可近似认为是服从正态分布的。这些原因使得正态分布的应用极为广泛，比如零件的尺寸，纤维的强度和张力，某地区成年男子的身高和体重，农作物的产量，小麦的穗长、株高以及信号的噪声，等等。

图 6.5 展示了几个不同参数的正态分布密度曲线。一般地，正态分布密度曲线具有如下性质。

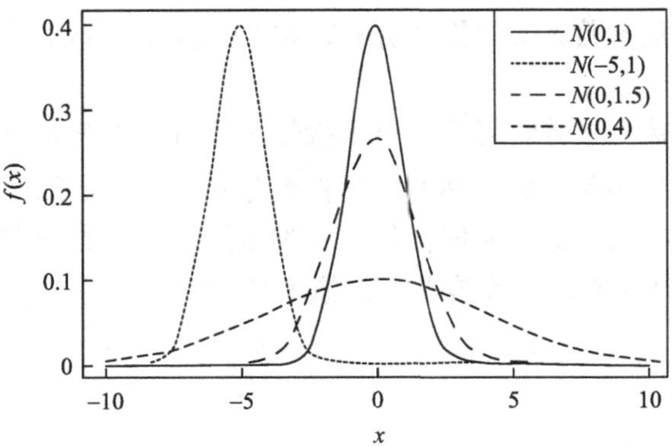

图 6.5 正态分布密度曲线

（1）曲线关于 $x=\mu$ 对称。这表明对于任意 x 有 $P(X\leqslant\mu+x)=P(X>\mu-x)$。特别地，$P(X<\mu)=P(X>\mu)=\dfrac{1}{2}$。

（2）当 $x=\mu$ 时取得最大值 $f(\mu)=\dfrac{1}{\sqrt{2\pi}\sigma}$。

由此可知，若 $\sigma<1/\sqrt{2\pi}, f(\mu)>1$，再次说明密度函数的取值可以大于 1。$x$ 离 μ 越远，$f(x)$的取值越小。这表明，对于同等长度的区间，当区间离 μ 越远，X 落入该区间的概率就越小。固定参数 σ，改变 μ 的值，则图形的形状不变只是沿着 x 轴进行平移；若固定参数 μ，改变 σ 的值，图形的对称轴不变但形状发生变化：σ 越小，图形越高越瘦（取值集中）；σ 越大，图形越矮越胖（取值分散）。故而称参数 μ 为位置参数（决定对称轴的位置），参数 σ 为尺度参数（决定曲线的分散性）。

容易知道 X 的分布函数为

$$F(x)=\frac{1}{\sqrt{2\pi}\sigma}\int_{-\infty}^{x}\mathrm{e}^{-\frac{(t-\mu)^2}{2\sigma^2}}\mathrm{d}t,\quad -\infty<x<+\infty$$

该函数没有解析表达式，不是初等函数，计算较为烦琐。对此常用的思路是先考虑一个较为特殊的正态分布并对其分布函数进行计算，然后利用一般正态分布和特殊正态分布的关系最终实现一般正态分布相关概率的计算。特殊正态分布即令 $\mu=0,\sigma=1$，此时密度函数为

$$\varphi(x)=\frac{1}{\sqrt{2\pi}}\mathrm{e}^{-\frac{x^2}{2}},\quad -\infty<x<+\infty$$

分布函数记为

$$\Phi(x)=\frac{1}{\sqrt{2\pi}}\int_{-\infty}^{x}\mathrm{e}^{-\frac{t^2}{2}}\mathrm{d}t,\quad -\infty<x<+\infty$$

称 $N(0, 1)$为标准正态分布。$\Phi(x)$ 的值已编制成表，称为标准正态分布函数表。该表一般只有 x 为正值的数值，x 为负值的概率可利用下式求得

$$\Phi(-x)=1-\Phi(x)$$

事实上，$\Phi(-x)=P(X\leqslant -x)$ 为 X 不超过 $-x$ 的概率。根据正态分布密度函数的对称性，容易知道 $P(X\leqslant -x)=P(X\geqslant x)=1-\Phi(x)$。

下面的结果将一般正态分布和标准正态分布联系了起来。

命题 6.1　若 $X\sim N(\mu,\sigma^2)$，则 $Z=\dfrac{X-\mu}{\sigma}\sim N(0,1)$。

证明：随机变量 Z 的分布函数为

$$P(Z\leqslant x)=P\left(\frac{X-\mu}{\sigma}\leqslant x\right)=P(X\leqslant \mu+\sigma x)=\frac{1}{\sqrt{2\pi}\sigma}\int_{-\infty}^{\mu+\sigma x}\mathrm{e}^{-\frac{(t-\mu)^2}{2\sigma^2}}\mathrm{d}t$$

令 $u=\dfrac{t-\mu}{\sigma}$，则有

$$P(Z\leqslant x)=\frac{1}{\sqrt{2\pi}}\int_{-\infty}^{x}\mathrm{e}^{-\frac{u^2}{2}}\mathrm{d}u=\Phi(x)$$

由此可知，$Z=\dfrac{X-\mu}{\sigma}\sim N(0,1)$。

由该命题，若 $X\sim N(\mu,\sigma^2)$，则其分布函数 $F(x)$ 可写成

$$F(x)=P(X\leqslant x)=P\left(\frac{X-\mu}{\sigma}\leqslant\frac{x-\mu}{\sigma}\right)=\Phi\left(\frac{x-\mu}{\sigma}\right)$$

对于任意实数 $x_1,x_2(x_1<x_2)$，可得

$$\begin{aligned}P(x_1<X<x_2)&=P\left(\frac{x_1-\mu}{\sigma}<\frac{X-\mu}{\sigma}<\frac{x_2-\mu}{\sigma}\right)=P\left(\frac{x_1-\mu}{\sigma}<Z<\frac{x_2-\mu}{\sigma}\right)\\&=\Phi\left(\frac{x_2-\mu}{\sigma}\right)-\Phi\left(\frac{x_1-\mu}{\sigma}\right)\end{aligned}$$

例 6.9　回到本章开头的案例。在此例中假定孕期天数 $X\sim N(270,10^2)$，要想判断被告是不是孩子的父亲，一种可行的方案是计算这位母亲在被告出国前或回国后怀孕的概率。如果这位母亲在与被告证词相符的时间内怀孕的概率很小的话，根据实际推断原理（小概率事件在一次试验中几乎不会发生），有理由推定被告不是孩子的父亲。所求概率为

$$\begin{aligned}&P(X>290)+P(X<240)\\&=P\left(\frac{X-270}{10}>\frac{290-270}{10}\right)+P\left(\frac{X-270}{10}<\frac{240-270}{10}\right)\\&=1-\Phi(2)+1-\Phi(3)\approx 0.0241。\end{aligned}$$

这一概率很小，如果被告的证词属实的话，可以推定被告并不是孩子的父亲。当然做出这一结论仍有犯错的可能，犯错的概率则为 0.0241。

例 6.10　风险价值（value at risk，VaR）是财务核算中的一个核心概念，投资的 VaR 可以定义为一个数值 v，满足投资的损失大于 v 的概率只有 1%。如果投资收益 $X\sim N(\mu,\sigma^2)$。由于损失是收益的相反数，所以有 $0.01=P(-X>v)$ 或等价的有 $0.99=P(-X\leqslant v)=$ $P(X\geqslant -v)=P\left(\dfrac{X-\mu}{\sigma}\geqslant\dfrac{-v-\mu}{\sigma}\right)=P\left(\dfrac{X-\mu}{\sigma}\leqslant\dfrac{v+\mu}{\sigma}\right)=\Phi\left(\dfrac{v+\mu}{\sigma}\right)$。

根据标准正态分布表可知$\Phi(2.33)=0.99$，所以

$$\frac{\upsilon+\mu}{\sigma}=2.33$$

得$\upsilon=2.33\sigma-\mu$。由此可见，在所有收益服从正态分布的投资集合中，使$2.33\sigma-\mu$达到最小值的投资风险最小。

6.2 随机变量函数的分布

得到了随机变量 X 的概率分布后，还可以进一步计算随机变量函数的概率分布。这不仅是一种自然的推广，更是实际问题的需要。在一些试验中，所关心的随机变量常常无法直接进行测量，但它是某个能够测量的随机变量的函数。比如我们希望得到圆的面积 S，但面积往往无法直接测量。注意到面积是直径的函数，即有$S=\frac{1}{4}\pi d^2$，这里 d 表示直径，同时直径可以测量。本节所要解决的问题是已知随机变量 X 的概率分布，如何求解$Y=g(X)$的概率分布，这里$g(\cdot)$的形式已知。

若X是离散型随机变量，那么$Y=g(X)$也是离散的。设X的分布律为

$$P(X=x_k)=p_k,\quad k=1,2,\cdots$$

则$Y=g(X)$的分布律为

$$P(Y=y_j)=\sum_{k:g(x_k)=y_j}p_k,\quad j=1,2,\cdots$$

需要注意的是，若对于不同的x_1,x_2，有$g(x_1)=g(x_2)$，则 Y 取该值的概率等于它们相应的概率之和。

例 6.11 已知X的分布律如表 6.2 所示，求$Y=(X-2)^2$的分布律。

表 6.2 X的分布律

x_k	0	1	2	3	4	5
p_k	$\frac{1}{12}$	$\frac{1}{6}$	$\frac{1}{3}$	$\frac{1}{12}$	$\frac{2}{9}$	$\frac{1}{9}$

解： $Y=(X-2)^2$的所有可能取值有 0, 1, 4, 9。容易得到

$$P(Y=0)=P(X=2)=\frac{1}{3}$$

对于$x_2=1,x_4=3,(x_k-2)^2=1$，所以

$$P(Y=1)=P(X=1)+P(X=3)=\frac{1}{6}+\frac{1}{12}=\frac{1}{4}$$

对于$x_1=0,x_5=4,(x_k-2)^2=4$，所以

$$P(Y=4)=P(X=0)+P(X=4)=\frac{1}{12}+\frac{2}{9}=\frac{11}{36}$$

最后，

$$P(Y=9)=P(X=5)=\frac{1}{9}$$

所以 Y 的分布律如表 6.3 所示。

表 6.3　Y 的分布律

Y	0	1	4	9
$P(Y=y_i)$	$\frac{1}{3}$	$\frac{1}{4}$	$\frac{11}{36}$	$\frac{1}{9}$

若 X 是连续型随机变量，那么 $Y=g(X)$ 既可以是连续的也可以是离散的，这取决于 $g(\cdot)$ 的形式。若 $g(\cdot)$ 是跳跃函数，则 $Y=g(X)$ 可以是离散型随机变量；若 $g(\cdot)$ 是连续函数，则 $Y=g(X)$ 大多时候也是连续的。下面主要讨论 $g(\cdot)$ 为连续函数的情形。

例 6.12　设随机变量 X 具有密度函数 $f_X(x), -\infty<x<+\infty$，试求 $Y=|X|$ 的密度函数。

解： 分别记 X,Y 的分布函数为 $F_X(x), F_Y(y)$。若 $y\leqslant 0, F_Y(y)=P(Y\leqslant y)=0$；若 $0<y<+\infty$，

$$F_Y(y)=P(|X|<y)=P(-y<X<y)=F_X(y)-F_X(-y)$$

于是有 $f_Y(y)=F_Y'(y)=f_X(y)+f_X(-y)$。综上有

$$f_Y(y)=\begin{cases}f_X(y)+f_X(-y), & y>0\\ 0, & y\leqslant 0\end{cases}$$

例 6.13　设随机变量 $X\sim U(-2,2)$，试求 $Y=X^2$ 和 $Z=|X|$ 的密度函数。

解： 分别记 X,Y,Z 的分布函数为 $F_X(x), F_Y(y), F_Z(z)$。若 $y\leqslant 0, F_Y(y)=P(Y\leqslant y)=0$；若 $0<y<4$，

$$F_Y(y)=P(X^2\leqslant y)=P\left(-\sqrt{y}\leqslant X\leqslant\sqrt{y}\right)=\frac{\sqrt{y}}{2}$$

于是 $f_Y(y)=F_Y'(y)=\dfrac{1}{4\sqrt{y}}$；若 $y\geqslant 4$，$F_Y(y)=1$。

综上有

$$f_Y(y)=\begin{cases}\dfrac{1}{4\sqrt{y}}, & 0<y<4\\ 0, & \text{其他}\end{cases}$$

对于 $Z=|X|$，容易得到

$$f_Z(z)=\begin{cases}\dfrac{1}{2}, & 0<z<2\\ 0, & \text{其他}\end{cases}$$

从上面的例子不难看到，计算$Y=g(X)$的密度函数的做法是先通过 g 的形式计算 Y 的分布函数，进而通过求导运算得到它的密度函数。基于这一过程，可得到下面计算 Y 密度函数的一般公式。

定理 6.1 设X是一个连续型随机变量，密度函数为$f_X(x)$。设$g(x)$是一个严格单调且可导的函数，那么随机变量$Y=g(X)$的密度函数为$f_Y(y)=f_X(h(y))|h'(y)|$，这里$h(y)$是$y=g(x)$的反函数。

例 6.14 设随机变量$X\sim N(\mu,\sigma^2), Y=aX+b(a\neq 0)$，求$Y$的密度函数。

解： 注意到g是线性函数，满足定理 6.1 的要求。故由定理 6.1，Y的密度函数为

$$
\begin{aligned}
f_Y(y)&=f_X\left(\frac{y-b}{a}\right)\frac{1}{|a|}\\
&=\frac{1}{\sqrt{2\pi}|a|\sigma}\exp\left\{-\frac{[y-(a\mu+b)]^2}{2a^2\sigma^2}\right\}
\end{aligned}
$$

这表明$Y\sim N(a\mu+b,a^2\sigma^2)$。

6.3 数学期望和方差

我们知道一个随机变量的分布函数能够完整地刻画它的概率特征。但很多时候，正是由于分布函数所囊括的信息太多使得我们无从下手，无法快速地掌握随机变量的一些信息。或者说很多时候我们并不需要知道随机变量的全部概率性质，而只需关注某些能够描述随机变量某种特征的常数。最常使用的有两种常数：一种被用来描述随机变量的平均水平，比如一批显像管的平均寿命，一个班级的平均身高，一个城市的平均收入等；另一种被用来描述随机变量取值的分散或波动程度，比如股票价格的涨跌波动，收入水平的高低差距，灯泡质量的优劣差异等。本节将主要介绍数学期望（用以描述平均水平）和方差（用以描述分散程度）的定义、性质和相关计算。

6.3.1 数学期望

我们的目标是找到一个合理的常数来描述一个随机变量的平均水平。一种自然的想法就是把随机变量的所有可能取值进行平均。但由于随机变量取某个值或落入某个区域的可能性是不同的，所以在进行平均的过程中，应该考虑到随机变量取值概率的差异。因而一种合理的做法就是对随机变量的可能取值进行加权平均，权重取随机变量相关取值的概率。本节通过一个简单的例子来说明这一点。

为了评价技术水准，某机械车间对工人的生产情况进行考察。质量员检查了车工小张 100 天制造的零件情况，发现有 32 天没有出废品；有 30 天每天出了 1 件废品；有 17 天每天出了 2 件废品；有 21 天每天出了 3 件废品，那么小张平均每天出多少件废品？自然地，用 100 天内生产的废品总数除以 100 天，

$$\frac{32\times0+30\times1+17\times2+21\times3}{100}=1.27$$

得到平均每天生产废品数 1.27 件。注意到上式就是 0, 1, 2, 3 的加权平均，其中对应的权重为 $32/100, 30/100, 17/100, 21/100$，恰为 0, 1, 2, 3 出现的频率。假设小张每天额定共生产 3 个零件，若记随机变量 X 为小张一天内生产的废品数，其分布律为 $P(X=i)=p_i, i=0,1,2,3$。受上述以频率为权重求均值的启发，随机变量 X 的均值应以概率为权重平均取值，即

$$\sum_{i=0}^{3} ip_i$$

在本例中 p_i 未知，但可以用频率作为对应 p_i 的近似，这样一来，随机变量 X 的均值近似等于 1.27。

一般地，离散型随机变量的数学期望的定义如下。

定义 6.4　设离散型随机变量 X 的分布律为 $P(X=x_k)=p_k, k=1,2,\cdots$，若级数 $\sum\limits_{k=1}^{\infty} x_k p_k$ 绝对收敛，则称该级数的和是随机变量 X 的数学期望，记为 $E(X)$。

注意定义 6.4 中要求级数 $\sum\limits_{k=1}^{\infty} x_k p_k$ 绝对收敛是为了保证数学期望有限且唯一，即 $\sum\limits_{k=1}^{\infty} x_k p_k$ 的值不随级数项排列次序的改变而改变。

类似地，也可以定义连续型随机变量的数学期望。

定义 6.5　设连续型随机变量 X 的概率密度为 $f(x)$，若积分 $\int_{-\infty}^{+\infty} xf(x)\mathrm{d}x$ 绝对收敛，则称该积分的值是随机变量 X 的数学期望，记为 $E(X)$。

数学期望简称期望，又称均值，是概率论中最重要的概念之一。

例 6.15　设 $X\sim P(\lambda)$，求 $E(X)$。

解：X 的分布律为 $P(X=k)=\dfrac{\lambda^k \mathrm{e}^{-\lambda}}{k!}, k=0,1,\cdots$，其数学期望为

$$E(X)=\sum_{k=0}^{\infty} k\frac{\lambda^k \mathrm{e}^{-\lambda}}{k!}=\lambda \mathrm{e}^{-\lambda}\sum_{k=1}^{\infty}\frac{\lambda^{k-1}}{(k-1)!}=\lambda \mathrm{e}^{-\lambda}\times \mathrm{e}^{\lambda}=\lambda$$

由此知道泊松分布的参数 λ 是该分布的数学期望。

例 6.16　设 $X\sim E(\lambda)$，求 $E(X)$。

解：X 的概率密度为 $f(x)=\lambda \mathrm{e}^{-\lambda x}, x>0$，其数学期望为

$$E(X)=\int_0^{+\infty} x\lambda \mathrm{e}^{-\lambda x}\mathrm{d}x=-x\mathrm{e}^{-\lambda x}\Big|_0^{+\infty}+\int_0^{+\infty}\mathrm{e}^{-\lambda x}\mathrm{d}x=-\frac{1}{\lambda}\mathrm{e}^{-\lambda x}\Big|_0^{+\infty}=\frac{1}{\lambda}$$

由此知道指数分布的参数 λ 是该分布的数学期望的倒数。

例 6.17　某人参加答题节目，需要回答问题 1 和问题 2。他可以自行决定答题的顺序。如果他先回答问题 $i(i=1,2)$，那么只有回答正确，他才被允许回答问题 $j(j\neq i)$。如果第一个问题回答不正确，则不允许回答另一问题。如果他正确回答了问题 $i(i=1,2)$，他将

获得 V_i 元奖励。若他正确回答问题 i 的概率为 $p_i(i=1,2)$，那么他先回答哪个问题才能使获得奖励的期望值最大化？假定 $E_i(i=1,2)$ 表示事件“他能正确回答问题 i”，且 E_1 和 E_2 相互独立。

解： 首先，如果他先回答问题 1，那么他将获得的奖励如下：以概率 $1-p_1$ 获得 0 元，以概率 $p_1(1-p_2)$ 获得 V_1 元，以概率 p_1p_2 获得 V_1+V_2 元。此时他获得的期望奖励为

$$V_1p_1(1-p_2)+(V_1+V_2)p_1p_2$$

类似地，如果他先回答问题 2，那么他获得的期望奖励为

$$V_2p_2(1-p_1)+(V_1+V_2)p_1p_2$$

立即可以得到以下策略：如果有 $V_1p_1(1-p_2)\geqslant V_2p_2(1-p_1)$ 成立，他应该先回答问题 1；否则他应该先回答问题 2。

6.2 节讨论了随机变量函数的分布问题，那么随机变量函数的数学期望如何计算？直接的想法是先通过 6.2 节内容求得随机变量函数的分布，然后利用数学期望的定义进行求解，但这种方法通常较为复杂，因为随机变量函数的分布不易求得。下面的定理提供了计算随机变量函数期望的直接方法，该方法无须计算随机变量函数的分布，也被称为懒惰统计学家法则。

定理 6.2 设 $Y=g(X)$ 是随机变量 X 的函数。

（1）如果 X 是离散型随机变量，其分布律为 $P(X=x_k)=p_k, k=1,2,\cdots$，若级数 $\sum_{k=1}^{\infty}g(x_k)p_k$ 绝对收敛，则有 $E(Y)=E[g(X)]=\sum_{k=1}^{\infty}g(x_k)p_k$。

（2）如果 X 是连续型随机变量，其概率密度为 $f(x)$，若积分 $\int_{-\infty}^{+\infty}g(x)f(x)\mathrm{d}x$ 绝对收敛，则有 $E(Y)=E[g(X)]=\int_{-\infty}^{+\infty}g(x)f(x)\mathrm{d}x$。

证明：（1）由期望定义以及 $g(X)$ 与 X 分布的联系，立即有

$$E(g(X))=\sum_{y}yP(g(X)=y)=\sum_{y}y\sum_{k:\,g(x_k)=y}p_k=\sum_{y}\sum_{k:\,g(x_k)=y}g(x_k)p_k=\sum_{k}g(x_k)p_k$$

对于（2），仅给出 $g(X)$ 为连续型随机变量且 g 严格单调并可导的情形。不妨假设 g 严格单增。根据定理 6.2 以及期望定义，

$$E(g(X))=\int_{-\infty}^{+\infty}yf(h(y))h'(y)\mathrm{d}y$$

做积分变量代换 $y=g(x)$，则 $f(h(y))=f(x)$，$h'(y)=\dfrac{1}{g'(x)}$ 以及 $\mathrm{d}y=g'(x)\mathrm{d}x$，立即得到

$$E(g(X))=\int_{-\infty}^{+\infty}g(x)f(x)\mathrm{d}x$$

例 6.18 设离散型随机变量 X 的分布律如表 6.4 所示，求 $E(X^2+X-1)$。

表 6.4　离散型随机变量 X 的分布律

X	-1	0	1
p_i	0.2	0.3	0.5

解：所求数学期望为

$$E(X^2+X-1)=\sum_{i=1}^{\infty}(x_i^2+x_i-1)p_i$$
$$=[(-1)^2+(-1)-1]\times 0.2+(0^2+0-1)\times 0.3+(1^2+1-1)\times 0.5=0$$

例 6.19　国际市场对我国某种商品的年需求量可看作一个随机变量，记为 X。假设 $X\sim U(2000,4000)$。已知每售出一吨，可挣得外汇三万元，但如果售不出去而积压，则每吨需花费库存费用及其他损失共一万元，问需组织多少货源，才能使收益期望最大？

解：设组织货源 t 吨，$t\in[2000,4000]$。记随机变量 Y（单位：万元）为收益，它是需求量 X 的函数，即有

$$Y=g(X)=\begin{cases}3X-(t-X), & X<t\\ 3t, & X\geqslant t\end{cases}$$

X 的概率密度为

$$f_X(x)=\begin{cases}\dfrac{1}{2000}, & 2000\leqslant x\leqslant 4000\\ 0, & 其他\end{cases}$$

因而

$$E(Y)=E(g(X))=\int_{-\infty}^{+\infty}g(x)f(x)\mathrm{d}x=\frac{1}{2000}\left\{\int_{2000}^{t}[3x-(t-x)]\mathrm{d}x+\int_{t}^{4000}3t\mathrm{d}x\right\}$$
$$=\frac{1}{2000}(-2t^2+1400t-8\,000\,000)$$

当 $t=3500$ 时达到最大值，也就是组织货源 3500 吨时，期望收益最大。

随机变量的数学期望有很多有助于简化计算的性质，其中大部分都依据积分或求和的性质而来，将其总结如下，请读者自行证明。

定理 6.3　假设下面提到的随机变量期望皆存在且成立。

（1）任意常数的期望等于其自身，即 $E(a)=a$，以及 $E(aX)=aE(X), a\in R$。

（2）设 g_1,g_2 为两个函数，$a,b,c\in R$，则有

$$E(ag_1(X)+bg_2(X)+c)=aE(g_1(X))+bE(g_2(X))+c$$

（3）设 g_1,g_2 为两个函数，满足 $g_1(x)\leqslant g_2(x)$，$x\in R$，则 $E(g_1(X))\leqslant E(g_2(X))$。

下面介绍一个与期望相关的重要不等式——马尔可夫（Markov）不等式。

定理 6.4　假设 X 为非负随机变量，对任意的实数 $a>0$，$P(X\geqslant a)\leqslant\dfrac{E(X)}{a}$ 成立。

证明：对于任意的 $a>0$，定义一个与之相关的随机变量 $Y_a=aI(X\geqslant a)$，这里 $I(\cdot)$ 表

示示性函数。根据定义，立即有$Y_a \leqslant X$，由定理 6.3（3）得到$E(Y_a) \leqslant E(X)$，而注意到Y_a是一个取值为 0 或者 a 的随机变量，且有

$$P(Y_a = a) = 1 - P(Y_a = 0) = P(X \geqslant a)$$

故

$$E(Y_a) = aP(X \geqslant a)$$

于是$aP(X \geqslant a) \leqslant E(X)$成立。

马尔可夫不等式可基于期望对事件概率进行粗略估计。例如，在本章导入案例中，已知平均孕期天数为 270 天，那么一个孕妇的孕期天数超过 290 天的概率不会超过 27/29。

在本节开头讨论了使用数学期望作为随机变量取值平均水平的刻画的直观合理性。现在进一步讨论数学期望的一个重要性质，该性质从理论上说明了将数学期望作为随机变量平均水平刻画的合理性。

我们知道$(x-b)^2$可以度量 x 和 b 这两个数的距离（欧氏平方距离），对随机变量 X 来讲，自然可以用$E[(X-b)^2]$来度量 b 和 X 的平均距离。下面可以看到，当$b = E(X)$时，$E[(X-b)^2]$取到最小值。

定理 6.5 对任意的实数 b，$E[(X-b)^2] \geqslant E[(X-E(X))^2]$。

证明：注意到

$$\begin{aligned} E[(X-b)^2] &= E[(X-E(X)+E(X)-b)^2] \\ &= E[(X-E(X))^2 + (E(X)-b)^2 + 2(X-E(X))(E(X)-b)] \\ &= E[(X-E(X))^2] + E[(E(X)-b)^2] + 2E[(X-E(X))(E(X)-b)] \end{aligned}$$

最后一个等号由定理 6.3（2）得到。再由定理 6.3（1）和（2）可以计算得到

$$2E[(X-E(X))(E(X)-b)] = 0$$

并注意到非负随机变量的期望也是非负的，则有

$$\begin{aligned} E[(X-b)^2] &= E[(X-E(X))^2] + E[(E(X)-b)^2] \\ &\geqslant E[(X-E(X))^2] \end{aligned}$$

6.3.2 方差

根据定理 6.5，在所有常数中，数学期望可以使得均方偏差$E[(X-b)^2]$达到最小。由于数学期望描述的是随机变量的平均水平，因而$E[(X-E(X))^2]$刻画的是随机变量 X 与其均值 $E(X)$的偏离程度或者总体的变异性。这种度量在现实中非常重要。比如银行的一年存款利率只有 1.5%左右，很多人会选择购买股票以获得更大收益，假定某只股票的平均年收益率为 2%，是否据此就决定买股票而不存银行了呢？问题并没有那么简单，尽管银行的一年存款利率相对低一些，但一般说来，银行存款几乎没有风险。股票属于风险投资，即其收益率存在较大的波动。因而在选择是否进行有风险的投资时，不仅要看其平均年收益率（即数学期望），也要考虑其波动情况。再如，假定两个班级某门课程的平均成绩都是 80 分，要判断哪个班级学生的成绩更为集中。这时由于平均成绩相同，无法基于数学期望进行判断，一个较好的选择是去考察这两个班级中哪个

班的成绩变动更小些，也就是整个班的成绩都集中在平均值 80 分附近的班级可认为学风更好。

定义 6.6　设 X 为任一随机变量，若 $E[(X-E(X))^2]$ 存在，则称 $E[(X-E(X))^2]$ 是 X 的方差，记为 $D(X)$ 或 $Var(X)$，即 $D(X)=E[(X-E(X))^2]$；称 $\sigma(X)=\sqrt{D(X)}$ 为标准差。

方差以数学期望为基点度量了随机变量或总体的变异性。方差越大意味着随机变量 X 取值的波动性越大。标准差与 X 具有相同的单位，在实际问题中更常用，有时也用 σ_X 表示随机变量 X 的标准差。特别地，若 X 为离散型随机变量，分布律为 $P(X=x_k)=p_k, k=1,2,\cdots$，则

$$D(X)=\sum_{k=1}^{\infty}(x_k-E(X))^2 p_k$$

若为连续型随机变量，概率密度为 $f(x)$，则

$$D(X)=\int_{-\infty}^{+\infty}(x-E(X))^2 f(x)\mathrm{d}x$$

在计算方差时，一个常用的简化公式是 $D(X)=E(X^2)-[E(X)]^2$，即随机变量 X 的方差等于其平方的数学期望减去其数学期望的平方。注意到

$$\begin{aligned}D(X)&=E[(X-E(X))^2]=E[X^2-2XE(X)+[E(X)]^2]\\&=E(X^2)-2[E(X)]^2+[E(X)]^2=E(X^2)-[E(X)]^2\end{aligned}$$

定理 6.6　设 X 是一个随机变量，则对任意常数 a, b，有 $D(aX+b)=a^2D(X)$。

证明：根据方差的定义，有

$$\begin{aligned}D(aX+b)&=E[((aX+b)-E(aX+b))^2]=E[(aX-E(aX))^2]\\&=a^2E[(X-E(X))^2]=a^2D(X)\end{aligned}$$

根据这一性质，分别令 $a=0$ 和 $b=0$，有 $D(b)=0$ 和 $D(aX)=a^2D(X)$。

例 6.20　设 $X \sim P(\lambda)$，求 $D(X)$。

解：X 的分布律为 $P(X=k)=\dfrac{\lambda^k \mathrm{e}^{-\lambda}}{k!}, k=0,1,\cdots$。

可知 $E(X)=\lambda$，且

$$\begin{aligned}E(X^2)&=E[X(X-1)+X]=E[X(X-1)]+E(X)=\sum_{k=0}^{\infty}k(k-1)\frac{\lambda^k\mathrm{e}^{-\lambda}}{k!}+\lambda\\&=\lambda^2\mathrm{e}^{-\lambda}\sum_{k=2}^{\infty}\frac{\lambda^{k-2}}{(k-2)!}+\lambda=\lambda^2\mathrm{e}^{-\lambda}\times\mathrm{e}^{\lambda}+\lambda=\lambda^2+\lambda\end{aligned}$$

所以 $D(X)=E(X^2)-[E(X)]^2=\lambda$。故泊松分布的数学期望和方差相等，都等于参数 λ。

例 6.21　设 $X \sim E(\lambda)$，求 $D(X)$。

解：X 的概率密度为 $f(x)=\lambda\mathrm{e}^{-\lambda x}, x>0$。

可知 $E(X)=\dfrac{1}{\lambda}$，且有

$$E(X^2)=\int_0^{+\infty}x^2\lambda e^{-\lambda x}dx=-x^2e^{-\lambda x}\Big|_0^{+\infty}+\int_0^{+\infty}2xe^{-\lambda x}dx=\frac{2}{\lambda^2}$$

所以$D(X)=E(X^2)-[E(X)]^2=\dfrac{1}{\lambda^2}$。

例 6.22 设$X\sim N(\mu,\sigma^2)$，求$E(X),D(X)$。

解：先求正态随机变量$Z=\dfrac{X-\mu}{\sigma}$的数学期望$E(X)$和方差$D(X)$。

Z的概率密度为$\Phi(t)=\dfrac{1}{\sqrt{2\pi}}e^{-\frac{t^2}{2}}$，所以

$$E(Z)=\frac{1}{\sqrt{2\pi}}\int_{-\infty}^{+\infty}te^{-\frac{t^2}{2}}dt=0$$

$$D(Z)=E(Z^2)=\frac{1}{\sqrt{2\pi}}\int_{-\infty}^{+\infty}t^2e^{-\frac{t^2}{2}}dt=\frac{-1}{\sqrt{2\pi}}te^{-\frac{t^2}{2}}\Bigg|_{-\infty}^{+\infty}+\frac{1}{\sqrt{2\pi}}\int_{-\infty}^{+\infty}e^{-\frac{t^2}{2}}dt=1$$

因为$X=\mu+\sigma Z$，所以

$$E(X)=E(\mu+\sigma Z)=\mu$$

$$D(X)=D(\mu+\sigma Z)=\sigma^2D(Z)=\sigma^2$$

由此可知正态分布的两个参数μ,σ^2分别是该分布的数学期望和方差。

下面给出与方差相关的著名不等式——切比雪夫不等式。

定理 6.7 设随机变量X具有数学期望$E(X)=\mu$，方差$D(X)=\sigma^2$，则对于任意正数ε，下列不等式成立

$$P(|X-\mu|\geqslant\varepsilon)\leqslant\frac{\sigma^2}{\varepsilon^2}$$

证明：注意到$P(|X-\mu|\geqslant\varepsilon)=P((X-\mu)^2\geqslant\varepsilon^2)$，再使用定理 6.4 中的马尔可夫不等式即可。

切比雪夫不等式给出了在随机变量的分布未知时，基于方差对事件概率的粗略估计。例如，取$\varepsilon=k\sigma$，即k倍标准差，$k\geqslant1$，可得

$$P(|X-\mu|\leqslant k\sigma)\geqslant1-\frac{1}{k^2}$$

特别地，当$k=2,3$时，可得 X 落在$[\mu-2\sigma,\mu+2\sigma]$的概率至少有 75%，而落在$[\mu-3\sigma,\mu+3\sigma]$的概率至少有 88.89%。但需要注意的是这一结果比较粗糙。若已知随机变量的分布，相关概率就可以确切地计算出来，也就没有必要利用这一不等式进行估计了。

例 6.23（正态分布3σ准则） 设$X\sim N(\mu,\sigma^2)$，则$Z=\dfrac{X-\mu}{\sigma}\sim N(0,1)$，经查表可计算$X$取值落入期望上下 1 倍、2 倍、3 倍标准差范围内的概率分别为

$$P(|X-\mu|\leqslant\sigma)=P(|Z|\leqslant 1)=0.6827$$
$$P(|X-\mu|\leqslant 2\sigma)=P(|Z|\leqslant 2)=0.9545$$
$$P(|X-\mu|\leqslant 3\sigma)=P(|Z|\leqslant 3)=0.9973$$

这说明对于正态分布变量 X，尽管其可以在整个实数轴上取值，但其值落在 $[\mu-2\sigma,\mu+2\sigma]$ 的概率超过 95%，而落在 $[\mu-3\sigma,\mu+3\sigma]$ 是几乎可以肯定的事情，这就是通常所说的 3σ 准则，见图 6.6。

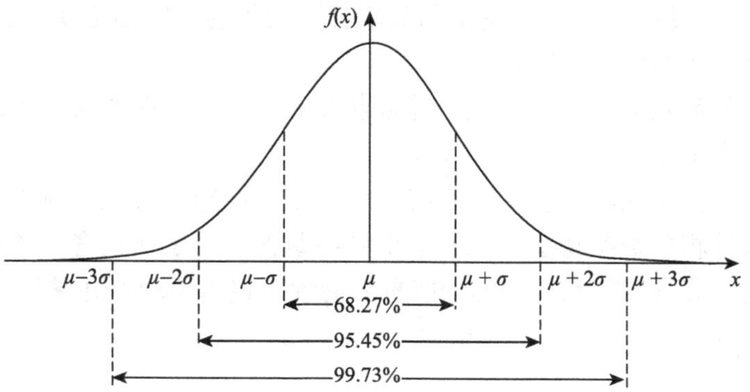

图 6.6　正态分布 3σ 准则

推论 6.1　$D(X)=0$ 的充要条件是 X 以概率 1 取常数 $E(X)$，即 $P(X=E(X))=1$。

证明：

（1）充分性。设 $P(X=E(X))=1$，则 $P(X^2=[E(X)]^2)=1$，于是，$D(X)=E(X^2)-[E(X)]^2=0$。

（2）必要性。采用反证法。假设 $P(X=E(X))<1$，则对某个正数 $\varepsilon>0$，有 $P(|X-E(X)|\geqslant\varepsilon)>0$。而由切比雪夫不等式，对于任意 $\varepsilon>0$，因为 $D(X)=0$，有

$$P(|X-E(X)|\geqslant\varepsilon)\leqslant\frac{\sigma^2}{\varepsilon^2}=0$$

与假设矛盾，所以有 $P(X=E(X))=1$。

例 6.24　设某工厂某产品平均每天生产 100 件，若该产品每天产量的标准差为 5(件)，则某天的产量在 50～150 件的概率是多少？

解：设 X 为该工厂某产品的产量，本例中 X 服从何种分布未知，但提供了 X 的数学期望 $E(X)=100$，方差 $D(X)=25$，根据切比雪夫不等式，有

$$P(50\leqslant X\leqslant 150)=P(-50\leqslant X-E(X)\leqslant 50)=P(|X-E(X)|\leqslant 50)\geqslant 1-\frac{25}{50^2}=0.99$$

即所求概率几乎为 1。

➢ **本章小结**

随机变量是定义在样本空间上的实值函数。一般地，它有多个不同的取值。在一次

试验中，无法事先预知其具体的取值，但每个取值又具有一定的概率特性。随机变量的引入使我们可以系统地研究相关随机现象。对于随机变量X，其分布函数$F(x)=P(X\leqslant x)$可以完整地描述它的取值的规律性。

本章主要介绍了两种随机变量，即离散型和连续型随机变量。离散型随机变量即指那些取值有限或可列无限个的随机变量；连续型随机变量则指那些存在概率密度函数的随机变量。常见的离散型随机变量有 0-1 分布、二项分布、几何分布和泊松分布等；常见的连续型随机变量则有均匀分布、指数分布和正态分布等。对于连续型随机变量，我们关注的是其落在某一特定区间的概率，而其取任一实数的概率都是 0。需要掌握概率密度函数和分布函数之间的相互转换关系。

随机变量X的函数$Y=g(X)$也是一个随机变量，需要掌握如何由已知的X的分布去得到$Y=g(X)$的分布。

本章最后还讨论了随机变量的数字特征——数学期望和方差。对于常见的离散型或连续型随机变量其相关数字特征的求解需要熟练掌握。对于随机变量函数的数学期望也进行了一些讨论。数学期望和方差的一些重要的性质也需要理解并掌握。

➢ **问题与思考**

1. 将一个骰子抛掷两次，用X表示两次中得到的小的点数，试求X的分布律。

2. 某篮球运动员的投篮命中率为 60%，用Y表示他首次投中时已投篮的次数，试求Y的分布律。

3. 有一繁忙的汽车站，每天有大量的汽车通过，设一辆汽车在一天的某个时段发生事故的概率为 0.0001。在某天的该时段有 1000 辆车通过，问出事故的车辆数不小于 2 的概率是多少？

4. 某商店出售某种高档商品，根据以往经验，每月的需求量X服从泊松分布$P(3)$，问月初进货时要库存多少件这种商品，才能以 99%的概率满足顾客的要求。

5. 设随机变量X的概率密度函数为

$$f(x)=\begin{cases}0, & x<0\\ x, & 0\leqslant x<1\\ \dfrac{1}{x^3}, & x\geqslant 1\end{cases}$$

求X的分布函数并计算概率$P(0.5<X<2)$。

6. 乘客在车站排队买票等待的时间X（单位：分钟）服从参数为 0.2 的指数分布。若等待时间超过 10 分钟，他就离开。该乘客每个月要到车站 5 次，用Y表示一个月内他未买票而离开窗口的次数，求Y的分布律，并计算他一个月内未买票而离开不少于 1 次的概率。

7. 设随机变量X表示某个电子设备的寿命（单位：小时），其概率密度函数为

$$f(x)=\begin{cases}\dfrac{10}{x^2}, & x>10\\ 0, & x\leqslant 10\end{cases}$$

试求以下问题。

（1）$P(X>20)$。

（2）X 的分布函数。

（3）6 个类似的设备中，至少有 3 个寿命超过 15 小时的概率。

8. 公共汽车车门的高度是按照成年男子与车门顶碰头的概率不大于 1%的要求设计的。若成年男子的身高 X（单位：厘米）服从 $N(170,6^2)$，问车门的高度应确定为多少？

9. 由某机器生产的螺栓的长度（单位：厘米）服从 $N(10.05,0.06^2)$，规定长度在范围 10.05 ± 0.12 内为合格品，求一个螺栓为不合格品的概率。

10. 设随机变量 $X\sim U(0,1)$，求 $Y_1=\mathrm{e}^X, Y_2=-2\ln X$ 的概率密度，并计算 Y_1, Y_2 的数学期望。

11. 某人抛掷一枚均匀的骰子 10 次，计算所得点数之和的期望值和方差。

12. 设随机变量 X 的概率密度函数为

$$f(x)=\begin{cases}a+bx^2, & 0\leqslant x\leqslant 1\\ 0, & \text{其他}\end{cases}$$

如果 $E(X)=3/5$，试求常数 a, b 的值。

13. 设随机变量 X 的概率密度函数为

$$f(x)=\begin{cases}\mathrm{e}^{-x}, & x>0\\ 0, & x\leqslant 0\end{cases}$$

试求 $Y_1=2X, Y_2=\mathrm{e}^{-2X}$ 的数学期望。

第 7 章　多元随机变量及其概率分布

案例导入（脚印专家）：“脚印专家”根据脚印的大小，能够推测出罪犯的身高，这是符合科学的。科学家测量了许多人的身高和脚印长度之后，得出了从脚印长度推算身高的公式：身高（厘米）＝脚印长度（厘米）× 6.876。在泥地里，体重越重的人，脚印越深。那位“脚印专家”知道自己的体重，他在犯罪者脚印旁站了一下，把自己脚印的深度与犯罪者脚印深度相比，可以估计出罪犯的体重，也就推测出罪犯的胖瘦了。

7.1　二维随机变量

我们说随机变量是对样本空间或随机试验结果的一种概括。但很多时候，对于一个随机试验，仅仅考虑一个随机变量是不够的，需要同时考虑几个相关联的随机变量。比如，对某地区中学生健康情况的调查，不仅要考察身高、体重，还要考察肺活量、血压等；衡量一个国家或地区的发展水平不仅要看其经济水平，还要考虑其环境水平。

一般地，设随机试验的样本空间为 S。X, Y 是定义在 S 上的两个随机变量，将其合在一起构成一个向量 (X, Y)，此向量称为二维随机向量或二维随机变量。容易看出，二维随机变量实际上就是把两个随机变量作为一个整体进行考虑。那么这样构造的二维随机变量和单独考察两个不同的随机变量会有什么不同吗？如果这两个随机变量 X 和 Y 相互不发生影响，这两种途径是一样的。但如果 X 和 Y 存在相互关系，合在一起进行考虑会给我们更多的信息。这里所笼统提及的“互相影响、更多的信息”会在后面的内容加以具体的阐述和解释。

类似一维随机变量，对于二维随机变量，也可以定义其分布函数。

定义 7.1　设 (X, Y) 是二维随机变量，对于任意实数 x, y，二元函数

$$F(x, y) = P(X \leqslant x, Y \leqslant y)$$

称为二维随机变量 (X, Y) 的联合分布函数。

联合分布函数给出了 X 不超过实数 x 且 Y 不超过实数 y 同时发生的概率，即 (X, Y) 落入图 7.1（a）中所示区域 D_{xy} 的概率。联合分布函数 $F(x, y)$ 具有如下性质。

（1）对任意实数 x, y，$0 \leqslant F(x, y) \leqslant 1$。

（2）$F(x, y)$ 是变量 x 和 y 的单调不减函数，即对任意固定的 y，当 $x_2 > x_1$ 时，$F(x_2, y) = P(X \leqslant x_2, Y \leqslant y) \geqslant P(X \leqslant x_1, Y \leqslant y) = F(x_1, y)$；对任意固定的 x，当 $y_2 > y_1$ 时，$F(x, y_2) = P(X \leqslant x, Y \leqslant y_2) \geqslant P(X \leqslant x, Y \leqslant y_1) = F(x, y_1)$。

（3）对任意实数 x, y，

$$F(-\infty, y) = \lim_{x \to -\infty} F(x, y) = 0$$

$$F(x,-\infty)=\lim_{y\to-\infty}F(x,y)=0$$

以及

$$F(-\infty,-\infty)=\lim_{\substack{x\to-\infty\\y\to-\infty}}F(x,y)=0$$

$$F(+\infty,+\infty)=\lim_{\substack{x\to+\infty\\y\to+\infty}}F(x,y)=1$$

（4）$F(x,y)$ 关于每个分量都是右连续的（另一个分量固定）。

（5）对任意 $x_1<x_2,y_1<y_2$ 都有

$$F(x_2,y_2)-F(x_1,y_2)-F(x_2,y_1)+F(x_1,y_1)\geqslant 0$$

借助于图 7.1（b），容易看到上述不等式的左边恰好表示 (X,Y) 落在矩形 $\{x_1<X\leqslant x_2,y_1<Y\leqslant y_2\}$ 的概率，即

$$P(x_1<X\leqslant x_2,y_1<Y\leqslant y_2)=F(x_2,y_2)-F(x_1,y_2)-F(x_2,y_1)+F(x_1,y_1)\geqslant 0$$

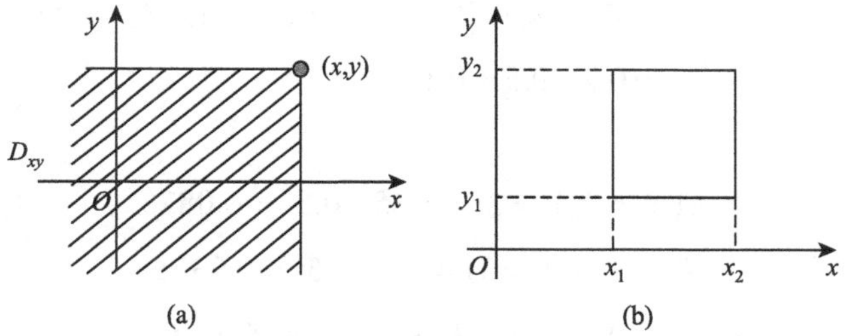

图 7.1　二元分布函数图示

定义 7.2　如果 X,Y 都是离散型随机变量，也即二维随机变量 (X,Y) 所有可能的取值只有有限多或者可列多个数对，则称 (X,Y) 为二维离散型随机变量。

设 (X,Y) 所有可能取值为 $(x_i,y_j),i,j=1,2,\cdots$，称 $P(X=x_i,Y=y_j)=p_{ij}$ 为 (X,Y) 的联合分布律。容易看到，联合分布律满足 $p_{ij}\geqslant 0,i,j=1,2,\cdots$ 以及 $\sum_{i=1}^{\infty}\sum_{j=1}^{\infty}p_{ij}=1$，联合分布律也可以用表格表示，见表 7.1。

表 7.1　联合分布律

X	Y				
	y_1	y_2	$\cdots$	y_j	$\cdots$
x_1	p_{11}	p_{12}	$\cdots$	p_{1j}	$\cdots$
x_2	p_{21}	p_{22}	$\cdots$	p_{2j}	$\cdots$
$\cdots$	$\cdots$	$\cdots$	$\cdots$	$\cdots$	$\cdots$
x_i	p_{i1}	p_{i2}	$\cdots$	p_{ij}	$\cdots$
$\cdots$	$\cdots$	$\cdots$	$\cdots$	$\cdots$	$\cdots$

例 7.1　假设某个小区内 15%的家庭没有孩子，20%的家庭有 1 个孩子，35%的家庭

有 2 个孩子，30%的家庭有 3 个孩子。进一步假定每个家庭里的每个孩子是男孩或是女孩的可能性一样。如果从这个小区内随机抽取一个家庭，令 X 表示这个家庭的男孩个数，Y 表示该家庭的女孩数，求 X 和 Y 的联合概率分布。

解： 首先，易知 X 和 Y 的所有可能取值均为 0, 1, 2, 3。其次，由于该小区内每个家庭最多只有 3 个孩子，故男孩和女孩总数 $i+j \geqslant 4$ 是不可能发生的。因而，当 $i+j \geqslant 4$ 时，$P(X=i, Y=j)=0$。再次，因为每个家庭里的每个孩子是男孩或是女孩的可能性一样，故而

$$P(X=i, Y=j)=P(X=j, Y=i)$$

接下来我们对相关的概率进行计算。容易得到

$$P(X=0, Y=0)=P(\text{没有孩子})=0.15$$

由乘法公式

$$\begin{aligned} P(X=0, Y=1) &= P(\text{有一个孩子且为女孩}) \\ &= P(\text{为女孩} \mid \text{只有一个孩子}) P(\text{只有一个孩子}) \\ &= 0.2 \times 0.5 = 0.1 \end{aligned}$$

类似地，

$$P(X=0, Y=2)=0.35 \times 0.5^2=0.0875$$

$$P(X=0, Y=3)=0.3 \times 0.5^3=0.0375$$

$$P(X=1, Y=1)=0.35 \times (1-2 \times 0.5^2)=0.175$$

以及

$$\begin{aligned} P(X=1, Y=2) &= P(\text{有三个孩子且一个是男孩两个是女孩}) \\ &= P(3\text{个孩子}) P(1\text{个男孩}2\text{个女孩} \mid 3\text{个孩子}) \\ &= 0.3 \times (3 \times 0.5 \times 0.5^2) \\ &= 0.1125 \end{aligned}$$

其中，$P(1\text{个男孩}2\text{个女孩} \mid 3\text{个孩子})$ 这一概率的求解可由二项分布得到。注意到选取 3 个孩子中男孩的个数服从 $B(3, 0.5)$，因而所求概率等于 $\mathrm{C}_3^1 \times 0.5 \times (1-0.5)^2$。最终的联合分布律见表 7.2。

表 7.2　X 和 Y 的联合分布律

$Y=j$	$X=i$			
	0	1	2	3
0	0.15	0.1	0.0875	0.0375
1	0.1	0.175	0.1125	0
2	0.0875	0.1125	0	0
3	0.0375	0	0	0

对于二维连续型随机变量，类似一维连续型随机变量，有如下定义。

定义 7.3　设二维随机变量(X, Y)的分布函数为$F(x, y)$，若存在非负函数$f(x, y)$，使得对任意实数x, y，有

$$F(x, y)=\int_{-\infty}^{x}\int_{-\infty}^{y} f(u, v)\mathrm{d}u\mathrm{d}v$$

则称(X, Y)为二维连续型随机变量，$f(x,y)$称为(X, Y)的联合概率密度函数，简称概率密度。

根据定义，联合密度函数一定非负且满足

$$\int_{-\infty}^{+\infty}\int_{-\infty}^{+\infty} f(x, y)\mathrm{d}y\mathrm{d}x=F(+\infty, +\infty)=1$$

若$f(x, y)$在点(x, y)处连续，则$\dfrac{\partial^2 F(x, y)}{\partial x\partial y}=f(x, y)$；对于平面上的任一区域$D$，二维连续型随机变量$(X, Y)$落入区域$D$的概率为

$$P((X, Y)\in D)=\iint_D f(x, y)\mathrm{d}x\mathrm{d}y$$

即(X, Y)落入区域D的概率等于联合概率密度$f(x, y)$在该区域上的二重积分。

例 7.2　设(X, Y)的联合概率密度为

$$f(x, y)=\begin{cases}2\mathrm{e}^{-(x+2y)}, & 0<x, y<\infty\\ 0, & \text{其他}\end{cases}$$

试计算$P(X>1, Y<1), P(X<Y), P(X<a)$，其中，$a>0$。

解：计算密度函数在对应区域上的积分，有

$$P(X>1, Y<1)=\int_0^1\int_1^{+\infty} 2^{-(x+2y)}\mathrm{d}x\mathrm{d}y=\int_0^1 2\mathrm{e}^{-2y}(-\mathrm{e}^{-x}\big|_1^{+\infty})\mathrm{d}y=\mathrm{e}^{-1}(1-\mathrm{e}^{-2})$$

$$P(X<Y)=\iint_{x<y} 2\mathrm{e}^{-(x+2y)}\mathrm{d}x\mathrm{d}y=\int_0^{+\infty}\int_0^{y} 2\mathrm{e}^{-(x+2y)}\mathrm{d}x\mathrm{d}y=\int_0^{+\infty} 2\mathrm{e}^{-2y}(1-\mathrm{e}^{-y})\mathrm{d}y=\frac{1}{3}$$

$$P(X<a)=\int_0^{a}\int_0^{+\infty} 2\mathrm{e}^{-(x+2y)}\mathrm{d}y\mathrm{d}x=\int_0^{a}\mathrm{e}^{-x}\mathrm{d}x=1-\mathrm{e}^{-a}$$

7.2　边 际 分 布

分布函数是随机变量完整的概率描述。因而，对于二维随机变量只要有了它的联合分布函数，它的概率特征也就能够被完整地刻画出来。有时我们可能对二维随机变量的某一分量感兴趣，这时就需要求得其对应的分布函数。考虑二维随机变量(X, Y)，记$F(x, y)$为其联合分布函数，$F_X(x), F_Y(y)$分别为X和Y的分布函数，也称为(X, Y)关于X和Y的边际分布函数。注意到，对任意的实数x，$X\leqslant x$等价于$\{X\leqslant x, Y<+\infty\}$，则有

$$F_X(x)=P(X\leqslant x)=\lim_{y\to+\infty} F(x, y)=F(x, +\infty)$$

同理，

$$F_Y(y)=\lim_{x\to+\infty} F(x, y)=F(+\infty, y)$$

以上结果对任意二维随机变量通用。如果(X,Y)是二维离散型随机变量，其联合分布律为$P(X=x_i,Y=y_j)=p_{ij},i,j=1,2,\cdots$，这时$X,Y$的边际分布律计算如下：

$$P(X=x_i)=P(X=x_i,Y<+\infty)=\sum_{j=1}^{\infty}P(X=x_i,Y=y_j)=\sum_{j=1}^{\infty}p_{ij}=p_{i\cdot},\ i=1,2,\cdots$$

$$P(Y=y_j)=P(X<+\infty,Y=y_j)=\sum_{i=1}^{\infty}P(X=x_i,Y=y_j)=\sum_{i=1}^{\infty}p_{ij}=p_{\cdot j},\ j=1,2,\cdots$$

如果(X,Y)是二维连续型随机变量，其联合概率密度为$f(x,y)$，则X,Y也是连续型随机变量，其边际分布函数或边际概率密度计算如下。

事实上由$F_X(x)=F(x,+\infty)=\int_{-\infty}^{x}\left[\int_{-\infty}^{+\infty}f(x,y)\mathrm{d}y\right]\mathrm{d}x$，对照$F_X(x)=\int_{-\infty}^{x}f_x(x)\mathrm{d}x$，可得$f_X(x)=\int_{-\infty}^{+\infty}f(x,y)\mathrm{d}y$，同理可得$f_Y(y)=\int_{-\infty}^{+\infty}f(x,y)\mathrm{d}x$。

需要注意的是上述边际概率密度的计算中涉及联合概率密度的积分。在具体问题中，积分的上下限需结合随机变量X和Y的取值范围来确定。

例 7.3 袋中有 5 个球，其中 3 个球上标有数字 0，2 个球上标有数字 1，每次从袋中任意抽取一球，抽取两次，设X是第一次抽到的球上的数字，Y是第二次抽到的球上的数字。求分别采取有放回和无放回抽样情形下(X,Y)的联合分布律以及相应的边际分布律。

解： 首先考虑有放回抽样情形。(X,Y)的所有可能值为(0,0)、(0,1)、(1,0)和(1,1)。此时

$$P(X=i,Y=j)=P(X=i)P(Y=j)$$

同时$P(X=0)=P(Y=0)=\frac{3}{5},P(X=1)=P(Y=1)=\frac{2}{5}$。所以$(X,Y)$的联合分布律以及边际分布律如表 7.3 所示。

表 7.3 有放回抽样时(X, Y)的联合分布律

X	Y		行和 $p_{i\cdot}$（X的边际分布律）
	0	1	
0	$\frac{9}{25}$	$\frac{6}{25}$	$\frac{3}{5}$
1	$\frac{6}{25}$	$\frac{9}{25}$	$\frac{2}{5}$
列和 $p_{\cdot j}$（Y的边际分布律）	$\frac{3}{5}$	$\frac{2}{5}$	1

无放回抽样时，第一次抽样的结果对第二次抽样产生影响。即

$$P(X=i,Y=j)=P(X=i)P(Y=j\mid X=i)$$

所以(X, Y)的联合分布律以及边际分布律如表 7.4 所示。

表 7.4　无放回抽样时(X, Y)的联合分布律

X	Y		行和 $p_{i\cdot}$（X 的边际分布律）
	0	1	
0	$\frac{3}{5}\times\frac{2}{4}=\frac{3}{10}$	$\frac{3}{5}\times\frac{2}{4}=\frac{3}{10}$	$\frac{3}{5}$
1	$\frac{2}{5}\times\frac{3}{4}=\frac{3}{10}$	$\frac{2}{5}\times\frac{1}{4}=\frac{1}{10}$	$\frac{2}{5}$
列和 $p_{\cdot j}$（Y 的边际分布律）	$\frac{3}{5}$	$\frac{2}{5}$	1

注意到例 7.3 中有放回和无放回情形下的联合分布律不同，但边际分布律相同。这表明边际分布律不能确定联合分布律。事实上，联合分布律不仅包含 X 和 Y 各自的分布律，还包含 X 与 Y 之间的依赖关系。

例 7.4　二维连续型随机变量(X, Y)的联合概率密度为

$$f(x, y)=\begin{cases}8xy, & 0<x<1, 0<y<x\\ 0, & \text{其他}\end{cases}$$

求边际概率密度 $f_X(x), f_Y(y)$。

解： 由 $f_X(x)=\int_{-\infty}^{+\infty} f(x, y)\mathrm{d}y$。对此积分需要关心的是 $f(x, y)$ 在什么条件下取值不为 0。由题意可知，仅当 $0<x<1, 0<y<x$ 时，$f(x, y)=8xy\neq 0$。故当 $0<x<1$ 时，$f_X(x)=\int_{-\infty}^{+\infty} f(x, y)\mathrm{d}y=\int_0^x 8xy\mathrm{d}y=4x^3$；当 $x\geqslant 1$ 或 $x\leqslant 0$ 时，$f(x, y)$ 都是 0，因而这时 $f_X(x)=0$。综上，

$$f_X(x)=\begin{cases}4x^3, & 0<x<1\\ 0, & \text{其他}\end{cases}$$

类似地，$f_Y(y)=\int_{-\infty}^{+\infty} f(x, y)\mathrm{d}x$。被积函数对固定的 $0<y<1$，只有当 $y<x<1$ 时，$f(x, y)=8xy\neq 0$，所以当 $0<y<1$ 时，$f_Y(y)=\int_{-\infty}^{+\infty} f(x, y)\mathrm{d}x=\int_y^1 8xy\mathrm{d}x=4y(1-y^2)$。当 $y\geqslant 1$ 或 $y\leqslant 0$ 时，$f(x, y)$ 都是 0，因而这时 $f_Y(y)=0$。综上

$$f_Y(y)=\begin{cases}4y(1-y^2), & 0<y<1\\ 0, & \text{其他}\end{cases}$$

例 7.5　二维正态分布是一类重要的二维连续型分布，它是一维正态分布的自然推广。我们称具有如下联合概率密度的二维随机变量(X, Y)为二维正态分布：

$$f(x, y)=\frac{1}{2\pi\sigma_1\sigma_2\sqrt{1-\rho^2}}\exp\left\{\frac{-1}{2(1-\rho^2)}\left[\frac{(x-\mu_1)^2}{\sigma_1^2}-2\rho\frac{(x-\mu_1)(y-\mu_2)}{\sigma_1\sigma_2}+\frac{(y-\mu_2)^2}{\sigma_2^2}\right]\right\}$$

式中，$\mu_1, \mu_2, \sigma_1, \sigma_2, \rho$ 表示常数，且 $\sigma_1>0, \sigma_2>0, -1<\rho<1$，记为 $(X, Y)\sim N(\mu_1, \mu_2, \sigma_1, \sigma_2, \rho)$。试求 X 和 Y 的边际概率密度。

解： 首先对相关记号进行一定简化。

记 $z_1 = \dfrac{x-\mu_1}{\sigma_1}, z_2 = \dfrac{y-\mu_2}{\sigma_2}, c_1 = \dfrac{1}{2\pi\sigma_1\sigma_2\sqrt{1-\rho^2}}, c_2 = \dfrac{1}{2(1-\rho^2)}$，于是

$f(x, y) = c_1 \exp\left[-c_2\left(z_1^2 - 2\rho z_1 z_2 + z_2^2\right)\right] = c_1 \exp[-c_2(z_2-\rho z_1)^2] \cdot \exp\left[-c_2(1-\rho^2)z_1^2\right]$

$$f_X(x) = \int_{-\infty}^{+\infty} f(x, y)\mathrm{d}y = c_1\sigma_2 \int_{-\infty}^{+\infty} \mathrm{e}^{-c_2(z_2-\rho z_1)^2} \mathrm{d}z_2 \cdot \mathrm{e}^{-c_2(1-\rho^2)z_1^2}$$

令 $t = \dfrac{1}{\sqrt{1-\rho^2}}(z_2 - \rho z_1)$，

$$f_X(x) = \int_{-\infty}^{+\infty} f(x, y)\mathrm{d}y = c_1\sigma_2\sqrt{1-\rho^2} \int_{-\infty}^{+\infty} \mathrm{e}^{-\frac{t^2}{2}} \mathrm{d}t \cdot \mathrm{e}^{-c_2(1-\rho^2)z_1^2}$$

将 z_1, c_1, c_2 的值代入，同时注意 $\int_{-\infty}^{+\infty} \mathrm{e}^{-\frac{t^2}{2}} \mathrm{d}t = \sqrt{2\pi}$，所以 $f_X(x) = \dfrac{1}{\sqrt{2\pi}\sigma_1} \mathrm{e}^{-\frac{(x-\mu_1)^2}{2\sigma_1^2}}$。

同理可得 $f_Y(y) = \dfrac{1}{\sqrt{2\pi}\sigma_2} \mathrm{e}^{-\frac{(y-\mu_2)^2}{2\sigma_2^2}}$。

本例说明二维正态分布的边际分布仍然是正态分布。本例同时进一步说明联合分布可以确定边际分布，但反之不然。这是由于，对于二维正态分布其联合分布函数受到参数 ρ 的影响；ρ 取值不同，联合概率密度则不同。但对于任意 ρ，它们的边际概率密度却是一样的，即边际概率密度无法确定联合概率密度。另外还存在例子表明，即便边际分布是一维正态分布，它们的联合分布却不一定是二维正态分布。

7.3 条件分布与独立性

7.2 节已有例子指出边际分布可由联合分布导出，但边际分布无法确定联合分布。这是因为边际分布只描述了单独一个随机变量的概率特征，而联合分布描述的是两个随机变量作为整体共同的概率特征。那么在什么条件下边际分布可以确定联合分布呢？如果不能确定，所缺少的又是什么呢？本节将对这些问题展开讨论。

先给出条件分布的概念，再讨论两个随机变量的独立性问题。设（X, Y）是二维离散型随机变量，其联合分布律为

$$P(X = x_i, Y = y_j) = p_{ij}，\ i, j = 1, 2, \cdots$$

其边际分布律分别为

$$P(X = x_i) = \sum_{j=1}^{\infty} p_{ij} = p_{i\cdot}，\ i = 1, 2, \cdots$$

$$P(Y = y_j) = \sum_{i=1}^{\infty} p_{ij} = p_{\cdot j}，\ j = 1, 2, \cdots$$

下面考虑在事件 $\{Y = y_j\}$ 已发生的条件下事件 $\{X = x_i\}$ 发生的概率（例 7.3 中已有考虑）。根据条件概率公式，可得

$$P(X=x_i \mid Y=y_j)=\frac{P(X=x_i,Y=y_j)}{P(Y=y_j)}=\frac{p_{ij}}{p_{\cdot j}},\quad i=1,2,\cdots$$

易知 $P(X=x_i \mid Y=y_j)\geqslant 0, i=1,2,\cdots$ 并且

$$\sum_{i=1}^{\infty}P(X=x_i \mid Y=y_j)=\sum_{i=1}^{n}\frac{p_{ij}}{p_{\cdot j}}=\frac{\sum_{i=1}^{\infty}p_{ij}}{p_{\cdot j}}=\frac{p_{\cdot j}}{p_{\cdot j}}=1$$

定义 7.4　对固定的 y_j，若 $P(Y=y_j)>0$，则称

$$P(X=x_i \mid Y=y_j)=\frac{P(X=x_i,Y=y_j)}{P(Y=y_i)}=\frac{p_{ij}}{p_{\cdot j}},\quad i=1,2,\cdots$$

为在 $Y=y_j$ 的条件下 X 的条件分布律；同样对于固定的 x_i，若 $P(X=x_i)>0$，则称

$$P(Y=y_j \mid X=x_i)=\frac{P(X=x_i,Y=y_j)}{P(X=x_i)}=\frac{p_{ij}}{p_{i\cdot}},\quad j=1,2,\cdots$$

为在 $X=x_i$ 的条件下的 Y 的条件分布律。

例 7.6　一射手进行射击，击中目标的概率为 $p(0<p<1)$，射中目标两次为止。设以 X 表示首次击中目标所进行的射击次数，以 Y 表示总共进行的射击次数，试求 X 和 Y 的联合分布律和条件分布律。

解： 依题意，事件 $\{Y=n\}$ 表示在第 n 次射击时击中目标，且在前 $n-1$ 次射击中有一次击中目标。事件 $\{X=m,Y=n\}$ 则表示在第 m 次射击时击中目标，在前 $m-1$ 次射击中没有击中目标，从第 $m+1$ 到第 $n-1$ 共 $n-m-1$ 次射击中没有击中目标，第 n 次射击时击中目标。则

$$P(X=m,Y=n)=(1-p)^{m-1}p\times(1-p)^{n-m-1}p=p^2(1-p)^{n-2},\quad n=2,3,\cdots,\quad m=1,2,\cdots,n-1$$

而 X 和 Y 的边际分布律为

$$P(X=m)=\sum_{n=m+1}^{\infty}P(X=m,Y=n)=\sum_{n=m+1}^{\infty}p^2(1-p)^{n-2}=\frac{p^2(1-p)^{m-1}}{p}$$
$$=p(1-p)^{m-1},\quad m=1,2,\cdots$$

于是根据条件分布律的定义可知：

$$P(X=m \mid Y=n)=\frac{p^2(1-p)^{n-2}}{(n-1)p^2(1-p)^{n-2}}=\frac{1}{n-1},\quad m=1,2,\cdots,n-1$$

$$P(Y=n \mid X=m)=\frac{p^2(1-p)^{n-2}}{p(1-p)^{m-1}}=p(1-p)^{n-m-1},\quad n=m+1,m+2,\cdots$$

接下来考虑连续情形下的条件分布。若(X,Y)是二维连续型随机变量，那么对于任意实数 x,y，$P(X=x)=P(Y=y)=0$，故我们无法简单地像离散型随机变量那样定义条件分布。尽管 $P(Y=y)=0$，但一般地，$P(y<Y\leqslant y+\varepsilon)>0$ 总是成立，这里 $\varepsilon>0$。对于充分小的正数 ε，可以理解

$$P(X\leqslant x \mid y<Y\leqslant y+\varepsilon)\approx P(X\leqslant x \mid Y=y)$$

记 $F(x, y), f(x, y)$ 分别为(X, Y)的联合分布函数和密度函数，$F_Y(y)$ 为 Y 的边际分布，则有

$$P(X \leqslant x \mid y < Y \leqslant y+\varepsilon) = \frac{P(X \leqslant x, y < Y \leqslant y+\varepsilon)}{P(y < Y \leqslant y+\varepsilon)} = \frac{F(x, y+\varepsilon) - F(x, y)}{F_Y(y+\varepsilon) - F_Y(y)}$$

进一步，当 Y 的边际密度 $f_Y(y)$ 在 y 处连续且非 0，并且 $\dfrac{\partial F(x, y)}{\partial y}$ 存在，有

$$\lim_{\varepsilon \to 0} P(X \leqslant x \mid y < Y \leqslant y+\varepsilon) = \lim_{\varepsilon \to 0} \frac{\partial F(x, y)}{\partial y} \times \frac{1}{F_Y'(y)} = \frac{\dfrac{\partial}{\partial y}\displaystyle\int_{-\infty}^{y}\left(\int_{-\infty}^{x} f(u, v)\mathrm{d}u\right)\mathrm{d}v}{f_Y(y)}$$

$$= \frac{\displaystyle\int_{-\infty}^{x} f(u, y)\mathrm{d}u}{f_Y(y)}$$

由此我们可以给出条件概率密度的定义如下。

定义 7.5 设二维随机变量(X, Y)的联合概率密度为 $f(x, y)$，Y 的边际概率密度为 $f_Y(y)$。若对固定的 y，$f_Y(y) > 0$，则称 $\dfrac{f(x, y)}{f_Y(y)}$ 为 $Y = y$ 条件下 X 的条件概率密度，记为

$$f_{X|Y}(x \mid y) = \frac{f(x, y)}{f_Y(y)}$$

称 $\int_{-\infty}^{x} f_{X|Y}(u \mid y)\mathrm{d}u$ 为 $Y = y$ 条件下 X 的条件分布函数，记为 $P(X \leqslant x \mid Y = y)$ 或 $F_{X|Y}(x \mid y)$。

类似地，可以定义

$$f_{Y|X}(y \mid x) = \frac{f(x, y)}{f_X(x)}, \quad F_{Y|X}(y \mid x) = \int_{-\infty}^{y} \frac{f(x, v)}{f_X(x)}\mathrm{d}v$$

例 7.7 已知(X, Y)的联合概率密度为 $f(x, y) = \dfrac{15}{2}x(2-x-y), 0 < x, y < 1$，试求给定 $Y = y$ 时，X 的条件概率密度。

解： 首先求 Y 的边际概率密度 $f_Y(y)$，对任意的 $0 < y < 1$，

$$f_Y(y) = \int_0^1 f(x, y)\mathrm{d}x = \int_0^1 \frac{15}{2}x(2-x-y)\mathrm{d}x = \frac{15}{2}\left(\frac{2}{3} - \frac{y}{2}\right)$$

根据定义，有

$$f_{X|Y}(x \mid y) = \frac{f(x,y)}{f_Y(y)} = \frac{\dfrac{15}{2}x(2-x-y)}{\dfrac{15}{2}\left(\dfrac{2}{3} - \dfrac{y}{2}\right)} = \frac{6x(2-x-y)}{4-3y}, \quad 0 < x, y < 1$$

例 7.8 已知(X, Y)的联合概率密度为

$$f(x, y) = \begin{cases} c(x^2 - y^2)\mathrm{e}^{-x}, & x \geqslant 0, -x \leqslant y \leqslant x \\ 0, & \text{其他} \end{cases}$$

试求给定 $X = x$ 时，Y 的条件概率密度。

解：首先求 X 的边际概率密度 $f_X(x)$。对任意的 $x>0$，

$$f_X(x)=\int_{-x}^{x} f(x,y)\mathrm{d}y=\int_{-x}^{x} c(x^2-y^2)\mathrm{e}^{-x}\mathrm{d}y=\frac{4}{3}cx^3\mathrm{e}^{-x}$$

所以

$$f_{Y|X}(y\mid x)=\frac{f(x,y)}{f_X(x)}=\frac{c(x^2-y^2)\mathrm{e}^{-x}}{\frac{4}{3}cx^3\mathrm{e}^{-x}}=\frac{3(x^2-y^2)}{4x^3},\quad -x\leqslant y\leqslant x, x\geqslant 0$$

例 7.9　由 7.2 节内容知道，若 $(X,Y)\sim N(\mu_1,\mu_2,\sigma_1^2,\sigma_2^2,\rho)$，则 $X\sim N(\mu_1,\sigma_1^2)$ 和 $Y\sim N(\mu_2,\sigma_2^2)$。所以我们有

$$f_{Y|X}(y\mid x)=\frac{f(x,y)}{f_X(x)}=\frac{1}{\sqrt{2\pi}\sigma_2\sqrt{1-\rho^2}}\exp\left\{\frac{-1}{2(1-\rho^2)\sigma_2^2}\left[y-\left(\mu_2+\rho\frac{\sigma_2}{\sigma_1}(x-\mu_1)\right)\right]^2\right\}$$

也就是在 $X=x$ 条件下，Y 的条件分布是正态分布 $N\left(\mu_2+\rho\frac{\sigma_2}{\sigma_1}(x-\mu_1),(1-\rho^2)\sigma_2^2\right)$。

同理，在 $Y=y$ 条件下，X 的条件分布是正态分布 $N\left(\mu_1+\rho\frac{\sigma_1}{\sigma_2}(y-\mu_2),(1-\rho^2)\sigma_1^2\right)$。

有了条件分布的概念之后，我们可以自然地讨论随机变量的独立性问题。

回顾事件独立性的概念：两个事件 A,B 独立等价于 $P(AB)=P(A)P(B)$。也就是 A,B 同时发生的概率等于分别发生的概率相乘。若 $P(A)>0,P(B)>0$，我们还有 $P(A\mid B)=P(A),P(B\mid A)=P(B)$，也即条件概率等于相应的无条件概率。或者说另一事件的发生对关心的事件发生的概率不产生影响。类似事件的独立性概念，两个随机变量(X, Y)相互独立等价于 X（或 Y）的条件分布等于 X（或 Y）的无条件分布或边际分布。若(X, Y)是二维离散型随机变量，其联合分布律为

$$P(X=x_i,Y=y_j)=p_{ij},\quad i,j=1,2,\cdots$$

边际分布律为

$$P(X=x_i)=p_{i\cdot},\quad P(Y=y_j)=p_{\cdot j}$$

在 $Y=y_j$ 的条件下，X 的条件分布律为

$$P(X=x_i\mid Y=y_j)=\frac{p_{ij}}{p_{\cdot j}},\quad i=1,2,\cdots$$

在 $X=x_i$ 的条件下，Y 的条件分布律为

$$P(Y=y_j\mid X=x_i)=\frac{p_{ij}}{p_{i\cdot}},\quad j=1,2,\cdots$$

若 X 和 Y 相互独立，意味着 X（或 Y）的取值对 Y（或 X）的可能取值没有影响。因而有

$$P(X=x_i \mid Y=y_j)=\frac{p_{ij}}{p_{\cdot j}}=P(X=x_i)=p_{i\cdot},\quad i=1,2,\cdots$$

$$P(Y=y_j \mid X=x_i)=\frac{p_{ij}}{p_{i\cdot}}=P(Y=y_j)=p_{\cdot j},\quad j=1,2,\cdots$$

所以此时条件分布律等于相应的边际分布律，等价地，联合分布律等于边际分布律的乘积，

$$p_{ij}=p_{i\cdot}p_{\cdot j},\quad i,j=1,2,\cdots$$

类似地，对于连续的情形，应有条件密度函数等于无条件密度函数，即对于任意的 x 使得 $f_X(x)>0$，有

$$f_{Y|X}(y \mid x)=\frac{f(x,y)}{f_X(x)}=f_Y(y)$$

以及对于任意的 y 使得 $f_Y(y)>0$，有

$$f_{X|Y}(x \mid y)=\frac{f(x,y)}{f_Y(y)}=f_X(x)$$

或联合概率密度函数等于边际概率密度函数的乘积，

$$f(x,y)=f_X(x)f_Y(y)$$

对于上述离散（连续）情形的表达式通过求和（积分）可以转化为统一的分布函数的独立性表述，即联合分布函数等于边际分布函数的乘积，也就是下面的随机变量独立性的一般定义。

定义 7.6 设 $F(x,y), F_X(x), F_Y(y)$ 分别是二维随机变量(X,Y)的联合分布函数和边际分布函数。若对所有 x,y，有 $F(x,y)=F_X(x)F_Y(y)$，则称随机变量 X 和 Y 相互独立。

例 7.10 假如一天内进入邮局的人数是参数为 λ 的泊松随机变量，如果每个进入邮局的人为男性的概率是 p，为女性的概率为 $1-p$，试证明进入邮局的男性人数和女性人数是相互独立的泊松随机变量，且参数分别为 λp 和 $\lambda(1-p)$。

解： 设 X 和 Y 分别表示进入邮局的男性人数和女性人数。要证明 X 和 Y 独立，只需说明它们的联合分布律等于边际分布律的乘积。易知，

$$P(X=i,Y=j)=P(X=i,Y=j \mid X+Y=i+j)P(X+Y=i+j)$$

注意到 $X+Y$ 表示进入邮局的总人数，根据假设 $P(X+Y=i+j)=\mathrm{e}^{-\lambda}\dfrac{\lambda^{i+j}}{(i+j)!}$。在给定 $i+j$ 人进入邮局的情况下，因为每个进入邮局的人为男性的概率是 p，所以刚好有 i 个男性的概率正好是二项概率 $\mathrm{C}_{i+j}^{i}p^i(1-p)^j$，则有

$$P(X=i,Y=j)=\mathrm{C}_{i+j}^{i}p^i(1-p)^j\mathrm{e}^{-\lambda}\frac{\lambda^{i+j}}{(i+j)!}=\mathrm{e}^{-\lambda}\frac{(\lambda p)^i}{i!j!}[\lambda(1-p)]^j$$
$$=\frac{\mathrm{e}^{-\lambda p}(\lambda p)^i}{i!}\times\frac{\mathrm{e}^{-\lambda(1-p)}[\lambda(1-p)]^j}{j!}$$

因此

$$P(X=i)=\frac{\mathrm{e}^{-\lambda p}(\lambda p)^i}{i!}\sum_j\frac{\mathrm{e}^{-\lambda(1-p)}[\lambda(1-p)]^j}{j!}=\frac{\mathrm{e}^{-\lambda p}(\lambda p)^i}{i!}$$

类似地，有

$$P(Y=j)=\frac{\mathrm{e}^{-\lambda(1-p)}[\lambda(1-p)]^j}{j!}$$

由此可得，$P(X=i,Y=j)=P(X=i)P(Y=j)$。

例 7.11　设 X 和 Y 的联合概率密度为 $f(x,y)=x+y, 0<x,y<1$，试判断 X 和 Y 是否独立？

解：根据联合概率密度，可计算 X 和 Y 的边际概率密度如下

$$f_X(x)=\int_0^1(x+y)\mathrm{d}y=x+\frac{1}{2},\quad 0<x<1$$

$$f_Y(y)=\int_0^1(x+y)\mathrm{d}x=y+\frac{1}{2},\quad 0<y<1$$

可见 $f(x,y)\neq f_X(x)f_Y(y)$，所以 X 和 Y 并不独立。

在不计算边际概率密度的条件下，我们可以利用下面的定理判断例 7.11 中的两个随机变量 X 和 Y 是相依的。

定理 7.1　连续型随机变量 X 和 Y 相互独立当且仅当其联合概率密度可以写成

$$f(x,y)=h(x)g(y),\quad a<x<b, c<y<d$$

式中，a,b,c,d 可以有限也可以无穷大。

定理 7.1 说明 X 和 Y 相互独立的充要条件是联合密度函数可以分解成两部分的乘积，其中一部分只是 x 的函数，另一部分只是 y 的函数。

例 7.12　若 $(X,Y)\sim N(\mu_1,\mu_2,\sigma_1^2,\sigma_2^2,\rho)$，那么 X 和 Y 相互独立的充要条件是 $\rho=0$。

解：回顾例 7.5 中 (X,Y) 的联合概率密度以及边际概率密度。

充分性：若 $\rho=0$，容易验证，$f(x,y)=f_X(x)f_Y(y)$，即 X 和 Y 相互独立。

必要性：若 X 和 Y 相互独立，则对所有 x,y 有 $f(x,y)=f_X(x)f_Y(y)$，特别地有 $f(\mu_1,\mu_2)=f_X(\mu_1)f_Y(\mu_2)$，也就是 $\frac{1}{2\pi\sigma_1\sigma_2\sqrt{1-\rho^2}}=\frac{1}{\sqrt{2\pi}\sigma_1}\times\frac{1}{\sqrt{2\pi}\sigma_2}$，所以 $\rho=0$。

至此对于二维随机变量介绍了相关的基本概念如联合分布、边际分布、条件分布以及独立性等。这些概念也可以推广到更一般的情形。

将 n 个随机变量 $X_1,X_2,\cdots,X_n$ 放在一起组成一个向量 $(X_1,X_2,\cdots,X_n)$，称该向量为 n 维随机变量或 n 维随机向量。这一概念是二维随机变量的自然推广。相应地，有下面的一些定义。

（1）对于任意 n 个实数 $x_1,x_2,\cdots,x_n$，

$$F(x_1,x_2,\cdots,x_n)=P(X_1\leqslant x_1,X_2\leqslant x_2,\cdots,X_n\leqslant x_n)$$

称为 n 维随机变量 $(X_1,X_2,\cdots,X_n)$ 的分布函数。

（2）若每个 X_i 均为离散型随机变量，则 $(X_1, X_2, \cdots, X_n)$ 为 n 维离散型随机变量。设 $(X_1, X_2, \cdots, X_n)$ 的所有可能取值为 $(x_{1i_1}, x_{2i_2}, \cdots, x_{ni_n}), i_j = 1, 2, \cdots$，则 $P(X_1 = x_{1i_1}, X_2 = x_{2i_2}, \cdots, X_n = x_{ni_n})$ 称为 n 维离散型随机变量 $(X_1, X_2, \cdots, X_n)$ 的分布律。

（3）若存在非负函数 $f(x_1, x_2, \cdots, x_n)$，使得对于任意 n 个实数 $x_1, x_2, \cdots, x_n$，$F(x_1, x_2, \cdots, x_n) = \int_{-\infty}^{x_n}\int_{-\infty}^{x_{n-1}}\cdots\int_{-\infty}^{x_1} f(x_1, x_2, \cdots, x_n)\mathrm{d}x_1\mathrm{d}x_2\cdots\mathrm{d}x_n$，则称 $f(x_1, x_2, \cdots, x_n)$ 是 n 维连续型随机变量 $(X_1, X_2, \cdots, X_n)$ 的概率密度函数。

（4）设 $(X_1, X_2, \cdots, X_n)$ 的分布函数 $F(x_1, x_2, \cdots, x_n)$ 已知，则 $(X_1, X_2, \cdots, X_n)$ 的 $k(1 \leqslant k \leqslant n)$ 维边际分布函数也就随之确定。例如，$(X_1, X_2, \cdots, X_n)$ 关于 X_1 和 (X_1, X_2) 的边际分布函数分别为 $F_{X_1}(x_1) = F(x_1, +\infty, \cdots, +\infty)$ 和 $F_{(X_1, X_2)}(x_1, x_2) = F(x_1, x_2, +\infty, \cdots, +\infty)$。

（5）一般地，若对于所有的 $x_1, x_2, \cdots, x_n$，有 $F(x_1, x_2, \cdots, x_n) = F_{X_1}(x_1)F_{X_2}(x_2)\cdots F_{X_n}(x_n)$，则称 $X_1, X_2, \cdots, X_n$ 相互独立。当 $(X_1, X_2, \cdots, X_n)$ 离散（连续）时，上式等价于联合分布律（联合密度）等于边际分布律（密度）的乘积。

（6）设 $(X_1, X_2, \cdots, X_n)$ 的分布函数为 $F_X(x_1, x_2, \cdots, x_n)$，$(Y_1, Y_2, \cdots, Y_m)$ 的分布函数为 $F_Y(y_1, y_2, \cdots, y_m)$，$(X_1, X_2, \cdots, X_n, Y_1, Y_2, \cdots, Y_m)$ 的分布函数为 $F_{XY}(x_1, x_2, \cdots, x_n, y_1, y_2, \cdots, y_m)$。若有 $F_{XY}(x_1, x_2, \cdots, x_n, y_1, y_2, \cdots, y_m) = F_X(x_1, x_2, \cdots, x_n)F_Y(y_1, y_2, \cdots, y_m)$，则称 $(X_1, X_2, \cdots, X_n)$ 和 $(Y_1, Y_2, \cdots, Y_m)$ 是相互独立的。

注意上述定义中并没有要求 $X_1, X_2, \cdots, X_n$ 或 $Y_1, Y_2, \cdots, Y_m$ 相互独立。

最后，我们给出一个独立性的封闭性质，它是概率统计学中常用的一个结果。

定理 7.2 设 $(X_1, X_2, \cdots, X_n)$ 和 $(Y_1, Y_2, \cdots, Y_m)$ 是相互独立的，$h(x_1, x_2, \cdots, x_n)$ 和 $g(y_1, y_2, \cdots, y_m)$ 是连续函数，则 $h(X_1, X_2, \cdots, X_n)$ 和 $g(Y_1, Y_2, \cdots, Y_m)$ 是相互独立的。

特别地，$X_i(i = 1, 2, \cdots, n)$ 和 $Y_j(j = 1, 2, \cdots, m)$ 是相互独立的。

7.4 二维随机变量函数的分布

在 7.2 节讨论了二维随机变量(X, Y)的边际分布，也即已知(X, Y)的联合分布，如何得到 X 或者 Y 的分布信息。注意到 X 和 Y 是(X, Y)的两个特殊的函数。那么一个自然的问题是对于更一般的(X, Y)的函数 $Z = g(X, Y)$，如何求得 Z 的分布？另外本节内容也是第 6 章所讨论的一维随机变量函数的分布问题的推广和深入。在实际应用中两个随机变量的和、最大值和最小值这三种函数的使用最为广泛。本节主要讨论这三种函数的分布情况。

7.4.1 和的分布

设(X, Y)是二维离散型随机变量，其联合分布律为 $P(X = x_i, Y = y_j) = p_{ij}, i, j = 1, 2, \cdots$。设 $Z = X + Y$，又记 Z 的可能取值为 $z_1, z_2, \cdots, z_k, \cdots$，则 Z 的分布律为

$$P(Z = z_k) = P(X + Y = z_k) = \sum_{i=1}^{\infty} P(X = x_i, Y = z_k - x_i),\ k = 1, 2, \cdots$$

或

$$P(Z=z_k)=\sum_{j=1}^{\infty}P(X=z_k-y_j,Y=y_j),\ k=1,2,\cdots$$

特别地，当 X 和 Y 相互独立时，有

$$P(Z=z_k)=\sum_{i=1}^{\infty}P(X=x_i)P(Y=z_k-x_i),\ k=1,2,\cdots$$

或

$$P(Z=z_k)=\sum_{j=1}^{\infty}P(X=z_k-y_j)P(Y=y_j),\ k=1,2,\cdots$$

称为分布律卷积公式。

例 7.13　设 $X\sim B(n_1,p),Y\sim B(n_2,p)$，且 X 和 Y 相互独立，求 $Z=X+Y$ 的分布。

解：设 Z 的可能取值为 $0,1,\cdots,n_1+n_2$，其分布律为

$$\begin{aligned}P(Z=r)&=P(X+Y=r)=\sum_{k=0}^{r}P(X=k,Y=r-k)=\sum_{k=0}^{r}P(X=k)P(Y=r-k)\\&=\sum_{k=0}^{r}\mathrm{C}_{n_1}^{k}p^k(1-p)^{n_1-k}\times\mathrm{C}_{n_2}^{r-k}p^{r-k}(1-p)^{n_2-(r-k)}\\&=\sum_{k=0}^{r}\mathrm{C}_{n_1}^{k}\mathrm{C}_{n_2}^{r-k}p^r(1-p)^{(n_1+n_2)-r}=\mathrm{C}_{n_1+n_2}^{r}p^r(1-p)^{(n_1+n_2)-r},\quad r=0,1,\cdots,n_1+n_2\end{aligned}$$

最后一个等式成立是由于公式 $\mathrm{C}_{n_1+n_2}^{r}=\sum_{k=0}^{r}\mathrm{C}_{n_1}^{k}\mathrm{C}_{n_2}^{r-k}$，因而 $Z\sim B(n_1+n_2,p)$。

设 (X,Y) 是二维连续型随机变量，其联合概率密度为 $f(x,y)$，则 $Z=X+Y$ 的概率密度为

$$f_Z(z)=\int_{-\infty}^{+\infty}f(z-y,y)\mathrm{d}y$$

这是因为 Z 的分布函数为

$$\begin{aligned}F_Z(z)&=P(Z\leqslant z)=P(X+Y\leqslant z)=\iint_{x+y\leqslant z}f(x,y)\mathrm{d}x\mathrm{d}y=\int_{-\infty}^{+\infty}\left[\int_{-\infty}^{z-y}f(x,y)\mathrm{d}x\right]\mathrm{d}y\\&=\int_{-\infty}^{+\infty}\left[\int_{-\infty}^{z}f(x-y,y)\mathrm{d}x\right]\mathrm{d}y=\int_{-\infty}^{z}\left[\int_{-\infty}^{+\infty}f(x-y,y)\mathrm{d}y\right]\mathrm{d}x\end{aligned}$$

可以类似地证明 $f_Z(z)=\int_{-\infty}^{+\infty}f(x,z-x)\mathrm{d}x$。

特别地，当 X 和 Y 相互独立时，设 X 和 Y 的边际概率密度为 $f_X(x)$ 和 $f_Y(y)$，则 Z 的概率密度为

$$f_Z(z)=f_X*f_Y=\int_{-\infty}^{+\infty}f_X(z-y)f_Y(y)\mathrm{d}y=\int_{-\infty}^{+\infty}f_X(x)f_Y(z-x)\mathrm{d}x$$

称为密度卷积公式。

例 7.14　设 $X\sim N(0,1)$ 和 $Y\sim N(0,1)$ 相互独立，求 $Z=X+Y$ 的概率密度。

解：由卷积公式，

$$f_Z(z)=\int_{-\infty}^{+\infty}f_X(x)f_Y(z-x)\mathrm{d}x=\frac{1}{2\pi}\int_{-\infty}^{+\infty}\mathrm{e}^{-\frac{x^2}{2}}\cdot\mathrm{e}^{-\frac{(z-x)^2}{2}}\mathrm{d}x=\frac{1}{2\pi}\mathrm{e}^{-\frac{z^2}{4}}\int_{-\infty}^{+\infty}\mathrm{e}^{-\left(x-\frac{z}{2}\right)^2}\mathrm{d}x$$

令$u=x-\dfrac{z}{2}$，可得$f_Z(z)=\dfrac{1}{2\pi}\mathrm{e}^{-\frac{z^2}{4}}\displaystyle\int_{-\infty}^{+\infty}\mathrm{e}^{-u^2}\mathrm{d}u=\dfrac{1}{2\pi}\mathrm{e}^{-\frac{z^2}{4}}\sqrt{\pi}=\dfrac{1}{2\sqrt{\pi}}\mathrm{e}^{-\frac{z^2}{4}}$，所以$Z\sim N(0,2)$。

更一般地，若$X\sim N\left(\mu_1,\sigma_1^2\right)$和$Y\sim N\left(\mu_2,\sigma_2^2\right)$相互独立，则$Z=X+Y\sim N\left(\mu_1+\mu_2,\sigma_1^2+\sigma_2^2\right)$，$aX+bY+c\sim N\left(a\mu_1+b\mu_2+c,a^2\sigma_1^2+b^2\sigma_2^2\right)$，即两个相互独立的正态分布，它们的线性组合仍然服从正态分布。需要注意的是这一结果的成立依赖于这两个正态随机变量是相互独立的，若独立性不成立，该结果未必一定成立。

例 7.15 设$X\sim U(0,1)$和$Y\sim U(0,1)$相互独立，求$Z=X+Y$的概率密度。

解：注意到由于X,Y均为来自$(0,1)$上的均匀分布，易知Z的取值范围为$(0,2)$，并且对于任意的$0<z<2$，仅当$\begin{cases}0\leqslant x\leqslant 1\\0\leqslant z-x\leqslant 1\end{cases}$或者$\begin{cases}0\leqslant x\leqslant 1\\z-1\leqslant x\leqslant z\end{cases}$时，$f(x)f(z-x)$不等于零，则由卷积公式得

$$f_Z(z)=\int_0^z\mathrm{d}x=z,\quad 0<z<1$$

以及

$$f_Z(z)=\int_{z-1}^1\mathrm{d}x=2-z,\quad 1<z<2$$

7.4.2 最大值和最小值的分布

随机变量的最大值和最小值是统计中常用的量。本节讨论随机变量最大值和最小值的分布。记$M=\max\{X,Y\}$和$N=\min\{X,Y\}$，设X和Y相互独立，它们的分布函数分别为$F_X(x)$和$F_Y(y)$。注意到$M=\max\{X,Y\}$不超过z等价于X和Y都不超过z，所以有

$$F_M(z)=P(M\leqslant z)=P(X\leqslant z,Y\leqslant z)$$

由于X和Y相互独立，于是进一步有

$$F_M(z)=P(X\leqslant z)P(Y\leqslant z)=F_X(z)F_Y(z)$$

类似地，$N=\min\{X,Y\}$大于z等价于X和Y都大于z，所以有

$$P(N>z)=P(X>z)P(Y>z)=(1-F_X(z))(1-F_Y(z))$$

由此可得N的分布函数为

$$F_N(z)=P(N\leqslant z)=1-P(N>z)=1-(1-F_X(z))(1-F_Y(z))$$

一般地，对于n个随机变量$X_1,X_2,\cdots,X_n$，假设它们相互独立，则最大值M和最小值N的分布函数可以表示为

$$F_M(z)=\prod_{i=1}^n F_{X_i}(z)$$

以及

$$F_N(z)=1-\prod_{i=1}^{n}(1-F_{X_i}(z))$$

例 7.16　设 $X \sim E(\lambda_1)$，$Y \sim E(\lambda_2)$ 且相互独立，求 $M=\max\{X,Y\}, N=\min\{X,Y\}$ 的分布。

解：易知

$$F_M(z)=\begin{cases}(1-\mathrm{e}^{-\lambda_1 z})(1-\mathrm{e}^{-\lambda_2 z}), & z>0\\ 0, & z\leqslant 0\end{cases}$$

以及

$$F_N(z)=\begin{cases}1-\mathrm{e}^{-(\lambda_1+\lambda_2)z}, & z>0\\ 0, & z\leqslant 0\end{cases}$$

求导后得到对应的密度函数

$$f_M(z)=\begin{cases}\lambda_1\mathrm{e}^{-\lambda_1 z}+\lambda_2\mathrm{e}^{-\lambda_2 z}-(\lambda_1+\lambda_2)\mathrm{e}^{-(\lambda_1+\lambda_2)z}, & z>0\\ 0, & z\leqslant 0\end{cases}$$

以及

$$f_N(z)=\begin{cases}(\lambda_1+\lambda_2)\mathrm{e}^{-(\lambda_1+\lambda_2)z}, & z>0\\ 0, & z\leqslant 0\end{cases}$$

由此可知对于两个独立指数随机变量，它们的最小值仍服从指数分布，其参数为原参数之和。

7.5　协方差和相关系数

6.3 节讨论了如何求解一维随机变量函数的数学期望并给出了相关的公式，本节首先将一维情形下的结果推广到二维函数的情形。

定理 7.3　设 $Z=g(X,Y)$ 是二维随机变量 (X,Y) 的函数，其中 $g(\cdot,\cdot)$ 是二元函数。

（1）如果 (X,Y) 是二维离散型随机变量，其联合分布律为

$$P(X=x_i, Y=y_j)=p_{ij}，\ i,j=1,2,\cdots$$

若级数 $\sum_{i=1}^{\infty}\sum_{j=1}^{\infty}g(x_i,y_j)p_{ij}$ 绝对收敛，则有

$$E(Z)=E[g(X,Y)]=\sum_{i=1}^{\infty}\sum_{j=1}^{\infty}g(x_i,y_j)p_{ij}$$

（2）如果 (X,Y) 是二维连续型随机变量，其联合概率密度为 $f(x,y)$，若积分 $\int_{-\infty}^{+\infty}\int_{-\infty}^{+\infty}g(x,y)f(x,y)\mathrm{d}x\mathrm{d}y$ 绝对收敛，则有

$$E(Z)=E[g(X,Y)]=\int_{-\infty}^{+\infty}\int_{-\infty}^{+\infty}g(x,y)f(x,y)\mathrm{d}x\mathrm{d}y$$

证明从略。

类似于定理 6.2，定理 7.3 在计算 Z 的数学期望时非常方便，无须计算 Z 的分布（这往往较复杂），可直接利用已给出的 (X,Y) 的联合分布律或联合概率密度如上计算。特别地，X 和 Y 是 (X,Y) 的特殊函数，故而有

$$E(X)=E[g_1(X,Y)]=\int_{-\infty}^{+\infty}\int_{-\infty}^{+\infty}xf(x,y)\mathrm{d}x\mathrm{d}y$$

$$E(Y)=E[g_2(X,Y)]=\int_{-\infty}^{+\infty}\int_{-\infty}^{+\infty}yf(x,y)\mathrm{d}x\mathrm{d}y$$

再如考虑 $Z=X+Y$，由 7.4 节可知此时 Z 的概率密度形式较为复杂，计算起来并不方便。然而如果使用上述公式结果却非常简单。

$$\begin{aligned}E(Z)=E(X+Y)&=\int_{-\infty}^{+\infty}\int_{-\infty}^{+\infty}(x+y)f(x,y)\mathrm{d}x\mathrm{d}y\\&=\int_{-\infty}^{+\infty}\int_{-\infty}^{+\infty}xf(x,y)\mathrm{d}x\mathrm{d}y+\int_{-\infty}^{+\infty}\int_{-\infty}^{+\infty}yf(x,y)\mathrm{d}x\mathrm{d}y\\&=E(X)+E(Y)\end{aligned}$$

即两随机变量和的数学期望等于其数学期望的和。注意这一结果的成立不需要假定 X 和 Y 相互独立。利用简单的归纳法以及期望基本性质，可以得到对于任意一组随机变量 $X_1,\cdots,X_n$，只要它们的数学期望存在，

$$E\left(\sum_{i=1}^{n}a_iX_i\right)=\sum_{i=1}^{n}a_iE(X_i)$$

成立。式中，$a_1,\cdots,a_n$ 表示任意实数。这一结果提供了一种重要且常用的处理思路，对于较为复杂的随机变量，可以将其分解成两个或多个随机变量的和，那么它的数学期望就等于这些随机变量数学期望的和，从而使问题得以解决。

例 7.17 假设 $X\sim B(n,p)$，求 $E(X)$。

解： 根据二项分布的定义，可知 X 可以写作

$$X=X_1+\cdots+X_n$$

式中，$X_i(i=1,\cdots,n)$ 皆为参数为 p 的 0-1 分布随机变量，它们的期望为

$$E(X_i)=p,\ \ i=1,\cdots,n$$

从而，立即有 $E(X)=np$。

例 7.18 设 n 个人把他们的帽子扔到房间中央，将帽子充分混合之后，每个人随机取一顶帽子，求恰好选中自己帽子的人数的数学期望。

解： 若第 i 个人选中自己的帽子，则令 $X_i=1$，否则为 0，$i=1,2,\cdots,n$。记 X 为选中自己帽子的人数，则 X 可写成

$$X=X_1+X_2+\cdots+X_n$$

因为对每个人来说，选中任何一顶帽子的可能性一样，故 $E(X_i)=P(X_i=1)=\dfrac{1}{n}$，进而得到 $E(X)=E(X_1)+E(X_2)+\cdots+E(X_n)=1$，即平均来说只有一个人能拿到自己的帽子。

下面的例子用以说明当函数形式不是和的时候，定理 7.3 仍然是非常有用的。

例 7.19　已知 (X,Y) 的联合概率密度为

$$f(x,y)=\begin{cases}\dfrac{3}{2x^3y^2}, & x>1,\dfrac{1}{x}<y<x\\ 0, & \text{其他}\end{cases}$$

试求数学期望 $E(Y), E\left(\dfrac{1}{XY}\right)$。

解：根据定理 7.3，可得

$$E(Y)=\int_1^{+\infty}\int_{\frac{1}{x}}^{x}\frac{3y}{2x^3y}\mathrm{d}y\mathrm{d}x=\frac{3}{4}$$

$$E\left(\frac{1}{XY}\right)=\int_1^{+\infty}\int_{\frac{1}{x}}^{x}\frac{3}{2x^4y^3}\mathrm{d}y\mathrm{d}x=\frac{3}{5}$$

已知随机变量和的数学期望等于它们数学期望的和，那么随机变量乘积的数学期望是否等于它们数学期望的乘积呢？即 $E(XY)=E(X)E(Y)$ 是否成立？

注意到

$$E(XY)=\int_{-\infty}^{+\infty}\int_{-\infty}^{+\infty}xyf(x,y)\mathrm{d}x\mathrm{d}y$$

而

$$E(X)E(Y)=\int_{-\infty}^{+\infty}xf_X(x)\mathrm{d}x\int_{-\infty}^{+\infty}yf_Y(y)\mathrm{d}y$$

易见，若对于任意实数 x,y，有 $f(x,y)=f_X(x)f_Y(y)$，则有 $E(XY)=E(X)E(Y)$ 成立。也就是说如果随机变量 X,Y 相互独立，$E(XY)=E(X)E(Y)$ 成立。反之若 $E(XY)-E(X)E(Y)\neq 0$，则随机变量 X,Y 一定不独立。因而 $E(XY)-E(X)E(Y)$ 能够在一定程度上刻画随机变量 X 和 Y 的某种相互依赖关系。利用数学期望的性质容易验证

$$E(XY)-E(X)E(Y)=E[(X-E(X))(Y-E(Y))]$$

可以看到它是基于 X 和 Y 同时与各自均值 $E(X)$和 $E(Y)$偏离程度乘积的平均值来刻画两者的正向或负向相关或者协同关系，我们称这个量为协方差。

定义 7.7　称 $E[(X-E(X))(Y-E(Y))]$ 为随机变量 X 和 Y 的协方差，记为 $\mathrm{Cov}(X,Y)$。

易见，协方差可正可负，正、负分别反映了两个随机变量的正、负相关关系，其绝对值能在一定程度上反映两者的相关性强弱，协方差为 0 时叫作不相关。显然，若两随机变量独立，则两者不相关。

下面的结果给出了协方差的若干基本性质，证明留给读者。

定理 7.4　设 X,X_1,X_2,Y 为随机变量，a,b 为实数，则

（1）$\mathrm{Cov}(X,Y)=\mathrm{Cov}(Y,X)$

（2）$\mathrm{Cov}(X,X)=D(X)$

（3）$\mathrm{Cov}(aX,bY)=ab\mathrm{Cov}(X,Y)$

（4）$\mathrm{Cov}(X_1+X_2,Y)=\mathrm{Cov}(X_1,Y)+\mathrm{Cov}(X_2,Y)$

基于协方差的上述性质，给出两个随机变量和的方差的计算公式，证明同样留给读者。

定理 7.5　设 $X,Y,X_1,\cdots,X_n$ 为随机变量，$c_i(i=0,\cdots,n)$ 为实数，则

$$D(X+Y)=D(X)+2\mathrm{Cov}(X,Y)+D(Y)$$

若 $X_1,\cdots,X_n$ 相互独立，有

$$D\left(c_0+\sum_{i=1}^{n}c_iX_i\right)=\sum_{i=1}^{n}c_i^2D(X_i)$$

例 7.20 用 $D(X),D(Y),\mathrm{Cov}(X,Y)$ 表示 $\mathrm{Cov}(aX+bY,cX+dY),D(aX+bY)$。

解：根据定理 7.4，有

$$\begin{aligned}\mathrm{Cov}(aX+bY,cX+dY)&=\mathrm{Cov}(aX+bY,cX)+\mathrm{Cov}(aX+bY,dY)\\&=ac\mathrm{Cov}(X,X)+bc\mathrm{Cov}(Y,X)+ad\mathrm{Cov}(X,Y)+bd\mathrm{Cov}(Y,Y)\\&=acD(X)+bdD(Y)+(ad+bc)\mathrm{Cov}(X,Y)\end{aligned}$$

根据定理 7.5，有

$$D(aX+bY)=a^2D(X)+b^2D(Y)+2ab\mathrm{Cov}(X,Y)$$

例 7.21 设 $X_1,X_2,\cdots,X_n$ 为 n 个独立同分布的随机变量，数学期望为 μ，方差为 σ^2，令 $\bar{X}=\sum_{i=1}^{n}\frac{X_i}{n}$，求 $D(\bar{X})$。

解：

$$D(\bar{X})=D\left(\frac{1}{n}\sum_{i=1}^{n}X_i\right)=\frac{1}{n^2}\sum_{i=1}^{n}D(X_i)=\frac{\sigma^2}{n}$$

这表明 $\bar{X}$ 比任一随机变量 X_i 的方差都要小，仅为 X_i 的方差 σ^2 的 $\frac{1}{n}$ 倍。随着所考虑的随机变量个数 n 越多，$D(\bar{X})$ 将变得越小。

协方差 $\mathrm{Cov}(X,Y)$ 的绝对数值在一定程度上反映了 X 和 Y 相互之间的相关性强弱，但它还受 X 和 Y 本身度量单位的影响。为了克服这一缺点，将协方差标准化，即在计算协方差时，先对 X 和 Y 进行标准化，再计算标准化后随机变量的协方差 $\mathrm{Cov}\left(\frac{X-E(X)}{\sqrt{D(X)}},\frac{Y-E(Y)}{\sqrt{D(Y)}}\right)$，化简后为 $\frac{\mathrm{Cov}(X,Y)}{\sqrt{D(X)D(Y)}}$，我们将这个量称为相关系数。

定义 7.8 设 $D(X),D(Y)>0$，称 $\frac{\mathrm{Cov}(X,Y)}{\sqrt{D(X)D(Y)}}$ 为相关系数，记为 ρ_{XY}。

相关系数具有如下性质。

定理 7.6 设 X,Y 为随机变量，则满足以下内容。

（1）$-1\leqslant\rho_{XY}\leqslant 1$。

（2）$|\rho_{XY}|=1$ 的充要条件是存在常数 $a,b(b\neq 0)$，使得 $P(Y=a+bX)=1$，即 X 和 Y 以概率 1 线性相关。

证明：（1）由方差的性质和协方差的定义知，对任意实数 b 有

$$0\leqslant D(Y-bX)=D(Y)+b^2D(X)-2b\mathrm{Cov}(X,Y)$$

特别地，取 $b=\frac{\mathrm{Cov}(X,Y)}{D(X)}$，则上式化为

$$D(Y-bX)=D(Y)-\frac{\mathrm{Cov}^2(X,Y)}{D(X)}=D(Y)\left[1-\frac{\mathrm{Cov}^2(X,Y)}{D(X)D(Y)}\right]=D(Y)[1-\rho_{XY}^2]$$

由于 $D(Y)>0$，故必有 $1-\rho_{XY}^2\geqslant 0$，所以 $|\rho_{XY}|\leqslant 1$。

（2）仍令 $b=\dfrac{\mathrm{Cov}(X,Y)}{D(X)}$，

$$|\rho_{XY}|=1\Leftrightarrow D(Y-bX)=D(Y)\left[1-\rho_{XY}^2\right]=0\Leftrightarrow P(Y-bX=a)=1$$

根据定理 7.6（2），ρ_{XY} 可以用来表征 X,Y 之间线性关系的紧密程度。因而相关系数也常被称为“线性相关系数”。当 $\rho_{XY}>0$ 时，称 X 和 Y 正相关；当 $\rho_{XY}<0$ 时，称 X 和 Y 负相关；当 $\rho_{XY}=0$ 时，称 X 和 Y 不相关。$|\rho_{XY}|$ 越接近 1，表明 X 和 Y 之间的线性关系越强。我们知道如果 X 和 Y 相互独立，那么 $\mathrm{Cov}(X,Y)=E(XY)-E(X)E(Y)=0$，因此 $\rho_{XY}=0$。即两变量相互独立则一定不相关，但反之不然。这是因为不相关只是就线性关系来说的，而相互独立是就一般关系而言的。比如设 $X\sim N(0,1), Y=X^2$，则 $E(X)=0, E(XY)=E(X^3)=0$（见本节例 7.23），所以 $\rho_{XY}=0$，即 X 和 Y 不相关，但显然 X 和 Y 不独立。这再次说明相关系数仅能描述线性相关而无法刻画非线性的相关关系。

例 7.22　若 $(X,Y)\sim N(\mu_1,\mu_2,\sigma_1^2,\sigma_2^2,\rho)$，求 X 和 Y 的相关系数。

解：由例 7.5 和例 7.9 知，$X\sim N\left(\mu_1,\sigma_1^2\right)$，$Y\sim N\left(\mu_2,\sigma_2^2\right)$，以及在 $X=x$ 的条件下，$Y\sim N\left(\mu_2+\rho\dfrac{\sigma_2}{\sigma_1}(x-\mu_1),(1-\rho^2)\sigma_2^2\right)$。记 $f(x,y)$ 为联合密度，$f_X(x)$ 为 X 的边际密度，$f_{Y|X}(y\,|\,x)$ 为在 $X=x$ 的条件下 Y 的条件密度，则

$$\begin{aligned}\mathrm{Cov}(X,Y)&=E[(X-\mu_1)(Y-\mu_2)]\\&=\int_{-\infty}^{+\infty}\int_{-\infty}^{+\infty}(x-\mu_1)(y-\mu_2)f(x,y)\mathrm{d}y\mathrm{d}x\\&=\int_{-\infty}^{+\infty}(x-\mu_1)f_X(x)\left(\int_{-\infty}^{+\infty}(y-\mu_2)f_{Y|X}(y\,|\,x)\mathrm{d}y\right)\mathrm{d}x\end{aligned}$$

注意到

$$\int_{-\infty}^{+\infty}(y-\mu_2)f_{Y|X}(y\,|\,x)\mathrm{d}y=\rho\frac{\sigma_2}{\sigma_1}(x-\mu_1)$$

则

$$\mathrm{Cov}(X,Y)=\rho\frac{\sigma_2}{\sigma_1}\int_{-\infty}^{+\infty}(x-\mu_1)^2f_X(x)\mathrm{d}x=\rho\frac{\sigma_2}{\sigma_1}\cdot\sigma_1^2=\rho\sigma_1\sigma_2$$

故 $\rho_{XY}=\dfrac{\mathrm{Cov}(X,Y)}{\sigma_1\sigma_2}=\rho$。

这说明二元正态变量 (X,Y) 概率密度中的参数 ρ 就是它们的相关系数，因而二元正态变量的分布完全可由 X 和 Y 各自的均值、方差以及它们的相关系数确定。

由 7.3 节可知，二元正态分布 X 和 Y 相互独立的充要条件是 $\rho=0$。而 $\rho_{XY}=\rho$，所以对于二元正态变量 (X,Y) 来说，X 和 Y 相互独立等价于 X 和 Y 不相关。

除了均值、方差、协方差和相关系数之外，还有一些较为重要的数字特征，在此做简要介绍。

定义 7.9 设(X,Y)为二维随机变量，对任意的$k,l=1,2,\cdots$，满足以下内容。

（1）称$E(X^k)$为X的k阶原点矩。

（2）称$E[(X-E(X))^k]$为X的k阶中心矩，$k>1$。

（3）称$E(X^kY^l)$为X和Y的$k+l$阶混合原点矩。

（4）称$E[(X-E(X))^k(Y-E(Y))^l]$为X和Y的$k+l$阶混合中心矩。

显然，X的数学期望$E(X)$是X的一阶原点矩；方差$D(X)$是X的二阶中心矩；协方差$\mathrm{Cov}(X,Y)$是X和Y的二阶混合中心矩。

例 7.23 设$X\sim N(0,1)$，求X的k阶原点矩，$k=1,3,5,\cdots$。

解： $X\sim N(0,1)$，那么X的概率密度为$f_X(x)=\dfrac{1}{\sqrt{2\pi}}\mathrm{e}^{-\frac{x^2}{2}}$，所以

$$E(X^k)=\frac{1}{\sqrt{2\pi}}\int_{-\infty}^{+\infty}x^k\mathrm{e}^{-\frac{x^2}{2}}\mathrm{d}x$$

注意当$k=1,3,5,\cdots$为正奇数，被积函数$x^k\mathrm{e}^{-\frac{x^2}{2}}$为$(-\infty,+\infty)$上的奇函数，所以积分为0。

> **本章小结**

本章将第 6 章内容进一步推广，引入了多维随机变量的概念，重点研究了二维随机变量及其分布。类似于一维随机变量，定义了二维随机变量(X,Y)的分布函数，以及离散情形下的联合分布律和连续情形下的联合概率密度函数等，并讨论了如何通过联合分布特征计算相应事件的概率。

对于二维随机变量(X,Y)，还需要考虑X和Y的相互影响。这部分内容包括边际分布、条件分布、随机变量的独立性等重要概念，以及如何根据联合分布特征计算边际分布、条件分布，判定X和Y的独立性等。

基于联合分布求解随机变量函数的分布是一类重要的问题。我们讨论了三个常见的函数形式，和、取大和取小，并给出了相应的计算公式。关于其他函数的情形，如乘积、商等，与求和类似，读者可参考其他文献。

最后，介绍了二维随机变量的数字特征——协方差和相关系数。相关系数是标准化随机变量的协方差，它是描述随机变量间线性相关程度的重要度量，当相关系数$\rho_{XY}=0$时，说明X和Y不相关，当相关系数绝对值为1时，说明它们完全线性相关。当X和Y独立时，$\rho_{XY}=0$，但反之不一定成立。

二维正态分布是本章自始至终使用的一个例子，它是一类重要的连续型二元分布。二维正态分布是一维正态分布的推广，具有广泛的应用背景和良好的数学性质，如边际分布、条件分布依然为（一维）正态，独立性与不相关等价等。

> **问题与思考**

1. 某电视机商店的店主统计在进入该店的顾客中，有45%的顾客会购买一台普通的电视机，15%的顾客会购买一台等离子电视机，剩下40%的顾客只是进来看看不会购买。

如果某天有 5 名顾客进入该店，那么该店卖出 2 台普通电视机和 1 台等离子电视机的概率是多大？

2. 设二维随机变量 (X,Y) 的联合概率密度函数为

$$f(x,y)=\begin{cases} cx^2y, & x^2\leqslant y\leqslant 1 \\ 0, & \text{其他} \end{cases}$$

试求常数 c 和边际概率密度。

3. 设二维随机变量 (X,Y) 的联合概率密度函数为

$$f(x,y)=\begin{cases} \dfrac{6}{7}\left(x^2+\dfrac{xy}{2}\right), & 0<x<1, 0<y<2 \\ 0, & \text{其他} \end{cases}$$

试计算 X 的边际概率密度，概率 $P(X>Y)$，条件概率 $P(Y>0.5\mid X<0.5)$，数学期望 $E(X),E(Y)$。

4. 设 X,Y 分别表示甲、乙两个元件的寿命，分别服从参数为 1 和 2 的指数分布，若 X,Y 独立，两个元件同时开始使用，求甲比乙先坏的概率。

5. 设二维随机变量 (X,Y) 的联合概率密度函数为

$$f(x,y)=\begin{cases} x+y, & 0<x<1, 0<y<1 \\ 0, & \text{其他} \end{cases}$$

试求条件概率密度函数并判断 X,Y 是否独立。

6. 设二维随机变量 (X,Y) 的联合概率密度函数为

$$f(x,y)=\begin{cases} 12xy(1-x), & 0<x<1, 0<y<1 \\ 0, & \text{其他} \end{cases}$$

试判断 X,Y 是否独立并计算 X,Y 的数学期望和方差。

7. 设 X,Y 独立，$X\sim U(0,1), Y\sim E(1)$，求 $Z=X+2Y$ 的分布函数、数学期望和方差。

8. 设二维随机变量 (X,Y) 的联合概率密度函数为

$$f(x,y)=\begin{cases} \dfrac{x+y}{8}, & 0<x<2,\ 0<y<2 \\ 0, & \text{其他} \end{cases}$$

计算 $E(X),E(Y),\mathrm{Cov}(X,Y),\rho_{XY},D(X+Y)$。

9. 设随机变量 $X\sim N(\mu,\sigma^2), Y\sim N(\mu,\sigma^2)$，$X,Y$ 独立，试求 $Z_1=\alpha X+\beta Y$ 和 $Z_2=X-\beta Y$ 的相关系数（这里 α,β 是非零常数）。

10. 某车间从一电力公司每天得到电能 X（单位：千瓦）服从[10, 30]上的均匀分布。该车间每天对电能的需求量 Y 服从[10, 20]上的均匀分布，X,Y 独立。设车间从电力公司得到的每千瓦电能可取得 300 元利润；如果车间用电量超过电力公司所提供的数量，就要使用自备发电机提供的附加电能来补充，而从附加电能中每千瓦只能取得 100 元利润。问一天中该车间获得利润的数学期望是多少？

第 8 章　大数定律与中心极限定理

案例导入（飞机座位设置）：假设北京与南京之间有两个不同航空公司的航班，两个航班的机型、出发到达时间及价格都相同。现假定有 500 位乘客，选乘哪一航班是相互独立且是等可能的，飞机的成本入座率是 75%，问飞机设置多少座位可使航班亏损的概率控制在 0.05？如果同一航线上有多个航空公司竞争，如何设置飞机座位？

第 5 章指出事件出现的频率是事件发生概率的一种近似，而且随着试验的大量重复进行，频率将逐渐稳定于概率值。那么多少次试验才算“大量”呢？在数学上可以通过极限的形式进行研究。本章将从理论上严格地刻画之前基于经验的观测和发现，并将结果一般化以便应用到更广泛的情景。这些理论中最重要的当属被称为“大数定律”和“中心极限定理”的一些理论结果。其中大数定律描述的是随机变量序列的算术平均值是随机变量数学期望的近似，中心极限定理则是讨论了随机变量序列的算术平均值的近似分布函数。大数定律是频率稳定性的严格化和一般化，符合经验和直觉判断，因而被称为定律；而中心极限定理则描述了一件让人颇感意外的事情，它指出在一定条件下，随机变量序列的算术平均值的分布可以用正态分布近似。这一结果奠定了正态分布的重要地位，在后面章节所介绍的统计推断方法中有众多重要的应用。

8.1　大 数 定 律

对于一个数列可以对其定义极限。那么对于一个随机变量序列，由于其具有随机性，如何定义其极限呢？首先来看频率的稳定性问题。设 n_{A} 是 n 重伯努利试验中事件 A 发生的次数，p 是事件 A 发生的概率，从第 5 章知道当 n 非常大时，频率 $\frac{n_{\mathrm{A}}}{n}$ 会越来越稳定于 p。现在的问题是：“稳定”的确切含义是什么？$\frac{n_{\mathrm{A}}}{n}$ 稳定于 p 能否写成 $\lim\limits_{n\to\infty}\frac{n_{\mathrm{A}}}{n}=p$？亦即是否对任意正数 ε，存在 N，当 $n>N$ 时，有 $\left|\frac{n_{\mathrm{A}}}{n}-p\right|<\varepsilon$，对 n 重伯努利试验的所有样本点成立？实际上，事实并非如此。比如在 n 次观测中事件 A 发生 n 次还是有可能的，此时频率 $\frac{n_{\mathrm{A}}}{n}=1$，从而对于 $0<\varepsilon<1-p$，不论 N 多么大，都不可能得到当 $n>N$ 时，有 $\left|\frac{n_{\mathrm{A}}}{n}-p\right|<\varepsilon$ 成立。或者说，在个别场合下，事件 $\left|\frac{n_{\mathrm{A}}}{n}-p\right|\geqslant\varepsilon$ 可能发生。但也需注意到，

事件$\left|\frac{n_A}{n}-p\right|\geqslant\varepsilon$发生的可能性很小且随着 n 的增大越来越小。例如，在上面的$n_A=n$，有$P\left(\frac{n_A}{n}=1\right)=p^n$。显然，当$n\to\infty$时，$P\left(\frac{n_A}{n}=1\right)=p^n\to 0$。所以$\frac{n_A}{n}$稳定于 p 应当意味着对任意正数ε，

$$\lim_{n\to\infty}P\left(\left|\frac{n_A}{n}-p\right|\geqslant\varepsilon\right)=0$$

上述的这种收敛模式称为依概率收敛。一般地，有随机变量序列依概率收敛。

定义 8.1　设$X_1,\cdots,X_n,\cdots$是一列随机变量序列，a是一个常数。若对于任意的正数ε，

$$\lim_{n\to\infty}P(|X_n-a|\geqslant\varepsilon)=0$$

都成立。则称随机变量序列$X_1,\cdots,X_n,\cdots$依概率收敛到 a，记作$X_n\xrightarrow{p}a$。

定义 8.1 更一般的形式是收敛到一个随机变量，即将常数 a 替换为一个随机变量 X。定义 8.1 中的依概率收敛描述了随着 n 的增加，随机变量 X_n 与 a 的距离超过任意给定正数的概率可以任意小，意味着两者越来越靠近。等价地，$X_n\xrightarrow{p}a$表示对任意的正数ε，

$$\lim_{n\to\infty}P(|X_n-a|<\varepsilon)=1$$

都成立。特别地，提到依概率收敛的一个重要性质：若$X_n\xrightarrow{p}a$，$Y_n\xrightarrow{p}b$，设f是一个连续函数，则有$f(X_n,Y_n)\xrightarrow{p}f(a,b)$。由这一性质可以立即得到依概率收敛在和、差、积等运算下的封闭性。随机变量序列的收敛有多种方式，依概率收敛只是其中之一，其他重要的收敛有几乎处处收敛、均方收敛等，此处不做介绍。根据定义 8.1，上述频率到概率的收敛可以表述为事件 A 发生的频率依概率收敛到事件 A 发生的概率，写作$\frac{n_A}{n}\xrightarrow{p}p$。事实上，这一结果是概率论中非常重要的一个结果，称为伯努利大数定律。

在概率论中，大数定律是一类非常重要的极限定理，它主要考虑了随机变量平均值序列收敛问题。对于随机序列$X_n, n\geqslant 1$，考虑其算术平均值序列

$$\bar{X}_n=\frac{1}{n}\sum_{i=1}^{n}X_i,\quad n\geqslant 1$$

及其期望序列

$$E(\bar{X}_n)=\frac{1}{n}\sum_{i=1}^{n}E(X_i),\quad n\geqslant 1$$

在一些合适的条件下，可以证明如下形式的大数定律：$\bar{X}_n-E(\bar{X}_n)\xrightarrow{p}0$，或者记作$\bar{X}_n\xrightarrow{p}E(\bar{X}_n)$，即对于任意正数$\varepsilon$，都有

$$\lim_{n\to\infty}P(\left|\bar{X}_n-E\left(\bar{X}_n\right)\right|<\varepsilon)=1$$

定理 8.1 设随机变量序列 $X_n,n\geqslant 1$ 的方差都存在，且有 $\lim\limits_{n\to\infty}D\left(\bar{X}_n\right)=0$，则 $\bar{X}_n\xrightarrow{p}E\left(\bar{X}_n\right)$。

该大数定律可以由第 6 章中的切比雪夫不等式直接得到

$$0\leqslant P(\left|\bar{X}_n-E\left(\bar{X}_n\right)\right|\geqslant\varepsilon)\leqslant\frac{D\left(\bar{X}_n\right)}{\varepsilon^2}\to 0$$

条件 $\lim\limits_{n\to\infty}D\left(\bar{X}_n\right)=0$ 为马尔可夫条件。这一条件是符合直觉的。根据推论 6.1 可知，如果一个随机变量 X 的方差 $D(X)=0$，这等价于 $P(X=E(X))=1$。也即方差为 0 等价于随机变量以概率 1 等于 $E(X)$。而马尔可夫条件假定算术平均值的方差趋于 0，那么自然期望算术平均值会依概率收敛到其相应的数学期望。

根据马尔可夫大数定律，可以得到如下推论，该推论又被称为切比雪夫大数定律。

推论 8.1 设随机变量序列 $X_n,n\geqslant 1$ 两两不相关，又设它们的方差有上界，即存在常数 $C>0$ 使得 $D(X_i)\leqslant C,i=1,2\cdots$，则有 $\bar{X}_n\xrightarrow{p}E\left(\bar{X}_n\right)$。

对于该结论，只需证明该序列满足马尔可夫条件即可，读者可以自行证明。

在上述大数定律中，对 $X_n,n\geqslant 1$ 的方差做了一定的假设，下面著名的辛钦大数定律不再对序列的方差有任何要求，具有很广的应用范围。

定理 8.2 设随机变量序列 $X_n,n\geqslant 1$ 相互独立且同分布，$E\left(X_i\right)=\mu<\infty$，则 $\bar{X}_n\xrightarrow{p}\mu$。

此定律的证明较为复杂，涉及特征函数理论，在此不做深入介绍。感兴趣的读者可参见李贤平（2010）。辛钦大数定律为实际生活中经常采用的算术平均值法提供了理论依据。它断言：如果 $X_n,n\geqslant 1$ 是具有数学期望、相互独立且同分布的随机变量序列，则当 n 充分大时，算术平均值序列 $\bar{X}_n$ 一定以接近 1 的概率落在真值 μ 的任意小的邻域内。例如，如果要测量一个物体的某项指标值 a，可以独立重复地测量 n 次，得到一组数据 $X_1,\cdots,X_n$，假设 $X_i=a+\xi_i,i=1,\cdots,n$，误差 $\xi_1,\cdots,\xi_n$ 独立同分布且期望为 0，则当 n 较大时，可以用 $\bar{X}_n$ 来估计 a。

下面介绍前面提到的伯努利大数定律，它是辛钦大数定律的一个重要推论。

推论 8.2 设 n_{A} 是 n 次伯努利试验中事件 A 发生的次数，p 是事件 A 发生的概率，则有 $\frac{n_{\mathrm{A}}}{n}\xrightarrow{p}p$。

由第 6 章的内容可知，$n_{\mathrm{A}}\sim B(n,p),n_{\mathrm{A}}=X_1+X_2+\cdots+X_n$，其中 $X_1,X_2,\cdots,X_n$ 相互独立且都服从参数为 p 的 0-1 分布，有 $E(X_i)=p$，以及 $\frac{n_{\mathrm{A}}}{n}=\bar{X}_n$，根据辛钦大数定律，伯努利大数定律成立。伯努利大数定律是历史上最早的一个大数定律，首次发表于雅各布·伯努利 1713 年出版的《猜度术》。该定律以严格的数学描述肯定了大量重复独立试验中事件出现的频率稳定性。正因为这种稳定性，概率的概念才有客观意义。伯努利大数定律还提供了通过试验来确定事件概率的方法，既然频率 $\frac{n_A}{n}$ 与概率 p 有较大偏差的可能性很小，因此可以通过做试验确定某事件发生的频率并把它作为相应的概率估计，这是一种参数估计法，该方法的重要理论基础之一就是大数定律。

例 8.1　用概率方法近似计算 $\int_0^1 f(x)\mathrm{d}x$，其中 $f(x)$ 是连续函数且 $0 \leqslant f(x) \leqslant 1$。

解：令 $R \sim U(0,1)$，则积分 $\int_0^1 f(x)\mathrm{d}x = E_R(f(R))$。这表明积分值是随机变量 $Y = f(R)$ 的数学期望。记 $R_1,\cdots,R_n$ 是 n 个独立同分布的 $(0,1)$ 上的均匀随机变量，根据辛钦大数定律，$\frac{1}{n}\sum_{i=1}^{n} f(R_i) \xrightarrow{p} E[f(R)]$ 成立。这表明当选取的均匀随机数非常多（n 非常大）时，$\frac{1}{n}\sum_{i=1}^{n} f(R_i)$ 可以作为积分 $\int_0^1 f(x)\mathrm{d}x$ 的近似值。利用计算机很容易得到均匀随机数，因而也容易利用概率方法计算上述积分。

例 8.2　设随机变量序列 $X_n, n \geqslant 1$ 相互独立且同分布，$X_1 \sim U(-1,1)$，则 $\frac{1}{n}\sum_{i=1}^{n} X_i, \frac{1}{n}\sum_{i=1}^{n} |X_i|$ 是否依概率收敛？如果收敛，分别收敛到什么？

解：应用辛钦大数定律。已知随机变量序列 $X_n, n \geqslant 1$ 相互独立且同分布，且 $E(X_1), E(|X_1|)$ 存在，所以 $\frac{1}{n}\sum_{i=1}^{n} X_i, \frac{1}{n}\sum_{i=1}^{n} |X_i|$ 依概率收敛。由于 $E(X_1) = 0, E(|X_1|) = \int_{-1}^{1} \frac{1}{2}|x|\,\mathrm{d}x = \frac{1}{2}$，所以 $\frac{1}{n}\sum_{i=1}^{n} X_i, \frac{1}{n}\sum_{i=1}^{n} |X_i|$ 分别依概率收敛到 0 和 0.5。

例 8.3　设随机变量序列 $X_n, n \geqslant 1$ 相互独立且同分布，$X_1 \sim U(0,1)$，则 $\sqrt[n]{X_1 X_2 \cdots X_n}$ 是否依概率收敛？如果收敛，收敛到什么？

解：由于随机变量序列 $X_n, n \geqslant 1$ 相互独立且同分布，$E(X_1)$ 存在，考虑使用辛钦大数定律，但注意到 $\sqrt[n]{X_1 X_2 \cdots X_n}$ 并不是算术平均值，无法直接使用辛钦大数定律。如果我们对 $\sqrt[n]{X_1 X_2 \cdots X_n}$ 做对数变换则可以化为算术平均值的形式。记 $Y_n = \sqrt[n]{X_1 X_2 \cdots X_n}$，令

$$Z_n = \ln Y_n = \frac{1}{n}(\ln X_1 + \ln X_2 + \cdots + \ln X_n)$$

则 $\ln X_1, \ln X_2, \cdots$ 相互独立且同分布，且 $E(\ln X_1) = \int_0^1 \ln x \mathrm{d}x = -1$。那么由辛钦大数定律可知，$Z_n \xrightarrow{p} -1$。利用前述依概率收敛的重要性质，可得 $Y_n = \sqrt[n]{X_1 X_2 \cdots X_n} = \mathrm{e}^{Z_n} \xrightarrow{p} \mathrm{e}^{-1}$。

8.2　中心极限定理

大数定律回答了随机变量算术平均值序列的收敛与极限问题，但没有研究算术平均

值序列的渐近分布，或者说，当 n 很大时，大数定律没有回答 $\bar{X}_n$ 的分布如何？中心极限定理将会回答这一问题。

下面给出最常用的随机变量序列独立同分布时的中心极限定理，也称作林德伯格-列维中心极限定理。下面先给出部分和序列的形式。

定理 8.3 设 $X_n, n\geqslant 1$ 为独立同分布的随机变量序列，其数学期望 $E(X_i)=\mu$，$D(X_i)=\sigma^2>0, i=1,2,\cdots$，则当 $n\to\infty$ 时，随机变量 $Y_n=\dfrac{\sum_{i=1}^{n}X_i-E\left(\sum_{i=1}^{n}X_i\right)}{\sqrt{D\left(\sum_{i=1}^{n}X_i\right)}}=\dfrac{\sum_{i=1}^{n}X_i-n\mu}{\sqrt{n}\sigma}$ 的分布函数收敛到标准正态分布函数。即

$$\lim_{n\to\infty}P\left(\frac{\sum_{i=1}^{n}X_i-n\mu}{\sqrt{n}\sigma}\leqslant y\right)=\int_{-\infty}^{y}\frac{1}{\sqrt{2\pi}}\mathrm{e}^{-\frac{x^2}{2}}\mathrm{d}x=\Phi(y)$$

证明从略。感兴趣的读者可参见李贤平（2010）。

该定理表明，当 n 很大时，Y_n 近似服从正态分布。由此可以得出均值为 μ，方差为 $\sigma^2>0$ 的独立同分布随机变量 $X_1,X_2,\cdots,X_n$ 的和 $\sum_{i=1}^{n}X_i$ 的近似分布为 $N(n\mu,n\sigma^2)$，也就是 $\sum_{i=1}^{n}X_i$ 的分布可以用均值为该和的数学期望，方差为该和的方差的正态分布作为近似。

等价地，定理 8.3 的算术平均值序列形式如下：

$$\lim_{n\to\infty}P\left(\frac{\sqrt{n}(\bar{X}_n-\mu)}{\sigma}\leqslant y\right)=\int_{-\infty}^{y}\frac{1}{\sqrt{2\pi}}\mathrm{e}^{-\frac{x^2}{2}}\mathrm{d}x=\Phi(y)$$

即 $\sqrt{n}\left(\bar{X}_n-\mu\right)/\sigma$ 近似服从标准正态分布。这就是说，当 n 很大时，均值为 μ、方差为 $\sigma^2>0$ 的独立同分布的随机变量 $X_1,X_2,\cdots,X_n$ 的算术平均值 $\bar{X}_n$ 近似地服从均值为 μ、方差为 σ^2/n 的正态分布。

回到本节开头的问题。对于独立同分布随机变量序列，辛钦大数定律告诉我们算术平均值 $\bar{X}_n$ 依概率收敛到数学期望 $E(X)=\mu$，亦即对任意正数 ε，都有 $\lim_{n\to\infty}P\left(\left|\bar{X}_n-\mu\right|\geqslant\varepsilon\right)=0$，那么对于固定的 ε 和较大的 n，$P\left(\left|\bar{X}_n-\mu\right|\geqslant\varepsilon\right)$ 大概有多大呢？大数定律没有给出回答，但利用中心极限定理可以给出近似的解答。对于较大的 n，

$$P\left(\left|\bar{X}_n-\mu\right|<\varepsilon\right)=P\left(\left|\frac{\sqrt{n}\left(\bar{X}-\mu\right)}{\sigma}\right|<\frac{\sqrt{n}\varepsilon}{\sigma}\right)\approx\Phi\left(\frac{\sqrt{n}\varepsilon}{\sigma}\right)-\Phi\left(-\frac{\sqrt{n}\varepsilon}{\sigma}\right)=2\Phi\left(\frac{\sqrt{n}\varepsilon}{\sigma}\right)-1$$

所以 $P\left(\left|\bar{X}_n-\mu\right|\geqslant\varepsilon\right)\approx 2\left(1-\Phi\left(\frac{\sqrt{n}\varepsilon}{\sigma}\right)\right)$。

也就是说通过中心极限定理，可以给出使用算术平均值 $\bar{X}_n$ 来估计数学期望 $E(X)=\mu$ 的误差。大数定律只是指明了收敛性，却没有说明收敛的速度，而中心极限定理给出了收敛的速度和对应的极限分布。

下面介绍定理 8.3 的一个特例，针对二项分布的中心极限定理，该定理也称作棣莫弗-拉普拉斯中心极限定理，是最早被发现的中心极限定理。

推论 8.3　设 n_{A} 是 n 次伯努利试验中事件 A 发生的次数，p 是事件 A 发生的概率，那么有

$$\lim_{n\to\infty} P\left(\frac{n_{\mathrm{A}}-np}{\sqrt{np(1-p)}}\leqslant y\right)=\int_{-\infty}^{y}\frac{1}{\sqrt{2\pi}}\mathrm{e}^{-\frac{x^2}{2}}\mathrm{d}x=\Phi(y)$$

类似伯努利大数定律，注意到 n_{A} 可以表示为 n 个独立同分布的 0-1 随机变量的和，立即由定理 8.3 得到这一推论。

推论 8.3 表明，当 n 很大时，尽管 n_{A} 精确分布是 $B(n, p)$，也可用 $N(np, np(1-p))$ 进行近似。注意到二项分布相关概率的计算涉及组合数，当试验的次数 n 很大时，直接使用二项分布的分布律并不方便。而上述所给出的正态近似使得二项分布概率的计算变得非常简单。除了频数的近似，对于频率 $\frac{n_{\mathrm{A}}}{n}$，我们有 $\frac{n_{\mathrm{A}}}{n}\sim N\left(p,\frac{p(1-p)}{n}\right)$（近似）。

定理 8.3 假定了独立同分布的随机变量序列，事实上，当序列非独立同分布时，在一些合适的条件下，中心极限定理的结论依然成立，如李雅普诺夫中心极限定理等，这里不再介绍。中心极限定理是概率论中最重要的一类定理，有广泛的实际应用背景。在自然界与生产活动中，一些现象受到许多相互独立的随机因素的影响，如果每个因素所产生的影响都很微小时，总的影响可以看作服从正态分布。中心极限定理正是从数学上论证了这一现象，它在长达两个世纪的时期内曾是概率论研究的中心课题。另外，从中心极限定理也能看出正态分布在概率统计中的重要性。

中心极限定理的一个直接应用是近似计算。一般情况下，精确求出 $\sum_{i=1}^{n}X_i$ 或 $\bar{X}_n$ 的分布函数是非常困难的（回想两个随机变量和的分布函数计算中涉及卷积计算）。而根据中心极限定理 8.3，只要 X_i 独立同分布，其和或算术平均值的分布都可以由正态分布近似。当然，近似效果的好坏依赖于 n 的大小也依赖于 X_i 本身的分布。

例 8.4　世界原油每桶价格每天的变化是均值为 0、方差为 2 的随机变量（单位：美元）。记 $X_n=X_{n-1}+\varepsilon_n, n=1,2,\cdots$，其中 X_n 表示第 n 天每桶原油的价格；$\varepsilon_1,\varepsilon_2,\cdots$ 是独立同分布的随机变量序列。若今天的原油每桶价格为 27 美元，求 18 天后每桶原油价格在 23～31 美元的概率。

解： 令 $X_0=27$ 为今天的价格，则 18 天后的价格为

$$X_{18}=X_{17}+\varepsilon_{18}=(X_{16}+\varepsilon_{17})+\varepsilon_{18}=\cdots=X_0+\sum_{i=1}^{18}\varepsilon_i$$

所以

$$P(23 \leqslant X_{18} \leqslant 31) = P\left(-4 \leqslant \sum_{i=1}^{18}\varepsilon_i \leqslant 4\right) = P\left(\frac{-4}{\sqrt{18\times 2}} \leqslant \frac{\sum_{i=1}^{18}\varepsilon_i}{\sqrt{18\times 2}} \leqslant \frac{4}{\sqrt{18\times 2}}\right)$$

$$\approx \Phi\left(\frac{2}{3}\right) - \Phi\left(-\frac{2}{3}\right) = 2\Phi\left(\frac{2}{3}\right) - 1 = 0.494$$

例 8.4 并未告诉我们 ε_i 服从何种分布，只告诉我们 $\varepsilon_1, \varepsilon_2, \cdots$ 独立同分布，且 $E(\varepsilon_i) = 0, D(\varepsilon_i) = 2$。因而无法求得 X_{18} 的精确分布。但中心极限定理表明只需知道上述信息，X_{18} 的分布以及相关概率就可以通过正态分布来近似。

例 8.5 为测定降低血液中胆固醇含量的某种食品的有效性，随机抽取了 100 个人试吃该食品。经过一定时间后，化验他们的胆固醇含量。如果测得至少有 65%的人在吃了这种食品之后胆固醇含量降低，那么进行这项实验的营养学家就承认这种食品有效。若这种食品事实上对降低胆固醇含量不起作用，试问此时这位营养学家依然承认它有效的概率有多大?

解： 假定这种食品对降低胆固醇含量不起作用，而一个人吃了这种食品后碰巧胆固醇降低的概率为 $\frac{1}{2}$。若以 X 表示吃了这种食品之后胆固醇降低了的人数，那么 $X \sim B\left(100, \frac{1}{2}\right)$。由棣莫弗-拉普拉斯中心极限定理可知，$X \sim N\left(100\times\frac{1}{2}, 100\times\frac{1}{2}\times\left(1-\frac{1}{2}\right)\right)$，即 $X \sim N(50, 25)$（近似）。所以当这种食品不影响胆固醇含量时，营养学家承认它有效的概率是

$$P(X \geqslant 65) = P\left(\frac{X-50}{\sqrt{25}} \geqslant \frac{65-50}{\sqrt{25}}\right) \approx 1 - \Phi(3) = 0.001\ 35$$

上述概率是非常小的，根据实际推断原理，小概率事件在一次试验中几乎不会发生。所以如果 100 人中真有 65 人降低了胆固醇，我们有理由相信这种食品的确具有降低胆固醇的作用。

例 8.6 一个天文学家希望测量遥远的恒星到地球之间的距离（单位：光年）。他知道，尽管有测量技术，但由于大气条件的变化和正常误差，每次测量都不会得到距离的准确值而只是一个估计值。因此，天文学家计划进行一组测量，用这些测量值的平均值作为距离真值的估计值。若各次测量值是独立同分布的随机变量的观测值，随机变量的公共期望为 d（距离的真值），公共方差为 $\sigma^2 = 4$，那么需要重复测量至少多少次才能以不低于 95%的把握使得测量精度达到 ±0.5 光年。

解： 设天文学家进行了 n 次观察，$X_1, \cdots, X_n$ 为 n 次的观测值，根据中心极限定理可知 $Y_n = \dfrac{\sum_{i=1}^{n} X_i - nd}{2\sqrt{n}}$ 近似服从标准正态分布。因此

$$P\left(-0.5 \leqslant \frac{1}{n}\sum_{i=1}^{n} X_i - d \leqslant 0.5\right) = P\left(-0.5\times\frac{\sqrt{n}}{2} \leqslant Y_n \leqslant 0.5\times\frac{\sqrt{n}}{2}\right)$$

$$\approx \Phi\left(\frac{\sqrt{n}}{4}\right) - \Phi\left(-\frac{\sqrt{n}}{4}\right) = 2\Phi\left(\frac{\sqrt{n}}{4}\right) - 1$$

选取n^*使得$2\Phi\left(\dfrac{\sqrt{n^*}}{4}\right)-1=0.95$，查表可得$\dfrac{\sqrt{n^*}}{4}=1.96$，从而$n^*\approx 61.47$。

所以至少要测量 62 次才能以 95%的把握使得测量精度达到±0.5 光年。

➢ 本章小结

本章主要讨论了两类非常重要的极限定理：大数定律和中心极限定理。大数定律表明在一定条件下，随机变量序列的算术平均值是随机变量数学期望的近似；大数定律是频率稳定性的严格化和一般化，符合我们的经验和直觉判断；中心极限定理则表明在一定条件下，随机变量序列的算术平均值或者和的分布可用均值和方差明确的正态分布近似。典型的中心极限定理指出，不论$\sum_{i=1}^{n}X_i$中的X_i服从何种分布，只要其独立同分布且期望方差有限，当 n 足够大时，该和式的分布都可以用正态分布近似，这在应用上非常有效和重要，同时也体现了正态分布的重要性和普遍性。

➢ 问题与思考

1. 设$Y\sim B(100, 0.6)$，求概率$P(47\leqslant Y\leqslant 68)$的值。

2. 对敌人的防御地带进行 100 次轰炸，每次轰炸命中目标的炸弹数目是一个均值为 2、方差为 1.69 的随机变量。求在 100 次轰炸中有 180 颗到 220 颗炸弹命中目标的概率。

3. 一公寓有 200 户住户，一户住户拥有汽车辆数 X 的取值为 0, 1, 2，相应的概率分别为 0.1、0.6 和 0.3。问需要多少车位，才能使得每辆汽车都有一个车位的概率至少为 0.95。

4. 一个复杂系统由 n 个相互独立工作的部件构成，每个部件的可靠性（即部件在一定时间内无故障的概率）为 0.9，且必须至少有 80%的部件工作才能使得整个系统工作。问 n 至少为多少才能使系统的可靠性为 0.95。

5. 一个保险公司有 10 000 个汽车投保人，每个投保人索赔金额的数学期望为 280 美元，标准差为 800 美元，求索赔总金额超过 2 700 000 美元的概率。

第9章 抽样分布

案例导入（选举中的民意预测）：在 1936 年的美国总统选举中有两位候选人，即民主党候选人 F. D. 罗斯福（F. D. Roosevelt）和共和党候选人 G. A. 兰登（G. A. London）。有一家文摘杂志社通过从电话号码簿和一些俱乐部成员的名单中选取 1000 万人，以发出询问信的方式进行民意调查，共有 240 万人做出了回答。据此资料，此文摘杂志社预测兰登将以 57%的选票获胜，而罗斯福的得票率则为 43%。最终选举结果显示，罗斯福的得票率为 62%，兰登仅得到 38%的选票。为此，这家杂志社很快就倒闭了。自 1916 年以来，此杂志每次所作的预测都是正确的，因而影响很大。这次它的预测基于巨大的 240 万张答卷做出，却预测错误。当时有电话的家庭有 1100 万户，失业者有 900 万人。有一个叫乔治·盖洛普（George Gallup）的人建立的调查组织，从 1000 万人中随机选取了 3000 人，就提前知道了文摘杂志社将要得出的结论：兰登将以 56%的选票获胜，这与文摘杂志社公布的结果仅差 1%，而这个结论来自 3000 人而非 240 万人。盖洛普从更大的范围内随机选取了 5000 人，据此预测罗斯福将以 56%的得票率获胜，而兰登的得票率为 44%。与实际结果差 6%。这一案例有几个自然的问题如下。

（1）文摘杂志社此次预测错误的根本原因是什么？

（2）为什么盖洛普预测成功？

（3）预测的误差是否随着抽样数量的增加而减少？

（4）从这个案例分析中可以得到什么启发？

9.1 随机样本

在日常生活和科学研究中，人们对一个事物的认识和看法，常常通过观察样本形成。统计学以概率论为理论基础，根据试验或观测数据研究自然界中的随机现象，对研究对象的客观规律进行合理估计和判断。统计学要解决的收集、整理与分析数据等问题，属于描述性统计范畴；对所收集的数据进行加工、信息提炼并对所研究对象的性质、特点以及变化规律等做出推断，则属于统计推断的内容。对于实际问题对应的随机变量，一般来说其分布未知或不完全清楚，人们需要通过对该随机变量进行重复独立的观测，得到许多观测值，然后通过分析观测值来研究该随机变量的分布。因此，人们需要对随机变量进行观测，并对观测到的数据进行加工以提取信息进行研究。

如何将一个实际问题转化成一个可以进行系统分析的模型，这是利用定量分析工具解决实际问题的一个重要前提，统计推断也不例外。实践表明，大多数随机试验的结果可以用数量表示，即使有些试验的结果是定性的，也可以将其数量化。比如，人的血型共有O型、A型、B型和AB型等4种可能的类型，如果用4个不同的数表示这4种血型，那么，血型检验这个试验的结果就能以数值表示。在统计学中，我们关注的问题一般集中在研究对象的某一数量指标，如某型号电子元器件的寿命，某一批次某种产品的合格率等。因而，需要通过考虑与这一数量指标相联系的随机试验来对该数量指标进行观测。将试验的全部可能观测值称为总体，可以看到，这些值不一定都不相同，观测值的数量也未必有限。将试验的每一个观测值称为个体，总体包含的个体数量称为总体的容量，容量有限的称为有限总体，否则称为无限总体。例如，在考察1000个某零件的直径这一试验中，每个零件的直径是一个可能观测值，所形成的总体中一共含有1000个可能观测值，这是一个有限总体。观察并记录某一地点每天(包括以往、现在和将来）的最高气温，所得总体是无限总体。另外，在考察全国正在使用的某型号灯泡的寿命所形成的总体时，由于可能观测值的个数很多，也可以将其看成无限总体。

对一个总体而言，个体的取值按一定规律分布。比如某一批次零件的直径取值在某一范围内的零件数在全部零件数中的占比是一个确定的数。因此，任取一个零件，其直径取值按一定概率分布。即对某个总体而言，总对应着一个随机变量X。对总体的研究实际上是对一个随机变量X的研究。因此，以后凡是提到总体就是指一个“随机变量”，说总体的概率分布就是指“随机变量的概率分布”。这就是说，一个总体就是一个具有确定概率分布的随机变量。例如，对某天生产的某产品进行质量检验，以0表示产品为合格品，以1表示产品为次品。假设出现次品的概率为p（常数），则总体X由“0”和“1”组成，这一总体X对应参数为p的0-1分布的随机变量，即

$$P(X=x)=p^x(1-p)^{1-x},\ x=0,1$$

将它看成0-1分布总体，即总体中的观测值是0-1分布随机变量的可能取值。如一种电子元器件的寿命为指数分布总体，即指总体中的观测值是指数分布随机变量的可能取值。

一般来说，总体的分布未知，或分布形式中含有未知参数。在统计学中，人们总是从总体中抽取一部分个体，根据获得的数据对总体分布进行推断，被抽出的部分个体叫作总体的一个样本。

从总体中抽取有限个个体对总体进行观测的过程叫作抽样。

在相同的条件下对总体X进行n次重复的、独立的观测，将n次观测结果按试验的次序记为$X_1,X_2,\cdots,X_n$。由于$X_1,X_2,\cdots,X_n$是对随机变量X观测的结果，且每次观测在相同条件下独立进行，故可以认为$X_1,X_2,\cdots,X_n$相互独立，且都是与总体X具有相同分布的随机变量。这样得到的$X_1,X_2,\cdots,X_n$称为来自总体X的一个简单随机样本，n称为这个样本的容量。当n次观测结束后，就可以得到一组实数$x_1,x_2,\cdots,x_n$，它们依次是随机变量$X_1,X_2,\cdots,X_n$的观测值，称为样本值。

抽样方式有重复抽样和不重复抽样。重复抽样就是将抽出的个体进行观测后放回总体，进行下一个个体的抽取，观测后也放回总体，再抽取下一个单位，重复这样的过程，直到抽满事先确定的样本容量为止。不重复抽样则是被抽出的个体不再放回，继续抽取个体直到抽满事先确定的样本容量为止。

事实上，采用重复抽样就能得到有限总体的简单随机样本，但在实践中使用起来不太方便。当总体容量 N 比样本容量 n 大得多时，实践中常常将不重复抽样近似当作重复抽样使用。

为直观起见，以后在使用重复抽样和不重复抽样术语时，则用有放回抽样和不放回抽样表述。

对于无限总体，因抽取一个个体不影响它的分布，所以都采用不放回抽样。

9.2 统 计 量

为了对总体的分布或数字特征进行统计推断，还需要对样本进行适当的加工和提炼，即在应用时，往往不是直接使用样本本身，而是针对不同问题构造出样本的适当函数。

设 $X_1,X_2,\cdots,X_n$ 是来自总体 X 的一个简单随机样本，$g(X_1,X_2,\cdots,X_n)$ 是 $X_1,X_2,\cdots,X_n$ 的函数，若函数 $g(X_1,X_2,\cdots,X_n)$ 不含有任何未知参数，则称 $g(X_1,X_2,\cdots,X_n)$ 是一个统计量。如果 $x_1,x_2,\cdots,x_n$ 是对应于样本 $X_1,X_2,\cdots,X_n$ 的样本值，则称 $g(x_1,x_2,\cdots,x_n)$ 是统计量 $g(X_1,X_2,\cdots,X_n)$ 的观测值。

因为 $X_1,X_2,\cdots,X_n$ 都是随机变量，而统计量 $g(X_1,X_2,\cdots,X_n)$ 是随机变量的函数，故统计量也是一个随机变量。

最常用的统计量即样本矩。设 $X_1,X_2,\cdots,X_n$ 是来自总体 X 的一个简单随机样本，$x_1,x_2,\cdots,x_n$ 是这一样本的观测值，下列统计量分别称为

$$\text{样本均值：}\ \bar{X}=\frac{1}{n}\sum_{i=1}^{n}X_i$$

$$\text{样本方差：}\ S^2=\frac{1}{n-1}\sum_{i=1}^{n}(X_i-\bar{X})^2$$

$$\text{样本标准差：}\ S=\sqrt{S^2}=\sqrt{\frac{1}{n-1}\sum_{i=1}^{n}(X_i-\bar{X})^2}$$

$$\text{样本的}\,k\,\text{阶原点矩：}\ A_k=\frac{1}{n}\sum_{i=1}^{n}X_i^k,\ k=1,2,\cdots$$

$$\text{样本的}\,k\,\text{阶中心矩：}\ B_k=\frac{1}{n}\sum_{i=1}^{n}(X_i-\bar{X})^k,\ k=2,3,\cdots$$

上述统计量的观测值分别记为

$$\text{样本均值观测值：}\ \bar{x}=\frac{1}{n}\sum_{i=1}^{n}x_i$$

$$\text{样本方差观测值：}\ s^2=\frac{1}{n-1}\sum_{i=1}^{n}(x_i-\bar{x})^2$$

$$\text{样本标准差观测值：}\ s=\sqrt{\frac{1}{n-1}\sum_{i=1}^{n}(x_i-\bar{x})^2}$$

样本k阶原点矩观测值：$a_k=\frac{1}{n}\sum_{i=1}^{n}x_i^k$，$k=1,2,\cdots$

样本k阶中心矩观测值：$b_k=\frac{1}{n}\sum_{i=1}^{n}(x_i-\overline{x})^k$，$k=2,3,\cdots$。

总体X的k阶原点矩定义为

$$E(X^k),\ k=1,2,\cdots$$

总体X的k阶中心矩定义为

$$E((X-E(X))^k,\ k=2,3,\cdots$$

易见，总体的一阶原点矩即总体的均值，总体的二阶中心矩即总体的方差。

9.3 几个常用的抽样分布

统计量的分布称为抽样分布。

当总体的分布已知时，抽样分布是确定的。

下面以样本均值为例说明抽样分布。

例 9.1 设有一个由10个职工的月工资组成的总体$X=\{3000, 3500, 4000, 4500, 5000, 5500, 6000, 6500, 7000, 7500\}$。采用有放回抽样方式从中抽取两名职工的工资，分别记为X_1和X_2，试分析样本均值$\overline{X}=\frac{X_1+X_2}{2}$的分布。

解： 从10个数中采用有放回抽样方式随机抽取两个数有100个可能结果。这100个可能结果中每一次被抽到的两个数的均值及其出现的概率如表9.1所示。

表 9.1 抽样结果及其分布

样本均值 $\overline{X}$	样本个体数	概率
3000	1	0.01
3250	2	0.02
3500	3	0.03
3750	4	0.04
4000	5	0.05
4250	6	0.06
4500	7	0.07
4750	8	0.08
5000	9	0.09
5250	10	0.10
5500	9	0.09
5750	8	0.08
6000	7	0.07
6250	6	0.06

续表

样本均值 $\bar{X}$	样本个体数	概率
6500	5	0.05
6750	4	0.04
7000	3	0.03
7250	2	0.02
7500	1	0.01
合计	100	1

易见，样本均值 $\bar{X}=\dfrac{X_1+X_2}{2}$ 是一个离散型随机变量，其分布律如表 9.1 所示。

利用表 9.1，可得样本均值 $\bar{X}$ 的数学期望和标准差分别为

$$E(\bar{X})=\sum_{i=1}^{19}\bar{x}_i\times P(\bar{X}=\bar{x}_i)=3000\times 0.01+3250\times 0.02+\cdots+7500\times 0.01=5250$$

$$\sqrt{D(\bar{X})}=1015.50$$

而总体 X 的数学期望和标准差则分别为 $E(X)=5250$ 和 $\sqrt{D(X)}=1436.14$。

由此可见，$E(\bar{X})=E(X)$，$\sqrt{D(\bar{X})}=\dfrac{D(X)}{\sqrt{2}}$。

由表 9.1 可知，每一次抽取的两个个体的均值未必刚好等于总体的均值，但就抽取的全部可能结果来看，样本均值的平均值一定等于总体的均值，即 $E(\bar{X})=E(X)$。

抽样误差是指抽样指标和总体对应指标（参数）之间的绝对离差。抽样误差由抽样方式本身引起，不可避免，只能加以控制。

抽样平均误差是反映抽样误差一般水平的指标，其实质是抽样指标的标准差。

事实上，对于放回抽样方式下来自均值和方差分别为 μ 和 σ^2 的总体的一个简单随机样本 $X_1,X_2,\cdots,X_n$，其样本均值 $\bar{X}$ 的数学期望和方差分别为 $\mu_{\bar{X}}=\mu$ 和 $\sigma_{\bar{X}}^2=\dfrac{\sigma^2}{n}$。一般称 $\sigma_{\bar{X}}=\dfrac{\sigma}{\sqrt{n}}$ 为样本均值 $\bar{X}$ 的抽样误差。对于不放回抽样，样本均值 $\bar{X}$ 的抽样误差为 $\sigma_{\bar{X}}=\sqrt{\dfrac{\sigma^2}{n}\left(\dfrac{N-n}{N-1}\right)}$，这里，$N$ 为总体容量。

放回抽样方式下样本比例 p 的平均抽样误差为 $\sigma_P=\sqrt{\dfrac{P(1-P)}{n}}$；不放回抽样方式下样本比例 p 的平均抽样误差为 $\sigma_P=\sqrt{\dfrac{P(1-P)}{n}\left(\dfrac{N-n}{N-1}\right)}$。这里，$P$ 为总体的比例，N 为总体的容量。

一般说来，要求出一个统计量的精确分布是困难的。然而对于一些特殊情形，如来自正态总体的几个常用统计量的分布，已有一些重要结果。

下面给出统计推断中的三大分布。

1. χ^2 分布

设 $X_1,X_2,\cdots,X_n$ 是来自总体 $N(0,1)$ 的一个样本，称统计量

$$\chi^2 = X_1^2 + X_2^2 + \cdots + X_n^2 \tag{9.1}$$

服从自由度为 n 的 χ^2 分布，记为 $\chi^2 \sim \chi^2(n)$。

$\chi^2(n)$ 分布的密度函数为

$$f(y)=\begin{cases}\dfrac{1}{2^{\frac{n}{2}}\Gamma\left(\dfrac{n}{2}\right)}y^{\frac{n}{2}-1}\mathrm{e}^{-\frac{y}{2}}, & y>0\\ 0, & y\leqslant 0\end{cases} \tag{9.2}$$

$f(y)$ 的图形如图 9.1 所示。

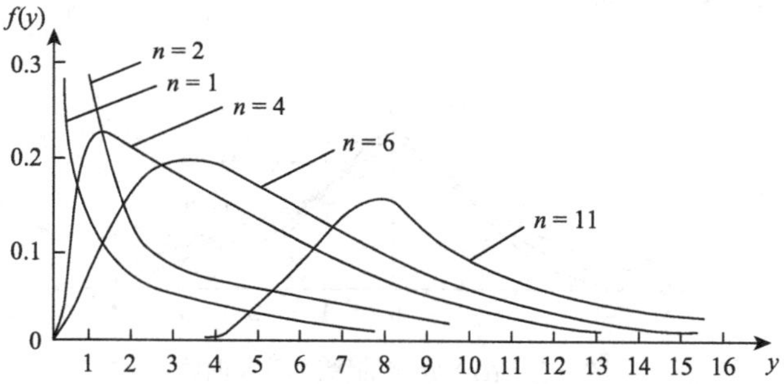

图 9.1 $\chi^2(n)$ 分布的密度函数曲线

易知，$E(\chi^2(n))=n$，$D(\chi^2(n))=2n$。

容易证明 χ^2 分布具有可加性。

设 $\chi_1^2 \sim \chi^2(n_1)$，$\chi_2^2 \sim \chi^2(n_2)$，且 χ_1^2 与 χ_2^2 独立，则 $\chi_1^2+\chi_2^2 \sim \chi^2(n_1+n_2)$。对于给定的数 α，且 $0<\alpha<1$，称满足式 $P(\chi^2(n)>\chi_\alpha^2(n))=\int_{\chi_\alpha^2(n)}^{-\infty} f(y)\mathrm{d}y=\alpha$ 的实数 $\chi_\alpha^2(n)$ 为 $\chi^2(n)$ 分布的上 α 分位点，如图 9.2 所示。

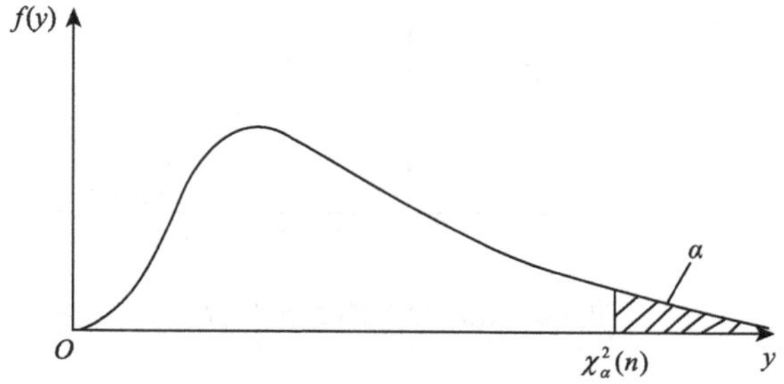

图 9.2 $\chi^2(n)$ 分布的上 α 分位点

对于不同的$\alpha,n(\leqslant 45)$，常用的$\chi_{\alpha}^{2}(n)$的值已制成表格，可以在附录C中查阅。当n充分大时，可用近似公式计算，有兴趣的读者可以查阅相关文献。

2. *t*分布

设$X\sim N(0,1),Y\sim\chi^{2}(n)$，且$X$与$Y$独立，称随机变量

$$t=\frac{X}{\sqrt{Y/n}} \tag{9.3}$$

服从自由度为n的t分布，记为$t\sim t(n)$。

t分布也称为学生氏（student's）分布。

$t(n)$分布的密度函数为

$$f(t;n)=\frac{\Gamma\left(\frac{n+1}{2}\right)}{\sqrt{n\pi}\,\Gamma\left(\frac{n}{2}\right)}\left(1+\frac{t^{2}}{n}\right)^{-\frac{n+1}{2}},\quad -\infty<t<+\infty \tag{9.4}$$

$f(t;n)$的图形如图9.3所示。

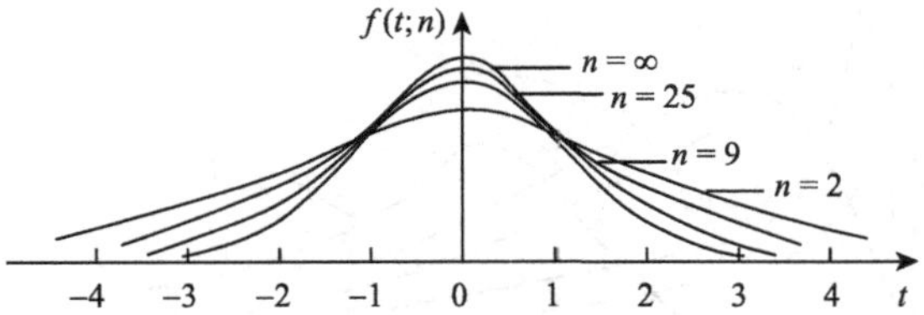

图9.3　$t(n)$分布的密度函数曲线

可以证明，$\lim\limits_{n\to\infty}f(t;n)=\frac{1}{\sqrt{2\pi}}\mathrm{e}^{-\frac{t^{2}}{2}}$。即当$n$充分大时，$t$分布近似于标准正态分布$N(0,1)$。

对于给定的数α且$0<\alpha<1$，称满足式$P(t(n)>t_{\alpha}(n))=\int_{t_{\alpha}(n)}^{+\infty}f(t;n)\mathrm{d}t=\alpha$的实数$t_{\alpha}(n)$为$t(n)$分布的上$\alpha$分位点，如图9.4所示。易知$t_{1-\alpha}(n)=-t_{\alpha}(n)$。

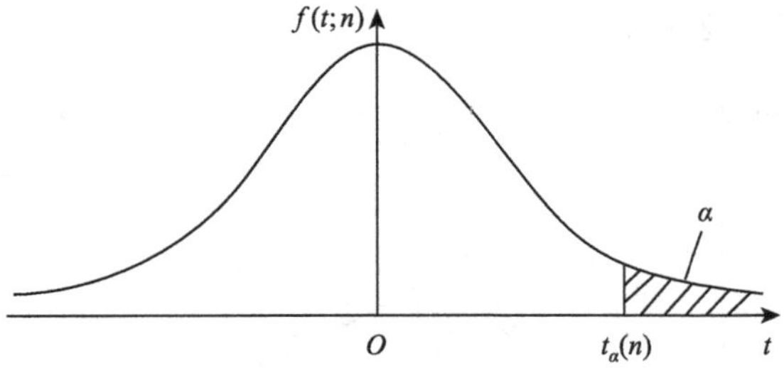

图9.4　$t(n)$分布的上α分位点

对于不同的$\alpha,n(\leqslant 45)$，常用的上α分位点$t_{\alpha}(n)$的值已制成表格，可以查阅附录B。

当n充分大时，可用正态近似：$t_\alpha(n)\approx z_\alpha$。

3. F分布

设$U\sim\chi^2(n_1), V\sim\chi^2(n_2)$，且$U,V$独立，称随机变量

$$F=\frac{U/n_1}{V/n_2} \tag{9.5}$$

服从自由度为(n_1,n_2)的F分布，记为$F\sim F(n_1,n_2)$。

$F(n_1,n_2)$分布的密度函数为

$$f(y;n_1,n_2)=\begin{cases}\dfrac{\Gamma\left(\dfrac{n_1+n_2}{2}\right)\left(\dfrac{n_1}{2}\right)^{\frac{n_1}{2}}y^{\frac{n_1}{2}-1}}{\Gamma\left(\dfrac{n_1}{2}\right)\Gamma\left(\dfrac{n_2}{2}\right)\left[1+\left(\dfrac{n_1 y}{n_2}\right)\right]^{\frac{n_1+n_2}{2}}}, & y>0\\ 0, & y\leqslant 0\end{cases} \tag{9.6}$$

其图形如图9.5所示。

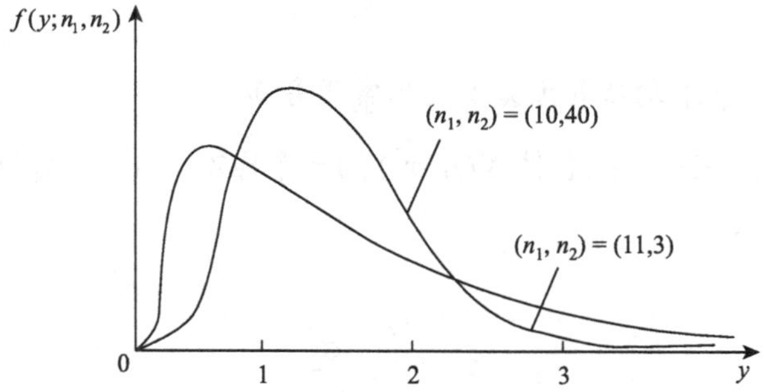

图9.5 $F(n_1,n_2)$分布的密度函数曲线

对于给定的数α且$0<\alpha<1$，称满足式$P(F>F_\alpha(n_1,n_2))=\int_{F_\alpha(n_1,n_2)}^{+\infty}f(y;n_1,n_2)\mathrm{d}y=\alpha$的数$F_\alpha(n_1,n_2)$为$F(n_1,n_2)$分布的上$\alpha$分位点，如图9.6所示。

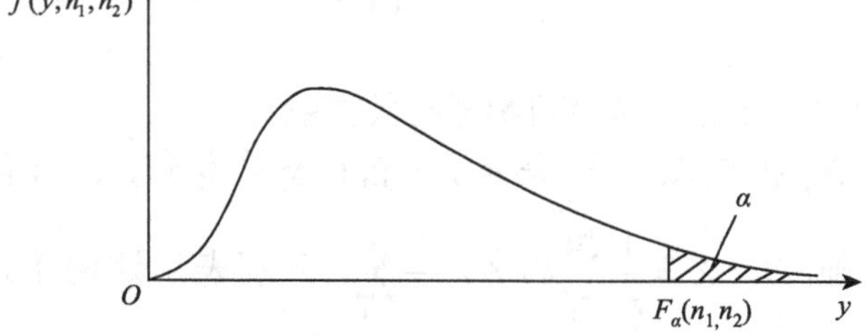

图9.6 $F(n_1,n_2)$分布的上α分位点

F 分布常用的上 α 分位点的值可查附录 D。F 分布的上 α 分位点有如下重要性质：

$$F_{1-\alpha}(n_1,n_2)=\frac{1}{F_\alpha(n_2,n_1)} \tag{9.7}$$

读者可以自行证明。

例 9.2（分位点的应用） 商品的需求量是一个随机变量。从订货到交货这段时间（称为引导时间）内的需求量也是随机变量，一般假设这一需求量为正态随机变量。"订货点"定义为向供应商提出订货申请时的库存水平。若订货点太低，就会出现脱销，因而面临销售损失。若订货点太高，公司的存储和维护成本就高。在夏季某家庭用品商店，顾客对电扇的需求很大。该商店利用计算机管理库存，以保证能够随时知道库存的数量。商店规定，若库存低于订货点，就新订 250 台电扇。然而，这项规定导致商店常常脱销，造成损失，因为引导时间内的需求量较高。经理想要减少脱销发生率，试图保证只有 5% 的订货在存货减为 0（导致脱销）以后才到达，也就是说，服务水平为 95%。根据历史数据，引导时间内的需求量服从 $N(200,2500)$，试确定订货点。

解：以 X 表示引导时间内的需求量，订货点为 x。由已知，有 $X\sim N(200,2500)$。服务水平为 95%，就是库存满足需求的概率为 0.95，也即 $P(X>x)=0.05$，或 $P\left(\frac{X-200}{50}>\frac{x-200}{50}\right)=0.05$，也即 $z_{0.05}=\frac{x-200}{50}$，从而，$x=282.25$。

4. 与正态总体的样本均值和方差有关的常用分布

设 $X_1,X_2,\cdots,X_n$ 是来自正态总体 $N(\mu,\sigma^2)$ 的一个样本，$\bar{X}$，S^2 分别为样本均值和样本方差，则有如下分布。

（1）

$$\bar{X}\sim N\left(\mu,\frac{\sigma^2}{n}\right) \tag{9.8}$$

（2）

$$\frac{(n-1)S^2}{\sigma^2}\sim\chi^2(n-1) \tag{9.9}$$

（3）$\bar{X}$ 与 S^2 相互独立，且

$$\frac{\bar{X}-\mu}{S/\sqrt{n}}\sim t(n-1) \tag{9.10}$$

式（9.8）～（9.10）的证明读者可参考有关文献。。

（4）设 $X_1,X_2,\cdots,X_{n_1}$ 和 $Y_1,Y_2,\cdots,Y_{n_2}$ 是分别来自正态总体 $N(\mu_1,\sigma_1^2)$ 和 $N(\mu_2,\sigma_2^2)$ 的样本，且这两个样本相互独立。$\bar{X}=\frac{1}{n_1}\sum_{i=1}^{n_1}X_i,\bar{Y}=\frac{1}{n_2}\sum_{i=1}^{n_2}Y_i$ 分别表示这两个样本的均值，$S_1^2=\frac{1}{n_1-1}\sum_{i=1}^{n_1}\left(X_i-\bar{X}\right)^2,S_2^2=\frac{1}{n_2-1}\sum_{i=1}^{n_2}\left(Y_i-\bar{Y}\right)^2$ 分别表示这两个样本的方差，则有如下分布。

当$\sigma_1^2=\sigma_2^2$且均未知，

$$\frac{(\bar{X}-\bar{Y})-(\mu_1-\mu_2)}{S_w\sqrt{\dfrac{1}{n_1}+\dfrac{1}{n_2}}}\sim t(n_1+n_2-2) \tag{9.11}$$

式中，$S_w^2=\dfrac{(n_1-1)S_1^2+(n_2-1)S_2^2}{n_1+n_2-2}$，$S_w=\sqrt{S_w^2}$。

当$\sigma_1^2\neq\sigma_2^2$且均未知，

$$t=\frac{\bar{X}-\bar{Y}}{\sqrt{\dfrac{S_1^2}{n_1}+\dfrac{S_2^2}{n_2}}}\sim t(v) \tag{9.12}$$

式中，$v=\dfrac{(s_1^2/n_1+s_2^2/n_2)^2}{\dfrac{(s_1^2/n_1)^2}{n_1-1}+\dfrac{(s_2^2/n_2)^2}{n_2-1}}$。

μ_1和μ_2均未知，

$$\frac{S_1^2/S_2^2}{\sigma_1^2/\sigma_2^2}\sim F(n_1-1,n_2-1) \tag{9.13}$$

5. 非正态总体情形

1）样本均值$\bar{X}$的抽样分布

设总体X的数学期望和方差分别为μ和σ^2，有来自此总体的一个样本$X_1,X_2,\cdots,X_n$。则当$n\geqslant 30$时，有

$$\bar{X}\overset{近似}{\sim}N\left(\mu,\frac{\sigma^2}{n}\right) \tag{9.14}$$

这一结论可由中心极限定理得到，读者可以思考这一结论的获得过程。

2）样本比例p的抽样分布

A. 放回抽样方式下样本比例p的抽样分布

实践中还需要研究总体或样本中具有某种属性的个体数占全体单位数的比例问题，即样本比例的分布问题。例如，在分析产品中的废品比例、工人出勤率等时，就要对这种总体中具有某种特征的单位数在总体单位数中所占的比例进行推断。

总体中具有某种属性的单位数与总体全部单位数之比称为总体的比例，也称总体的成数，记作P。而样本中具有某种属性的单位数与样本所含单位数之比称为样本比例，或称样本成数，记作p。

若从总体中随机抽取容量为n的样本，发现其中具有某种属性的单位数为m，则样本中具有某种属性的单位数占比为

$$p=\frac{m}{n}$$

事实上，设有一个来自 $B(1,P)$总体的简单随机样本 $X_1,X_2,\cdots,X_n$，记 $P(X_i=1)=P$，$i=1,2,\cdots,n$。

从而，$X_1,X_2,\cdots,X_n$ 中取值为 1 的个体数占比即样本比例 p，易见 $p=\bar{X}=\dfrac{\sum_{i=1}^{n}X_i}{n}=\dfrac{m}{n}$，这里 m 为样本中具某种属性的个体数。如将检验的产品分为合格和不合格，P 是产品总体的合格率，m 为样本产品中的合格品个数。

样本比例是一个随机变量，当样本容量很大时，p 近似服从正态分布。

事实上，样本均值的抽样分布的性质可以类推到样本比例的分布情形。根据中心极限定理，当样本容量足够大（一般指 $n\geqslant 30$，$np\geqslant 5$ 且 $n(1-p)\geqslant 5$）时，样本比例近似服从正态分布。在放回抽样的情况下，可以证明，样本比例 p 的数学期望值 $E(p)$ 和方差 σ_p^2 分别为 $E(p)=P$，$\sigma_p^2=\dfrac{P(1-P)}{n}$。从而有

$$p\overset{\text{近似}}{\sim}N\left(P,\frac{P(1-P)}{n}\right) \tag{9.15}$$

事实上，$p=\dfrac{\sum_{i=1}^{n}X_i}{n}=\bar{X}$，且 $X_1,X_2,\cdots,X_n$ 独立同分布，均值和方差分别为 P 和 $P(1-P)$。

B. 不放回抽样方式下样本比例的抽样分布

可以证明，在不放回抽样情形下，样本比例 p 分布的数学期望和方差分别为 $E(p)=P$，$\sigma_p^2=\dfrac{P(1-P)}{n}\cdot\dfrac{N-n}{N-1}$。从而有

$$p\overset{\text{近似}}{\sim}N\left(P,\frac{P(1-P)}{n}\cdot\frac{N-n}{N-1}\right) \tag{9.16}$$

事实上，在不放回抽样情形下，$\sum_{i=1}^{n}X_i$ 服从超几何分布，在某些条件下可以得到式（9.16）。

C. 两个样本比例之差的抽样分布

假设 X 和 Y 为两个服从 0-1 分布的随机变量，假设两个总体的容量分别为 N_1 和 N_2，总体比例分别为 P_1 和 P_2。现分别从这两个总体中抽取容量分别为 n_1 和 n_2 的样本，且假设两个样本独立；又设 p_1 和 p_2 分别为样本比例。则当 $n_1\geqslant 30$，$n_1p_1\geqslant 5$，$n_1(1-p_1)\geqslant 5$；$n_2\geqslant 30$，$n_2p_2\geqslant 5$，$n_2(1-p_2)\geqslant 5$ 时，有如下结论。

第一，有放回抽样时，

$$p_1-p_2\overset{\text{近似}}{\sim}N\left(P_1-P_2,\frac{P_1(1-P_1)}{n_1}+\frac{P_2(1-P_2)}{n_2}\right) \tag{9.17}$$

第二，无放回抽样时，

$$p_1-p_2\overset{\text{近似}}{\sim}N\left(P_1-P_2,\frac{P_1(1-P_1)}{n_1}\cdot\frac{N_1-n_1}{N_1-1}+\frac{P_2(1-P_2)}{n_2}\cdot\frac{N_2-n_2}{N_2-1}\right) \tag{9.18}$$

9.4 案例分析

下面对本章导入案例予以解析。

(1) 导致该杂志社预测错误的根本原因在于采样不合理。

按选民立场将总体划分为若干类，在同一类中选民意愿差异较小，类之间则差异较大。若主要在总体的某一类中选取样本，那么，其余类中个体的信息不能在所获取的样本中得以体现，由此预测的主要是样本所在类个体的意愿，所以获取的样本不具有代表性，从而对总体的估计产生较大偏差。

有电话的家庭和俱乐部成员在当时属中上收入群体，由于兰登的施政政策有利于中上收入群体，无疑，他们会支持兰登。若以中上收入群体中获取的样本来估计候选人的得票率，结果显然高估兰登的得票率。由于罗斯福的施政政策有利于低收入居民，而文摘杂志社抽取的样本中少有该层次选民，从而低估了罗斯福的得票率。由于样本信息集中在总体中的某一子集中，估计的结果自然偏离总体的实际分布状况。

(2) 盖洛普预测成功的原因在于获取的样本兼顾了不同态度的选民，从而获得了对总体分布较好的估计。

盖洛普获取的样本具有较高的代表性，即使样本容量与文摘杂志社抽取的人数相差甚远，但由于样本信息的充分性，预测的结果反而更接近实际。抽样方法中的分层抽样、系统抽样、多阶段抽样都是获取有代表性样本的常用方法。

(3) 一般情况下，样本的容量越大则预测误差越小。

(4) 样本容量对估计的效果有显著影响，但必须基于获取的样本具有代表性。在实际应用中，无论采用什么样的统计方法对总体的分布状况进行分析，只要是基于样本的推断，样本数据的获取及其高质量是减少推断误差的基础。样本个体之间的独立性与样本个体和总体同分布是基本要求，尽管实践中无法验证，但可以采用能够获取有代表性样本的抽样方法，从而减少抽样误差。

➢ **本章小结**

统计学中往往研究有关对象的某一数量指标。对这一数量指标进行试验或观察，将试验全部可能的观察值称为总体，每个观察值称为个体。总体中的每一个个体是某一随机变量 X 的可能取值，因而一个总体对应一个随机变量，也称总体 X 。

一般地，可以这样取得数据，即在相同的条件下，对总体 X 进行 n 次重复的、独立的观察，得到 n 个结果 $X_1,X_2,\cdots,X_n$ ，如果随机变量 $X_1,X_2,\cdots,X_n$ 都与总体 X 具有相同的分布且相互独立，则称随机变量 $X_1,X_2,\cdots,X_n$ 为来自总体 X 的一个简单随机样本。在实际中，可以利用样本的信息对总体进行推断，一般不直接用样本本身，而是对样本信息进行一定的加工，即利用统计量作为统计推断的变量。样本均值 $\bar{X}$ 和样本方差 S^2 是进行统计推断最重要且常用的两个统计量。

统计量的分布称为抽样分布。来自正态总体的抽样分布 χ^2 分布、t 分布和 F 分布是统计学的三大分布，它们在统计中具有重要地位，有着广泛的应用。

➢ **问题与思考**

1. 设 X_1,X_2,X_3 是来自 $N(\mu,\sigma^2)$ 的一个样本，其中 μ 已知，σ^2 未知，则 $X_1+2X_2-X_3$、$2\mu X_2+3X_3$、$\min(X_1,X_2,X_3)$、$\dfrac{X_1^2+X_2^2+X_3^2}{\sigma^2}$ 和 $|X_1-X_3|$ 中哪些是统计量，为什么？

2. 如何理解大样本情形下样本比例近似服从正态分布这一结论。

3. 设 $X_1,X_2,\cdots,X_{10}$ 为来自 $N(0,\sigma^2)$ 的一个样本，试求 $P\left(\dfrac{1}{\sigma^2}\sum_{i=1}^{10}X_i^2\geqslant 16\right)$。

4. 设 $X_1,X_2,\cdots,X_n$ 为来自二项分布总体 $X\sim B(m,p)$ 的一个样本，试求以下问题。

（1）样本均值 $\bar{X}$ 的分布律、数学期望和方差。

（2）样本方差 S^2 的数学期望。

5. 试证明 $\chi^2(n)$ 分布的密度函数为

$$f(y)=\begin{cases}\dfrac{1}{2^{\frac{n}{2}}\Gamma\left(\dfrac{n}{2}\right)}y^{\frac{n}{2}-1}\mathrm{e}^{-\frac{y}{2}}, & y>0\\ 0, & y\leqslant 0\end{cases}$$

6. 设 X_1,X_2 为来自正态总体 $N(0,\sigma^2)$ 的一个样本，试求 $P\left[\left(\dfrac{X_1+X_2}{X_1-X_2}\right)^2<4\right]$。

7. 设 $X_1,X_2,\cdots,X_9$ 是来自 $N(8,9)$ 的一个样本，试计算 $P(\bar{X}\geqslant 9)$。

8. 设 $X_1,X_2,\cdots,X_{50}$ 是来自 $B(1,0.8)$ 的一个样本，试计算 $P(\bar{X}\geqslant 0.79)$。

9. 设从 $N(\mu,\sigma^2)$ 中抽取一容量为 16 的样本，以 S^2 表示这一样本的方差，又设 μ,σ^2 均未知，试求 $P\left(\dfrac{S^2}{\sigma^2}\leqslant 2\right),D(S^2)$。

10. 设 $X_1,X_2,\cdots,X_{16}$ 是来自 $N(\mu,\sigma^2)$ 的一个样本，$\bar{X}$ 和 S^2 分别表示这一样本的均值和方差，求满足 $P(\bar{X}>\mu+kS)=0.95$ 的 k 值。

11. 试计算 $Z_{0.03}$，$\chi^2_{0.07}(13)$，$t_{0.04}(51)$，$F_{0.97}(7,35)$。

第10章 参数估计

案例导入（客户管理）：某公司是一家专营医疗康复器械的公司。为了跟踪服务质量，该公司每月都要随机选取其部分消费者组成一个样本，公司与样本中的每一位消费者联系并询问其对服务水平等一系列问题的评价。评价结果以满意得分表示，得分取值从 0（最差等级）到 100 分（最好等级）。长期调查结果显示，虽然每个月消费者满意得分的样本均值在变化，但满意得分的样本标准差基本稳定在 20 分，由此可以认为总体（此公司产品所有消费者的满意得分）的标准差近似为 20 分。最近一次该公司对随机选取的 400 名消费者进行满意度调查，得到这 400 名消费者满意得分的平均值为 85 分。公司市场部要根据这一样本数据计算该公司产品的所有消费者平均满意得分的置信区间，且要求这一估计的可靠程度至少达 95%。另外，公司决策层决定，为了在激烈的市场竞争中处于领先地位，如果其公司产品消费者的平均满意得分低于 80 分，公司将对顾客服务质量保障体系进行改革，根据所给信息，该公司是否需要进行这一改革？

在人类生产、生活和社会活动的实践中，常常遇到这样的问题，即根据历史资料或经验知道某种产品的寿命可以用分布函数形式已知的某随机变量来描述，但分布函数中含有未知参数。要对这样一批产品寿命的分布情况进行分析，就需要对分布函数中所含有的未知参数进行推断。

来自总体的样本反映了总体的信息，如何利用样本资料对总体未知的分布特征进行推断，无论从理论上还是从实际应用来看都有重要价值，也是统计学基本的研究内容。

统计推断面对的是总体，而推断的出发点在于样本。统计推断的基本问题可以分为两大类：一类是估计问题；另一类是假设检验问题。估计问题就是利用样本对总体分布中的未知参数进行估计，主要有参数的点估计和区间估计；假设检验问题则是利用样本对提出的关于总体分布参数或总体分布的某些假设进行检验，包括参数假设检验和非参数假设检验。本章讨论总体参数的估计问题，包括参数的点估计和区间估计。

10.1 参数点估计

实践中遇到的某些总体 X，其分布类型往往已知，只是分布中的某些参数未知。例如，知道某种产品的质量指标 $X \sim N(\mu,\sigma^2)$，但参数 μ,σ^2 的值未知。借助总体 X 的一个样本估计总体分布中的未知参数属于参数估计问题。

10.1.1 点估计方法

设总体 X 的分布函数形式已知，但其分布函数中含有一个或多个未知参数，借助总

体 X 的一个样本估计总体分布中未知参数值的问题称为参数的点估计问题。

例 10.1 某超市一天中发生失窃现象的次数 X 可以看成一个随机变量，假设它服从以 $\lambda>0$ 为参数的泊松分布，参数 λ 未知。则该超市一天中发生失窃次数超过 4 次的概率为多少？现有该超市随机选取的 226 天的统计数据的分组结果如表 10.1 所示。

表 10.1 226 天的统计数据的分组结果

失窃次数 k /次	0	1	2	3	4	5	6	合计
发生 k 次失窃的天数 n_k /天	65	86	45	21	6	2	1	226

解： 由于该超市一天中发生失窃的次数 $X \sim P(\lambda)$，故该超市一天中发生失窃次数超过 4 次的概率为 $P(X>4)=\sum\limits_{k=5}^{\infty}\dfrac{\lambda^k \mathrm{e}^{-\lambda}}{k!}$。

由于 λ 未知，上述概率无法求得。因此，需要先估计 λ 的值。

泊松分布的数学期望 $E(X)=\lambda$。由于简单随机样本与总体同分布。因而，用样本均值估计总体 X 的均值 λ 具有直观合理性。由表 10.1 的数据计算得到样本均值 $\bar{X}$ 的观测值

$$\bar{x}=\frac{\sum\limits_{k=0}^{6} k n_k}{\sum\limits_{k=0}^{6} n_k}=\frac{1}{226}(0\times 65+1\times 86+2\times 45+3\times 21+4\times 6+5\times 2+6\times 1)=1.23$$

即可用 1.23 作为总体 X 的均值 λ 的估计值。

这样，则有

$$P(X>4)=\sum_{k=5}^{\infty}\frac{\lambda^k \mathrm{e}^{-\lambda}}{k!}=0.127$$

参数点估计问题的一般提法：设总体 X 的分布函数 $F(x;\theta)$ 的形式已知，θ 未知。$X_1,X_2,\cdots,X_n$ 是 X 的一个样本，$x_1,x_2,\cdots,x_n$ 是其观测值。参数的点估计就是构造一个统计量 $\hat{\theta}(X_1,X_2,\cdots,X_n)$，用它的观测值 $\hat{\theta}(x_1,x_2,\cdots,x_n)$ 作为未知参数 θ 的一个近似值，则称 $\hat{\theta}(X_1,X_2,\cdots,X_n)$ 为未知参数 θ 的估计量，$\hat{\theta}(x_1,x_2,\cdots,x_n)$ 为 θ 的估计值，一般简记为 $\hat{\theta}$。由于估计量是样本的函数，因此对于不同的样本观测值，θ 的估计值一般也不同。

在例 10.1 中，用样本均值来估计总体均值，即有估计量

$$\hat{\lambda}=\hat{E}(X)=\bar{X}=\frac{1}{226}\sum_{i=1}^{226}X_i$$

及估计值

$$\hat{\lambda}=\hat{E}(X)=\frac{1}{226}\sum_{i=1}^{226}x_i=1.23$$

式中，$X_i(i=1,2,\cdots,226)$ 表示第 i 天的失窃次数；$x_i(i=1,2,\cdots,226)$ 则表示第 i 天失窃次数的观测值。

下面分别给出两种常用的估计方法，即矩估计法和最大似然估计法。

1. 矩估计法

对于随机变量而言，矩是其最广泛、最常用的数字特征。总体 X 的各阶矩与 X 的分布函数中所含的未知参数有关，有的甚至就等于未知参数。由辛钦大数定律可知，简单随机样本构成的样本矩依概率收敛到相应的总体矩。因而，自然可以想到通过用样本矩替换总体的相应矩，进而获得未知参数的估计。基于这种思想求估计量的方法称为矩法。

英国统计学家皮尔逊提出了矩估计法，其主要思想是：以样本矩作为相应总体矩的估计，以样本矩的函数作为相应总体矩的函数的估计。

用矩法求得的估计称为矩法估计，简称矩估计。

设 X 为连续型随机变量，其密度函数为 $f(x;\theta_1,\theta_2,\cdots,\theta_k)$；或 X 为离散型随机变量，其分布律为

$$P(X=x)=p(x;\theta_1,\theta_2,\cdots,\theta_k)$$

式中，$\theta_1,\theta_2,\cdots,\theta_k$ 表示未知参数。

设 $X_1,X_2,\cdots,X_n$ 是来自 X 的一个样本，$x_1,x_2,\cdots,x_n$ 为其观测值；又设总体 X 的前 k 阶原点矩存在，即当 X 为连续型随机变量时，有

$$\mu_l=E(X^l)=\int_{-\infty}^{+\infty}x^l f(x;\theta_1,\theta_2,\cdots,\theta_k)\mathrm{d}x$$

当 X 为离散型随机变量时，有

$$\mu_l=E(X^l)=\sum_{x\in R_X}x^l p(x;\theta_1,\theta_2,\cdots,\theta_k),\ l=1,2,\cdots,k$$

式中，R_X 表示离散型随机变量 X 可能取值的集合。

总体 X 的前 k 原点矩形为

$$\mu_l(\theta_1,\theta_2,\cdots,\theta_k),\ l=1,2,\cdots,k$$

而样本 $X_1,X_2,\cdots,X_n$ 的 l 阶原点矩为

$$A_l=\frac{1}{n}\sum_{i=1}^{n}X_i^l,\ l=1,2,\cdots,k$$

又记

$$a_l=\frac{1}{n}\sum_{i=1}^{n}x_i^l,\ l=1,2,\cdots,k$$

为 $A_l(l=1,2,\cdots,k)$ 的观测值。

设

$$\begin{cases}\mu_1(\theta_1,\theta_2,\cdots,\theta_k)=A_1\\ \mu_2(\theta_1,\theta_2,\cdots,\theta_k)=A_2\\ \qquad\vdots\\ \mu_k(\theta_1,\theta_2,\cdots,\theta_k)=A_k\end{cases}$$

式中，$\theta_1,\theta_2,\cdots,\theta_k$ 表示未知参数，对于给定的样本，$A_1,A_2,\cdots,A_k$ 的取值已知。

解上述方程组，得未知参数 $\theta_1,\theta_2,\cdots,\theta_k$ 的值为

$$\begin{cases}\theta_1=\theta_1(A_1,A_2,\cdots,A_k)\\ \theta_2=\theta_2(A_1,A_2,\cdots,A_k)\\ \qquad\vdots\\ \theta_k=\theta_k(A_1,A_2,\cdots,A_k)\end{cases}$$

则以 $\theta_i(A_1,A_2,\cdots,A_k)$ 作为 $\theta_i(i=1,2,\cdots,k)$ 的估计量，记为 $\hat{\theta}_i=\theta_i(A_1,A_2,\cdots,A_k)$，$i=1,2,\cdots,k$。其中，称统计量 $\hat{\theta}_i=\theta_i(A_1,A_2,\cdots,A_k)$ 为未知参数 θ_i 的矩估计量，$\hat{\theta}_i=\theta_i(a_1,a_2,\cdots,a_k)$ 为未知参数 θ_i 的矩估计值。

例 10.2 设 $X_1,X_2,\cdots,X_n$ 是来自总体 $X\sim B(1,p)$ 的一个样本，其中 p 未知。试求参数 p 的矩估计量。

解：令 $\mu_1=E(X)=A_1=\frac{1}{n}\sum\limits_{i=1}^{n}X_i$，而 $E(X)=p$，故参数 p 的矩估计量 $\hat{p}=\frac{1}{n}\sum\limits_{i=1}^{n}X_i=\bar{X}$。

易见，总体均值的矩估计量为样本均值。

例 10.3 设总体 X 的均值 μ 及方差 σ^2（不为零）都存在，且 μ,σ^2 均未知；又设 $X_1,X_2,\cdots,X_n$ 是来自 X 的一个样本，试求 μ,σ^2 的矩估计量。

解：根据

$$\begin{cases}\mu_1=E(X)=\mu\\ \mu_2=E(X^2)=D(X)+[E(X)]^2=\sigma^2+\mu^2\end{cases}$$

令

$$\begin{cases}\mu_1=\mu=A_1\\ \mu_2=\sigma^2+\mu^2=A_2\end{cases}$$

解得

$$\mu=A_1=\bar{X},\quad \sigma^2=A_2-A_1^2=\frac{1}{n}\sum_{i=1}^{n}(X_i-\bar{X})^2$$

则 μ,σ^2 的矩估计量分别为

$$\hat{\mu}=\bar{X},\quad \hat{\sigma}^2=\frac{1}{n}\sum_{i=1}^{n}(X_i-\bar{X})^2$$

由此可见，只要总体的均值 μ 与方差 σ^2 存在，则总体均值 μ 的矩估计量都为 $\bar{X}$，总体方差 σ^2 的矩估计量都为 $\frac{1}{n}\sum\limits_{i=1}^{n}(X_i-\bar{X})^2$，即总体均值与方差的矩估计量不因不同的总体分布而异。例如，$X\sim N(\mu,\sigma^2)$，μ,σ^2 未知，则 μ,σ^2 的矩估计量分别为 $\hat{\mu}=\bar{X},\hat{\sigma}^2=\frac{1}{n}\sum\limits_{i=1}^{n}(X_i-\bar{X})^2$；如 $X\sim P(\lambda)$，则 λ 的矩估计量为 $\hat{\lambda}=\bar{X}$。

注意，通过矩估计量的求解过程直接得到的是参数的矩估计量而非参数的矩估计值，要求参数的矩估计值只要将矩估计量中的样本用其观测值代替即可。

2. 最大似然估计法

由R. A. 费希尔（R. A. Fisher）引进的最大似然估计法，无论是在理论上还是在应用上，至今仍然是一种重要且普遍适用的方法。

最大似然估计法的思想也具有直观性。例如，有两个人的射击试验，每人各打一枪，有一枪击中目标。尽管事先并不知道哪位的射击技术好，但认为“技术较好者击中的可能性大”是合理的。

例 10.4 在一个袋子中有许多白球和黑球，具体数量未知，仅知两种颜色球的数量之比为1∶3，即从袋子中任意抽取一个球，抽到黑球的概率为$\frac{1}{4}$或$\frac{3}{4}$。通过摸球试验来估计黑球的占比p。

解： 采用有放回抽样方式从袋中抽取n个球，以X表示抽到黑球的个数，则$X \sim B(n,p)$，即

$$P(X=x)=\mathrm{C}_n^x p^x(1-p)^{n-x},\ x=0,1,2,\cdots,n$$

下面就$n=3$的情形详细讨论，目的是通过摸出的黑球数来判断p为$\frac{1}{4}$还是$\frac{3}{4}$。为此，分别以p为$\frac{1}{4}$和$\frac{3}{4}$作为二项分布的参数进行计算，得到样本观测结果及概率如表10.2所示。

表10.2 样本观测结果及概率

x	0	1	2	3
$P\left(x;\frac{1}{4}\right)$	$\frac{27}{64}$	$\frac{27}{64}$	$\frac{9}{64}$	$\frac{1}{64}$
$P\left(x;\frac{3}{4}\right)$	$\frac{1}{64}$	$\frac{9}{64}$	$\frac{27}{64}$	$\frac{27}{64}$

若摸出的3个球中无黑球，即观测到的黑球个数为0，由$P\left(0;\frac{1}{4}\right)=\frac{27}{64}$及$P\left(0;\frac{3}{4}\right)=\frac{1}{64}$，可知，$P\left(0;\frac{1}{4}\right)>P\left(0;\frac{3}{4}\right)$。

这表明使得$x=0$的样本X_1,X_2,X_3来自参数为$p=\frac{1}{4}$的二项总体的可能性比来自参数为$p=\frac{3}{4}$的二项总体的可能性大。因而，以$\frac{1}{4}$作为p的估计比以$\frac{3}{4}$作为p的估计更具有直观合理性。同样，对于x的其他不同取值也可进行类似分析。这样，参数p的估计值为

$$\hat{p}(x)=\begin{cases}\frac{1}{4}, & 当x=0,1\\ \frac{3}{4}, & 当x=2,3\end{cases}$$

也即对于每一个 x 值，选取 $\hat{p}(x)$，使得

$$P(x;\hat{p}(x)) \geqslant P(x;p(x))$$

式中，$p(x)$ 表示不同于 $\hat{p}(x)$ 的 p 的任一估计值。

最大似然估计法的基本思想和方法：若总体 X 是离散型随机变量，设其分布律为

$$P(X=x)=p(x;\theta),\ \ \theta\in\Theta$$

其形式已知，Θ 是 θ 可能取值的范围。又设 $X_1,X_2,\cdots,X_n$ 是来自 X 的一个样本，$x_1,x_2,\cdots,x_n$ 为此样本的一个观测值，则 $X_1,X_2,\cdots,X_n$ 的联合分布律为

$$\prod_{i=1}^{n}p(x_i;\theta)$$

易知样本 $X_1,X_2,\cdots,X_n$ 取到其观测值 $x_1,x_2,\cdots,x_n$ 的概率为

$$L(\theta)=L(x_1,x_2,\cdots,x_n;\theta)=P(X_1=x_1,X_2=x_2,\cdots,X_n=x_n)=\prod_{i=1}^{n}p(x_i,\theta),\ \ \theta\in\Theta \quad (10.1)$$

易见，$L(\theta)$ 是 θ 的函数，称为样本的似然函数。

样本值 $x_1,x_2,\cdots,x_n$ 的出现，表明样本 $X_1,X_2,\cdots,X_n$ 取到这一样本值的概率 $L(\theta)$ 比较大，因而自然不会考虑那些不能使样本 $x_1,x_2,\cdots,x_n$ 出现的 $\theta\in\Theta$ 作为 θ 的估计。最大似然估计法，就是固定样本观测值 $x_1,x_2,\cdots,x_n$，在 θ 取值的可能范围 Θ 内挑选使似然函数 $L(x_1,x_2,\cdots,x_n;\theta)$ 达到最大的参数值 $\hat{\theta}$ 作为参数 θ 的估计值，即取 $\hat{\theta}$ 使

$$L(x_1,x_2,\cdots,x_n;\hat{\theta})=\max_{\theta\in\Theta}L(x_1,x_2,\cdots,x_n;\theta) \quad (10.2)$$

这样得到的 $\hat{\theta}$ 与样本值 $x_1,x_2,\cdots,x_n$ 有关，记为 $\hat{\theta}(x_1,x_2,\cdots,x_n)$，称为参数 θ 的最大似然估计值。统计量 $\hat{\theta}(X_1,X_2,\cdots,X_n)$ 称为参数 θ 的最大似然估计量。

若总体 X 是连续型随机变量，其密度函数 $f(x;\theta)(\theta\in\Theta)$ 的形式已知，θ 为未知参数，Θ 是 θ 的可能取值范围。设 $X_1,X_2,\cdots,X_n$ 是来自 X 的一个样本，$x_1,x_2,\cdots,x_n$ 为此样本的一个观测值，则 $X_1,X_2,\cdots,X_n$ 的联合密度函数为

$$\prod_{i=1}^{n}f(x_i,\theta)$$

对于 $X_1,X_2,\cdots,X_n$ 的一个观测值 $x_1,x_2,\cdots,x_n$，随机点 $(X_1,X_2,\cdots,X_n)$ 落在点 $(x_1,x_2,\cdots,x_n)$ 的邻域（边长分别为 $\mathrm{d}x_1,\mathrm{d}x_2,\cdots,\mathrm{d}x_n$ 的 n 维立方体）内的概率近似为

$$\prod_{i=1}^{n}f(x_i,\theta)\mathrm{d}x_i \quad (10.3)$$

其值随 θ 的取值而变化，即它是 θ 的函数。与离散型的情况类似，取 θ 的估计值 $\hat{\theta}$ 使函数式（10.3）取到最大值，由于因子 $\prod_{i=1}^{n}\mathrm{d}x_i$ 不随 θ 而变，故只需考虑函数

$$L(\theta)=L(x_1,x_2,\cdots,x_n;\theta)=\prod_{i=1}^{n}f(x_i;\theta) \quad (10.4)$$

的最大值，这里 $L(\theta)$ 也称为样本的似然函数。若

$$L(x_1,x_2,\cdots,x_n;\hat{\theta})=\max_{\theta\in\Theta}L(x_1,x_2,\cdots,x_n;\theta)$$

则称 $\hat{\theta}(x_1,x_2,\cdots,x_n)$ 为 θ 的最大似然估计值，称 $\hat{\theta}(X_1,X_2,\cdots,X_n)$ 为 θ 的最大似然估计量。

一般情形下， $p(x,\theta)$ 和 $f(x,\theta)$ 关于 θ 可微，这样 $\hat{\theta}$ 常可由方程

$$\frac{\mathrm{d}}{\mathrm{d}\theta}L(\theta)=0 \tag{10.5}$$

解得。可知 $L(\theta)$ 与 $\ln L(\theta)$ 在同一 θ 处取到最值，因此， θ 的最大似然估计 $\hat{\theta}$ 也可以由方程

$$\frac{\mathrm{d}}{\mathrm{d}\theta}\ln L(\theta)=0 \tag{10.6}$$

求得，这一过程要比求解式（10.5）方便。

式（10.6）称为对数似然方程。

例 10.5 设 $X_1,X_2,\cdots,X_n$ 是来自泊松总体 $X\sim P(\lambda)$ 的一个简单随机样本，$x_1,x_2,\cdots,x_n$ 为此样本的一个观测值，其中 $\lambda>0$ 未知，试求参数 λ 的最大似然估计值。

解： 由于 X 的分布律为

$$P(X=x)=\frac{\lambda^x}{x!}\mathrm{e}^{-\lambda},\quad x=0,1,2,\cdots$$

则样本的似然函数为

$$L(\lambda)=L(x_1,x_2,\cdots,x_n;\lambda)=\prod_{i=1}^{n}P(X_i=x_i)=\prod_{i=1}^{n}\frac{\lambda^{x_i}}{x_i!}\mathrm{e}^{-\lambda}$$

对数似然函数为

$$\ln L(\lambda)=-n\lambda+\sum_{i=1}^{n}[x_i\ln\lambda-\ln(x!)]$$

令

$$\frac{\mathrm{d}}{\mathrm{d}p}\ln L(\lambda)=0$$

得 λ 的最大似然估计值

$$\hat{\lambda}=\frac{1}{n}\sum_{i=1}^{n}x_i=\overline{x}$$

最大似然估计法也适用于分布中含多个未知参数 $\theta_1,\theta_2,\cdots,\theta_k$ 的情况。这时，似然函数 $L(\theta_1,\theta_2,\cdots,\theta_k)=L(x_1,x_2,\cdots,x_n;\theta_1,\theta_2,\cdots,\theta_k)$ 是这些未知参数的函数。只要令

$$\frac{\partial}{\partial\theta_i}L(\theta_1,\theta_2,\cdots,\theta_k)=0,\quad i=1,2,\cdots,k$$

或令

$$\frac{\partial}{\partial\theta_i}\ln L(\theta_1,\theta_2,\cdots,\theta_k)=0,\quad i=1,2,\cdots,k \tag{10.7}$$

解上述方程组，即可得到未知参数 $\theta_i(i=1,2,\cdots,k)$ 的最大似然估计值 $\hat{\theta}_i$ 。

式（10.7）称为对数似然方程组。

例 10.6 设 $X_1,X_2,\cdots,X_n$ 是来自 0-1 分布总体 $X\sim B(1,p)$ 的一个简单随机样本，$x_1,x_2,\cdots,x_n$ 为此样本的一个观测值，其中 p 未知，试求参数 p 的最大似然估计量。

解： X 的分布律为

$$P(X=x)=p^x(1-p)^{1-x},\ x=0,1$$

则对数似然函数

$$\ln L(p)=\left(\sum_{i=1}^n x_i\right)\ln p+\left(n-\sum_{i=1}^n x_i\right)\ln(1-p)$$

令 $\frac{\mathrm{d}}{\mathrm{d}p}\ln L(p)=0$,，解得 p 的最大似然估计值 $\hat{p}=\frac{1}{n}\sum_{i=1}^n x_i=\bar{x}$，即 p 的最大似然估计量为 $\hat{p}=\frac{1}{n}\sum_{i=1}^n X_i=\bar{X}$。

例 10.7 设 $X\sim N(\mu,\sigma^2)$，μ,σ^2 为未知参数，$X_1,X_2,\cdots,X_n$ 是来自 X 的一个简单随机样本，$x_1,x_2,\cdots,x_n$ 为此样本的一个观测值。试求 μ,σ^2 的最大似然估计量。

解： X 的密度函数为

$$f(x;\mu,\sigma^2)=\frac{1}{\sqrt{2\pi}\sigma}\exp\left[-\frac{1}{2\sigma^2}(x-\mu)^2\right]$$

对数似然函数为

$$\ln L=-\frac{n}{2}\ln(2\pi)-\frac{n}{2}\ln\sigma^2-\frac{1}{2\sigma^2}\sum_{i=1}^n(x_i-\mu)^2$$

令

$$\begin{cases}\dfrac{\partial}{\partial\mu}\ln L=\dfrac{1}{\sigma^2}\left[\sum\limits_{i=1}^n x_i-n\mu\right]=0\\[2ex]\dfrac{\partial}{\partial\sigma^2}\ln L=-\dfrac{n}{2\sigma^2}+\dfrac{1}{2(\sigma^2)^2}\sum\limits_{i=1}^n(x_i-\mu)^2=0\end{cases}$$

求解上述方程组，得到 μ,σ^2 的最大似然估计值

$$\hat{\mu}=\frac{1}{n}\sum_{i=1}^n x_i=\bar{x},\quad \hat{\sigma}^2=\frac{1}{n}\sum_{i=1}^n(x_i-\bar{x})^2$$

因此，得 μ,σ^2 的最大似然估计量为

$$\hat{\mu}=\bar{X},\quad \hat{\sigma}^2=\frac{1}{n}\sum_{i=1}^n(X_i-\bar{X})^2$$

易见它们与相应的矩估计量相同。

例 10.8 某科技公司新近研制了一款自来水消毒设备，为了检验设备的效果，现从使用该设备后的水中随机抽取 50 份容积均为 1 升的样品，化验每升水中大肠杆菌的个数，结果如表 10.3 所示。

表 10.3 大肠杆菌结果（一）

大肠杆菌个数/个	0	1	2	3	4	5	6
样品数/升	17	20	10	2	1	0	0

假设由历史数据可知 1 升水中大肠杆菌个数服从泊松分布。则平均每升水中大肠杆菌个数为多少时，才能使得出现表 10.3 中结果的概率最大？

解：这一实际问题可以归结为泊松总体均值的最大似然估计问题。

设 1 升水中大肠杆菌个数为 X，由已知，X 服从泊松分布，记为 $X \sim P(\lambda)$，又记 50 升消毒后的水中每升检出的大肠杆菌的个数分别为 $x_1, x_2, \cdots, x_{50}$，则似然函数为

$$L(x_1, x_2, \cdots, x_{50}; \lambda) = \prod_{i=1}^{50} \frac{\lambda^{x_i} e^{-\lambda}}{x!}$$

对数似然函数

$$\ln L(x_1, x_2, \cdots, x_{50}; \lambda) = (\ln \lambda) \sum_{i=1}^{50} x_i - 50\lambda - \ln\left(\prod_{i=1}^{50} x_i !\right)$$

由 $\dfrac{\mathrm{d} \ln L(x_1, x_2, \cdots, x_{50}; \lambda)}{\mathrm{d}\lambda} = 0$，得 $\hat{\lambda} = \dfrac{1}{50} \sum_{i=1}^{50} x_i = \overline{x}$。

题中给出的是数据 $x_1, x_2, \cdots, x_{50}$ 的单项式分组数据，重新表达如表 10.4 所示。

表 10.4　大肠杆菌结果（二）

大肠杆菌个数 x_j /个	0	1	2	3	4	5	6
样品数 f_j /升	17	20	10	2	1	0	0

则该组数据的均值

$$\overline{x} = \frac{\sum_{j=1}^{k} x_j f_j}{\sum_{j=1}^{k} f_j} = \frac{0 \times 17 + 1 \times 20 + 2 \times 10 + 3 \times 2 + 4 \times 1 + 5 \times 0 + 6 \times 0}{50}$$

$$= 1$$

即 $\hat{\lambda} = 1$，也即平均每升水中大肠杆菌个数为 1 时，才能使得出现表中结果的概率最大。

例 10.9（截尾样本下的参数估计方法及其在产品平均寿命或可靠性估计中的应用）在产品可靠性研究中，有一种称为定数截尾寿命试验。具体表述为，在 $t = 0$ 时刻对 n 个产品进行寿命试验，记录产品的失效时间，当第 $m(< n)$ 个产品失效时就停止试验。m 个产品的失效时间分别记为

$$0 \leqslant t_1 \leqslant t_2 \leqslant \cdots \leqslant t_m$$

所得的样本 $t_1, t_2, \cdots, t_m$ 称为定数截尾样本。

设某产品的寿命服从指数分布，其密度函数为

$$f(t) = \begin{cases} \lambda e^{-\lambda t}, & t > 0 \\ 0, & t \leqslant 0 \end{cases}$$

式中，$\lambda > 0$ 未知。

现有定数截尾样本数据 $0 \leqslant t_1 \leqslant t_2 \leqslant \cdots \leqslant t_m$，试求 λ 的最大似然估计值。

由题意可知，在时间$[0,t_m]$内有m个产品失效，$n-m$个产品在t_m时刻尚未失效，即有$n-m$个产品的寿命超过t_m。

可知一个产品在$[t_i,t_i+\mathrm{d}t_i]$内失效的概率近似为$f(t_i)\mathrm{d}t_i=\lambda\mathrm{e}^{-\lambda t_i}\mathrm{d}t_i, i=1,2,\cdots,m$，其余$n-m$个产品寿命超过$t_m$的概率为$\left(\int_{t_m}^{+\infty}\lambda\mathrm{e}^{-\lambda t}\mathrm{d}t\right)^{n-m}=(\mathrm{e}^{-\lambda t_m})^{n-m}$。从而，出现$m$个产品寿命分别为$0\leqslant t_1\leqslant t_2\leqslant\cdots\leqslant t_m$，$n-m$个产品寿命超过$t_m$的概率近似为

$$\mathrm{C}_n^m(\lambda\mathrm{e}^{-\lambda t_1})(\lambda\mathrm{e}^{-\lambda t_2})\cdots(\lambda\mathrm{e}^{-\lambda t_m})(\mathrm{e}^{-\lambda t_m})^{n-m}=\mathrm{C}_n^m\lambda^m\mathrm{e}^{-[t_1+t_2+\cdots+t_m+(n-m)t_m]}\mathrm{d}t_1\mathrm{d}t_2\cdots\mathrm{d}t_m$$

式中，$\mathrm{d}t_1,\mathrm{d}t_2,\cdots,\mathrm{d}t_m$表示常数。因忽略一个常数因子不影响$\lambda$的最大似然估计，故可取似然函数为

$$L(\lambda)=\lambda^m\mathrm{e}^{-[t_1+t_2+\cdots+t_m+(n-m)t_m]}$$

对似然函数先取对数再求导，经过运算得到λ的最大似然估计值为

$$\hat{\lambda}=\frac{m}{t_1+t_2+\cdots+t_m+(n-m)t_m}$$

例如，某电子产品的寿命服从指数分布，其密度函数为

$$f(t)=\begin{cases}\lambda\mathrm{e}^{-\lambda t}, & t>0\\ 0, & t\leqslant 0\end{cases}$$

式中，$\lambda>0$未知。

可知，该种产品的平均寿命为$\dfrac{1}{\lambda}$，为表达方便，将其记为$\theta=\dfrac{1}{\lambda}$。

随机抽取 50 个该产品进行寿命试验，到第 15 个产品失效时停止试验。测得最先失效的 15 个产品的寿命（单位：小时）分别为

115　119　131　138　142　147　148　155　158　159　163　166　167　170　172

试求该产品平均寿命的最大似然估计值。

将$n=50,m=15$以及$t_i(i=1,2,\cdots,15)$的值代入$\hat{\lambda}=\dfrac{m}{t_1+t_2+\cdots+t_m+(n-m)t_m}$，得到$\hat{\lambda}=\dfrac{15}{8270}=\dfrac{3}{1654}$，从而该产品平均寿命$\theta$的最大似然估计值$\hat{\theta}=\dfrac{1}{\hat{\lambda}}=551.33$（小时）。

在实践中，还有定时截尾试验和随机截尾试验，读者可以参阅相关文献。

例 10.10　设总体X在$[a,b]$上服从均匀分布$U(a,b)$，a,b未知，$X_1,X_2,\cdots,X_n$是来自X的一个简单随机样本，$x_1,x_2,\cdots,x_n$为此样本的一个观测值，试求a,b的最大似然估计量。

解： 记$x_{(1)}=\min(x_1,x_2,\cdots,x_n)$，$x_{(n)}=\max(x_1,x_2,\cdots,x_n)$。$X$的密度函数为

$$f(x;a,b)=\begin{cases}\dfrac{1}{b-a}, & a\leqslant x\leqslant b\\ 0, & \text{其他}\end{cases}$$

由于，$a\leqslant x_i\leqslant b, i=1,2,\cdots,n$，等价于$a\leqslant x_{(1)},x_{(n)}\leqslant b$。似然函数为

$$L(a,b)=\frac{1}{(b-a)^n},\quad a\leqslant x_{(1)},x_{(n)}\leqslant b$$

容易证明，函数 $L(a,b)$ 在 $a=x_{(1)},b=x_{(n)}$ 处取得最大值 $(x_{(n)}-x_{(1)})^{-n}$，即 a,b 的最大似然估计值分别为

$$\hat{a}=x_{(1)}=\min_{1\leqslant i\leqslant n}x_i,\quad \hat{b}=x_{(n)}=\max_{1\leqslant i\leqslant n}x_i$$

从而 a,b 的最大似然估计量分别为

$$\hat{a}=\min_{1\leqslant i\leqslant n}X_i,\quad \hat{b}=\max_{1\leqslant i\leqslant n}X_i$$

若用矩估计法，可以得到 a,b 的矩估计量分别为

$$\bar{X}-\sqrt{\frac{3}{n}\sum_{i=1}^{n}(X_i-\bar{X})^2},\quad \bar{X}+\sqrt{\frac{3}{n}\sum_{i=1}^{n}(X_i-\bar{X})^2}$$

这与 a,b 的最大似然估计量不同。

最大似然估计具有下述性质：设 θ 的函数 $\mu=\mu(\theta)(\theta\in\Theta)$ 具有单值反函数 $\theta=\theta(\mu)$ $(\mu\in U)$；又设 $\hat{\theta}$ 是总体 X 的分布参数 θ 的最大似然估计，则 $\hat{\mu}=\mu(\hat{\mu})$ 也是 $\theta(\mu)$ 的最大似然估计。这一性质用于总体分布参数函数的估计。当总体分布中含有多个未知参数时，也具有上述性质。例如，在例 10.7 中已得到 σ^2 的最大似然估计量为

$$\hat{\sigma}^2=\frac{1}{n}\sum_{i=1}^{n}(X_i-\bar{X})^2$$

函数 $\mu=\mu(\sigma^2)=\sqrt{\sigma^2}$ 有单值反函数 $\sigma^2=\mu^2(\mu\geqslant 0)$，根据上述性质，可以得到标准差 σ 的最大似然估计量为

$$\hat{\sigma}=\sqrt{\hat{\sigma}^2}=\sqrt{\frac{1}{n}\sum_{i=1}^{n}(X_i-\bar{X})^2}$$

注意，通过参数最大似然估计法的求解过程直接得到的是参数的最大似然估计值而非参数的最大似然估计量，要求参数的最大似然估计量只需将参数的最大似然估计值的样本观测值用对应的样本代替即可。这一点与参数的矩估计法过程所得结果的表达形式正好相反。

需要指出的是，对数似然方程（10.6）或对数似然方程组（10.7）除了一些简单的情况外，往往不能得到参数的显式解，这就需要用数值方法求近似解。

综上可知，在理论分析与实际应用中，可以直接使用如下结论。

（1）以样本均值估计总体均值。

（2）以样本方差估计总体方差。

（3）以样本比例（成数）估计总体比例（成数）。

10.1.2　估计量优良性的评选标准

由 10.1.1 节可知，对于同一参数，用不同的估计方法求出的估计量可能不同。易见，

可以有若干个统计量作为未知参数的估计量，那么，哪个是“好”的呢？这涉及估计量优良性的评价问题。下面是几个常用的标准。

1. 无偏性

设 $X_1,X_2,\cdots,X_n$ 是总体 X 的一个样本，$\theta\in\Theta$ 是总体 X 的分布函数中的未知参数，这里 Θ 是 θ 的取值范围。

若估计量 $\hat{\theta}=\hat{\theta}(X_1,X_2,\cdots,X_n)$ 的数学期望 $E(\hat{\theta})$ 存在，且对于任意 $\theta\in\Theta$ 有

$$E(\hat{\theta})=\theta \tag{10.8}$$

则称 $\hat{\theta}$ 是 θ 的无偏估计量。

例如，设总体 X 的均值为 μ，方差为 $\sigma^2>0$，且均未知，则可以证明 $E(\bar{X})=\mu$，$E(S^2)=\sigma^2$。这就是说不论总体服从什么分布，样本均值 $\bar{X}$ 总是总体均值 μ 的无偏估计；样本方差总是总体方差的无偏估计。可以验证，统计量 $\frac{1}{n}\sum_{i=1}^{n}(X_i-\bar{X})^2$ 非 σ^2 的无偏估计量，因此一般取 S^2 作为 σ^2 的估计量。

可以证明，无论总体服从什么分布，若其 k 阶原点矩存在，则样本的 k 阶原点矩为总体的 k 阶原点矩的无偏估计量。

这一结论说明，不仅样本均值 $\bar{X}$ 总是总体均值 $E(X)$ 的无偏估计，而且样本的任意有限阶的原点矩都是总体相应阶原点矩的无偏估计。

另外，同一参数可以有不同的无偏估计量。设总体 X 服从指数分布，其密度函数为

$$f(x;\theta)=\begin{cases}\dfrac{1}{\theta}\mathrm{e}^{-\frac{x}{\theta}}, & x>0\\ 0, & x\leqslant 0\end{cases}$$

式中，$\theta>0$ 未知。又设 $X_1,X_2,\cdots,X_n$ 是来自 X 的一个样本，记 $nZ=n[\min(X_1,X_2,\cdots,X_n)]$，则可以证明 $\bar{X}$ 和 nZ 都是 θ 的无偏估计量。

2. 有效性

如何比较参数 θ 的两个无偏估计量 $\hat{\theta}_1$ 和 $\hat{\theta}_2$ 的优劣呢？若样本容量 n 固定，而 $\hat{\theta}_1$ 的观测值较 $\hat{\theta}_2$ 的观测值更集中在真值 θ 的附近，自然就认为 $\hat{\theta}_1$ 较 $\hat{\theta}_2$ 理想。由于方差是随机变量的取值与其数学期望的偏离程度的一种度量，所以无偏估计以方差小者为好具有直观合理性。

设 $\hat{\theta}_1=\hat{\theta}_1(X_1,X_2,\cdots,X_n)$ 与 $\hat{\theta}_2=\hat{\theta}_2(X_1,X_2,\cdots,X_n)$ 都是 θ 的无偏估计量，若对于任意 $\theta\in\Theta$，有

$$D(\hat{\theta}_1)\leqslant D(\hat{\theta}_2) \tag{10.9}$$

且至少对于某一个 $\theta\in\Theta$ 上式中的不等号成立，则称 $\hat{\theta}_1$ 较之 $\hat{\theta}_2$ 有效。

对于上文中的 $\bar{X}$ 和 nZ，可以验证，当 $n>1$ 时，$D(nZ)>D(\bar{X})$，故参数 θ 的无偏估计量 $\bar{X}$ 较另一个无偏估计量 nZ 有效。

读者可以思考，为什么用样本均值 $\bar{X}$ 作为总体均值的估计量，而不用样本的某个个体或样本中的 $k(0<k<n)$ 个个体的均值作为总体均值的估计量，尽管这些统计量也是总体均值的无偏估计量。

3. 相合性（一致性）

无偏性与有效性都是在样本容量 n 固定的前提下提出，直观上，我们希望随着样本容量的增大，一个估计量的值趋向于待估参数的真值。

设 $\hat{\theta}(X_1,X_2,\cdots,X_n)$ 为参数 θ 的一个估计量，若对于任意 $\theta\in\Theta$，当 $n\to\infty$ 时，$\hat{\theta}(X_1,X_2,\cdots,X_n)$ 依概率收敛于 θ，则称 $\hat{\theta}$ 为 θ 的相合估计量。

相合性是对于一个估计量的基本要求，若估计量不具有相合性，那么无论样本容量 n 取多么大，θ 的估计都不够准确，这样的估计量就不可取。

这个结论具有直观合理性。样本来自总体，且与总体有相同的分布。当样本容量越来越大时，以样本为变量的函数与以总体为变量的函数的特性应越来越相似。比如，从一批产品中抽取部分产品进行质量检验，如检验产品的合格率，那么，当抽取的产品数越来越多时，样本中产品的合格率就越来越接近于总体产品的合格率。

例 10.11 设总体 X 服从均匀分布 $U(0,a)$，且有来自该总体的一个样本 $X_1,X_2,\cdots,X_n$，这里 a 未知，试讨论参数 a 的点估计和无偏性问题。

解： 设有来自均匀分布 $U(0,a)$ 的一个样本观测值 $x_1,x_2,\cdots,x_n$，则容易得到参数 a 的最大似然估计值为 $\max(x_1,x_2,\cdots,x_n)$，或 a 的最大似然估计量为 $\max(X_1,X_2,\cdots,X_n)$。另外，可以得到 a 的矩估计量为 $2\bar{X}$。由此可见，对于同一参数，运用不同的估计方法可以得到不同的估计量。

下面讨论无偏性问题。

容易验证 a 的矩估计量 $2\bar{X}$ 是参数 a 的无偏估计量。

将 a 的最大似然估计量 $\max(X_1,X_2,\cdots,X_n)$ 记为 $\hat{a}_L$，即 $\hat{a}_L=\max(X_1,X_2,\cdots,X_n)$。可以导出 $\hat{a}_L$ 的密度函数

$$f_{\hat{a}_L}(u)=\begin{cases}\dfrac{nu^{n-1}}{a^n}, & 0<u<a\\ 0, & \text{其他}\end{cases}$$

从而

$$E(\hat{a}_L)=\int_0^a \frac{unu^{n-1}}{a^n}\mathrm{d}u=\frac{n}{n+1}a$$

故 a 的最大似然估计量 $\hat{a}_L$ 是一个有偏估计量。

在实践中，可以考虑纠偏问题。对于上述 a 的最大似然估计量 $\max(X_1,X_2,\cdots,X_n)$，易知，$\dfrac{n+1}{n}\max(X_1,X_2,\cdots,X_n)$ 为 a 的无偏估计量。

经计算

$$D(\hat{a}_L)=D(\max(X_1,X_2,\cdots,X_n))=\frac{na^2}{(n+1)^2(n+2)}$$

从而

$$D\left(\frac{n+1}{n}\max(X_1,X_2,\cdots,X_n)\right)=\frac{a^2}{n(n+2)}$$

由此可见，a 的有偏估计量的方差小于无偏估计量的方差。这是一个有趣的问题，感兴趣的读者可以阅读相关文献。

无偏性是对估计量的一个基本要求，但有时会造成一种看法，一个估计量若是有偏的，就是“不好”的。事实上，无偏性仅代表平均意义上的系统偏差，不管估计量的取值离估计值多远，只要这些正负误差总体上能够抵消，就是无偏意义上的优良。这种标准的使用具有风险。无偏估计表面上看是估计量的取值徘徊在估计值的“周围”，但对这种“周围”的幅度并没有要求，这是应用的风险所在。

10.2　正态参数的区间估计

10.2.1　区间估计定义

用点估计法去估计一个未知参数，由于估计量是一个随机变量，它不会总与被估计的参数相等，即点估计值仅仅是未知参数的一个近似值，它没有反映这个近似值的误差，同时也未给出估计的可靠性，在实际中又必须要解决这样的问题，因而区间估计法得以提出。

定义 10.1　设总体 X 的分布函数 $F(x;\theta)$ 含有一个未知参数 θ，$\theta\in\Theta$（Θ 是 θ 的取值范围），对于给定值 $\alpha(0<\alpha<1)$，若有来自 X 的样本 $X_1,X_2,\cdots,X_n$ 所确定的两个统计量 $\theta_L=\theta_L(X_1,X_2,\cdots,X_n)$ 和 $\theta_U=\theta_U(X_1,X_2,\cdots,X_n)(\theta_L<\theta_U)$，对于任意 $\theta\in\Theta$ 满足

$$P(\theta_L(X_1,X_2,\cdots,X_n)<\theta<\theta_U(X_1,X_2,\cdots,X_n))=1-\alpha \tag{10.10}$$

则称随机区间 (θ_L,θ_U) 是 θ 的置信度为 $1-\alpha$ 的置信区间，θ_L 和 θ_U 分别称为置信度为 $1-\alpha$ 的双侧置信区间的置信下限和置信上限。

由于 θ_L 和 θ_U 都是样本的函数，故它们都是随机变量，这是称 (θ_L,θ_U) 为随机区间的缘由，以区别于一般的数值区间。

式（10.10）的含义如下：若反复抽样多次（样本容量都是 n），由每个样本值可以确定一个区间 (θ_L,θ_U)（这里是数值区间），则每个这样的区间要么包含 θ 的真值，要么不包含 θ 的真值，如图 10.1 所示。按伯努利大数定律，在这样多的区间中，包含 θ 真值的约占 $100(1-\alpha)\%$，不包含 θ 真值的约占 $100\alpha\%$。例如，若 $\alpha=0.05$，反复抽样 1000 次，则得到的 1000 个区间中不包含 θ 真值的约为 50 个。

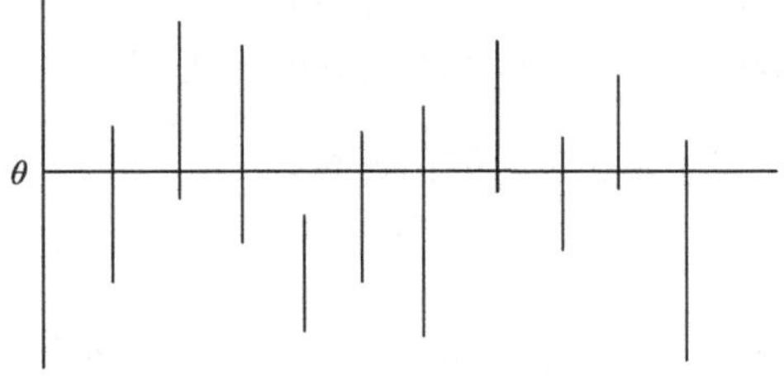

图 10.1　θ 的置信区间包含 θ 的情况

例 10.12 设总体$X\sim N(\mu,\sigma^2)$，σ^2已知，μ未知，设$X_1,X_2,\cdots,X_n$是来自X的一个样本，求μ的置信度为$1-\alpha$的置信区间。

解：因为

$$\bar{X}\sim N\left(\mu,\frac{\sigma^2}{n}\right)$$

则有

$$Z=\frac{\bar{X}-\mu}{\sigma/\sqrt{n}}\sim N(0,1) \tag{10.11}$$

即$Z=\dfrac{\bar{X}-\mu}{\sigma/\sqrt{n}}$所服从的分布$N(0,1)$不依赖于任何未知参数。由标准正态分布的上$\alpha$分位点的定义，有

$$P\left(\left|\frac{\bar{X}-\mu}{\sigma/\sqrt{n}}\right|<z_{\alpha/2}\right)=1-\alpha \tag{10.12}$$

具体如图 10.2 所示。也即

$$P\left(\bar{X}-z_{\alpha/2}\frac{\sigma}{\sqrt{n}}<\mu<\bar{X}+z_{\alpha/2}\frac{\sigma}{\sqrt{n}}\right)=1-\alpha \tag{10.13}$$

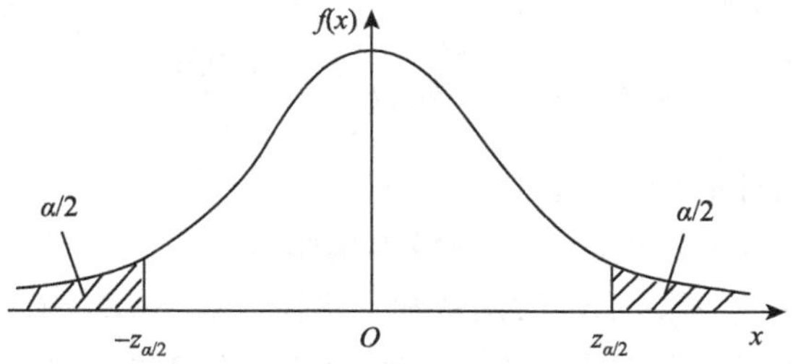

图 10.2 式（10.12）的图示

这样，就得到了μ的一个置信度为$1-\alpha$的置信区间

$$\left(\bar{X}-z_{\alpha/2}\frac{\sigma}{\sqrt{n}},\bar{X}+z_{\alpha/2}\frac{\sigma}{\sqrt{n}}\right) \tag{10.14}$$

简写成

$$\bar{X}\pm z_{\alpha/2}\frac{\sigma}{\sqrt{n}} \tag{10.15}$$

如果取$\alpha=0.05$，又若$\sigma=1,n=25$，查表得$z_{\alpha/2}=z_{0.025}=1.96$，于是得到$\mu$的一个置信度为 0.95 的置信区间

$$\bar{X}\pm1.96\times\frac{1}{\sqrt{25}}\text{或}\left(\bar{X}-0.39,\bar{X}+0.39\right) \tag{10.16}$$

若由一个样本值算得样本均值的观测值$\bar{x}=4.39$，则得到一个区间$(4.00,4.78)$。

注意，这个区间已经不是随机区间了，但仍称它为置信度为 0.95 的置信区间。其含

义是：若反复抽样多次，由每个样本值（$n=25$）确定一个区间，在这么多的区间中，包含μ的区间数约占95%，不包含μ的约占5%。现在抽样得到区间$(4.00,4.78)$，则“该区间包含μ”这一陈述的可信度为95%。

从上面构造未知参数置信区间的过程来看，待估参数置信度为$1-\alpha$的置信区间并不唯一。若给定$\alpha=0.05$，则由图10.2也有

$$P\left(-z_{0.04}<\frac{\bar{X}-\mu}{\sigma/\sqrt{n}}<z_{0.01}\right)=0.95$$

即

$$P\left(\bar{X}-z_{0.01}\frac{\sigma}{\sqrt{n}}<\mu<\bar{X}+z_{0.04}\frac{\sigma}{\sqrt{n}}\right)=0.95$$

故有

$$\left(\bar{X}-z_{0.01}\frac{\sigma}{\sqrt{n}},\bar{X}+z_{0.04}\frac{\sigma}{\sqrt{n}}\right) \tag{10.17}$$

也即μ的置信度为0.95的置信区间。

易见，区间$\left(\bar{x}-\frac{\sigma}{\sqrt{n}}z_{0.025},\bar{x}+\frac{\sigma}{\sqrt{n}}z_{0.025}\right)$的长度为$2\times z_{0.025}\times\frac{\sigma}{\sqrt{n}}=\frac{3.92\sigma}{\sqrt{n}}$，而区间$\left(\bar{x}-z_{0.01}\frac{\sigma}{\sqrt{n}},\bar{x}+z_{0.04}\frac{\sigma}{\sqrt{n}}\right)$的长度为$(z_{0.01}+z_{0.04})\frac{\sigma}{\sqrt{n}}=\frac{4.08\sigma}{\sqrt{n}}$，显然前者短。在同一置信度下，置信区间短表示估计的精度高。

确定总体未知参数θ的置信区间的一般步骤如下。

（1）构造一个样本$X_1,X_2,\cdots,X_n$的函数$W=W(X_1,X_2,\cdots,X_n;\theta)$，它包含待估未知参数$\theta$，而不含其他未知参数，并且$W$的分布已知且不依赖于任何未知参数，一般称$W$为枢轴量。

（2）对于给定的置信度$1-\alpha$，定出两个常数a,b，使

$$P(a<W(X_1,X_2,\cdots,X_n;\theta)<b)=1-\alpha$$

（3）若能由$a<W(X_1,X_2,\cdots,X_n;\theta)<b$得到等价的不等式$\theta_L<\theta<\theta_U$，其中$\theta_L=\theta_L(X_1,X_2,\cdots,X_n)$，$\theta_U=\theta_U(X_1,X_2,\cdots,X_n)$都是统计量，那么$(\theta_L,\theta_U)$就是$\theta$的一个置信度为$1-\alpha$的置信区间。

函数$W(X_1,X_2,\cdots,X_n;\theta)$的构造，通常可从$\theta$的点估计着手。常见的正态总体分布参数的置信区间可由上述步骤推得。

10.2.2 单正态总体$N(\mu,\sigma^2)$参数的区间估计

设$X_1,X_2,\cdots,X_n$为总体$N(\mu,\sigma^2)$的样本，$\bar{X},S^2$分别为样本均值和样本方差，设置信度为$1-\alpha$。

1. 均值 μ 的置信区间

（1）σ^2 已知，μ 的置信度为 $1-\alpha$ 的置信区间为

$$\left(\bar{X}-z_{\alpha/2}\frac{\sigma}{\sqrt{n}},\bar{X}+z_{\alpha/2}\frac{\sigma}{\sqrt{n}}\right) \tag{10.18}$$

（2）σ^2 未知，则有

$$\frac{\bar{X}-\mu}{S/\sqrt{n}}\sim t(n-1) \tag{10.19}$$

并且分布 $t(n-1)$ 不依赖于任何未知参数，则有

$$P\left(-t_{\alpha/2}(n-1)<\frac{\bar{X}-\mu}{S/\sqrt{n}}<t_{\alpha/2}(n-1)\right)=1-\alpha \tag{10.20}$$

式（10.20）可由图 10.3 直观表示。得

$$P\left(\bar{X}-t_{\alpha/2}(n-1)\frac{S}{\sqrt{n}}<\mu<\bar{X}+t_{\alpha/2}(n-1)\frac{S}{\sqrt{n}}\right)=1-\alpha$$

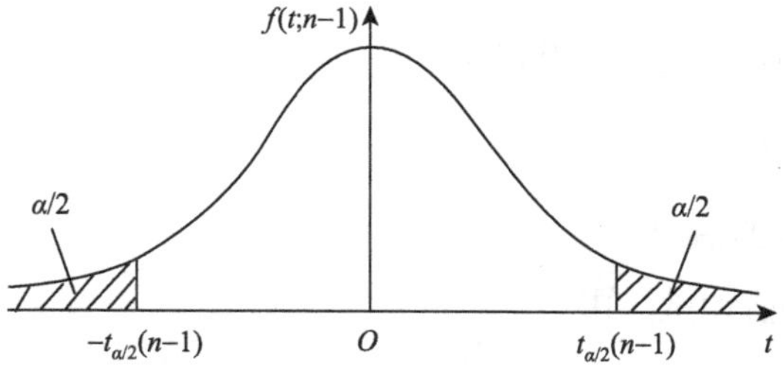

图 10.3　式（10.20）的图示

于是 μ 的一个置信度为 $1-\alpha$ 的置信区间为

$$\left(\bar{X}-t_{\alpha/2}(n-1)\frac{S}{\sqrt{n}},\bar{X}+t_{\alpha/2}(n-1)\frac{S}{\sqrt{n}}\right) \tag{10.21}$$

上述区间是随机区间，在实际应用中，只要用样本均值和样本标准差的观测值代入式（10.21），即可得到所求的置信区间，也即有如下形式的置信区间

$$\left(\bar{x}-t_{\alpha/2}(n-1)\frac{s}{\sqrt{n}},\bar{x}+t_{\alpha/2}(n-1)\frac{s}{\sqrt{n}}\right)$$

式中，$\bar{x}=\frac{1}{n}\sum_{i=1}^{n}x_i$，$s=\sqrt{\frac{1}{n-1}\sum_{i=1}^{n}(x_i-\bar{x})^2}$。

例 10.13　某公司根据长时间的验证发现该公司生产的某种零件的直径服从正态分布 $N(\mu,0.06^2)$。每天质检员都要抽取样本进行观测以判断产品的质量指标是否符合要求，同时也可以对生产线的稳定性进行判断。在某天生产的 10 000 个零件中随机抽取 25 个零件，测得它们的平均直径为 7.48 厘米，试求在 0.95 的置信度下，估计这 10 000 个零件平均直径的变化区间。

解： 此问题属于正态分布情形下方差已知的均值 μ 的区间估计。查表可得 $z_{0.025}=1.96$。因此，μ 的置信度为 0.95 的置信区间为 $\left(7.48-1.96\times\dfrac{0.06}{\sqrt{25}},7.48+1.96\times\dfrac{0.06}{\sqrt{25}}\right]$，即(7.46,7.50)。

例 10.14 现从某天生产的洗衣粉中随机地取 16 袋，秤得重量（单位：克）如下。

506	508	499	503	504	510	497	512
514	505	493	496	506	502	509	496

设袋装洗衣粉的重量近似服从正态分布，试求总体均值 μ 的置信度为 0.95 的置信区间。

解： 此问题属于正态分布情形下方差未知的均值 μ 的区间估计。

由题设得 $t_{0.025}(15)=2.1315$，$\bar{x}=503.75$，$s=6.2022$，则均值 μ 的一个置信度为 0.95 的置信区间为 $\left(503.75\pm2.1315\times\dfrac{6.2022}{\sqrt{16}}\right)$，即 $(500.45,507.05)$。

所估计的袋装洗衣粉重量的均值介于 500.45～507.05 克，这种估计的可信程度为 95 %。若以此区间内的任一值作为 μ 的近似值，其误差不超过 $2\times2.1315\times\dfrac{6.2022}{\sqrt{16}}=6.61$（克），这个误差估计的可信程度为 95 %。

2. *方差 σ^2 的置信区间*

这里仅讨论 μ 未知的情况。

因 S^2 为 σ^2 的无偏估计量，由

$$\frac{(n-1)S^2}{\sigma^2}\sim\chi^2(n-1) \tag{10.22}$$

并且分布 $\chi^2(n-1)$ 不依赖于任何未知参数，则有

$$P\left(\chi^2_{1-\alpha/2}(n-1)<\frac{(n-1)S^2}{\sigma^2}<\chi^2_{\alpha/2}(n-1)\right)=1-\alpha \tag{10.23}$$

式（10.23）的意义如图 10.4 所示。即

$$P\left(\frac{(n-1)S^2}{\chi^2_{\alpha/2}(n-1)}<\sigma^2<\frac{(n-1)S^2}{\chi^2_{1-\alpha/2}(n-1)}\right)=1-\alpha \tag{10.24}$$

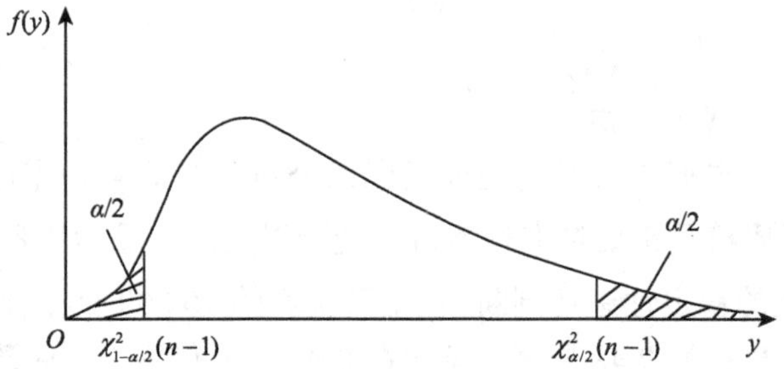

图 10.4　式（10.23）的图示

由此，得到方差σ^2的一个置信度为$1-\alpha$的置信区间

$$\left(\frac{(n-1)S^2}{\chi^2_{\alpha/2}(n-1)},\frac{(n-1)S^2}{\chi^2_{1-\alpha/2}(n-1)}\right) \tag{10.25}$$

由式（10.25），还可得到标准差σ的一个置信度为$1-\alpha$的置信区间

$$\left(\frac{\sqrt{n-1}S}{\sqrt{\chi^2_{\alpha/2}(n-1)}},\frac{\sqrt{n-1}S}{\sqrt{\chi^2_{1-\alpha/2}(n-1)}}\right) \tag{10.26}$$

注意，在密度函数曲线不对称时，如χ^2分布和F分布，习惯上仍取对称的分位点来确定置信区间。

例 10.15（产品检验） 灌装机是一种灌装各种液体的自动设备。在正常运行状态下，给定容积的容器中所灌装的液体量的变化应该很小，否则会造成不合格产品。事实上，每罐的容量差异太大，无论厂商还是消费者都不满意。精准机械公司新研发了一款灌装机，该公司声称这种新机器能连续稳定地灌装 1 公升（1000 厘米^3）的容器，罐装液体量的方差不超过 1 立方厘米。根据长期资料分析，该公司认为灌装量服从正态分布。试在 0.95 的置信度下，估计这种灌装机的灌装量方差的变化区间。假设有一个随机抽取的 25 罐 1 公升的罐装样本，其灌装量（单位：立方厘米）如下。

999.6	1000.7	999.3	1000.1	999.5	1000.5	999.7
999.6	999.1	997.8	1001.3	1000.7	999.4	1000.0
998.3	999.5	1000.1	998.3	999.2	999.2	1000.4
1000.1	1000.1	999.6	999.9			

解：本题已知$n=25,\alpha=0.05$；经计算得到$s^2=0.8659$；查表得$\chi^2_{0.025}(24)=39.364$，$\chi^2_{0.975}(24)=12.401$。

运用式（10.25），容易计算得到总体方差σ^2的置信度为 0.95 置信区间为(0.528,1.676)。

例 10.16（单侧置信限及其应用） 上文讨论的总体分布参数的区间估计都是具有下限和上限的区间。在实际问题中，我们也常常关注参数的置信下限或上限问题。这一问题只需在参数置信区间定义的基础上稍作调整，即有如下定义。

称满足式$P(\theta_L(X_1,X_2,\cdots,X_n)<\theta)\geqslant 1-\alpha$，对于一切$\theta\in\Theta$的$\theta_L(X_1,X_2,\cdots,X_n)$为参数$\theta$的置信度为$1-\alpha$的置信下限。同理，称满足式$P(\theta<\theta_U(X_1,X_2,\cdots,X_n))\geqslant 1-\alpha$，对于一切$\theta\in\Theta$的$\theta_U(X_1,X_2,\cdots,X_n)$为参数$\theta$的置信度为$1-\alpha$的置信上限。

在可靠性工程中，我们更关注产品可靠度的下限、产品平均寿命的下限和数据波动程度的上限等。

若从一批灯泡中随机抽取 5 只进行寿命试验，测得寿命（单位：小时）分别为 1050、1100、1120、1250 和 1280，又假设该种灯泡寿命服从正态分布$n(\mu,\sigma^2)$。试求该种灯泡寿命均值的置信度为 0.95 的置信下限。

由

$$P\left(\frac{\bar{X}-\mu}{S/\sqrt{n}}<t_{1-\alpha}(n-1)\right)=\alpha$$

即$P\left(\mu>\bar{X}-t_{1-\alpha}(n-1)\dfrac{S}{\sqrt{n}}\right)=1-\alpha$

则μ的置信度为0.95的置信下限为

$$\bar{X}-\frac{S}{\sqrt{n}}t_{1-\alpha}(n-1)$$

将本题数据代入上式，得到该种灯泡寿命均值的置信度为 0.95 的置信下限为 1065 小时。

再看一个某公司生产的滚珠其直径波动性的上限问题。长期的数据分析认为滚珠直径$X\sim N(\mu,\sigma^2)$，其中μ和σ^2未知。从某天生产的产品中随机抽取 6 个滚珠测量它们的直径，它们的值分别为 14.7、15.1、14.9、14.8、15.2 和 15.1。试求方差σ^2置信度为0.95的置信上限。

由

$$P\left(\frac{(n-1)S^2}{\sigma^2}>\chi^2_{1-\alpha}(n-1)\right)=1-\alpha$$

即

$$P\left(\sigma^2<\frac{(n-1)S^2}{\chi^2_{1-\alpha}(n-1)}\right)=1-\alpha$$

由此，σ^2的置信度为$1-\alpha$的置信上限为$\dfrac{(n-1)S^2}{\chi^2_{1-\alpha}(n-1)}$，即$\dfrac{\sum\limits_{i=1}^{6}(x_i-\bar{x})^2}{\chi^2_{0.95}(5)}$，计算得 0.1681。

10.2.3　两个总体$N(\mu_1,\sigma_1^2),N(\mu_2,\sigma_2^2)$均值差或方差比的区间估计

实际中存在这样的问题：已知产品的某一指标服从正态分布，但由于原料、设备条件、操作人员或工艺过程的改变等因素的影响，从而引起总体均值或方差的改变。要考察这些变化的大小，这就涉及两个正态总体均值差或方差比的估计问题。

设已给定置信度$1-\alpha$，并设$X_1,X_2,\cdots,X_{n_1}$是来自总体$N(\mu_1,\sigma_1^2)$的一个样本；$Y_1,Y_2,\cdots,Y_{n_2}$是来自总体$N(\mu_2,\sigma_2^2)$的一个样本，且设这两个样本相互独立。以$\bar{X},\bar{Y}$分别表示样本$X_1,X_2,\cdots,X_{n_1}$和样本$Y_1,Y_2,\cdots,Y_{n_2}$的均值，S_1^2,S_2^2分别表示样本$X_1,X_2,\cdots,X_{n_1}$和$Y_1,Y_2,\cdots,Y_{n_2}$的方差。

1. 两个总体均值差$\mu_1-\mu_2$的置信区间

1）σ_1^2,σ_2^2均已知

因$\bar{X},\bar{Y}$分别为$\mu_1-\mu_2$的无偏估计量，故$\bar{X}-\bar{Y}$是$\mu_1-\mu_2$的无偏估计量。由$\bar{X},\bar{Y}$的独立性以及

$$\bar{X} \sim N\left(\mu_1, \frac{\sigma_1^2}{n_1}\right),\ \bar{Y} \sim N\left(\mu_2, \frac{\sigma_2^2}{n_2}\right)$$

可得

$$\bar{X} - \bar{Y} \sim N\left(\mu_1 - \mu_2, \frac{\sigma_1^2}{n_1} + \frac{\sigma_2^2}{n_2}\right)$$

或

$$\frac{(\bar{X} - \bar{Y}) - (\mu_1 - \mu_2)}{\sqrt{\frac{\sigma_1^2}{n_1} + \frac{\sigma_2^2}{n_2}}} \sim N(0,1) \tag{10.27}$$

从而得 $\mu_1 - \mu_2$ 的置信度为 $1-\alpha$ 的置信区间为

$$\left((\bar{X} - \bar{Y}) - z_{\alpha/2}\sqrt{\frac{\sigma_1^2}{n_1} + \frac{\sigma_2^2}{n_2}}, (\bar{X} - \bar{Y}) + z_{\alpha/2}\sqrt{\frac{\sigma_1^2}{n_1} + \frac{\sigma_2^2}{n_2}}\right) \tag{10.28}$$

2）$\sigma_1^2 = \sigma_2^2 = \sigma^2$ 、σ^2 未知

此时

$$\frac{(\bar{X} - \bar{Y}) - (\mu_1 - \mu_2)}{S_w\sqrt{\frac{1}{n_1} + \frac{1}{n_2}}} \sim t(n_1 + n_2 - 2) \tag{10.29}$$

从而 $\mu_1 - \mu_2$ 的置信度为 $1-\alpha$ 的置信区间为

$$\left((\bar{X} - \bar{Y}) - t_{\alpha/2}(n_1 + n_2 - 2)S_w\sqrt{\frac{1}{n_1} + \frac{1}{n_2}}, (\bar{X} - \bar{Y}) + t_{\alpha/2}(n_1 + n_2 - 2)S_w\sqrt{\frac{1}{n_1} + \frac{1}{n_2}}\right) \tag{10.30}$$

式中，

$$S_w = \sqrt{\frac{(n_1 - 1)S_1^2 + (n_2 - 1)S_2^2}{n_1 + n_2 - 2}} \tag{10.31}$$

例 10.17　为提高某一化学生产过程的得率，拟采用一种新的催化剂，为慎重起见先进行试验。设采用原来的催化剂进行了 $n_1 = 8$ 次试验，得到得率的均值 $\bar{x} = 91.73$，样本方差 $s_1^2 = 3.89$；又采用新的催化剂进行了 $n_2 = 8$ 次试验，得到得率的均值 $\bar{y} = 93.75$，样本方差 $s_2^2 = 4.02$。假设两种催化剂下的得率服从方差相等的正态分布，且两样本独立。试求两总体均值差 $\mu_1 - \mu_2$ 的置信度为 0.95 的置信区间。

解：由题意得 $s_w^2 = \frac{(n_1 - 1)s_1^2 + (n_2 - 1)s_2^2}{n_1 + n_2 - 2} = 3.96$，即 $s_w = \sqrt{3.96}$。则 $\mu_1 - \mu_2$ 的置信度为 0.95 的置信区间为

$$\left(\overline{x}-\overline{y}-t_{0.025}(14)s_w\sqrt{\frac{1}{8}+\frac{1}{8}},\overline{x}-\overline{y}+t_{0.025}(14)s_w\sqrt{\frac{1}{8}+\frac{1}{8}}\right)$$

即(−4.15,0.11)。

由于所得置信区间包含 0，在实际应用时可以认为采用这两种催化剂所得得率的均值没有显著差异。

2. 两个总体方差比$\dfrac{\sigma_1^2}{\sigma_2^2}$的置信区间

仅讨论总体均值μ_1,μ_2未知的情况，由于

$$\frac{S_1^2/S_2^2}{\sigma_1^2/\sigma_2^2}\sim F(n_1-1,n_2-1) \tag{10.32}$$

并且分布$F(n_1-1,n_2-1)$不依赖任何未知参数。由此得

$$P\left(F_{1-\alpha/2}(n_1-1,n_2-1)<\frac{S_1^2/S_2^2}{\sigma_1^2/\sigma_2^2}<F_{\alpha/2}(n_1-1,n_2-1)\right)=1-\alpha \tag{10.33}$$

即

$$P\left(\frac{1}{F_{\alpha/2}(n_1-1,n_2-1)}\times\frac{S_1^2}{S_2^2}<\frac{\sigma_1^2}{\sigma_2^2}<\frac{1}{F_{1-\alpha/2}(n_1-1,n_2-1)}\times\frac{S_1^2}{S_2^2}\right)=1-\alpha \tag{10.34}$$

于是得$\dfrac{\sigma_1^2}{\sigma_2^2}$的一个置信度为$1-\alpha$的置信区间为

$$\left(\frac{1}{F_{\alpha/2}(n_1-1,n_2-1)}\times\frac{S_1^2}{S_2^2},\frac{1}{F_{1-\alpha/2}(n_1-1,n_2-1)}\times\frac{S_1^2}{S_2^2}\right)$$

例 10.18　为了比较新购置设备和原有设备对加工零件某一指标值误差的影响，随机抽取新设备生产的零件 16 只，测得其样本方差$s_1^2=0.34$（毫米^2）；随机抽取原有设备生产的零件 13 只，测得其样本方差$s_2^2=0.29$（毫米^2）。设两样本相互独立，且设由新设备和原有设备生产的零件的这一指标值分别服从正态分布$N(\mu_1,\sigma_1^2)$和$N(\mu_2,\sigma_2^2)$，这里$\mu_i,\sigma_i^2(i=1,2)$均未知。试求两总体方差比$\dfrac{\sigma_1^2}{\sigma_2^2}$的置信度为 0.90 的置信区间。

解： 由题意得$n_1=16$，$s_1^2=0.34$，$n_2=13$，$s_2^2=0.29$，$\alpha=0.10$，$F_{0.05}(15,12)=2.62$，$F_{0.95}(15,12)=\dfrac{1}{F_{0.05}(12,15)}=\dfrac{1}{2.48}$。

于是得$\dfrac{\sigma_1^2}{\sigma_2^2}$的一个置信度为 0.90 的置信区间为

$$\left(\frac{1}{2.62}\times\frac{0.34}{0.29},2.48\times\frac{0.34}{0.29}\right)$$

即(0.45,2.91)。

由于$\dfrac{\sigma_1^2}{\sigma_2^2}$的置信区间包含 1，在实际应用时可以认为$\sigma_1^2$和$\sigma_2^2$两者没有显著差异。

10.3 非正态总体参数的区间估计

10.3.1 单个总体参数的区间估计

1. 总体均值 μ 的区间估计

1）总体方差 σ^2 已知时总体均值 μ 的区间估计

以上讨论都是基于总体为正态分布的情形。事实上，大多数总体不属于正态总体，理论上讲，基于正态总体的结论就不能套用。由中心极限定理可知，当样本的容量很大时（一般指不小于 30），样本均值近似服从正态分布，即如总体的数学期望和方差分别为 μ 和 σ^2 且已知时，样本均值 $\bar{X}$ 标准化后服从标准正态分布如下：

$$Z=\frac{\bar{X}-\mu}{\sigma/\sqrt{n}}\overset{\text{近似}}{\sim}N(0,1)$$

则对于置信度 $1-\alpha$，总体均值 μ 的置信区间为

$$\left(\bar{X}-z_{\alpha/2}\frac{\sigma}{\sqrt{n}},\bar{X}+z_{\alpha/2}\frac{\sigma}{\sqrt{n}}\right) \tag{10.35}$$

2）总体方差 σ^2 未知时总体均值 μ 的区间估计

若总体方差 σ^2 未知，以样本方差 S^2 代替总体的方差 σ^2，则总体均值 μ 的置信度为 $1-\alpha$ 的置信区间为

$$\left(\bar{X}-z_{\alpha/2}\frac{S}{\sqrt{n}},\bar{X}+z_{\alpha/2}\frac{S}{\sqrt{n}}\right) \tag{10.36}$$

当总体方差未知时，总体均值 μ 的置信度为 $1-\alpha$ 置信区间为什么不用如下公式呢？

$$\left(\bar{X}-t(n-1)_{\alpha/2}\frac{S}{\sqrt{n}},\bar{X}+t(n-1)_{\alpha/2}\frac{S}{\sqrt{n}}\right)$$

事实上，当 n 充分大时，有 $t_\alpha(n)\approx z_\alpha$，从应用的方便性来说，常用式（10.36）。

例 10.19（生产与运作管理） 完成一道工序所需时间的确定对生产的正常进行和生产效率的影响极为重要。事实上，设定的时间太短，则在保证质量的前提下有大多数工人不能在规定的时间内完成，如要完成数量，则在赶时间的条件下势必会出现较多的次品；如设定的时间较长，则整个生产效率没有达到最大化，即有较多的时间没有产生效益。因此，工序完成时间的确定在生产运作管理中具有重要地位，统计学可以在此发挥重要作用。近来，某机械零件制造公司发现某生产线的生产效率出现了下降的情况。生产经理想估计是否与操作台顺序变动后操作时间的变化有关。为此，他需要估计这一工序的平均完成时间，以便重新设置这一工序的完成时间。为此，他记录下当问题出现时此工序的完成时间（单位：秒），得到由 60 个完成时间构成的一个样本，样本数据如下。假定估计的置信度为 0.95。

100.8	80	95.9	88.3	112.7	97.3	101	99.5	53.7	73.4
85.1	96.1	92.8	84.6	91	81	103.1	105.1	103.9	84.1
98.2	94.9	89.5	94.3	83.8	85.2	86.8	88.8	94.5	92.4
83.8	77.4	92.9	86	87.8	72.9	86.8	97	95.6	100.6
74.4	93.4	99.6	82.2	96.9	79.5	108.9	75.8	90.3	92.1
104.1	100.1	106.2	89	80.6	89.7	85.9	101.9	90.6	78.2

解：此问题属于非正态总体情形下总体方差σ^2未知时均值μ的区间估计。计算公式为

$$\left(\bar{x}-z_{\alpha/2}\frac{s}{\sqrt{n}},\bar{x}+z_{\alpha/2}\frac{s}{\sqrt{n}}\right)$$

由题意，$n=60$，$\alpha=0.05$；经计算，$\bar{x}=90.63$，$s=10.43$；查附录 A，得 $z_{0.025}=1.96$。故所求区间为(87.99,93.27)。

2. 总体比例 P 的区间估计

对于参数为P的 0-1 分布总体，由样本比例的抽样分布可以知道，当样本容量n足够大时（一般指n不小于 30，且np、$n(1-p)$都大于 5），样本比例p的抽样分布近似正态分布。则有

$$\frac{p-P}{\sqrt{\frac{P(1-P)}{n}}}\overset{\text{近似}}{\sim}N(0,1)$$

由于上式的分母未知，在计算时用$\sqrt{\frac{p(1-p)}{n}}$代之，从而对于置信度$1-\alpha$，总体比例P的置信度为$1-\alpha$置信区间为

$$\left(p-z_{\alpha/2}\sqrt{\frac{p(1-p)}{n}},p+z_{\alpha/2}\sqrt{\frac{p(1-p)}{n}}\right) \tag{10.37}$$

例 10.20 某公司要估计某天生产的某型号的全部产品的合格率。为此随机抽取了 100 件产品，经检验其中有 94 件为合格品。对于置信度 0.95，试求这天此型号产品合格率的置信区间。

解：由题意，易得样本合格率$p=\frac{94}{100}=94\%$，从而由式（10.37），得这天此型号全部产品合格率置信度为 0.95 的置信区间

$$p\pm z_{\alpha/2}\sqrt{\frac{p(1-p)}{n}}=94\%\pm1.96\sqrt{\frac{94\%(1-94\%)}{100}}=94\%\pm4.65\%$$

即$(89.35\%,98.65\%)$。

10.3.2 两个总体参数的区间估计

1. 两个总体均值差的区间估计

设有两个总体 X 和 Y，它们的均值分别为 μ_1,μ_2，方差分别为 σ_1^2,σ_2^2，且 σ_1^2,σ_2^2 未知。设已给定置信度 $1-\alpha$，并设 $X_1,X_2,\cdots,X_{n_1}(n_1\geqslant 30)$ 是来自总体 X 的一个样本，$Y_1,Y_2,\cdots,Y_{n_2}(n_2\geqslant 30)$ 是来自总体 Y 的一个样本，且这两个样本相互独立；又设 $\bar{X},\bar{Y}$ 分别为 $X_1,X_2,\cdots,X_{n_1}$ 和 $Y_1,Y_2,\cdots,Y_{n_2}$ 的均值，S_1^2,S_2^2 分别是 $X_1,X_2,\cdots,X_{n_1}$ 和 $Y_1,Y_2,\cdots,Y_{n_2}$ 的方差。

因 $\bar{X},\bar{Y}$ 分别为 μ_1,μ_2 的无偏估计，故 $\bar{X}-\bar{Y}$ 是 $\mu_1-\mu_2$ 的无偏估计。可以证明在给定的置信度 $1-\alpha$ 下，$\mu_1-\mu_2$ 的置信区间为

$$\left((\bar{X}-\bar{Y})-z_{\alpha/2}\sqrt{\frac{S_1^2}{n_1}+\frac{S_2^2}{n_2}},(\bar{X}-\bar{Y})+z_{\alpha/2}\sqrt{\frac{S_1^2}{n_1}+\frac{S_2^2}{n_2}}\right) \tag{10.38}$$

实际应用时，只需将样本均值和样本方差的观测值代入式（10.38）计算即可。

例 10.21 某地教育局为了估计 2023 年两所中学甲和乙中考时的数学平均成绩之差，在这两所中学独立地抽取两个随机样本，经整理计算得到表 10.5。

表 10.5 两样本资料 单位：分

学校	样本量	均值	方差
甲中学	$n_1=46$	$\bar{x}=86$	$s_1=5.8$
乙中学	$n_2=33$	$\bar{y}=78$	$s_2=7.2$

试在置信度 0.95 下，给出这两所中学 2023 年中考数学平均成绩之差的置信区间。

解： 由式（10.38），得

$$\left((\bar{x}-\bar{y})\pm z_{\alpha/2}\sqrt{\frac{s_1^2}{n_1}+\frac{s_2^2}{n_2}}\right)=(86-78)\pm 1.96\times\sqrt{\frac{5.8^2}{46}+\frac{7.2^2}{33}}=8\pm 2.97$$

即(5.03,10.97)。

2. 两个总体比例之差的区间估计

设两个总体 X 和 Y 的成数分别为 P_1 和 P_2，来自这两个总体的样本容量分别为 $n_1(\geqslant 30)$ 和 $n_2(\geqslant 30)$，n_1p_1、n_2p_2、$n_1(1-p_1)$ 和 $n_2(1-p_2)$ 都大于 5，则对于置信度 $1-\alpha$，P_1-P_2 的置信区间为

$$\left((p_1-p_2)-z_{\alpha/2}\sqrt{\frac{p_1(1-p_1)}{n_1}+\frac{p_2(1-p_2)}{n_2}},(p_1-p_2)+z_{\alpha/2}\sqrt{\frac{p_1(1-p_1)}{n_1}+\frac{p_2(1-p_2)}{n_2}}\right)$$

式中，p_1,p_2 分别表示来自两个总体 X 和 Y 的样本比例。

例 10.22（产品外观设计效应） 家化市场的竞争越来越激烈。近来某公司一款洗发水的销售量出现下降趋势。公司对这一情况系统分析后认为，此款产品的包装可能是影响销售量的因素。为了改善该产品的销售情况，公司委托设计公司对此产品进行外包装设计。目前有两种方案，一种方案是将原包装改成几种鲜艳颜色的组合，由此与其他公司的产品区别开来；另一种方案是在浅色背景上印上该公司的标记。为了检验哪种方案具有更好的市场效果，公司市场部选择了两家超市进行比较试验。其中，一家超市销售第一种方案的产品，另一家超市则销售第二种方案的产品。营销试验历时 10 天。从所选择的两家超市的商品销售记录中可获悉这 10 天洗发水的销售情况。第一家超市共销售洗发水 904 瓶（这里仅以数量表示，不考虑容积的差异），其中该公司的产品 180 瓶；第二家超市共销售洗发水 1038 瓶，其中该公司的产品 155 瓶。在 0.95 的置信度下，估计两种不同包装方案下市场份额之差的置信区间。

解：这里可以将两种不同包装方案下的销售量看成两个总体。此问题属于两个总体比例之差的区间估计。计算公式为

$$\left((p_1-p_2)-z_{\alpha/2}\sqrt{\frac{p_1(1-p_1)}{n_1}+\frac{p_2(1-p_2)}{n_2}},(p_1-p_2)+z_{\alpha/2}\sqrt{\frac{p_1(1-p_1)}{n_1}+\frac{p_2(1-p_2)}{n_2}}\right)$$

由题意可知，$n_1=904$，$n_2=1038$，$\alpha=0.05$；经计算得到，$p_1=\frac{180}{904}=0.1991$，$p_2=\frac{155}{1038}=0.1493$；查附录 A，得 $z_{0.025}=1.96$。

因此，所求区间为(0.0159,0.0837)或(1.59%,8.37%)。

在实际应用时，可以直接利用表 10.6 和表 10.7 计算参数的置信区间。

表 10.6 单个总体参数的区间估计

参数	点估计值	置信度为 $1-\alpha$ 的置信区间	假设条件
总体均值 μ	$\bar{x}$	$\left(\bar{x}-z_{\alpha/2}\frac{\sigma}{\sqrt{n}},\bar{x}+z_{\alpha/2}\frac{\sigma}{\sqrt{n}}\right)$	正态，σ^2 已知；或非正态，σ^2 已知，且 $n\geqslant 30$
		$\left(\bar{x}-z_{\alpha/2}\frac{s}{\sqrt{n}},\bar{x}+z_{\alpha/2}\frac{s}{\sqrt{n}}\right)$	非正态，σ^2 未知，且 $n\geqslant 30$
		$\left(\bar{x}-t_{\alpha/2}(n-1)\frac{s}{\sqrt{n}},\bar{x}+t_{\alpha/2}(n-1)\frac{s}{\sqrt{n}}\right)$	正态，σ^2 未知
总体方差 σ^2	s^2	$\left(\frac{(n-1)s^2}{\chi^2_{\alpha/2}(n-1)},\frac{(n-1)s^2}{\chi^2_{1-\alpha/2}(n-1)}\right)$	正态
总体比例 P	p	$\left(p-z_{\alpha/2}\sqrt{\frac{p(1-p)}{n}},p+z_{\alpha/2}\sqrt{\frac{p(1-p)}{n}}\right)$	0-1 总体，$n\geqslant 30$，$n\geqslant 50$，$n(1-p)\geqslant 5$

表 10.7　两个总体参数的区间估计

参数	点估计值	置信度为 $1-\alpha$ 的置信区间	假设条件
两个总体均值差 $\mu_1-\mu_2$	$\bar{x}_1-\bar{x}_2$	$\left((\bar{x}_1-\bar{x}_2)-z_{\alpha/2}\sqrt{\frac{\sigma_1^2}{n_1}+\frac{\sigma_2^2}{n_2}},(\bar{x}_1-\bar{x}_2)+z_{\alpha/2}\sqrt{\frac{\sigma_1^2}{n_1}+\frac{\sigma_2^2}{n_2}}\right)$	正态，σ_1^2,σ_2^2 已知且独立样本；或非正态，σ_1^2,σ_2^2 已知，独立样本，$n_1\geqslant30$，$n_2\geqslant30$
		$\left((\bar{x}_1-\bar{x}_2)-t_{\alpha/2}(n_1+n_2-2)s_w\sqrt{\frac{1}{n_1}+\frac{1}{n_2}},\right.$ $\left.(\bar{x}_1-\bar{x}_2)+t_{\alpha/2}(n_1+n_2-2)s_w\sqrt{\frac{1}{n_1}+\frac{1}{n_2}}\right)$ 其中，$s_w^2=\frac{(n_1-1)s_1^2+(n_2-1)s_2^2}{n_1+n_2-2}$	正态，σ_1^2,σ_2^2 未知但相等；独立样本
		$\left((\bar{x}_1-\bar{x}_2)-z_{\alpha/2}\sqrt{\frac{s_1^2}{n_1}+\frac{s_2^2}{n_2}},\ (\bar{x}_1-\bar{x}_2)+z_{\alpha/2}\sqrt{\frac{s_1^2}{n_1}+\frac{s_2^2}{n_2}}\right)$	非正态，σ_1^2,σ_2^2 未知，独立样本，$n_1\geqslant30$，$n_2\geqslant30$
两个总体方差比 σ_1^2/σ_2^2	s_1^2/s_2^2	$\left(\frac{s_1^2/s_2^2}{F_{\alpha/2}(n_1-1,n_2-1)},\frac{s_1^2/s_2^2}{F_{1-\alpha/2}(n_1-1,n_2-1)}\right)$	正态总体，μ_1,μ_2 均未知，独立样本
两个总体比例之差 P_1-P_2	p_1-p_2	$\left((p_1-p_2)-z_{\alpha/2}\sqrt{\frac{p_1(1-p_1)}{n_1}+\frac{p_2(1-p_2)}{n_2}},\right.$ $\left.(p_1-p_2)+z_{\alpha/2}\sqrt{\frac{p_1(1-p_1)}{n_1}+\frac{p_2(1-p_2)}{n_2}}\right)$	两 0-1 总体，独立样本，$n_1\geqslant30$，$n_2\geqslant30$，$n_1p_1\geqslant5$，$n_1(1-p_1)\geqslant5$，$n_2p_2\geqslant5$，$n_2(1-p_2)\geqslant5$

10.4　样本容量的确定

10.4.1　估计总体均值时样本容量的确定

在对总体的参数进行估计前，首先要取得样本数据。那么，一个具体的问题是样本容量的确定。从估计的误差来看，显然样本量越大，估计的误差越小。在一定的样本容量下，估计的可靠程度（置信度）与估计误差呈正向关系。这种误差就是估计区间的长度。由此，估计的可靠度越高，区间估计的长度越长，但过长的区间无实际价值。因此，在一定的置信度下，要提高估计的精度，则需要增加样本容量。事实上，样本容量的增加并非总是可以实现的。比如，收集数据很难，即很难得到更多的样本量；或者样本容量的增加需要很高的代价。因此，需要在可靠度和精度之间寻找平衡。下面就来讨论样本容量的确定问题。

在总体参数的区间估计中，比如，正态总体均值的区间估计，在总体方差已知的条件下，其置信度为$1-\alpha$ 的置信区间为$\left(\bar{x}-z_{\alpha/2}\frac{\sigma}{\sqrt{n}},\bar{x}+z_{\alpha/2}\frac{\sigma}{\sqrt{n}}\right)$。这个区间的特点是关于样本均值$\bar{x}$对称，区间的半径为样本均值方差的$z_{\alpha/2}$倍。如记$\Delta_{\bar{x}}=z_{\alpha/2}\frac{\sigma}{\sqrt{n}}$，则在给定的

置信度$1-\alpha$下，$\Delta_{\bar{x}}$是这一估计的最大误差，也称为允许误差，或极限误差。显然，$\Delta_{\bar{x}}$是样本容量和置信度的函数。反之，当估计的允许误差给定后，对于给定的置信度，可以确定样本的容量n。可以看到，对于给定的置信度$1-\alpha$，样本容量如下：

$$n=\frac{(z_{\alpha/2})^2\sigma^2}{(\Delta_{\bar{x}})^2}$$

在应用此公式计算样本容量时，如n非整数，则取n为$[n+1]$，这里$[n+1]$为不超过$n+1$的最大整数。

例 10.23 要估计某市高级技师的平均年薪。例如，已知高级技师年薪的标准差大约为 5000 元，假定估计的置信度为 0.95，允许误差为 1000 元，则需要随机抽取多大的样本？

解： 由题设可知，$\sigma=5000$，$\Delta_{\bar{x}}=1000$；查附录 A，得$z_{0.025}=1.96$。则由

$$n=\frac{(z_{\alpha/2})^2\sigma^2}{(\Delta_{\bar{x}})^2}$$

得到

$$n=\frac{(z_{\alpha/2})^2\sigma^2}{(\Delta_{\bar{x}})^2}=\frac{1.96^2\times5000^2}{1000^2}=96.04$$

故取$n=97$。

10.4.2 估计总体比例时样本容量的确定

仅讨论有放回抽样情形。

此时，允许误差$\Delta_P=z_{\alpha/2}\sqrt{\frac{P(1-P)}{n}}$。从而对于给定的允许误差$\Delta_P$，样本容量由下式来确定。

$$n=\frac{(z_{\alpha/2})^2P(1-P)}{(\Delta_P)^2}$$

如n非整数，则取n为$[n+1]$。

例 10.24 某公司制造车间根据长时间的数据积累和分析，发现某产品的合格率基本稳定在 92%。最近发现此产品的合格率有降低迹象，因此，希望对产品的合格率进行区间估计。若允许误差为 5%，如要估计产品合格率置信度为 0.95 的置信区间，需要抽取多少个产品为样本？

解： 由题设可知，$P=0.92$，$\Delta_P=5\%$；查附录 A，得$z_{0.025}=1.96$。则由

$$n=\frac{(z_{\alpha/2})^2P(1-P)}{(\Delta_P)^2}$$

得到

$$n = \frac{1.96^2 \times 0.92 \times (1-0.92)}{(0.05)^2} = 113.10$$

故取 $n = 114$。

其他情形这里不再赘述，可类似分析，留给读者思考。

10.5 案 例 分 析

下面对本章导入案例予以解析。

该案例需要解决两个问题：一是该公司所有消费者对公司服务质量的总体评价；二是根据该公司所有消费者的服务质量评价结果，对该公司服务质量体系是否进行完善或改革做出决策。

第一个问题可以归结为总体均值的区间估计问题。由于该公司所有消费者对服务质量评分的分布未知，因此，这是一个未知总体均值的区间估计问题。由于本问题的样本容量为 400，故可以利用大样本情形下总体均值区间估计的方法解决。

记该公司消费者的评价得分为 X，又记 $E(X) = \mu$。由题意可知，$D(X) = \sigma^2 = 20^2$，$\bar{x} = 85$，$\alpha = 0.05$。实际上，本问题属于大样本情形下总体方差已知的总体均值的区间估计问题。查表有 $z_{0.025} = 1.96$。因此，μ 的置信度为 0.95 的置信区间为 $\left(\bar{x} - z_{\alpha/2}\dfrac{\sigma}{\sqrt{n}}, \bar{x} + z_{\alpha/2}\dfrac{\sigma}{\sqrt{n}}\right)$，从而有(83.04,86.96)，即该公司所有消费者的服务质量评分的均值在 83.04 分到 86.96 分之间，这一估计的可靠程度为 0.95。

另外，由置信度的含义可知，如果样本的容量不变，则在多次估计中，大概有 5%的区间将不包含估计参数 μ。这一信息公司市场部必须知悉。

对于第二个问题可以这样理解，由于 80 落在所估计的区间左边。因此，可以认为该公司所有消费者的服务质量评分均值在 80 分以上，从目前的信息来看，并不需要对已有的服务质量评价体系进行改革。

本案例给出了解决实际问题的一般方法，可应用在不同领域。

➢ 本章小结

总体参数估计问题可以分为参数的点估计和区间估计。点估计常用的方法有矩估计和最大似然估计，这两种估计方法都有直观意义。因为点估计量是一个随机变量，对于不同的样本值，一般得到参数不同的估计值。因而，需要某种标准去衡量参数点估计量的好坏。本章介绍了无偏性、有效性和相合性这三个标准。相合性是对估计量的一个基本要求，不具备相合性的估计量被认为是不好的估计量。

由于点估计不能反映估计的精度，因而有了区间估计概念的引入。置信区间是一个随机区间，置信度则是置信区间覆盖未知参数的概率，置信度是在分析置信区间之前就预先给定的。

➢ 问题与思考

1. 记总体 X 的均值和方差分别为 μ 和 $\sigma^2(>0)$ 且都存在，则无论 X 服从什么分布，样本方差$S^2=\frac{1}{n-1}\sum_{i=1}^{n}(X_i-\bar{X})^2$总是总体方差$\sigma^2$的无偏估计量。为什么？

2. 设$X_1,X_2,\cdots,X_n$是来自0-1分布$B(1,p)$的一个样本，试求参数p的矩估计量。

3. 一地质学家为研究密歇根湖湖滩地区的岩石成分，随机自该地区取得100个样品，每个样品均由10块石子组成，数据如下表所示。该地质学家记录了每个样品中属石灰石的石子数。假设这100次观测相互独立，且知它们都服从二项分布$B(10,p)$，这里p是这地区一块石子是石灰石的概率。试求p的最大似然估计值。

样品中属石灰石的石子数/个	0	1	2	3	4	5	6	7	8	9	10
观察到石灰石的样品个数/个	0	1	6	7	23	26	21	12	3	1	0

4. 参数区间估计的长度与置信度之间有何关系？

5. 设有某种新研制的清漆的9个样品，其干燥时间（单位：小时）分别为6.0，5.7，5.8，6.3，6.5，6.3，5.9，6.1，5.9。假设这种清漆的干燥时间服从正态分布$N(\mu,\sigma^2)$，试在$\sigma=0.6$小时、σ未知两种情形下计算μ的区间估计，要求这一估计的置信度至少为0.95。分析两种情形下μ的区间估计的差异及其成因。

6. 某电子产品的某一参数服从正态分布。从某天生产的产品中抽取20只产品，测得该参数如下。

3.0	2.7	2.9	2.8	3.1	2.6	2.5	2.8	2.4	2.9
2.7	2.6	3.2	3.0	2.8	3.1	2.7	2.9	2.6	2.5

试求该正态分布方差置信度为0.95的置信区间。

7. 某大学的学生管理部门为了解学生的上网时间，在全校40 000名学生中随机抽取了400名学生以了解他们每人平均每天上网的时间。这400个数据的均值为3.5小时，标准差为0.8小时；且有120个学生平均每天上网时间超过5小时。在置信度0.95下，求如下内容。

（1）该校40 000万名学生每天平均上网时间的区间估计。

（2）该校所有学生中平均每天上网时间超过5小时的学生数占比的区间估计。

8. 为研究某种汽车轮胎的磨损特性，随机选择16只轮胎，每只轮胎行驶到磨损坏为止，记录的数据（单位：千米）如下。

41 250	40 187	43 175	41 010	39 265	41 872	42 654	41 287
38 970	40 200	42 550	41 095	40 680	43 500	39 775	40 400

假设这些数据来自正态总体$N(\mu,\sigma^2)$，其中，μ,σ^2均未知。试求μ的置信度为0.95置信下限。

9. 为了在正常条件下，检验一种杂交作物的两种新处理方案（分别记为 A 和 B），在同一地区随机选取 8 块地块，在各个试验地块按两种方案种植作物，这 8 块地块的亩（1 亩约为 666.67 平方米）产量如下。

A 方案亩产量/千克	860	870	560	930	840	930	790	750
B 方案亩产量/千克	820	790	590	910	780	820	740	660

假设这两种方案下的亩产量都服从正态分布（方差相等），试求这两个方案下平均亩产量之差的置信度为 0.95 的置信区间。

第11章 假设检验

案例导入（家族企业传递选择）："百年企业"的生存与发展"密码"是个有趣话题，其中，家族企业的传递选择问题受到学界、企业经营管理者的广泛关注。事实上，家族企业的创立者都会面临传承的选择问题，即企业CEO要么由自己的子女接任，要么从企业外部聘任。哪一种选择对企业的发展有利呢？这是许多家族企业面临的实际问题。不同的个案会得到不同的结论。那么，如何一般性地看待这一现象呢？或者通过大量案例分析，会得出什么结论呢？用什么方法评估传承和外聘对企业发展的影响呢？人们可以从大量案例分析中获得企业CEO不同选择后的发展状况，并推断一般性的结论，但这样的分析过程缺乏逻辑支持。能否运用统计推断方法研究这一问题，是一个有趣且令人期待的探索。

某研究人员在一个时间跨度为9年的时段内随机选择了140个家族企业为分析样本，其中30%的企业选择传承，其余的样本企业则选择外部聘请CEO的方式。研究人员通过总资产收入率这一指标来度量企业的发展状况，并收集了企业传承或外聘CEO继任后该指标与继任前该指标之差的数据如表11.1所示。

表11.1 继任后总资产收入率与继任前总资产收入率的差值 单位：%

传承								
−1.95	0	0.56	1.44	1.50	1.41	−0.32	−1.70	−1.66
−2.16	1.22	0.67	−0.39	−1.43	−0.48	0.24	0.79	−1.19
−0.67	2.61	1.55	−2.67	−1.91	1.01	−1.62	−5.25	0.14
3.05	2.98	−1.37	−3.15	0.91	3.27	0.57	−0.31	0.30
−1.87	−1.38	1.89	−3.70	2.75	2.12			
外聘								
−1.16	1.04	1.28	1.74	−0.14	−0.82	0	2.68	−0.08
8.68	−0.51	−1.16	−4.34	−3.07	3.20	0.53	1.05	3.76
−3.20	−0.45	5.93	−1.32	0.46	4.22	−0.71	5.89	3.39
5.62	2.79	5.67	−0.80	1.37	0.72	4.14	3.04	3.33
4.83	3.06	0.95	0.55	−1.69	−2.03	1.59	−2.46	−5.96
4.50	2.37	2.44	1.07	−1.11	0.44	1.36	0.88	−1.98
2.84	4.75	6.64	1.72	6.79	0.09	6.31	−3.04	−0.42
−0.16	2.77	−0.96	1.01	2.66	4.11	2.97	4.28	4.15
−0.95	0.69	1.43	−2.20	−4.23	5.08	−2.69	−1.40	4.62
−0.49	−0.37	−2.69	0.23	2.45	−2.59	3.20	0.55	0.33
4.41	1.58	2.07	−0.89	−1.05	5.39	2.65	−2.10	

这一样本数据能否支持不同选择对公司发展的影响有明显区别，哪种选择的结果更好？

11.1 参数假设检验

在生产和科学研究中，还有一类重要的统计推断问题，它们不是仅用参数估计的方法就能解决的。例如，生产工艺改变后，产品的质量指标是否发生改变；员工培训后是否提高了工作效率；广告攻势后产品的市场份额有无发生变化；在科学研究或试验中，两种不同方法产生的效果或效率有无差异；等等。

上述问题不同于参数的估计问题，因为有时我们连总体的分布形式都不知道。本节先来介绍参数假设检验的理论与方法，以及解决诸如上述问题的分析过程。

11.1.1 基本概念

先来看一个产品验收方案问题。A 公司是 B 公司的某零部件供应商。现有 A 公司的一批产品有待 B 公司验收，但该批产品的废品率 p 未知。为此，A 与 B 协商了一数值 p_0，比如 $p_0=2\%$。约定当 $p\leqslant p_0$ 时，B 接受该批产品，否则拒收。由于 p 未知，这个问题没法解决。于是，双方同意用抽样检验的方法：从该批产品中随机抽取 n 个产品，以 X 表示这 n 个产品中的废品数。根据 X 的值，用某种双方都认可的规则去决定 B 是否接受该批产品。设 n 与整批产品个数相比甚小，由此可假定 X 服从二项分布 $B(n,p)$，这样可将实际问题归结为一个理论问题，即要根据样本 X 研究 $p\leqslant p_0$ 是否成立的问题。

在总体 X 的分布函数 $F(x,\theta)$ 已知，但参数 θ 未知时，如对未知参数 θ 提出假设“θ_0 为其真值”，则如何利用样本 $X_1,X_2,\cdots,X_n$ 提供的信息来检验这个假设，即是接受此假设还是拒绝此假设？这类统计问题称之为参数的假设检验问题。参数估计和参数假设检验是利用样本 $X_1,X_2,\cdots,X_n$ 为总体的统计特性提供的信息，建立样本的函数，即估计量或检验统计量，从不同角度处理总体未知参数的两种统计方法。

例 11.1 某公司生产的某种袋装食品由自动包装机包装，这种食品每袋的净重服从正态分布。根据长期观测得知其标准差 $\sigma=15$ 克，假设每袋的额定净重为 500 克。为了检验包装机工作是否正常，每天开工后都要对包装的食品重量进行抽样检验。设某天开工后随机抽取 16 袋该食品，称得的净重（单位：克）为：497，510，513，521，500，503，511，498，506，518，524，498，511，520，515，512。那么由这一样本数据，能否判断这天包装机工作正常？

对于设备运行是否正常的问题，一般来说，可以直接通过检测设备来回答。事实上，设备运行正常与否，还可以通过由此设备生产出的产品的质量指标是否符合标准来判断，这是一种间接方法，这一工作可以通过假设检验来实施。

下面通过讨论例 11.1 来阐述假设检验的基本思想和一般步骤。

1. 假设的提法

在例 11.1 中，包装机工作正常意味着食品每袋净重服从正态分布 $N(\mu_0,\sigma^2)$，这里 $\mu_0=500$ 克，$\sigma=15$ 克。设某天开工后，包装机包装的食品每袋净重服从正态分布 $N(\mu_0,\sigma^2)$，那么包装机工作是否正常就是要判断 $\mu=\mu_0$ 还是 $\mu\neq\mu_0$。为此，提出假设

$$H_0:\mu=\mu_0;\ H_1:\mu\neq\mu_0 \tag{11.1}$$

这是两个对立且完备的假设。统计假设 H_0 称为原假设或零假设，而统计假设 H_1 称为备择假设或对立假设。我们要进行的工作就是根据样本，需要做出接受 H_0（即拒绝 H_1）还是拒绝 H_0（即接受 H_1）的决策。如果做出的决策是接受 H_0，则认为 $\mu=\mu_0$，即认为包装机工作正常；否则，则认为包装机工作不正常。

假设的提法一般有两种类型，以正态总体均值的假设为例来说明。

1）双边假设

$$H_0:\mu=\mu_0;\ H_1:\mu\neq\mu_0 \tag{11.1}$$

式中，μ_0 已知。

2）单边假设

第一，左边假设为

$$H_0:\mu\geqslant\mu_0;\ H_1:\mu<\mu_0 \tag{11.2}$$

第二，右边假设为

$$H_0:\mu\leqslant\mu_0;\ H_1:\mu>\mu_0 \tag{11.3}$$

注：等号必须放在原假设 H_0 中。

可以看到，双边或单边的称谓都是基于备择假设的形式。

2. 两类错误

原假设 H_0 和备择假设 H_1 中仅有一个为真。因为，假设的提出基于对立性和完备性的原则。因此，对于 H_0 和 H_1 哪个为真的选择实际上是一个决策问题。面对两个可供选择的方案，而其中只有一个为真，难免犯错误。事实上，针对某一样本和某一检验规则会犯两类错误：一是 H_0 实际为真时，却做出拒绝 H_0 的错误决策，称这类“弃真”的错误为第一类错误；二是当 H_0 实际上不为真时，却接受了 H_0，称这类“取伪”的错误为第二类错误。

只对第一类错误发生的概率 α 加以控制，而不考虑第二类错误发生概率 β 的检验问题，称为显著性检验问题。

3. 检验规则

H_0 和 H_1 的选择问题是一个决策问题。因此，需要一个选择方案的标准。即解决假设检验问题，需要建立一个合理的法则，根据这一法则，利用已知样本做出接受原假设 H_0（即拒绝备择假设 H_1），还是拒绝原假设 H_0（即接受备择假设 H_1）的决策。

例 11.1 中要检验的假设涉及正态总体的均值 μ。由 10.1 节可知，样本均值 $\overline{X}$ 是 μ 的

无偏估计量，且有 $\bar{X} \sim N\left(\mu, \frac{\sigma^2}{n}\right)$。由正态分布的 3σ 准则可知，$\bar{X}$ 在 μ 的周围取值的概率很大。由此，$\bar{x}$ 与 μ 的偏差一般不应太大。如果假设 H_0 为真，即 $\mu = \mu_0$，则观测值 $\bar{x}$ 与 μ_0 的偏差 $|\bar{x} - \mu_0|$ 就不应太大。若偏差 $|\bar{x} - \mu_0|$ 过分大，则就要怀疑假设 H_0 的正确性而拒绝 H_0。易见当 H_0 为真时，由 $\bar{X} \sim N\left(\mu_0, \frac{\sigma^2}{n}\right)$，可知 $\frac{\bar{X} - \mu_0}{\sigma/\sqrt{n}} \sim N(0,1)$。度量 $|\bar{x} - \mu_0|$ 的大小等价于度量 $\left|\frac{\bar{x} - \mu_0}{\sigma/\sqrt{n}}\right|$ 的大小，那么，如果假设 H_0 为真，则 $\left|\frac{\bar{x} - \mu_0}{\sigma/\sqrt{n}}\right|$ 不应太大。为了构建基于偏差 $|\bar{x} - \mu_0|$ 拒绝 H_0 的规则，选定一正数 k，使得当 $\left|\frac{\bar{x} - \mu_0}{\sigma/\sqrt{n}}\right| \geqslant k$ 时拒绝 H_0；反之，接受 H_0。

由于做出判断的依据是一个样本，因而当 H_0 为真时仍可能做出拒绝 H_0 的决策，显然这种可能性无法消除，这是一种错误。将这种错误发生的概率记为

$$P(\text{拒绝 } H_0 \mid H_0 \text{ 为真}) \tag{11.4}$$

由于无法避免这类错误的发生，也就是不管常数 k 取多大，概率 $P(\text{拒绝 } H_0 \mid H_0 \text{ 为真})$ 都大于零。因此，希望将这类错误发生的概率控制在一定幅度内，即给出一个较小的数 α（$0<\alpha<1$），来限制这类错误发生的概率，即要求

$$P(\text{拒绝 } H_0 \mid H_0 \text{ 为真}) \leqslant \alpha \tag{11.5}$$

这样就可以在前述的基础上结合式（11.5）确定 k。

事实上，由于 $\bar{X} \sim N\left(\mu, \frac{\sigma^2}{n}\right)$，则当 H_0 为真，即 $\mu = \mu_0$ 时，$\bar{X} \sim N\left(\mu_0, \frac{\sigma^2}{n}\right)$，从而统计量

$$Z = \frac{\bar{X} - \mu_0}{\sigma/\sqrt{n}} \sim N(0,1) \tag{11.6}$$

由式（11.5）知，允许犯“H_0 为真而拒绝 H_0”这类错误的概率最大为 α，就取最大值 α，即

$$P(\text{拒绝 } H_0 \mid H_0 \text{ 为真}) = P_{\mu_0}\left(\left|\frac{\bar{X} - \mu_0}{\sigma/\sqrt{n}}\right| \geqslant k\right) = \alpha \tag{11.7}$$

由式（11.7），易得 $k = z_{\alpha/2}$，这里 $z_{\alpha/2}$ 为标准正态分布的上 $\alpha/2$ 分位点。

从而，若样本均值 $\bar{X}$ 的观测值 $\bar{x}$ 满足

$$\left|\frac{\bar{x} - \mu_0}{\sigma/\sqrt{n}}\right| \geqslant z_{\alpha/2} \tag{11.8}$$

则拒绝 H_0；否则，接受 H_0。

在例 11.1 中取 $\alpha = 0.05$，则 $k = z_{\alpha/2} = z_{0.025} = 1.96$，又已知 $n = 16$，$\sigma = 15$，由题意知，$\bar{x} = 509.8$，从而

$$\left|\frac{\overline{x}-\mu_0}{\sigma/\sqrt{n}}\right|=2.61>z_{\alpha/2}=1.96$$

于是拒绝H_0，认为这天包装机工作不正常。

下面简要分析一下检验规则建立的依据。

由式（11.8），若H_0为真，事件$\left\{\left|\frac{\overline{X}-\mu_0}{\sigma/\sqrt{n}}\right|\geqslant z_{\alpha/2}\right\}$发生的概率仅为$\alpha$。一般$\alpha$取值较小，故$\left\{\left|\frac{\overline{X}-\mu_0}{\sigma/\sqrt{n}}\right|\geqslant z_{\alpha/2}\right\}$为小概率事件。根据实际推断原理：概率很小的事件在一次试验中几乎不会发生，如果H_0为真，则由一次抽样获得的样本均值$\overline{X}$的观测值$\overline{x}$几乎不满足不等式（11.8）。现在在一次观测中居然出现了满足不等式（11.8）的$\overline{x}$，则有理由怀疑H_0为真这一假设的正确性，因而拒绝H_0。如观测值$\overline{x}$不满足不等式（11.8），此时没有足够的理由拒绝H_0，因而只能接受H_0。

从例 11.1 的做法中可以看到当样本容量固定时，数k可以依据α确定，然后利用统计量$Z=\frac{\overline{X}-\mu_0}{\sigma/\sqrt{n}}$观测值的绝对值$|z|=\left|\frac{\overline{x}-\mu_0}{\sigma/\sqrt{n}}\right|$与数$k$比较而做出决策。数$k$是检验原假设是否成立的一个门槛值。若$|z|\geqslant k$，则称$\overline{x}$与$\mu_0$的差异显著，此时拒绝$H_0$；反之，则称$\overline{x}$与$\mu_0$的差异不显著，从而接受$H_0$。我们称$\alpha$为显著性水平，而式（11.6）中的统计量$Z=\frac{\overline{X}-\mu_0}{\sigma/\sqrt{n}}$称为检验统计量。一个统计检验，即判断$H_0$是否成立的一个规则，从几何观点来看就是把样本空间$\Omega$（所有可能的样本值组成的集合，大多数情况下是$n$维实数空间）划分成两个不相等的子集$W_0$和$W_1$。对于例 11.1，$W_1$就是满足式（11.8）的样本值$(x_1,\cdots,x_n)$的集合。当样本值$(x_1,\cdots,x_n)\in W_1$时，拒绝$H_0$；当样本值$(x_1,\cdots,x_n)\in W_0$，即$(x_1,\cdots,x_n)\notin W_1$时，接受$H_0$。在例 11.1 中，当样本均值的观测值$\overline{x}\in\left(-\infty,\mu_0-z_{\alpha/2}\frac{\sigma}{\sqrt{n}}\right]$，或$\overline{x}\in\left[\mu_0+z_{\alpha/2}\frac{\sigma}{\sqrt{n}},+\infty\right)$时，就拒绝原假设$H_0$，否则接受$H_0$。称$W_1$为检验问题的拒绝域，$W_0$为检验问题的接受域。由于$W_0$与$W_1$的并集就是样本空间，通常给出了某个检验法，实质上就是指明了某个拒绝域W_1。

4. 参数假设检验问题的步骤

第一步，根据实际问题的要求，提出原假设H_0和备择假设H_1。

第二步，给定显著性水平α以及样本容量n。

第三步，确定检验统计量及其分布，并由H_1的内容确定拒绝域的形式。

第四步，由P(拒绝$H_0|H_1$为真)$\leqslant\alpha$求出拒绝域。

第五步，根据样本观测值计算检验统计量的具体值。

第六步，做出拒绝还是接受H_0的统计判断。

11.1.2　单个总体参数的假设检验

1. 单个正态总体参数的假设检验

1）单个正态总体 $N(\mu,\sigma^2)$ 均值 μ 的检验

A. σ^2 已知，关于 μ 的检验（Z 检验）

上面已讨论正态总体 $N(\mu,\sigma^2)$ 当 σ^2 已知时的假设检验问题 $H_0: \mu = \mu_0; H_1: \mu = \mu_0$。这个检验问题可以利用在 H_0 为真时服从 $N(0,1)$ 分布的检验统计量

$$Z = \frac{\overline{X} - \mu_0}{\sigma/\sqrt{n}} \tag{11.9}$$

来构造拒绝域（11.8），即只要不等式 $|z| = \left|\dfrac{\overline{x} - \mu_0}{\sigma/\sqrt{n}}\right| \geqslant z_{\alpha/2}$ 成立，就拒绝原假设 H_0。

这种检验法称为 Z 检验法。

例 11.2（生产管理）　某公司是一家在业内具有影响力的咨询公司，常常为委托人监控其生产过程提供统计控制方面的建议。在某一咨询业务中，一家制造企业委托该公司对其生产过程提供帮助，因为，近来这家制造公司的产品质量出现异常波动。制造企业提供了由其生产正常运行时的 1000 个产品的某一质量特性指标值组成的样本数据，这些数据的标准差为 0.21 厘米。由于样本数据较大，在应用中可以将这一大样本的标准差看成总体的标准差，即可以假定总体的标准差为 0.21 厘米。该公司认为，这么大的样本数据取样成本太高。因此，建议委托公司通过连续定期选取样本容量为 30 的随机样本来对该生产过程进行监测。通过对这些样本的分析，委托公司可以迅速知道该生产过程的运行状况是否符合要求。当生产过程失控时，则要采取纠正措施以避免问题的出现。假设生产正常运行时产品的质量特性指标均值为 12 厘米。表 11.2 为某天在生产运行过程中每间隔一小时收集的样本数据。假设总体服从正态分布 $N(\mu,0.21^2)$。则在取样的 4 个阶段内，生产过程是否运行正常？设显著性水平为 0.05。

表 11.2　样本数据　　单位：厘米

样本 1	样本 2	样本 3	样本 4
11.55	11.62	11.91	12.02
11.62	11.69	11.36	12.02
11.52	11.59	11.75	12.05
11.75	11.82	11.95	12.18
11.90	11.97	12.14	12.11
11.64	11.71	11.72	12.07
11.80	11.87	11.61	12.05
12.03	12.10	11.85	11.64

续表

样本 1	样本 2	样本 3	样本 4
11.94	12.01	12.16	12.39
11.92	11.99	11.91	11.65
12.13	12.20	12.12	12.11
12.09	12.16	11.61	11.90
11.93	12.00	12.21	12.22
12.21	12.28	11.56	11.88
12.32	12.39	11.95	12.03
11.93	12.00	12.01	12.35
11.85	11.92	12.06	12.09
11.76	11.83	11.76	11.77
12.16	12.23	11.82	12.20
11.77	11.84	12.12	11.79
12.00	12.07	11.60	12.30
12.04	12.11	11.95	12.27
11.98	12.05	11.96	12.29
12.30	12.37	12.22	12.47
12.18	12.25	11.75	12.03
11.97	12.04	11.96	12.17
12.17	12.24	11.95	11.94
11.85	11.92	11.89	11.97
12.30	12.37	11.88	12.23
12.15	12.22	11.93	12.25

解：建立假设

$$H_0: \mu = 12;\ \ H_1: \mu \neq 12$$

此问题属于正态情形下，总体方差已知时总体均值的双边假设检验。这里的 μ 为产品的质量特性指标均值。拒绝原假设的条件为 $|z| = \left|\dfrac{\overline{x} - \mu_0}{\sigma/\sqrt{n}}\right| \geqslant z_{0.025}$。

可以看到，原假设为真表示生产过程处于正常状态。

由题意及所给数据，可知 $\mu_0 = 12, \sigma = 0.21, n_1 = n_2 = n_3 = n_4 = 30, \overline{x}_1 = 11.96, \overline{x}_2 = 12.03, \overline{x}_3 = 11.89, \overline{x}_4 = 12.08$。

经计算，此问题检验统计量的观察值分别为 $z_1 = -1.04, z_2 = 0.76, z_3 = -2.90, z_4 = 2.08$。由于 $z_{0.025} = 1.96$，从而有 $|z_1| < z_{\alpha/2}, |z_2| < z_{\alpha/2}, |z_3| > z_{\alpha/2}, |z_4| > z_{\alpha/2}$。故生产过程在样本

1 和样本 2 所对应的时段正常，在后两个时段生产过程则处于非正常状态。

形如“$H_1:\mu \neq \mu_0$”的备择假设表示μ可能大于μ_0，也可能小于μ_0，称为双边备选假设，称形如式（11.1）的假设检验为双边假设检验，形如式（11.2）和式（11.3）的假设检验为单边假设检验。

例 11.3 某公司生产某型号的内胎，从长期的数据分析知道其扯断强力（单位：牛顿/厘米^2）服从均值$\mu_0=1380$，标准差$\sigma_0=50$的正态分布。该公司为提高产品质量，改变了原来的配方进行现场生产试验。设新配方生产的内胎其扯断强力仍服从正态分布$N(\mu,\sigma^2)$。在试验中除配方外，其他条件都保持不变，由此可以认为新配方未改变此型号内胎扯断强力的方差，即可以认为$\sigma=50$。采用新配方的 5 次试验中，测得内胎扯断强力为：1450，1460，1360，1430，1420。试问采用新配方，能否提高内胎的平均扯断强力？设显著性水平$\alpha=0.05$。

对此问题，需要检验假设

$$H_0:\mu \leqslant \mu_0;\ H_1:\mu > \mu_0 \tag{11.10}$$

下面讨论检验问题（11.10）的拒绝域。

设总体$X\sim N(\mu,\sigma^2)$，其中σ^2已知。设$X_1,X_2,\cdots,X_n$为来自此总体的一个样本，$x_1,x_2,\cdots,x_n$为其观测值。给定显著性水平α，先讨论检验问题

$$H_0:\mu=\mu_0;\ H_1:\mu > \mu_0 \tag{11.11}$$

的拒绝域。

取检验统计量为式（11.9）中的Z。当H_1为真时，Z往往偏大，因而拒绝域的形式为

$$z=\frac{\overline{x}-\mu_0}{\sigma/\sqrt{n}} \geqslant k$$

因为当H_0为真时，$Z\sim N(0,1)$，由P(拒绝$H_0|H_0$为真)$=P_{\mu_0}(Z\geqslant k)=\alpha$，得$k=z_\alpha$，从标准正态分布的分位点可以看到这一点，如图 11.1 所示。

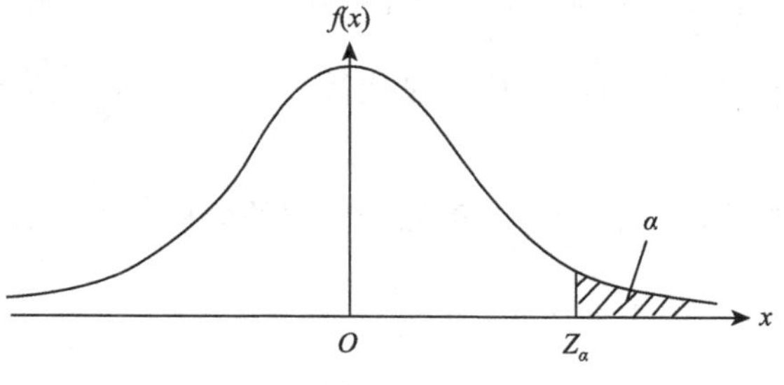

图 11.1 标准正态分布的上α分位点

故右边检验问题（11.11）的拒绝域为

$$z=\frac{\overline{x}-\mu_0}{\sigma/\sqrt{n}} \geqslant z_\alpha \tag{11.12}$$

事实上式（11.12）也是检验问题（11.10）的拒绝域。

对任何 $\mu \leqslant \mu_0$，有

$$P_\mu\left(\frac{\bar{X}-\mu_0}{\sigma/\sqrt{n}} \geqslant z_\alpha\right) = P_\mu\left(\frac{\bar{X}-\mu}{\sigma/\sqrt{n}} \geqslant z_\alpha + \frac{\mu_0-\mu}{\sigma/\sqrt{n}}\right)$$
$$= 1-\Phi\left(z_\alpha + \frac{\mu_0-\mu}{\sigma/\sqrt{n}}\right) \leqslant 1-\Phi(z_\alpha) = \alpha$$

于是 P_μ(拒绝 $H_0 \mid H_0$ 为真)$\leqslant \alpha$，对所有的 $\mu \leqslant \mu_0$ 成立。所以式（11.12）也是右边检验问题（11.10）的拒绝域。

上面的讨论说明在方差 σ^2 已知时，形如式（11.10）的检验问题的拒绝域，可归结为式（11.11）来讨论。对于其他有关正态总体参数的检验问题，也有类似结果。

下面来求解例 11.3。

解：对于显著性水平 $\alpha = 0.05$，查表得 $z_\alpha = z_{0.05} = 1.645$；由样本观测值算出 $\bar{x} = 1424$。因 $\dfrac{\bar{x}-\mu_0}{\sigma/\sqrt{n}} = \sqrt{5} \times (1424-1380)/50 = 1.97 > z_\alpha = z_{0.05} = 1.645$，故式（11.10）中的原假设在 0.05 水平下被拒绝，也即采用新配方能够提高内胎的平均扯断强力。

可知显著性水平 α 是犯第一类错误的最大概率，因此，α 越小则拒绝 H_0 的把握越大。

容易看到对固定的样本容量 n，当 α 减少时，犯第二类错误的概率就会增大，这会造成严重后果。比如在药品的质量检验中，当 α 定得很小时，会造成不合格产品“漏检”现象发生的可能性增大，这给病人带来很大风险。因此对于某些检验，应将 α 适当取大些。反之，α 较大，又容易使更多的“合格品”被当作“不合格品”，会造成重大经济损失。在具体应用中，显著性水平 α 应根据实际确定。

B. σ^2 未知，关于 μ 的检验（t 检验）

设总体 $X \sim N(\mu, \sigma^2)$，其中 μ, σ^2 均未知，在显著性水平 α 下检验假设

$$H_0: \mu = \mu_0;\ H_1: \mu \neq \mu_0$$

设 $X_1, X_2, \cdots, X_n$ 是来自总体 X 的一个样本，$x_1, x_2, \cdots, x_n$ 为其观测值。注意到样本方差 S^2 是 σ^2 的无偏估计，在式（11.9）中以 S 代替 σ，用 $T = \dfrac{\bar{X}-\mu_0}{S/\sqrt{n}}$ 作为检验统计量。当 H_0 为真时，统计量 T 服从 $t(n-1)$ 分布。类似于前面的分析，当 T 的观测值 $|t| = \left|\dfrac{\bar{x}-\mu_0}{s/\sqrt{n}}\right|$ 过分大时就拒绝 H_0，由

$$P\,(\text{拒绝 } H_0 \mid H_0 \text{ 为真}) = P_{\mu_0}\left(\left|\frac{\bar{X}-\mu_0}{S/\sqrt{n}}\right| \geqslant t_{\alpha/2}(n-1)\right) = \alpha$$

即拒绝域为

$$|t| = \left|\frac{\bar{x}-\mu_0}{s/\sqrt{n}}\right| \geqslant t_{\alpha/2}(n-1) \tag{11.13}$$

也即只要式（11.13）成立，就拒绝原假设。

对于正态总体 $N(\mu,\sigma^2)$，当 σ^2 未知时，关于 μ 的单边检验的拒绝域在表 11.5 中给出。

例 11.4 按照质量标准某型号灯管的平均使用寿命不低于 2500 小时，现从一批生产出的这种型号的灯管中随机抽取 25 只，测得其平均使用寿命为 2391 小时，样本标准差为 230 小时。假设这种型号灯管的寿命服从正态分布，试问是否可以认为这批灯管是合格的（$\alpha=0.05$）？

解： 按题意需检验假设 $H_0:\mu\geqslant\mu_0=2500;\ H_1:\mu<\mu_0$。由表 11.5 知，此检验问题的拒绝域为 $t=\dfrac{\overline{x}-\mu_0}{s/\sqrt{n}}\leqslant -t_\alpha(n-1)$，因为 $n=25$，查表得 $t_\alpha(n-1)=t_{0.05}(24)=1.7109$，而 $s=230$，由于 $t=\dfrac{\overline{x}-\mu_0}{s/\sqrt{n}}=-2.37<-1.7109$，故拒绝 H_0，即认为这批灯管不合格。

2）单个正态总体 $N(\mu,\sigma^2)$ 方差 σ^2 的检验

设总体 $X\sim N(\mu,\sigma^2)$，μ,σ^2 未知，$X_1,X_2,\cdots,X_n$ 为 X 的一个样本，$x_1,x_2,\cdots,x_n$ 为其观测值。要在显著性水平 α 下检验假设

$$H_0:\sigma^2=\sigma_0^2;\ H_1:\sigma^2\neq\sigma_0^2 \tag{11.14}$$

式中，σ_0^2 为已知常数。

由于 S^2 是 σ^2 的无偏估计，故用 S^2 与 σ_0^2 作比较。当 H_0 为真时，有 $\dfrac{(n-1)S^2}{\sigma_0^2}\sim\chi^2(n-1)$，取 $\chi^2=\dfrac{(n-1)S^2}{\sigma_0^2}$ 为检验统计量。由式（11.14）知拒绝域的形式应为 $\dfrac{(n-1)s^2}{\sigma_0^2}\leqslant k_1$ 或 $\dfrac{(n-1)s^2}{\sigma_0^2}\geqslant k_2$。

这里常数 k_1,k_2 由 P(拒绝 $H_0\,|\,H_1$ 为真)$=P_{\sigma_0^2}\left(\left(\dfrac{(n-1)S^2}{\sigma_0^2}\leqslant k_1\right)\cup\left(\dfrac{(n-1)S^2}{\sigma_0^2}\geqslant k_2\right)\right)=\alpha$ 确定，一般取 $P_{\sigma_0^2}\left(\dfrac{(n-1)S^2}{\sigma_0^2}\leqslant k_1\right)=\dfrac{\alpha}{2}$，$P_{\sigma_0^2}\left(\dfrac{(n-1)S^2}{\sigma_0^2}\geqslant k_2\right)=\dfrac{\alpha}{2}$，则得 $k_1=\chi^2_{1-\alpha/2}(n-1)$，$k_2=\chi^2_{\alpha/2}(n-1)$，于是检验问题（11.14）拒绝域的形式为 $\dfrac{(n-1)s^2}{\sigma_0^2}\leqslant\chi^2_{1-\alpha/2}(n-1)$ 或 $\dfrac{(n-1)s^2}{\sigma_0^2}\geqslant\chi^2_{\alpha/2}(n-1)$。

上述检验法称为 χ^2 检验法。

方差 σ^2 单边检验的拒绝域在表 11.5 中给出。

例 11.5（产品质量的稳定性） 某厂生产某型号零件，由历史数据可知此型号零件的外径服从方差 $\sigma_0^2=50$ 平方毫米的正态分布。为了判断新近一批这种零件外径的波动性是否较以往有所变化，随机抽取了一个容量 $n=30$ 的样本，测得样本方差为 $s^2=62$ 平方毫米。在显著性 $\alpha=0.05$ 下，由此资料能否认为这批零件外径的波动性较以往有显著变大？

解：本题的假设为

$$H_0:\sigma^2 \leqslant \sigma_0^2=50;\ H_1:\sigma^2 > 50$$

由于检验统计量的观测值 $\chi^2=\dfrac{(n-1)s^2}{\sigma_0^2}=\dfrac{29\times 62}{50}=35.96$，而 $\chi_\alpha^2(n-1)=\chi_{0.05}^2(29)=42.557$，故 $\chi^2<\chi_\alpha^2(n-1)$，因而，在显著性 $\alpha=0.05$ 下不能拒绝 H_0，即认为这批零件外径的波动性并无显著变大。

这里 $\chi_\alpha^2(n-1)$ 的含义如图 11.2 所示。

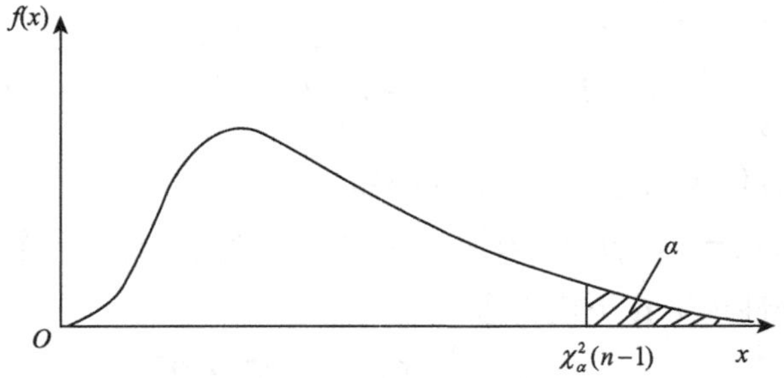

图 11.2　$\chi^2(n-1)$ 的上 α 分位点

2. 非正态总体参数的假设检验

这里讨论的是在大样本（样本容量 $n\geqslant 30$）情形下总体均值 μ 和总体比例 P 的假设检验问题。

1）总体均值 μ 的假设检验

设有检验问题

$$H_0:\mu=\mu_0;\ H_1:\mu\neq\mu_0$$
$$H_0:\mu\geqslant\mu_0;\ H_1:\mu<\mu_0$$
$$H_0:\mu\leqslant\mu_0;\ H_1:\mu>\mu_0$$

设总体 X 的均值为 μ，方差为 σ^2。$X_1,X_2,\cdots,X_n$ 是来自总体 X 的一个样本，$x_1,x_2,\cdots,x_n$ 为其观测值。

在大样本下，由中心极限定理可知，样本均值 $\overline{X}$ 近似服从正态分布 $N\left(\mu,\dfrac{\sigma^2}{n}\right)$。

当总体方差 σ^2 已知，检验统计量为

$$Z=\frac{\overline{X}-\mu_0}{\sigma/\sqrt{n}}\overset{\text{近似}}{\sim}N(0,1)$$

对于双边检验问题 $H_0:\mu=\mu_0;\ H_1:\mu\neq\mu_0$，拒绝原假设 H_0 的条件：$|z|\geqslant z_{\alpha/2}$。

对于左边检验问题 $H_0:\mu\geqslant\mu_0;\ H_1:\mu<\mu_0$，拒绝原假设 H_0 的条件：$z\leqslant -z_\alpha$。

对于右边检验问题 $H_0:\mu\leqslant\mu_0;\ H_1:\mu>\mu_0$，拒绝原假设 H_0 的条件：$z\geqslant z_\alpha$。其中，$z=\dfrac{\overline{x}-\mu_0}{\sigma/\sqrt{n}}$。

当总体方差 σ^2 未知，检验统计量为

$$Z=\frac{\overline{X}-\mu_0}{S/\sqrt{n}}\overset{\text{近似}}{\sim}N(0,1)$$

对于双边检验问题 $H_0:\mu=\mu_0$; $H_1:\mu\neq\mu_0$，拒绝原假设 H_0 的条件：$|z|\geqslant z_{\alpha/2}$。

对于左边检验问题 $H_0:\mu\geqslant\mu_0$; $H_1:\mu<\mu_0$，拒绝原假设 H_0 的条件：$z\leqslant -z_{\alpha}$。

对于右边检验问题 $H_0:\mu\leqslant\mu_0$; $H_1:\mu>\mu_0$，拒绝原假设 H_0 的条件：$z\geqslant z_{\alpha}$。其中，$z=\dfrac{\overline{x}-\mu_0}{s/\sqrt{n}}$。

例 11.6　一个市场分析师认为某市居民每户每周平均在食品上的支出少于 500 元。一个由 100 个家庭组成的随机样本资料所给出的平均值为 490 元，标准差为 50 元。在显著性水平 0.05 下，这些数据能否支持此市场分析师的看法？

解：此问题所要检验的假设为

$$H_0:\mu\geqslant 500;\ H_1:\mu<500$$

这是左边检验问题，拒绝域为

$$z=\frac{\overline{x}-\mu_0}{s/\sqrt{n}}\leqslant -z_{\alpha}$$

由题意，得 $z=\dfrac{490-500}{50/\sqrt{100}}=-2<-z_{0.05}=-1.645$，故拒绝原假设，即在显著性水平 0.05 下，由这一样本数据不能否定此市场分析师的看法。

2）总体比例 P 的假设检验

设有检验问题

$$H_0:P=P_0;\ H_1:P\neq P_0$$
$$H_0:P\geqslant P_0;\ H_1:P<P_0$$
$$H_0:P\leqslant P_0;\ H_1:P>P_0$$

在大样本下，由中心极限定理可知，样本比率 p 近似服从正态分布 $N\left(P,\dfrac{P(1-P)}{n}\right)$。

检验统计量为

$$Z=\frac{p-P_0}{\sqrt{\dfrac{P_0(1-P_0)}{n}}}\overset{\text{近似}}{\sim}N(0,1)$$

对于双边检验问题 $H_0:P=P_0$; $H_1:P\neq P_0$，拒绝原假设 H_0 的条件：$|z|\geqslant z_{\alpha/2}$。

对于左边检验问题 $H_0:P\geqslant P_0$; $H_1:P<P_0$，拒绝原假设 H_0 的条件：$z\leqslant -z_{\alpha}$。

对于右边检验问题 $H_0:P\leqslant P_0$; $H_1:P>P_0$，拒绝原假设 H_0 的条件：$z\geqslant z_{\alpha}$。其中，$z=\dfrac{p-P_0}{\sqrt{\dfrac{P_0(1-P_0)}{n}}}$。

例 11.7　某杂志声称其读者群中有 80%的女性。为检验此说法，某市场研究机构随

机抽取了 100 名该杂志的读者进行调查，发现其中 71 名为女性。在显著性水平 0.05 下，就该样本数据杂志社的说法是否可信？

解： 以 P 表示该杂志所有读者中女性读者数占比，则此问题所要检验的假设为

$$H_0: P = 0.8;\ H_1: P \neq 0.8$$

这是双边假设检验，其拒绝域的形式为

$$|z| = \left| \frac{p - P_0}{\sqrt{\frac{P_0(1-P_0)}{n}}} \right| \geqslant z_{\alpha/2}$$

由给出的数据计算得 $p = \frac{71}{100} = 0.71$，查表得 $z_{0.025} = 1.96$，从而

$$|z| = \left| \frac{p - P_0}{\sqrt{\frac{P_0(1-P_0)}{n}}} \right| = \left| \frac{0.71 - 0.8}{\sqrt{\frac{0.8 \times (1-0.8)}{100}}} \right| = 2.25 > z_{0.025} = 1.96$$

故拒绝原假设，即该杂志社的说法不可信。

例 11.8（项目可行性） 某集团公司拟推行一种激励措施以提高公司绩效，但改革的目的是要调动绝大多数员工的积极性。公司管理层研究后认为这一激励措施如有超过 20%的员工反对，则暂不宜推出，需要相关部门进一步研究、完善后再征求员工的意见。由于该集团员工很多，如要收集每个员工的意见是一项复杂的工作。因此，公司认为，随机抽取部分员工，通过样本员工的意见来推断公司所有员工的态度是一个可行方案。为此，在该集团旗下随机选取若干个分公司，并从中随机抽取 400 名员工，匿名调查的结果为有 94 名员工反对这一激励措施的推出。试问，目前可否推出这一激励措施？假设这一决策犯第一类错误的概率不超过 5%可以容忍。

解： 此问题属于总体比例的右边假设检验。以 P 表示该公司所有员工中反对这一激励措施者所占比例。建立假设

$$H_0: P \leqslant P_0;\ H_1: P > P_0$$

由题意可知，$n = 400, P_0 = 0.20, \alpha = 0.05$；经计算得到，样本比例 $p = \frac{94}{400} = 0.235$；查表得 $z_{0.05} = 1.645$，则

$$z = \frac{p - P_0}{\sqrt{\frac{P_0(1-P_0)}{n}}} = \frac{0.235 - 0.20}{\sqrt{\frac{0.20 \times 0.80}{400}}} = 1.75$$

由于 $z > z_\alpha$，故拒绝原假设，也即此激励措施推出的时机尚不成熟。

例 11.9（实践中如何理解假设检验中两类错误发生概率之间的关系） 一家百货公司的管理者拟为该公司的信用卡客户安装一套新的账单系统。在进行了全面的财务分析后，她发现只有当平均每人每月账单上的消费超过 1700 元时，安装该新系统才能收回成本。现有随机抽取的 400 人的月账单数据，它们的均值为 1780 元。由历史数据分析可知，月账单服从标准差为 650 元的正态分布。安装该系统能收回成本吗？并分析两类错误的关系。

这是一个方差已知的正态总体均值的右边假设检验问题。有假设

$$H_0: \mu \leqslant 1700;\ H_1: \mu > 1700$$

在 5%的显著性水平下，$z_{0.05} = 1.645$，又由题意，

$$z = \frac{\bar{x} - \mu_0}{\sigma/\sqrt{n}} = \frac{1780 - 1700}{650/\sqrt{400}} = 2.46$$

易见，$z = 2.46 > z_\alpha = z_{0.05} = 1.645$，故拒绝原假设，即安装该系统是成本有效的。

这里，第一类错误是指成本无效而公司却做出了安装该系统的决策，第二类错误则是指成本有效却未做出安装该系统的决策。

从拒绝原假设的条件 $z = \frac{\bar{x} - \mu_0}{\sigma/\sqrt{n}} \geqslant z_{0.05} = 1.645$，可以得到 $\bar{x} \geqslant 1753.46$。

由此，如果 $\bar{x} < 1753.46$，就不会拒绝原假设。不能拒绝原假设，就不能安装该系统。这样，第二类错误就是当该系统成本有效时却未安装该系统。该错误发生的概率

$$\beta = P(\bar{X} < 1753.46 \mid \text{当原假设不真})$$

原假设不真告诉我们均值不小于 1700 元。若要计算 β 值，需要 μ 的具体取值。以 $\mu = 1800$ 来计算 β 值，看看能获悉什么信息。

$$\begin{aligned}\beta &= P(\bar{X} < 1753.46 \mid \mu = 1800) \\ &= P\left(\frac{\bar{X} - \mu}{\sigma/\sqrt{n}} < \frac{1753.46 - 1800}{\sigma/\sqrt{n}}\right) \\ &= P\left(Z < \frac{1753.46 - 1800}{650/\sqrt{400}}\right) \\ &= P(Z < -1.43) = 0.0764\end{aligned}$$

此结果表明，账单均值实际为 1800 元时，原假设不真却没有拒绝的概率为 0.0764。

显著性水平 0.05 下两类错误的关系如图 11.3 所示。

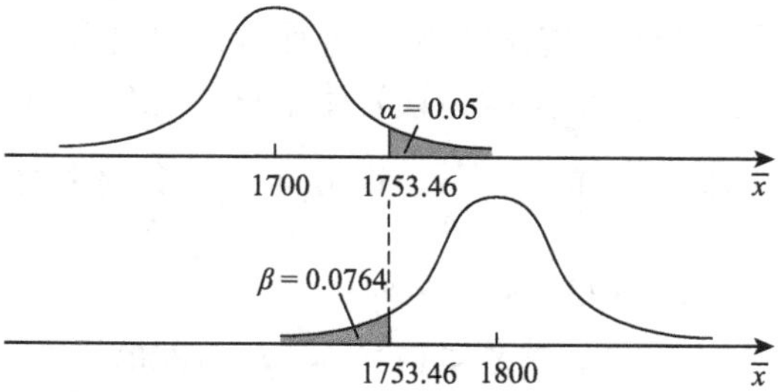

图 11.3 显著性水平 0.05 下两类错误的关系示意图

下面来看显著性水平 α 的变动对 β 的影响。

取 $\alpha = 0.01$，可以通过

$$z = \frac{\bar{x} - \mu_0}{\sigma/\sqrt{n}} \geqslant z_{0.01} = 2.33$$

得到 $\bar{x} \geqslant 1775.73$。

则当 $\mu = 1800$ 时，

$$\beta = P(\bar{X} < 1775.73 \mid \mu = 1800)$$
$$= P\left(\frac{\bar{X}-\mu}{\sigma/\sqrt{n}} < \frac{1775.73-1800}{\sigma/\sqrt{n}}\right)$$
$$= P\left(Z < \frac{1775.73-1800}{650/\sqrt{400}}\right)$$
$$= P(Z < -0.75) = 0.2266$$

显著性水平 0.01 下两类错误的关系如图 11.4 所示。

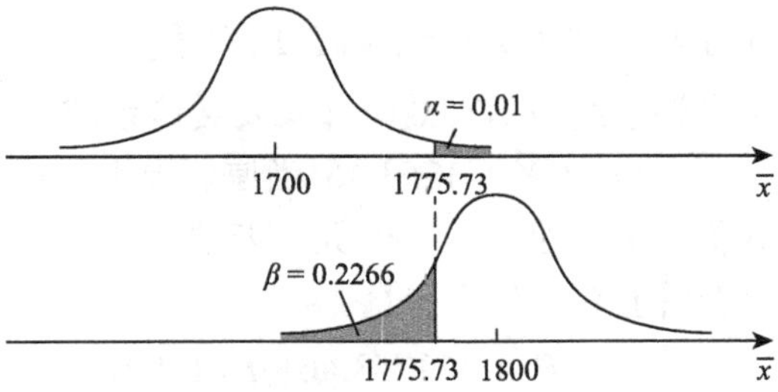

图 11.4　显著性水平 0.01 下两类错误的关系示意图

可见，当显著性水平α变小时，β则增加，即对于同一样本，减少第一类错误发生的概率意味着第二类错误发生的概率增加。

在应用中，如果第一类错误带来的成本远高于第二类错误造成的成本，降低犯第一类错误的概率是可取的。然而，当第二类错误带来的成本很大时，显著性水平稍大可能就合理了。

事实上，没有一个定量方法可以用来确定什么样的显著性水平是合适的。对管理者而言，有必要在考虑两类错误的成本基础上进行可行的决策。

那么，有没有办法同时降低两类错误发生的概率呢？从样本容量的变化试着分析。由$z=\dfrac{\bar{x}-\mu_0}{\sigma/\sqrt{n}} \geqslant z_{0.05}$，得$\bar{x} \geqslant \mu_0 + z_{0.05}\dfrac{\sigma}{\sqrt{n}}$，即$\mu_0 + z_{0.05}\dfrac{\sigma}{\sqrt{n}}$随样本容量$n$的增大而减小。如$n$由 400 增加到 900，则$\bar{x} \geqslant 1735.64$。从而

$$\beta = P(\bar{X} < 1735.64 \mid \mu = 1800)$$
$$= P\left(\frac{\bar{X}-\mu}{\sigma/\sqrt{n}} < \frac{1735.64-1800}{\sigma/\sqrt{n}}\right)$$
$$= P\left(Z < \frac{1735.64-1800}{650/\sqrt{900}}\right)$$
$$= P(Z < -2.97) = 0.0015$$

可以看到，在同一显著性水平$\alpha = 0.05$下，当样本容量由 400 增加到 900 时，β则从 0.0764 减少到 0.0015，样本容量增大时两类错误的关系如图 11.5 所示。类似地，在$\alpha = 0.01$下，当样本容量由 400 增加到 900 时，β则从 0.2266 减少到 0.0110。

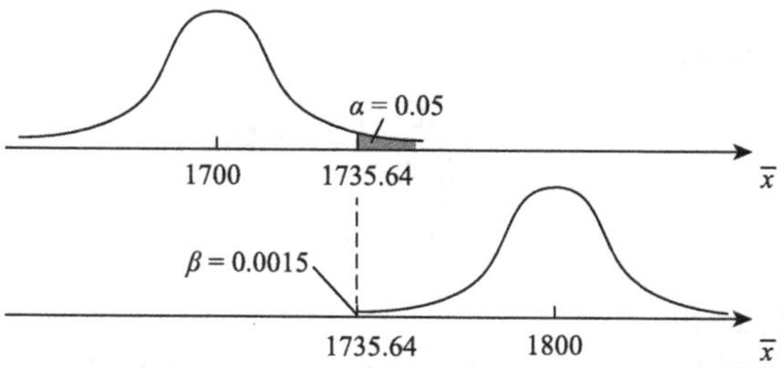

图 11.5　样本容量增大时两类错误的关系示意图

综上，大样本可以有助于减少决策偏误。

11.1.3　两个总体参数比较的假设检验

1. 正态总体情形

1）均值的假设检验

设 $X_1,X_2,\cdots,X_{n_1}$ 与 $Y_1,Y_2,\cdots,Y_{n_2}$ 是分别来自正态总体 $N(\mu_1,\sigma_1^2)$ 和 $N(\mu_2,\sigma_2^2)$ 的样本，且相互独立；$x_1,x_2,\cdots,x_{n_1}$ 与 $y_1,y_2,\cdots,y_{n_2}$ 为对应的样本观测值，各自的均值分别以 $\bar{x}$, $\bar{y}$ 表示，方差分别以 s_1^2,s_2^2 表示。设 $\mu_1,\mu_2,\sigma_1^2,\sigma_2^2$ 均未知。取显著性水平 α ，求检验问题

$$H_0:\mu_1=\mu_2;\ H_1:\mu_1\neq\mu_2$$
$$H_0:\mu_1\geqslant\mu_2;\ H_1:\mu_1<\mu_2$$
$$H_0:\mu_1\leqslant\mu_2;\ H_1:\mu_1>\mu_2$$

的拒绝域。

A. 两个正态总体的方差相等，即设 $\sigma_1^2=\sigma_2^2=\sigma^2$ 且 σ^2 未知

第一，检验统计量为

$$T=\left(\bar{X}-\bar{Y}\right)\Big/S_w\sqrt{\frac{1}{n_1}+\frac{1}{n_2}}\sim t(n_1+n_2-2)$$

式中，$S_w=\sqrt{\dfrac{(n_1-1)S_1^2+(n_2-1)S_2^2}{n_1+n_2-2}}$ 。

第二，检验规则如下。

对于双边检验问题 $H_0:\mu_1=\mu_2;H_1:\mu_1\neq\mu_2$ ，拒绝原假设 H_0 的条件：$|t|\geqslant t_{\alpha/2}(n_1+n_2-2)$ 。

对于左边检验问题 $H_0:\mu_1\geqslant\mu_2;H_1:\mu_1<\mu_2$ ，拒绝原假设 H_0 的条件：$t\leqslant -t_\alpha(n_1+n_2-2)$ 。

对于右边检验问题 $H_0:\mu_1\leqslant\mu_2;H_1:\mu_1>\mu_2$ ，拒绝原假设 H_0 的条件：$t\geqslant t_\alpha(n_1+n_2-2)$ 。

其中，

$$t=(\bar{x}-\bar{y})\Big/s_w\sqrt{\frac{1}{n_1}+\frac{1}{n_2}}\ ,\quad s_w=\sqrt{\frac{(n_1-1)s_1^2+(n_2-1)s_2^2}{n_1+n_2-2}}$$

B. 两个正态总体的方差不等，且设 σ_1^2,σ_2^2 已知

第一，检验统计量为

$$Z=\frac{\overline{X}-\overline{Y}}{\sqrt{\frac{\sigma_1^2}{n_1}+\frac{\sigma_2^2}{n_2}}}\sim N(0,1)$$

第二，检验规则如下。

对于双边检验问题 $H_0:\mu_1=\mu_2; H_1:\mu_1\neq\mu_2$，拒绝原假设 H_0 的条件：$|z|\geqslant z_{\alpha/2}$。

对于左边检验问题 $H_0:\mu_1\geqslant\mu_2; H_1:\mu_1<\mu_2$，拒绝原假设 H_0 的条件：$z\leqslant -z_{\alpha}$。

对于右边检验问题 $H_0:\mu_1\leqslant\mu_2; H_1:\mu_1>\mu_2$，拒绝原假设 H_0 的条件：$z\geqslant z_{\alpha}$。

例 11.10（供应商选择） 某啤酒厂为了降低生产成本，提高经济效益，决定在不影响产品质量的前提下，选择主要原料麦芽的供应厂家。设甲、乙两厂为供应商，但甲厂的价格较低。现分别采用甲、乙两厂生产的麦芽作原料，假设其他条件不变，各做了 5 次小批量试验。将每次试验生产的啤酒产品就香味、苦味、泡沫挂杯时间、二氧化碳含量、保存期及其他的理化指标进行综合评分，得到数据如表 11.3 所示。

表 11.3 质量评分数据 单位：分

麦芽生产厂家	质量综合评分				
甲厂	85	83	94	90	87
乙厂	91	90	89	96	90

又设由两厂家提供的麦芽原料所生产的啤酒质量综合评分指标分别服从正态分布 $N(\mu_1,\sigma^2)$ 和 $N(\mu_2,\sigma^2)$。设 $\alpha=0.10$，试检验假设

$$H_0:\mu_1=\mu_2;\ H_1:\mu_1\neq\mu_2$$

解：由题设，可以分别求出由甲、乙两厂提供的麦芽所生产的啤酒质量综合评分指标的样本均值和样本方差为 $\bar{x}=87.8,\ s_1^2=18.7,\ \bar{y}=91.2,\ s_2^2=7.7$，又 $s_w^2=13.2,\ t_{\alpha/2}(n_1+n_2-2)=t_{0.05}(8)=1.8595$。

检验统计量 T 的观测值 $t=-1.48$，由于 $|t|<t_{0.05}(8)$，所以在显著水平 0.10 下不能拒绝 H_0，即认为用甲厂与乙厂的麦芽作原料，所生产啤酒质量综合评分的均值无显著差异。

对于此啤酒厂来说，可以选择原料价格相对较低的甲供应商。

2）方差的假设检验

设 $X_1,X_2,\cdots,X_{n_1}$ 与 $Y_1,Y_2,\cdots,Y_{n_2}$ 分别是来自正态总体 $N(\mu_1,\sigma_1^2)$ 和 $N(\mu_2,\sigma_2^2)$ 的样本，且两样本相互独立；$x_1,x_2,\cdots,x_{n_1}$ 与 $y_1,y_2,\cdots,y_{n_2}$ 为对应的样本观测值，样本方差的观测值分别以 s_1^2, s_2^2 表示；又设 $\mu_1,\mu_2,\sigma_1^2,\sigma_2^2$ 均未知，显著性水平为 α。

第一，假设如下：

$$H_0:\sigma_1^2=\sigma_2^2;\ H_1:\sigma_1^2\neq\sigma_2^2$$
$$H_0:\sigma_1^2\geqslant\sigma_2^2;\ H_1:\sigma_1^2<\sigma_2^2$$
$$H_0:\sigma_1^2\leqslant\sigma_2^2;\ H_1:\sigma_1^2>\sigma_2^2$$

第二，检验统计量为

$$F = S_1^2 / S_2^2 \sim F(n_1 - 1, n_2 - 1) \tag{11.15}$$

第三，检验规则如下。

对于双边检验问题 $H_0 : \sigma_1^2 = \sigma_2^2;\ H_1 : \sigma_1^2 \neq \sigma_2^2$，拒绝原假设的条件：$F \geqslant F_{\alpha/2}(n_1 - 1, n_2 - 1)$ 或 $F \leqslant F_{1-\alpha/2}(n_1 - 1, n_2 - 1)$。

对于左边检验问题 $H_0 : \sigma_1^2 \geqslant \sigma_2^2;\ H_1 : \sigma_1^2 < \sigma_2^2$，拒绝原假设的条件：$F \leqslant F_{1-\alpha}(n_1 - 1, n_2 - 1)$。

对于右边检验问题 $H_0 : \sigma_1^2 \leqslant \sigma_2^2;\ H_1 : \sigma_1^2 > \sigma_2^2$，拒绝原假设的条件：$F \geqslant F_{\alpha}(n_1 - 1, n_2 - 1)$。其中，$F = s_1^2 / s_2^2$。

上述检验法称为 F 检验法。

例 11.11 某公司生产部为了检验两种操作方法对装配时间的影响，随机抽取 20 名工人，分成两组，分别使用方法甲和乙装配同一产品，分别用时如下。

方法甲：78.1，72.4，76.2，74.3，77.4，78.4，76.0，75.5，76.7，77.3。

方法乙：79.1，81.0，77.3，79.1，80.0，79.1，77.3，80.2，79.1，82.1。

设这两个样本相互独立，且分别来自正态总体 $N(\mu_1, \sigma_1^2)$ 与 $N(\mu_2, \sigma_2^2)$，$\mu_1, \mu_2, \sigma_1^2, \sigma_2^2$ 均未知，试检验假设（取 $\alpha = 0.05$）

$$H_0 : \sigma_1^2 \leqslant \sigma_2^2;\ H_1 : \sigma_1^2 > \sigma_2^2$$

解： 由题意可知，$n_1 = n_2 = 10$，$\alpha = 0.05$，$s_1^2 = 3.325$，$s_2^2 = 2.225$。

由式（11.15）知，当 $s_1^2 / s_2^2 \geqslant F_{\alpha}(n_1 - 1, n_2 - 1) = F_{0.05}(9, 9) = 3.18$ 时拒绝 H_0。

由于 $s_1^2 / s_2^2 = 1.49 < 3.18$，故接受 H_0。

2. 非正态总体情形

设有两个总体 X 和 Y，$E(X) = \mu_1,\ D(X) = \sigma_1^2;\ E(Y) = \mu_2,\ D(Y) = \sigma_2^2$，且有来自这两个总体的独立样本 $X_1, X_2, \cdots, X_{n_1}$ 和 $Y_1, Y_2, \cdots, Y_{n_2}$；$x_1, x_2, \cdots, x_{n_1}$ 与 $y_1, y_2, \cdots, y_{n_2}$ 为对应的样本观测值，各自的均值分别以 $\bar{x}, \bar{y}$ 表示，方差分别以 s_1^2, s_2^2 表示，设显著性水平为 α。

1）均值的假设检验

假设如下：

$$H_0 : \mu_1 = \mu_2;\ H_1 : \mu_1 \neq \mu_2$$

$$H_0 : \mu_1 \geqslant \mu_2;\ H_1 : \mu_1 < \mu_2$$

$$H_0 : \mu_1 \leqslant \mu_2;\ H_1 : \mu_1 > \mu_2$$

这种类型仅适用于大样本情形。

A. σ_1^2, σ_2^2 已知

第一，检验统计量为

$$z=\frac{\bar{X}-\bar{Y}}{\sqrt{\frac{\sigma_1^2}{n_1}+\frac{\sigma_2^2}{n_2}}}$$

第二，检验规则如下。

对于双边检验问题 $H_0:\mu_1=\mu_2;H_1:\mu_1\neq\mu_2$，拒绝原假设 H_0 的条件：$|z|\geqslant z_{\alpha/2}$。

对于左边检验问题 $H_0:\mu_1\geqslant\mu_2;H_1:\mu_1<\mu_2$，拒绝原假设 H_0 的条件：$z\leqslant -z_\alpha$。

对于右边检验问题 $H_0:\mu_1\leqslant\mu_2;H_1:\mu_1>\mu_2$，拒绝原假设 H_0 的条件：$z\geqslant z_\alpha$。

B. σ_1^2,σ_2^2 未知

第一，检验统计量如下：

$$z=\frac{\bar{X}-\bar{Y}}{\sqrt{\frac{S_1^2}{n_1}+\frac{S_2^2}{n_2}}}$$

第二，检验规则如下。

对于双边检验问题 $H_0:\mu_1=\mu_2;H_1:\mu_1\neq\mu_2$，拒绝原假设 H_0 的条件：$|z|\geqslant z_{\alpha/2}$。

对于左边检验问题 $H_0:\mu_1\geqslant\mu_2;H_1:\mu_1<\mu_2$，拒绝原假设 H_0 的条件：$z\leqslant -z_\alpha$。

对于右边检验问题 $H_0:\mu_1\leqslant\mu_2;H_1:\mu_1>\mu_2$，拒绝原假设 H_0 的条件：$z\geqslant z_\alpha$。

例 11.12（两个培训中心的教育质量比较） 为了评估两个培训中心的教育质量的差异，对两个教育培训中心的学员进行了一次标准化考试，成绩数据如表 11.4 所示。

表 11.4 成绩数据 单位：分

培训中心甲			培训中心乙			
97	83	91	64	66	91	84
90	84	87	85	83	78	85
94	76	73	72	74	87	85
79	82	92	64	70	93	84
78	85	64	74	82	89	59
87	85	74	93	82	79	62
83	91	88	70	75	84	91
89	72	88	79	78	65	83
76	86	74	79	99	78	80
84	70	73	75	57	66	76

在 0.05 的显著性水平下，两个培训中心学员的平均成绩是否有显著差异？

解：记 $\mu_{甲}$ 和 $\mu_{乙}$ 为两个培训中心学员的平均成绩。建立如下假设

$$H_0:\mu_1=\mu_2;\ H_1:\mu_1\neq\mu_2$$

经计算得

$$\bar{x}_{甲}=82.5,\ \bar{x}_{乙}=78,\ s_{甲}^2=64.05,\ s_{乙}^2=100,\ z=\frac{\bar{x}_{甲}-\bar{x}_{乙}}{\sqrt{\frac{s_{甲}^2}{n_{甲}}+\frac{s_{乙}^2}{n_{乙}}}}=2.09$$

查附录 A 得到 $z_{0.025}=1.96$。由于 $|z|>z_{0.025}$，故拒绝原假设，即两个培训中心学员的平均成绩有显著差异。直观上看，甲培训中心的质量较高。

2）总体比例的假设检验

设有两个 0-1 分布总体 $X\sim B(1,P_1),Y\sim B(1,P_2)$。$X_1,X_2,\cdots,X_{n_1}$ 和 $Y_1,Y_2,\cdots,Y_{n_2}$ 分别是来自总体 X,Y 的样本，$x_1,x_2,\cdots,x_{n_1}$ 与 $y_1,y_2,\cdots,y_{n_2}$ 为对应的观测值；又设两个样本的比例分别为 p_1 和 p_2，且假设 $n_1p_1,n_1(1-p_1),n_2p_2,n_2(1-p_2)$ 均不小于 5。事实上，有关比例的假设检验仅适用于大样本情形。

第一，检验问题如下：

$$H_0:P_1=P_2;\ H_1:P_1\neq P_2$$
$$H_0:P_1\geqslant P_2;\ H_1:P_1<P_2$$
$$H_0:P_1\leqslant P_2;\ H_1:P_1>P_2$$

第二，检验统计量为

$$Z=\frac{p_1-p_2}{\sqrt{\frac{p_1(1-p_1)}{n_1}+\frac{p_2(1-p_2)}{n_2}}}$$

式中，p_1,p_2 分别为样本的比例。

第三，检验规则如下。

对于双边检验问题 $H_0:P_1=P_2;H_1:P_1\neq P_2$，拒绝原假设 H_0 的条件：$|z|\geqslant z_{\alpha/2}$。

对于左边检验问题 $H_0:P_1\geqslant P_2;H_1:P_1<P_2$，拒绝原假设 H_0 的条件：$z\leqslant -z_{\alpha}$。

对于右边检验问题 $H_0:P_1\leqslant P_2;H_1:P_1>P_2$，拒绝原假设 H_0 的条件：$z\geqslant z_{\alpha}$。

例 11.13（续例 11.12） 有一评价机构认为培训中心甲的学生成绩优良率 $P_{甲}$ 高于培训中心乙的学生成绩优良率 $P_{乙}$。由例 11.12 的数据，在显著性水平 $\alpha=0.05$ 下，这一评价机构的说法可信吗？

解： 建立假设

$$H_0:P_{甲}\leqslant P_{乙};\ H_1:P_{甲}>P_{乙}$$

由样本数据可得，$p_{甲}=\frac{19}{30}=0.63$，$p_{乙}=\frac{18}{40}=0.45$，$n_{甲}=30$，$n_{乙}=40$；$z=1.52$，$z_{0.05}=1.645$。由于 $z=1.52<z_{0.05}=1.645$，故在显著性水平 0.05 下不能拒绝原假设，即没有足够的理由认为培训中心甲的学生成绩优良率高于培训中心乙的学生成绩优良率。

为方便起见，正态总体参数假设检验相关形式总结如表 11.5 和表 11.6 所示。

表 11.5 正态总体参数的假设检验（显著性水平为 α ）

总体	原假设 H_0	备择假设 H_1	其他参数	检验统计量	检验统计量的分布	拒绝原假设的条件
单个正态总体	$\mu=\mu_0$	$\mu\neq\mu_0$	σ^2 已知	$Z=\dfrac{\bar{X}-\mu_0}{\sigma/\sqrt{n}}$	$N(0,1)$	$\lvert z\rvert\geqslant z_{\alpha/2}$
	$\mu\geqslant\mu_0$	$\mu<\mu_0$				$z\leqslant -z_\alpha$
	$\mu\leqslant\mu_0$	$\mu>\mu_0$				$z\geqslant z_\alpha$
	$\mu=\mu_0$	$\mu\neq\mu_0$	σ^2 未知	$t=\dfrac{\bar{X}-\mu_0}{S/\sqrt{n}}$	$t(n-1)$	$\lvert t\rvert\geqslant t_{\alpha/2}(n-1)$
	$\mu\geqslant\mu_0$	$\mu<\mu_0$				$t\leqslant -t_\alpha(n-1)$
	$\mu\leqslant\mu_0$	$\mu>\mu_0$				$t\geqslant t_\alpha(n-1)$
	$\sigma^2=\sigma_0^2$	$\sigma^2\neq\sigma_0^2$	μ 未知	$\chi^2=\dfrac{(n-1)S^2}{\sigma_0^2}$	$\chi^2(n-1)$	$\chi^2\geqslant\chi^2_{\alpha/2}(n-1)$ 或 $\chi^2\leqslant\chi^2_{1-\alpha/2}(n-1)$
	$\sigma^2\geqslant\sigma_0^2$	$\sigma^2<\sigma_0^2$				$\chi^2\leqslant\chi^2_{1-\alpha}(n-1)$
	$\sigma^2\leqslant\sigma_0^2$	$\sigma^2>\sigma_0^2$				$\chi^2\geqslant\chi^2_{\alpha}(n-1)$
两个正态总体	$\mu_1=\mu_2$	$\mu_1\neq\mu_2$	$\sigma_1^2=\sigma_2^2=\sigma^2$ 未知	$T=\dfrac{\bar{X}-\bar{Y}}{S_w\cdot\sqrt{\dfrac{1}{n_1}+\dfrac{1}{n_2}}}$，其中 $S_w=\sqrt{\dfrac{(n_1-1)S_1^2+(n_2-1)S_2^2}{n_1+n_2-2}}$	$t(n_1+n_2-2)$	$\lvert t\rvert\geqslant t_{\alpha/2}(n_1+n_2-2)$
	$\mu_1\geqslant\mu_2$	$\mu_1<\mu_2$				$t\leqslant -t_\alpha(n_1+n_2-2)$
	$\mu_1\leqslant\mu_2$	$\mu_1>\mu_2$				$t\geqslant t_\alpha(n_1+n_2-2)$
	$\sigma_1^2=\sigma_2^2$	$\sigma_1^2\neq\sigma_2^2$	μ_1,μ_2 未知	$F=\dfrac{S_1^2}{S_2^2}$	$F(n_1-1,n_2-1)$	$F\geqslant F_{\alpha/2}(n_1-1,n_2-1)$ 或 $F\leqslant F_{1-\alpha/2}(n_1-1,n_2-1)$
	$\sigma_1^2\geqslant\sigma_2^2$	$\sigma_1^2<\sigma_2^2$				$F\leqslant F_{1-\alpha}(n_1-1,n_2-1)$
	$\sigma_1^2\leqslant\sigma_2^2$	$\sigma_1^2>\sigma_2^2$				$F\geqslant F_{\alpha}(n_1-1,n_2-1)$

注：表中最后一列的变量值为对应统计量的观测值

表 11.6 非正态总体参数的假设检验（显著性水平为 α，样本容量大于或等于 30）

总体	原假设 H_0	备择假设 H_1	其他参数	检验统计量	检验统计量的分布	拒绝原假设的条件
单个总体	$\mu=\mu_0$	$\mu\neq\mu_0$	σ^2 已知	$Z=\dfrac{\bar{X}-\mu_0}{\sigma/\sqrt{n}}$	$N(0,1)$	$\lvert z\rvert\geqslant z_{\alpha/2}$
	$\mu\geqslant\mu_0$	$\mu<\mu_0$				$z\leqslant -z_\alpha$
	$\mu\leqslant\mu_0$	$\mu>\mu_0$				$z\geqslant z_\alpha$
	$\mu=\mu_0$	$\mu\neq\mu_0$	σ^2 未知	$Z=\dfrac{\bar{X}-\mu_0}{S/\sqrt{n}}$	$N(0,1)$	$\lvert z\rvert\geqslant z_{\alpha/2}$
	$\mu\geqslant\mu_0$	$\mu<\mu_0$				$z\leqslant -z_\alpha$
	$\mu\leqslant\mu_0$	$\mu>\mu_0$				$z\geqslant z_\alpha$
	$P=P_0$	$P\neq P_0$		$Z=\dfrac{p-P_0}{\sqrt{\dfrac{P_0(1-P_0)}{n}}}$	$N(0,1)$	$\lvert z\rvert\geqslant z_{\alpha/2}$
	$P\geqslant P_0$	$P<P_0$				$z\leqslant -z_\alpha$
	$P\leqslant P_0$	$P>P_0$				$z\geqslant z_\alpha$

续表

总体	原假设 H_0	备择假设 H_1	其他参数	检验统计量	检验统计量的分布	拒绝原假设的条件
两个总体	$\mu_1=\mu_2$	$\mu_1\neq\mu_2$	σ_1^2,σ_2^2 已知	$Z=\dfrac{\bar{X}-\bar{Y}}{\sqrt{\dfrac{\sigma_1^2}{n_1}+\dfrac{\sigma_2^2}{n_2}}}$	$N(0,1)$	$\lvert z\rvert\geqslant z_{\alpha/2}$
	$\mu_1\geqslant\mu_2$	$\mu_1<\mu_2$				$z\leqslant -z_\alpha$
	$\mu_1\leqslant\mu_2$	$\mu_1>\mu_2$				$z\geqslant z_\alpha$
	$\mu_1=\mu_2$	$\mu_1\neq\mu_2$	σ_1^2,σ_2^2 未知	$Z=\dfrac{\bar{X}-\bar{Y}}{\sqrt{\dfrac{S_1^2}{n_1}+\dfrac{S_2^2}{n_2}}}$	$N(0,1)$	$\lvert z\rvert\geqslant z_{\alpha/2}$
	$\mu_1\geqslant\mu_2$	$\mu_1<\mu_2$				$z\leqslant -z_\alpha$
	$\mu_1\leqslant\mu_2$	$\mu_1>\mu_2$				$z\geqslant z_\alpha$
	$P_1=P_2$	$P_1\neq P_2$		$Z=\dfrac{p_1-p_2}{\sqrt{\dfrac{p_1(1-p_1)}{n_1}+\dfrac{p_2(1-p_2)}{n_2}}}$	$N(0,1)$	$\lvert z\rvert\geqslant z_{\alpha/2}$
	$P_1\geqslant P_2$	$P_1<P_2$				$z\leqslant -z_\alpha$
	$P_1\leqslant P_2$	$P_1>P_2$				$z\geqslant z_\alpha$

注：记两个总体的均值和方差分别为 $\mu_1,\mu_2,\sigma_1^2,\sigma_2^2$；总体的比例分别为 P_1 和 P_2；$n_1\geqslant 30,n_2\geqslant 30$，$n_1p_1,n_1(1-p_1),n_2p_2,n_2(1-p_2)$ 均不小于 5；z 为对应检验统计量的观测值

11.2　拟合优度检验

11.2.1　分布拟合检验

11.1 节所讨论的假设检验问题，只是对正态总体中的某些未知参数进行假设检验。但在实际问题中，总体分布函数的形式往往未知。本节讨论总体分布函数的拟合问题，即研究总体分布函数的非参数假设检验问题。

实际上，有时连总体服从什么类型的分布都不知道，这就需要根据样本来检验总体分布的假设。设 $F(x)$ 是未知的总体分布函数；又设 $F_0(x)$ 是类型已知的总体分布函数，但其中可能有未知的参数。要检验假设

$$H_0:F(x)=F_0(x) \tag{11.16}$$

χ^2 拟合优度检验法的基本思想：将随机试验的样本空间 Ω 分解为 k 个互不相容的事件 $A_1,A_2,\cdots,A_k$。当 $F_0(x)$ 是确定的总体分布函数时，在假设 H_0 下，计算 $p_i=P(A_i)$，$i=1,\cdots,k$。若 $F_0(x)$ 中含有未知参数，则先估计未知参数，然后再求 $p_i=P(A_i)$ 的估计值 $\hat{p}_i=\hat{P}(A_i),i=1,\cdots,k$。在 n 次试验中，事件 A_i 出现的频率 f_i/n 与 p_i(或 $\hat{p}_i$) 一般有差异。然而，当 H_0 为真，且试验次数较大时，这种差异不会很大。为此，皮尔逊提出以

$$\chi^2=\sum_{i=1}^{k}\frac{(f_i-np_i)^2}{np_i} \text{ 或 } \chi^2=\sum_{i=1}^{k}\frac{(f_i-n\hat{p}_i)^2}{n\hat{p}_i} \tag{11.17}$$

作为检验假设 H_0 的统计量，并证明了以下结论。

若 n 充分大，则当 H_0 为真时，统计量 $\chi^2=\sum\limits_{i=1}^{k}\dfrac{(f_i-np_i)^2}{np_i}$ 近似服从 $\chi^2(k-r-1)$ 分布，

其中 r 是 $F_0(x)$ 中需要估计的参数个数。

把由式（11.17）计算出的统计量 χ^2 的观测值记为 c，把概率 $\int_c^{+\infty} f_{\chi^2(k-r-1)}(x)\mathrm{d}x$ 作为拟合优度。拟合优度反映了实际数据与理论数据之间的接近程度。当检验统计量 χ^2 的观测值

$$\chi^2 \geqslant \chi^2_\alpha(k-r-1) \tag{11.18}$$

时，拒绝 H_0；否则接受 H_0。

由于拒绝原假设的条件（11.18）是基于皮尔逊证明的上述结论得到，所以在使用时必须注意 n 要足够大，以及 np_i(或 $n\hat{p}_i$) 不能太小。实践表明，样本容量 n 不小于 50，以及每一个 np_i(或 $n\hat{p}_i$) 都不小于 5，否则需要适当合并 A_i，以满足这个要求。

例 11.14　一颗骰子掷了 120 次，得到的结果如表 11.7 所示。

表 11.7　试验结果

出现点数 i /点	1	2	3	4	5	6
出现次数 f_i /次	23	26	21	20	15	15

试在 $\alpha = 0.05$ 下检验这颗骰子是否均匀、对称。

解： 掷一颗骰子出现的点数是一个离散型的随机变量 X。假设（11.16）相当于

$$H_0: P(X=i)=\frac{1}{6},\ i=1,2,\cdots,6 \tag{11.19}$$

由于已知的分布 $F_0(x)$ 不含未知参数，又 $np_i = 20$，则由

$$\chi^2=\sum_{i=1}^{k}\frac{(f_i-np_i)^2}{np_i} \tag{11.20}$$

可得 $\chi^2 = 4.8$。而临界值 $\chi^2_\alpha(k-r-1)=\chi^2_{0.05}(6-0-1)=11.071>4.8$，故在 $\alpha = 0.05$ 下接受 H_0，即认为这颗骰子是均匀、对称的。

例 11.15　1965 年 1 月 1 日至 1971 年 2 月 9 日共 2231 天中，全世界记录到里氏震级 4 级及以上地震共计 162 次，统计资料如表 11.8 所示。

表 11.8　4 级及以上地震数据

相继两次地震间隔天数 x_i /天	0～4	5～9	10～14	15～19	20～24	25～29	30～34	35～39	≥40
出现的频数 f_i /次	50	31	26	17	10	8	6	6	8

试检验相继两次地震间隔天数 X 是否服从指数分布（$\alpha = 0.05$）？

解： 易见本例总体是连续型随机变量，原假设（11.16）相当于

$$H_0:\ X \text{ 的密度函数为 } f_0(x)=\begin{cases}\dfrac{1}{\theta}\mathrm{e}^{-\frac{x}{\theta}}, & x>0\\ 0, & x\leqslant 0\end{cases} \tag{11.21}$$

式中，参数 θ 未知。因此，由最大似然估计法求得 θ 的估计值为 $\hat{\theta}_L = 13.77$。

将总体 X 可能取值的区间 $[0, +\infty)$ 分为 9 个互不重叠的子区间 $[a_i, a_{i+1})$, $i = 1, 2, \cdots, 9$ ，如表 11.9 第 2 列所示。令 $A_i = \{a_i \leqslant X < a_{i+1}\}$, $i = 1, 2, \cdots, 9$ 。若 H_0 为真，则 X 的分布函数的估计为

$$\hat{F}_0(x) = \begin{cases} 1 - \mathrm{e}^{-\frac{x}{13.77}}, & x > 0 \\ 0, & x \leqslant 0 \end{cases}$$

由此可得 $\hat{p}_i = \hat{P}(A_i) = \hat{p}_i\{a_i \leqslant X < a_{i+1}\} = \hat{F}_0(a_{i+1}) - \hat{F}_0(a_i)$ 。计算结果如表 11.9 所示。

表 11.9 例 11.15 的 χ^2 拟合优度检验计算表

i	$[a_i, a_{i+1})$	f_i	$\hat{p}_i$	$n\hat{p}_i$
1	[0, 4.5)	50	0.2788	45.1656
2	[4.5, 9.5)	31	0.2196	35.5752
3	[9.5, 14.5)	26	0.1527	24.7374
4	[14.5, 19.5)	17	0.1062	17.2044
5	[19.5, 24.5)	10	0.0739	11.9718
6	[24.5, 29.5)	8	0.0514	8.3268
7	[29.5, 34.5)	6	0.0358	5.7996
8 9	[34.5, 39.5) [39.5, +∞)	6 8	0.0248 0.0568	4.0176 9.2016 } 13.2192

注：因 $n\hat{p}_8 = 4.0176 < 5$ ，合并 $i = 8$ 与 $i = 9$ 的组，使每组均有 $n\hat{p}_i \geqslant 5$

因为 $\chi^2_\alpha(k - r - 1) = \chi^2_{0.05}(8 - 1 - 1) = \chi^2_{0.05}(6) = 12.592$ ，由

$$\chi^2 = \sum_{i=1}^{k} \frac{(f_i - n\hat{p}_i)^2}{n\hat{p}_i} \tag{11.22}$$

得到 $\chi^2 = 1.563 < 12.592$ ，故在 $\alpha = 0.05$ 下接受 H_0 ，即可以认为相继两次地震间隔的天数服从指数分布。

11.2.2 列联表分析

例 11.16 过去数年，越来越多的吸烟者试图戒烟。由于尼古丁容易使人上瘾，戒烟并非易事。为此，吸烟者采用不同方法来帮助自己戒烟，包括使用尼古丁贴片、催眠和各种方式的组合疗法。某研究人员想确定戒烟成功与否是否与戒烟者受教育程度相关，为此，随机调查了 1000 名计划戒烟者，记录了这些人的受教育程度以及一年后他们是否仍在吸烟，戒烟数据如表 11.10 所示，设显著性水平为 0.05。

表 11.10　戒烟数据

单位：人

受教育程度	戒烟结果		合计
	继续吸烟	戒掉	
高中以下	34	23	57
高中	251	212	463
大学（含大专）	159	248	407
研究生及以上	16	57	73
合计	460	540	1000

解：这个问题可以理解为两个变量之间的关系问题。表 11.10 中有两个变量，即受教育程度和戒烟结果，两个都是定性变量。受教育程度有 4 种表现形式，即高中以下、高中、大学（含大专）和研究生及以上；戒烟结果分继续吸烟和戒掉 2 种表现形式。将上述形式的表称为4×2列联表。如有r行、s列，则称为$r\times s$列联表，如表 11.11 所示。

表 11.11　数据表

		列					合计
		1	2	3	…	s	
行	1	q_{11}	q_{12}	q_{13}	…	q_{1s}	$n_{1\cdot}$
	2	q_{21}	q_{22}	q_{23}	…	q_{2s}	$n_{2\cdot}$
	3	q_{31}	q_{32}	q_{33}	…	q_{3s}	$n_{3\cdot}$
	⋮	⋮	⋮	⋮		⋮	⋮
	r	q_{r1}	q_{r2}	q_{r3}	…	q_{rs}	$n_{r\cdot}$
合计		$n_{\cdot 1}$	$n_{\cdot 2}$	$n_{\cdot 3}$	…	$n_{\cdot s}$	n

列联表中两个变量之间的关系，可以转化成如下的检验问题

$$H_0:\text{两个变量相互独立；}\ H_1:\text{两个变量相关}$$

1. 检验统计量

$$\chi^2=\sum_{i=1}^{r}\sum_{j=1}^{s}\frac{(q_{ij}-e_{ij})^2}{e_{ij}}\sim\chi^2((r-1)\times(s-1))$$

式中，$e_{ij}=\dfrac{n_{\cdot j}\times n_{i\cdot}}{n}$为列联表第$(i,j)$格子中的理论频数。

2. 检验规则

当$\chi^2\geqslant\chi^2_\alpha((r-1)\times(s-1))$时，拒绝原假设。

现在来看本例的计算。

将表 11.11 转化成表 11.12 的形式。

表 11.12 H_0 下的理论频数

		列					合计
		1	2	3	…	s	
行	1	e_{11}	e_{12}	e_{13}	…	e_{1s}	$n_{1\cdot}$
	2	e_{21}	e_{22}	e_{23}	…	e_{2s}	$n_{2\cdot}$
	3	e_{31}	e_{32}	e_{33}	…	e_{3s}	$n_{3\cdot}$
	⋮	⋮	⋮	⋮		⋮	⋮
	r	e_{r1}	e_{r2}	e_{r3}	…	e_{rs}	$n_{r\cdot}$
合计		$n_{\cdot 1}$	$n_{\cdot 2}$	$n_{\cdot 3}$	…	$n_{\cdot s}$	n

在 H_0 下，行和列独立，即 $\frac{e_{ij}}{n}=\frac{n_{i\cdot}}{n}\times\frac{n_{\cdot j}}{n}$，也即 $e_{ij}=\frac{n_{i\cdot}\times n_{\cdot j}}{n}$，$i=1,2,\cdots,r$，$j=1,2,\cdots,s$。也即在已知 $n_{i\cdot}(i=1,2,\cdots,r)$、$n_{\cdot j}(j=1,2,\cdots,s)$ 和 n 的前提下，根据行与列的独立性，可以得到理论频数 e_{ij}。

根据表 11.10 数据，计算得到相应的理论频数如表 11.13 括号中所示。

$$e_{11}=\frac{n_{1\cdot}\times n_{\cdot 1}}{n}=26.22,\quad e_{12}=\frac{n_{1\cdot}\times n_{\cdot 2}}{n}=30.78$$

$$e_{21}=\frac{n_{2\cdot}\times n_{\cdot 1}}{n}=212.98,\quad e_{22}=\frac{n_{2\cdot}\times n_{\cdot 2}}{n}=250.02$$

$$e_{31}=\frac{n_{3\cdot}\times n_{\cdot 1}}{n}=187.22,\quad e_{32}=\frac{n_{3\cdot}\times n_{\cdot 2}}{n}=219.78$$

$$e_{41}=\frac{n_{4\cdot}\times n_{\cdot 1}}{n}=33.58,\quad e_{42}=\frac{n_{4\cdot}\times n_{\cdot 2}}{n}=39.42$$

表 11.13 计算表

受教育程度	戒烟结果		合计
	继续吸烟	戒掉	
高中以下	34（26.22）	23（30.78）	57（$n_{1\cdot}$）
高中	251（212.98）	212（250.02）	463（$n_{2\cdot}$）
大学（含大专）	159（187.22）	248（219.78）	407（$n_{3\cdot}$）
研究生及以上	16（33.58）	57（39.42）	73（$n_{4\cdot}$）
合计	460	540	1000（n）

由此可得 $\chi^2=\sum_{i=1}^{r}\sum_{j=1}^{s}\frac{(q_{ij}-e_{ij})^2}{e_{ij}}=41.76$。查附录 C，得 $\chi^2_{0.05}(3)=7.815$。由于 $\chi^2=41.76>\chi^2_{0.05}(3)=7.815$，故拒绝原假设，即受教育程度影响是否戒烟的选择。

11.3 假设检验与区间估计的关系

事实上，参数的置信区间与假设检验之间存在内在联系。以双边假设检验为例来阐述参数的置信区间与假设检验的联系。

假设 $X_1,X_2,\cdots,X_n$ 是来自总体 X 的一个样本，$x_1,x_2,\cdots,x_n$ 是对应的样本值，Θ 为参数 θ 的可能取值范围。

一方面，设 $(\theta_L(X_1,X_2,\cdots,X_n),\theta_U(X_1,X_2,\cdots,X_n))$ 是参数 θ 的一个置信度为 $1-\alpha$ 的置信区间。则对于任意 $\theta\in\Theta$，有

$$P_\theta(\theta_L(X_1,X_2,\cdots,X_n)<\theta<\theta_U(X_1,X_2,\cdots,X_n))\geqslant 1-\alpha \tag{11.23}$$

对于显著性水平为 α 的双边假设检验

$$H_0:\theta=\theta_0,\ H_1:\theta\neq\theta_0 \tag{11.24}$$

由式（11.23）可知，$P_\theta((\theta_0\leqslant\theta_L(X_1,X_2,\cdots,X_n))\cup(\theta_0\geqslant\theta_U(X_1,X_2,\cdots,X_n)))\leqslant\alpha$。由显著性水平为 α 的假设检验拒绝域的定义，可得假设检验（11.24）的拒绝域为

$$\theta_0\leqslant\theta_L(x_1,x_2,\cdots,x_n) \text{ 或 } \theta_0\geqslant\theta_U(x_1,x_2,\cdots,x_n)$$

或接受域为 $\theta_L(x_1,x_2,\cdots,x_n)<\theta_0<\theta_U(x_1,x_2,\cdots,x_n)$。

这表明，当检验假设（11.24）时，只要先求出 θ 的一个置信度为 $1-\alpha$ 的置信区间 (θ_L,θ_U)，然后考察所求区间 (θ_L,θ_U) 是否包含 θ_0，若是，则接受假设 H_0；否则拒绝假设 H_0。

另一方面，对于任意 $\theta_0\in\Theta$，考察显著性水平为 α 的假设检验问题：

$$H_0:\theta=\theta_0,\ H_1:\theta\neq\theta_0$$

假设此检验问题的接受域为 $\theta_L(x_1,x_2,\cdots,x_n)<\theta_0<\theta_U(x_1,x_2,\cdots,x_n)$，即有

$$P_{\theta_0}(\theta_L(X_1,X_2,\cdots,X_n)<\theta_0<\theta_U(X_1,X_2,\cdots,X_n))\geqslant 1-\alpha$$

由 θ_0 的任意性，可知对于任意 $\theta\in\Theta$，都有

$$P_\theta(\theta_L(X_1,X_2,\cdots,X_n)<\theta<\theta_U(X_1,X_2,\cdots,X_n))\geqslant 1-\alpha$$

即 $(\theta_L(X_1,X_2,\cdots,X_n),\theta_U(X_1,X_2,\cdots,X_n))$ 是参数 θ 的一个置信度为 $1-\alpha$ 的置信区间。这表明，要求参数 θ 的一个置信度为 $1-\alpha$ 的置信区间，只要先求出显著性水平为 α 的假设检验问题 $H_0:\theta=\theta_0;H_1:\theta\neq\theta_0$ 的接受域：$\theta_L(x_1,x_2,\cdots,x_n)<\theta_0<\theta_U(x_1,x_2,\cdots,x_n)$，则随机区间 $(\theta_L(X_1,X_2,\cdots,X_n),\theta_U(X_1,X_2,\cdots,X_n))$ 就是 θ 的置信度为 $1-\alpha$ 的置信区间。

若设 $X\sim N(\mu,2^2)$，μ 未知，$\alpha=0.05$，$n=25$，有来自 X 的一个样本的均值 $\bar{x}=4.82$，则参数 μ 的一个置信度为 0.95 的置信区间 $\left(\bar{x}-\frac{2}{\sqrt{25}}z_{0.025},\bar{x}+\frac{2}{\sqrt{25}}z_{0.025}\right)=(4.036,5.604)$。例如，考虑检验问题：$H_0:\mu=4.7;H_1:\mu\neq4.7$，由于 $4.7\in(4.036,5.604)$，故接受 H_0。

11.4 假设检验的 P 值

在假设检验的过程中，拒绝或接受原假设的决策是在给定的显著性水平 α 下做出的，即假设检验的拒绝域随显著性水平的给定而确定。这就难免导致同一个检验问题在不同的显著性水平下可能做出相互矛盾的决策。对于一个特定的假设检验问题，α 给出了检验结论可靠性的一个大致范围，但不能对原假设与观测数据之间的不一致程度进行精确测度。

P 值是一个概率值，它是用来拒绝或接受原假设的另一种方法。在原假设为真的假设下，P 值就是所获得的样本结果比实测结果更极端的概率。因此，P 值为实际的显著性水平。

对于假设检验的三种不同形式，可从图 11.6、图 11.7 和图 11.8 中看到 P 值检验与一般检验的区别。

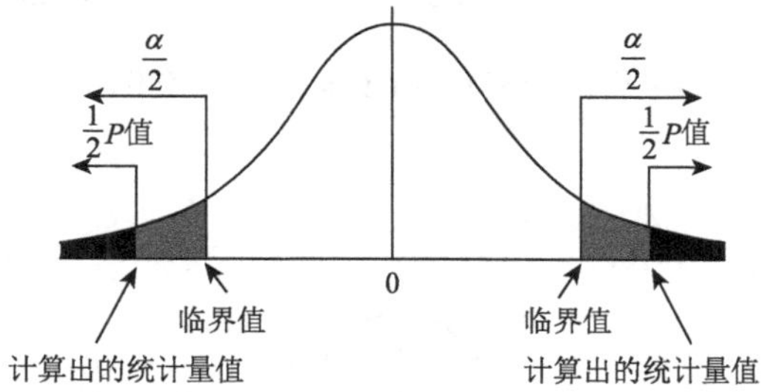

图 11.6 双边检验时的 P 值

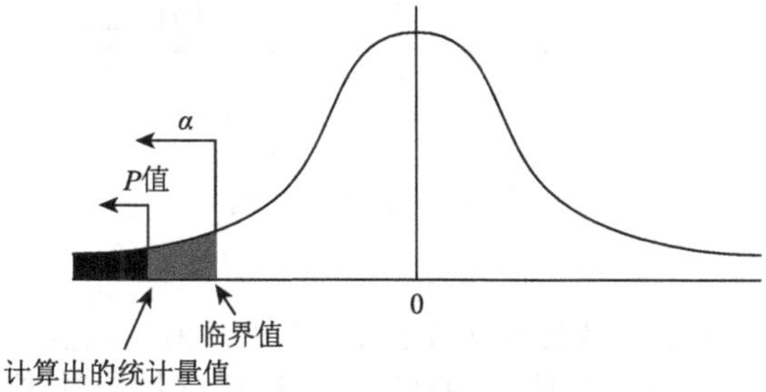

图 11.7 左边检验时的 P 值

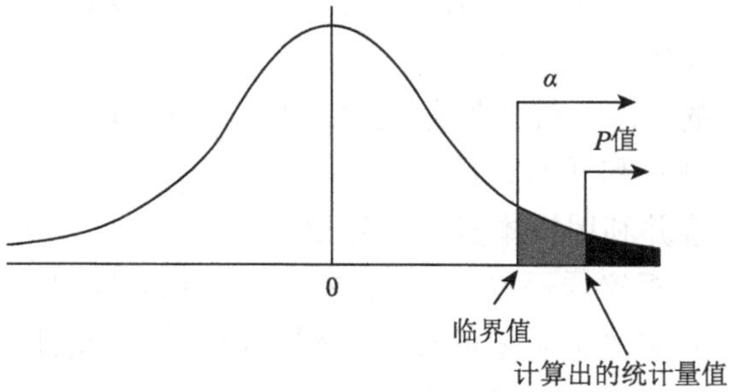

图 11.8 右边检验时的 P 值

下面来看一个例子。

例 11.17 某公司声称其生产的电子元器件的寿命超过 1200 小时的行业标准。现随机抽取 100 件产品，测得其平均寿命为 1265 小时，标准差为 300 小时。在显著性水平 0.05 下，该公司生产的电子元器件的寿命是否显著高于行业标准？样本均值不低于 1265 小时的概率为多大？

解： 由题意可知，$\bar{x}=1265, s=300, n=100$，要检验假设

$$H_0:\mu\leqslant 1200(=\mu_0);\ H_1:\mu>1200$$

这属于大样本情形，且为右边检验，可知此假设检验的拒绝域为 $z=\dfrac{\bar{x}-\mu_0}{s/\sqrt{n}}\geqslant z_\alpha$。经计算得 $z=\dfrac{\bar{x}-\mu_0}{s/\sqrt{n}}=\dfrac{1265-1200}{300/\sqrt{100}}=2.17>z_{0.05}=1.645$，故拒绝原假设。

在 H_0 为真的假设下，样本结果 $\bar{X}$ 比实测结果 1265 更极端的概率为

$$P(\bar{X}\geqslant 1265)=P(Z\geqslant 2.17)=0.015$$

如图 11.9 所示。

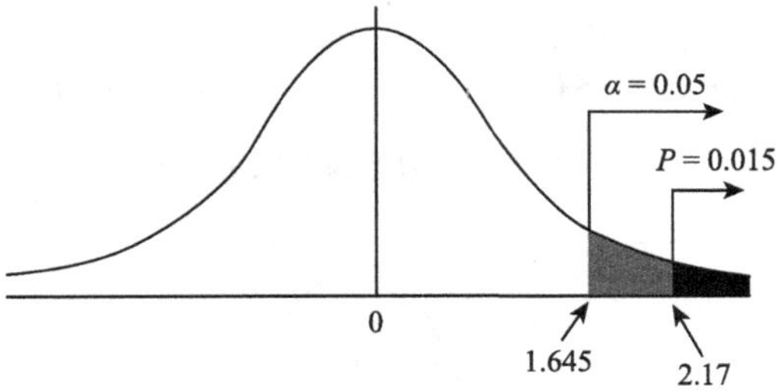

图 11.9　P 值示意图

样本均值不低于 1265 小时的概率为 1.5%，这即 P 值，显然小于显著性水平 5%。P 值表明，当从均值为 $\mu=1200$ 的总体中抽样时，所得样本均值的观测值为 $\bar{x}=1265$ 的概率很小。由此容易看到，P 值越小，否定原假设的理由就越充分。事实上，当显著性水平 $\alpha=0.015$ 时，也能得到拒绝原假设的结论。因此，P 值可以看成实际的显著性水平。

利用 P 值作假设检验的步骤如下。

（1）根据实际问题的要求，提出原假设 H_0 和备择假设 H_1。

（2）给定显著性水平 α 和样本容量 n。

（3）确定检验统计量并利用样本资料计算出 P 值。

（4）若 P 值 $<\alpha$，则拒绝原假设 H_0；反之则接受原假设 H_0。

计算技术的迅猛发展解决了 P 值的计算问题。现有统计软件中都会给出假设检验的 P 值，这给假设检验的应用带来了很大方便。

11.5　统计控制图简介

质量管理实际上是当生产过程处于失控状态时要及时察觉，找到原因及时排除故障，从而恢复对生产过程的控制。控制图是一种常用且有效的发现问题的统计方法。

11.5.1　控制图的基本概念

统计控制图是描述一段时间内某一统计量观察值变化的图。每个控制图都包含中线（centerline，CL）、控制上限（upper control limits，UCL）或称置信上限和控制下限（lower control limits，LCL）或称置信下限。其中中线上方的称为控制上限（置信上限），中线下方的则称为控制下限（置信下限）。

控制图的一般形式如图 11.10 所示。

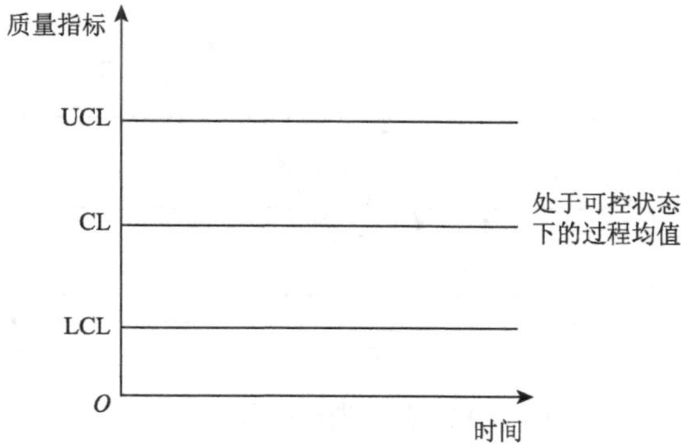

图 11.10　控制图的一般形式

当样本统计量的观察值在控制图（图 11.10）上表示出来后，所有点都随机分布在两条控制线之间，则称过程处于可控状态；如果至少有一点在两条控制线的外面，则称过程处于失控状态。

若想判断某型号零件外径分布的均值 μ 是否发生了变化，可以从图 11.10 中直观判断。已知生产过程处于可控状态时的均值和标准差分别为 μ 和 σ，统计量为样本均值。图 11.11 中的纵轴表示样本均值的观察值，横轴表示按时间顺序排列的样本。中线在 $\bar{x}=\mu$ 的位置，置信限设定为离中心线 3 倍标准差的位置。由于样本均值 $\bar{X}\sim N\left(\mu,\dfrac{\sigma^2}{n}\right)$。为此，分别定义控制上限和控制下限如下：

$$\text{控制上限：}\ \mathrm{UCL}=\mu+3\frac{\sigma}{\sqrt{n}}$$

$$\text{控制下限：}\ \mathrm{LCL}=\mu-3\frac{\sigma}{\sqrt{n}}$$

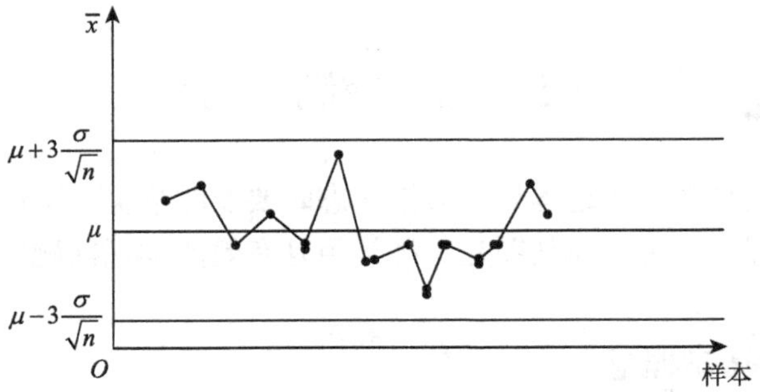

图 11.11　μ 和 σ 已知时的 $\bar{X}$ 图

容易看到，控制图和假设检验的基本原理是一样的。判断过程是否处于可控状态，实际上就是进行如下的假设检验，其原假设和备择假设分别为 H_0:过程处于可控状态；H_1:过程处于失控状态。处于失控状态的 $\bar{X}$ 见图 11.12。

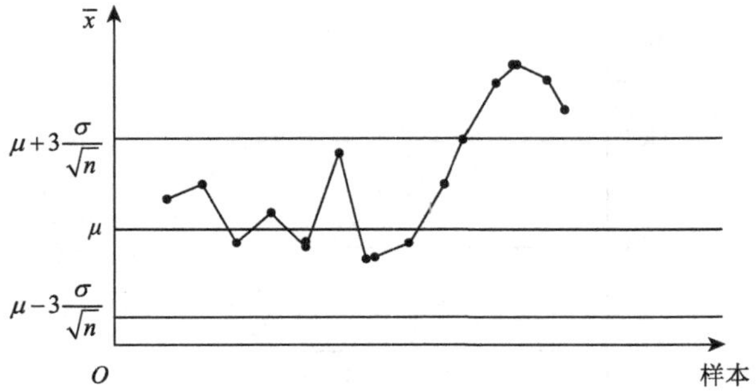

图 11.12　处于失控状态的 $\bar{X}$ 图

对于一张 $\bar{X}$ 图，检验统计量为样本均值 $\bar{X}$ 。由于我们处理的是一个动态过程而非一个固定的总体。因此，需要计算一系列在时间上连续的样本均值。对于每一个样本，要判断该过程对应的均值是否发生了改变。如果在某一连续的时段内样本均值落在置信限以外，就要拒绝原假设。

为什么使用 3σ 准则构建置信区间呢？由于检验的结论以样本数据为依据，因此会犯两类错误。在统计过程控制中，如果过程没有失控而判断其失控，则第一类错误出现。这种错误的代价可能很高，因为需要将生产过程停下来，找到发生波动的原因并排除它。因此，必须让犯第一类错误的概率尽量小。当置信区间的半径为 3 倍标准差时，犯第一类错误的概率为

$$\alpha = P(|Z|>3) = 0.0027$$

式中，Z 表示标准正态分布随机变量。

由假设检验的理论知，犯第一类错误的概率小意味着犯第二类错误的概率大。若对于任何样本，都未拒绝错误的原假设，那么就犯了第二类错误。这表明对于每一个样本，当过程失控时我们发现的可能性很小。然而，统计过程控制要求我们进行一系列

的检验，且对每个样本都要检验。因而，最终还是能发现过程处于失控状态，并采取措施加以解决。

11.5.2 控制图的判断准则

控制图是在过程处于稳定状态，即点在控制限内的假设下作显著性检验，当点出界时判定为异常。在统计学上，就是观察小概率事件是否发生。

11.5.3 控制图介绍

这里，仅介绍均值-极差（$\overline{X}$-R）控制图。

设有 k 个样本，每个样本的容量为 n，过程分布为正态分布 $N(\mu,\sigma^2)$。

1. 均值 $\overline{X}$ 控制图

（1）当过程分布的均值 μ 和标准差 σ 已知时，$\overline{X}$ 控制图的控制限为

$$\text{控制上限：}\quad \mathrm{UCL}_{\overline{X}}=\mu+3\frac{\sigma}{\sqrt{n}}$$

$$\text{中心线：}\quad \mathrm{UCL}_{\overline{X}}=\mu$$

$$\text{控制下限：}\quad \mathrm{LCL}_{\overline{X}}=\mu-3\frac{\sigma}{\sqrt{n}}$$

（2）当过程分布的均值 μ 和标准差 σ 未知时，需要用 $\overline{\overline{x}}$ 估计过程分布的均值 μ，用 $\frac{\overline{R}}{d_2}$ 估计过程分布的标准差 σ（系数 d_2 取值见表 11.15）。

$\overline{X}$ 控制图的控制限为

$$\text{控制上限：}\quad \mathrm{UCL}_{\overline{X}}=\overline{\overline{x}}+3\frac{\overline{R}}{d_2\sqrt{n}}=\overline{\overline{x}}+A_2\overline{R}$$

$$\text{中心线：}\quad \mathrm{UCL}_{\overline{X}}=\overline{\overline{x}}$$

$$\text{控制下限：}\quad \mathrm{LCL}_{\overline{X}}=\overline{\overline{x}}-3\frac{\overline{R}}{d_2\sqrt{n}}=\overline{\overline{x}}-A_2\overline{R}$$

式中，$\overline{\overline{x}}=\frac{\overline{x}_1+\overline{x}_2+\cdots+\overline{x}_k}{k}$；$\overline{x}_j=\frac{x_{1j}+x_{2j}+\cdots+x_{nj}}{n}$，$j=1,2,\cdots,k$，表示第 j 个样本的均值；记 $\overline{R}=\frac{R_1+R_2+\cdots+R_k}{k}$，其中，$R_j(j=1,2,\cdots,k)$ 表示第 j 个样本的极差；$A_2=\frac{3}{d_2\sqrt{n}}$ 表示与样本容量 n 有关的系数，见表 11.15。

每小时抽取 4 个零件，测得它们的外径，表 11.14 是最近 25 个小时的观察数据。

表 11.14 数据与计算表 单位：毫米

样本序号	外径				$\bar{x}_j$	R_j
	零件 1	零件 2	零件 3	零件 4		
1	24	27	28	33	28	9
2	29	30	29	31	29.75	2
3	38	42	36	35	37.75	7
4	24	28	27	32	27.75	8
5	33	36	31	28	32	8
6	28	28	28	28	28	0
7	30	28	27	26	27.75	4
8	19	26	23	22	22.5	7
9	24	27	33	28	28	9
10	26	27	38	26	29.25	12
11	25	26	27	28	26.5	3
12	28	24	29	30	27.75	6
13	31	26	38	24	29.75	14
14	30	31	33	32	31.5	3
15	26	25	24	36	27.75	12
16	24	36	24	36	30	12
17	25	35	25	35	30	10
18	26	30	28	32	29	6
19	27	31	29	33	30	6
20	28	33	30	34	31.25	6
21	24	24	32	32	28	8
22	18	42	36	30	31.5	24
23	29	30	31	28	29.5	3
24	20	36	34	32	30.5	16
25	14	25	36	35	27.5	22
					$\bar{\bar{x}}=29.25$	$\bar{R}=8.68$

由此得到 $\bar{X}$ 控制图（图 11.13）的控制限为

$$\text{控制上限：}\ \text{UCL}_{\bar{X}}=\bar{\bar{x}}+A_2\bar{R}=29.25+0.729\times 8.68=35.58$$

$$\text{中线：}\ \text{CL}_{\bar{X}}=\bar{\bar{x}}=29.25$$

$$\text{控制下限：}\ \text{LCL}_{\bar{X}}=\bar{\bar{x}}-A_2\bar{R}=29.25-0.729\times 8.68=22.92$$

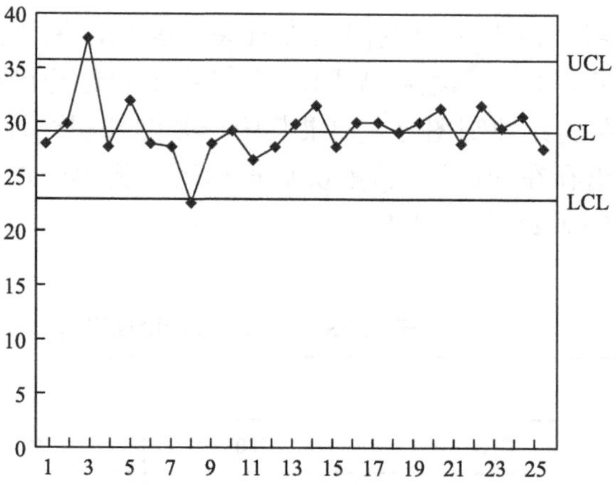

图 11.13　均值 $\bar{X}$ 控制图

2. 极差 R 控制图

极差 R 控制图的控制限为

$$控制上限：\mathrm{UCL}_R = D_4\bar{R}$$

$$中线：\mathrm{CL}_R = \bar{R}$$

$$控制下限：\mathrm{LCL}_R = D_3\bar{R}$$

对于本例，R 控制图（图 11.14）的控制限为

$$控制上限：\mathrm{UCL}_R = D_4\bar{R} = 2.282 \times 8.68 = 19.81$$

$$中线：\mathrm{CL}_R = \bar{R} = 8.68$$

$$控制下限：\mathrm{LCL}_R = D_3\bar{R} = 0 \times 8.68 = 0$$

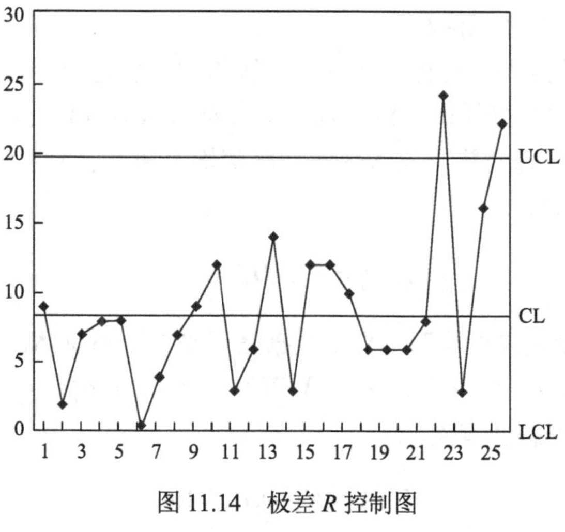

图 11.14　极差 R 控制图

其中，$\bar{X}$-R 控制图适用于样本容量在 4～6 的情形；在运用 $\bar{X}$-R 控制图时，应将

两张控制图一起使用。由于 $\bar{X}$ 控制限与 $\bar{R}$ 有关，因此，先要由 R 控制图判断过程是否处于可控状态，若可控，再绘制 $\bar{X}$ 图。若 $\bar{X}$ 图表明过程可控，则可以运用这两张图监测生产过程。在创建控制图时，如果其中一张图表明过程失控，那么就要对生产过程进行检查并找出存在的问题，待解决后再运用重新生产过程中的样本数据绘制控制图。$\bar{X}$-R 控制图的系数见表 11.15。

表 11.15　$\bar{X}$-R 控制图的系数

样本容量 n	d_2	A_2	D_3	D_4
2	1.128	1.880	0	3.267
3	1.693	1.023	0	2.574
4	2.059	0.729	0	2.282
5	2.326	0.577	0	2.114
6	2.534	0.483	0	2.004
7	2.704	0.419	0.076	1.924
8	2.847	0.373	0.136	1.864
9	2.970	0.337	0.184	1.816
10	3.078	0.308	0.223	1.777

这里，仅介绍了均值-极差控制图，其他形式的统计控制图可参阅相关文献。

11.6　案例分析

下面对本章导入案例予以解析。

这个问题可以转化成两个总体分布均值比较的假设检验问题。

设传承CEO继任后与继任前总资产收入率之差服从均值和方差分别为 μ_1,σ_1^2 的分布；外聘 CEO 继任后与继任前总资产收入率之差服从均值和方差分别为 μ_2,σ_2^2 的分布。那么，本问题即要检验如下假设

$$H_0:\mu_1=\mu_2;\ H_1:\mu_1\neq\mu_2$$

我们运用拟合优度先来检验两个样本数据是否来自正态总体。

对于样本 1（传承），可以得到总体 X 的分布参数 μ_1,σ_1^2 的点估计值分别为−0.1 和 1.946。下面进行数据正态性检验。

$$H_0:X\sim N(-0.1,1.946^2)$$

表 11.16 显示了 χ^2 检验计算表。

表 11.16 χ^2 检验计算表

A_i	f_i	$\hat{p}_i$	$n\hat{p}_i$	$\frac{(f_i-n\hat{p}_i)^2}{n\hat{p}_i}$
$A_1: x\leqslant -3.58$	2	0.0369	1.55	0.17
$A_2: -3.58< x\leqslant -1.80$	6	0.1543	6.48	
$A_3: -1.80< x\leqslant -0.08$	12	0.3129	13.14	0.10
$A_4: -0.08< x\leqslant 1.64$	15	0.3103	13.03	0.30
$A_5: 1.64< x$	7	0.1856	7.80	0.08
				$\chi^2=\sum=0.65$

由于估计了总体的两个未知参数，故在 0.05 的显著性水平下，

$$\chi^2_{0.05}(k-r-1)=\chi^2_{0.05}(4-2-1)=\chi^2_{0.05}(1)=3.841$$

从而，$\chi^2=0.65<\chi^2_{0.05}(1)$。故在 0.05 的显著性水平下接受原假设，即该样本数据来自正态总体 $N(-0.1,1.946^2)$。

类似地，可以检验样本 2（外聘）数据来自正态总体 $Y\sim N(1.26,2.835^2)$。

下面再来检验两个正态总体的方差是否相等，即有如下假设

$$H_0:\sigma_1^2=\sigma_2^2;\ H_1:\sigma_1^2\neq\sigma_2^2$$

此问题的检验统计量的观测值 $F=\frac{s_1^2}{s_2^2}=\frac{1.946^2}{2.835^2}=0.471$。在 0.05 的显著性水平下有

$$F_{\alpha/2}(n_1-1,n_2-1)=F_{0.025}(41,97)=1.639$$

$$F_{1-\alpha/2}(n_1-1,n_2-1)=F_{0.975}(41,97)=0.577$$

由于 $F=0.471<F_{1-\alpha/2}(n_1-1,n_2-1)=0.577$，故拒绝原假设，即两个正态总体的方差不等。

两个正态总体方差不等时，假设 $H_0:\mu_1=\mu_2;H_1:\mu_1\neq\mu_2$ 的检验统计量为 $t=\frac{\bar{X}-\bar{Y}}{\sqrt{\frac{S_1^2}{n_1}+\frac{S_2^2}{n_2}}}\sim t(v)$，其中，$v=\frac{\left(s_1^2/n_1+s_2^2/n_2\right)^2}{\frac{\left(s_1^2/n_1\right)^2}{n_1-1}+\frac{\left(s_2^2/n_2\right)^2}{n_2-1}}$。

由已知条件，计算得到 $v=110.77\approx 111$。

在显著性水平 0.05 下，$t_{0.025}(111)=1.96$。而 $t=\frac{\bar{x}-\bar{y}}{\sqrt{\frac{s_1^2}{n_1}+\frac{s_2^2}{n_2}}}=-3.22$，从而，$|t|=3.22>$

$t_{0.025}(111)$，故拒绝原假设，即不同传承方式下总资产收入率之差的均值有显著差异。

进一步，可以对假设 $H_0:\mu_1 \geqslant \mu_2; H_1:\mu_1 < \mu_2$ 进行检验。

由上面的计算数据，可知，检验统计量的观测值 $t=-3.22$，而 $t_{0.025}(111)=1.96$。由于 $t=-3.22 < -t_{0.025}(111)$，故拒绝原假设，即传承方式下总资产收入率之差的均值小于外聘方式下总资产收入率之差的均值。

我们还可以通过两个正态总体均值之差的区间估计，更明确地看出两者数值上的差异。

实际上，$\mu_1-\mu_2$ 的置信度为 $1-\alpha$ 的区间估计为

$$\left(\overline{x}-\overline{y}-t_{\alpha/2}(v)\sqrt{\frac{s_1^2}{n_1}+\frac{s_2^2}{n_2}},\quad \overline{x}-\overline{y}+t_{\alpha/2}(v)\sqrt{\frac{s_1^2}{n_1}+\frac{s_2^2}{n_2}}\right)$$

利用所给数据，在 0.95 置信度下，得到 $\mu_1-\mu_2$ 的区间估计为(–2.15,–0.52)。即外聘方式下总资产收入率之差的均值比传承方式下总资产收益率之差的均值高 0.52 到 2.15 个百分点。这也印证了职业经理人在家族企业发展中的积极作用。

➢ 本章小结

统计推断的另一个问题是根据样本资料对总体分布的未知参数或分布的种种形式进行推断，即参数的假设检验和非参数假设检验。本章主要介绍参数假设检验的理论与方法，对于非参数检验，仅介绍了拟合优度检验法，包括分布拟合和列联表分析，这种方法实用且应用方便。

在参数假设检验问题的研究中，主要是如何构造出统计检验问题的拒绝域。

假设检验方法在质量管理中有重要的应用，本章仅介绍了均值-极差控制图的原理。控制图的内容较为丰富，有兴趣的读者可以参考相关文献。

本章给出了置信区间和假设检验之间的关系，这样有利于读者进一步深入理解区间估计和假设检验的内涵。

假设检验的 P 值度量了实际上犯第一类错误的概率，特别是在实际应用中，往往并不事先给出显著性水平，而是根据计算出来的 P 值进行决策。一般的统计计算软件中都会输出假设检验的 P 值，这给应用带来极大方便。

➢ 问题与思考

1. 怎样理解假设检验的 P 值是实际上犯第一类错误的概率。

2. 在做参数假设时，为什么等号要放在原假设中？

3. 在实践中发现一个可以运用假设检验解决的问题，并给出解决问题的完整方案。

4. 垃圾邮件给大家带来困扰。一位经理认为员工每天花在阅读和删除垃圾邮件上的时间超过 25 分钟。为了验证这一想法，他随机抽取了 16 名员工并记录了他们每天花在此事上的时间（单位：分钟）：

48　29　44　18　23　28　31　43　30　11　9　23　13　37　38　10

若这样的时间服从标准差为 12 分钟的正态分布。在 5%的显著性水平下能否验证该经理的说法属实。如果总体的标准差未知，结论又如何？

5. 许多交通专家认为导致高速公路上车祸的一个主要原因是车辆的行驶速度不同，也即有些车辆行驶速度相对较慢，而有些车辆却超速行驶，造成车辆的集聚从而增加交通事故的发生概率。由此，车速差异越大，交通事故越多。现有些专家认为，当车速的方差超过 18 时，将发生较多的交通事故。在某地区交通事故发生率较高的一条高速公路上随机抽取 60 辆车的行驶速度作为样本，在 0.05 的显著性水平下，该样本能否支持这些专家的判断。数据如下（单位：英里①）：

63 62 66 63 72 62 61 58 62 58 67 67 59 61 50 58 58 55 61
52 56 71 66 70 56 64 63 62 62 66 64 70 59 62 63 68 75 64
64 54 58 62 58 66 62 65 52 59 66 64 66 62 57 70 59 66 62
65 72 60

6. 一家快餐经销商拟在某地开设餐馆。财务分析认为，只有每小时经过此处的人数超过 100 人时才可盈利。为此，委托某人随机选取 40 个小时，记录了在这 40 个小时内经过该地的人数（单位：人）：

97 101 97 106 116 113 100 96 102 106 104 110 113 113 97
114 114 126 128 117 99 114 96 100 119 111 88 114 93 87
97 109 108 83 95 103 91 116 112 123

根据这一数据，在显著性水平 0.05 下，在该地开设餐馆是否可行。

7. 某校学生管理部门认为该校所有学生中平均每天上网时间超过 5 小时的学生数占比应超过 28%。为此，在全校 40 000 名学生中随机抽取了 400 名学生以了解他们每人平均每天上网的时间，整理后发现有 120 名学生平均每天上网时间超过 5 小时。在 0.05 的显著性水平下，就这一样本数据，该校学生管理部门的判断能得到支持吗？

8. 某公司新近研制了两种减肥药甲和乙，为检验两种药物的效果，在志愿者中随机选取了 100 名并随机地分成人数相等的两组。第一组服用甲，第二组服用乙。一个月后对参与试验的志愿者进行体重测量。结果显示，第一组人员平均减重 3.2 千克，标准差为 1.2 千克；第二组人员平均减重 2.9 千克，标准差为 1.3 千克。在显著性水平 0.05 下，两种药物的减肥效果有无显著差异？

9. 有两台铣床生产同一种型号的套管，要比较它们所生产的套管内槽深度的方差，为此，测得套管内槽深度（单位：毫米）数据如下：

第一台铣床	15.2	15.1	14.8	14.8	15.5	15.2	15.0	14.5	
第二台铣床	15.2	14.8	15.0	14.8	15.1	15.2	14.8	15.0	15.0

假设两样本独立，且分别来自两个正态总体。试判断第二台铣床生产的套管内槽深度的方差是否比第一台铣床生产的套管内槽深度的方差小（显著性水平为 0.05）。

10 有两组来自实践的数据，体现了两种生产工艺的结果。设甲工艺下生产的产品某指标值为：6，4，5，5，6，5，5，6，4，6，7，4。乙工艺下生产的产品某指标值为：2，

① 1 英里约等于 1.609 344 千米。

1，2，2，1，0，3，2，1，0，1，3。设两样本独立，分别来自正态总体 $N(\mu_1,\sigma^2)$ 和 $N(\mu_2,\sigma^2)$。在显著性水平 0.05 下，试检验假设 $H_0:\mu_1=\mu_2+2;\ H_1:\mu_1>\mu_2+2$。

11. 在某公路上的某地点，选定一个 50 分钟的时段，观察每 15 秒经过该观测点的车辆数，得到频数分布如下：

经过的车辆数 x_i /辆	0	1	2	3	4	≥5
次数 f_i	92	68	28	11	1	0

由此资料能否认为该观测点每 15 秒经过的车辆数服从泊松分布（显著性水平为 0.10）？

第12章 方 差 分 析

案例导入（钙离子对体重的影响）：钙离子在动物生长中的作用，是相关科研工作者感兴趣的科学问题。某研究者想要研究钙离子如何影响动物的体重，为此，将36只大白鼠随机等分为三组，每组12只，分别喂食高脂正常剂量钙（0.5%）、高脂中剂量钙（1.0%）和高脂高剂量钙（1.5%）三种不同的饲料，喂养9周，测量其喂养前后体重的差值，结果如下。

高脂正常剂量钙（0.5%）：332.96，297.76，312.57，295.47，284.25，307.97，292.12，244.61，261.46，286.46，322.49，282.42。

高脂中剂量钙（1.0%）：253.21，235.87，269.30，258.90，254.39，200.87，227.79，237.05，216.85，238.03，238.19，243.49。

高脂高剂量钙（1.5%）：232.55，217.71，261.15，220.72，219.46，247.27，280.75，196.01，208.24，198.41，240.35，219.56。

一个自然的问题是，钙是影响大白鼠体重的因素吗？

方差分析是对试验数据进行分析的一种常用统计方法。在生产实践和科学试验中，影响某一事物的因素往往很多。例如，化工生产受原料成分和配比、反应温度、压力和时间、催化剂种类及分量、设备及操作技术等的制约；劳动效率受诸如色彩、照明、噪声等环境因素和组织形式的影响；商品的销售量与商品的品牌和销售的地区等因素有关。这些因素的改变都有可能影响产品的数量、质量或销量。方差分析是在有关因素中找出有显著影响的那些因素的一种方法。

1923年，费希尔在一篇文章中首先使用了“方差分析”。此后，方差分析首先被应用于生物学和农业试验，其后又被应用到许多科学研究和实践中，成为一种十分重要的统计分析工具。

事实上，方差分析研究的并非方差，而是数据间的变异，即在可比较的数组中，把总的变异按各自指定的变异来源进行分解的一种技巧。对于变异的变量，可以说唯一有效的分析方法是离差平方和。方差分析则是从总离差平方和中分解出可追溯到指定来源的部分离差平方和，这是一个重要的思想。

我们把要考察的指标称为试验指标。如果在一个问题中有几项试验指标，则分别对每一项试验指标进行分析。影响试验指标的条件称为因素，一般用大写字母 A、B、C 等表示。如果一项试验中只有一个因素在改变，就称为单因素试验；如果只有两个因素在改变，就称为双因素试验。因素所处的状态称为水平。

12.1 单因素试验的方差分析

例 12.1（生产计划） 设有 k 台机器生产同一种产品，记录每台的日产量。可以看到，不但不同机器的日产量可能各不相同，就是同一台机器在不同的生产日中其产量也未必相同。我们关心的问题是，这种日产量的差异是由不同机器造成的，还是由随机波动引起的。这里考虑的因素是不同机器的生产能力。

例 12.2（生产规划） 对同种原料织成的一批布，用 m 种不同的染整工艺进行处理，然后，从每种工艺处理的布中各选取几块布样进行缩水处理，结果每块布的缩水率各不相同，那么缩水率的差异是否由处理工艺的不同造成？这里要分析的因素是染整工艺。

例 12.3（广告效应） 某企业拟检验 n 种广告形式诸如街头标牌广告、公交车广告和随报刊邮递广告等对产品销售量的影响。为此选择了 m 个销售环境类似的地区，然后随机将 n 种广告形式分别安排在其中一个地区进行试验，共试验 k 周。我们感兴趣的是不同广告形式对产品销售量的影响效果是否有显著差异。这里考虑的因素为广告形式。

例 12.4（供应商评价） 某公司用于生产 β-萘酚的原料萘有 4 家供应商。为了检验不同供应商的原料萘是否显著影响产品的熔点，在同样的工艺条件下合成 β-萘酚，测得产品的熔点如表 12.1 所示。历史数据表明，β-萘酚的熔点近似服从正态分布，则该公司从中能得到什么结论。

表 12.1 由 4 家供应商提供的萘合成的 β-萘酚的熔点

公司甲	公司乙	公司丙	公司丁
124.0	123.0	121.5	123.5
123.0	123.0	121.0	121.0
123.5		123.0	
123.0			

例 12.4 要考察的是产品的某一质量指标熔点，仅考虑原料产地一个因素。这个因素有 4 个水平，在每个水平下，试验重复的次数可以不等，这是单因素试验的例子。本例中，在因素的每一个水平下进行独立试验，其结果为一随机变量。表 12.1 中的数据可以看成来自 4 个不同总体（每个水平对应一个总体）的样本观察值。将各个总体的均值依次记为 μ_1,μ_2,μ_3,μ_4，要讨论的问题即检验假设

$$H_0:\mu_1=\mu_2=\mu_3=\mu_4;\ H_1:\mu_1,\mu_2,\mu_3,\mu_4\text{ 不全相等}$$

如果假设各总体均为正态变量，且各总体的方差相等，但参数均未知，则这是一个检验同方差的多个正态总体均值是否相等的问题。本章要介绍的方差分析法，就是解决这类问题的统计方法。下面就一般情形展开讨论。

设被考察因素 A 有 t 个水平 $A_1,\cdots,A_t$。在第 i 个水平 A_i 下，进行了 n_i 次相互独立的试验，得到了第 i 个总体的一个简单随机样本：$X_{1i},\cdots,X_{ni}$，$i=1,2,\cdots,t$，则对于 t 个水平共进行了

$$n = n_1 + n_2 + \cdots + n_t \tag{12.1}$$

次试验，得到了 n 个试验指标值，如表 12.2 所示。

表 12.2 单因素试验方差分析的数据结构

因素 A	A_1	A_2	…	A_i	…	A_t
试验指标	X_{11}	X_{12}	…	X_{1i}	…	X_{1t}
	X_{21}	X_{22}	…	X_{2i}	…	X_{2t}
	⋮	⋮		⋮		⋮
	$X_{n_1 1}$	$X_{n_2 2}$	…	$X_{n_i i}$	…	$X_{n_t t}$

容易看到，在例 12.4 中，$t=4,\ n_1=4,\ n_2=2,\ n_3=3,\ n_4=2$。

假设在水平 A_i 下，试验指标 X_{ji} 来自正态总体 $N(\mu_i,\sigma^2)$，$i=1,\cdots,t;\ j=1,\cdots,n_i$。其中 $\mu_i \in (-\infty,+\infty)$ 及 $\sigma^2 > 0$。通过引进随机误差 $\varepsilon_{ji} = X_{ji} - \mu_i$ 可以把 X_{ji} 表示成

$$\begin{cases} X_{ji} = \mu_i + \varepsilon_{ji},\ i=1,\cdots,t;\ j=1,\cdots,n_i \\ \varepsilon_{ji} \sim N(0,\sigma^2),\ 各\varepsilon_{ji}相互独立 \end{cases} \tag{12.2}$$

式中，$\mu_1,\cdots,\mu_t,\sigma^2$ 均表示未知参数。称式（12.2）为单因素试验方差分析模型。

对于模型（12.2），方差分析的基本任务如下。

（1）检验假设

$$H_0:\mu_1 = \cdots = \mu_t;\ H_1:\mu_1,\cdots,\mu_t 不全相等 \tag{12.3}$$

（2）估计未知参数 $\mu_1,\cdots,\mu_t,\sigma^2$。

对于 $t=2$ 时两个正态总体均值是否相等的显著性检验问题已在第 11 章作了讨论。对于三个或三个以上具有同方差的正态总体均值是否相等的检验问题，则需要用方差分析的方法来解决。

为便于讨论，引入因素各水平效应的概念。令

$$\mu = \frac{1}{n}\sum_{i=1}^{t} n_i \mu_i \tag{12.4}$$

$$\alpha_i = \mu_i - \mu,\quad i=1,\cdots,t \tag{12.5}$$

式中，μ 表示总平均；α_i 表示因素 A 在水平 A_i 下的主效应，简称效应，它反映了在水平 A_i 下的总体均值与总平均的差异。易见，t 个效应 $\alpha_1,\cdots,\alpha_t$ 满足

$$\sum_{i=1}^{t} n_i \alpha_i = 0 \tag{12.6}$$

且式（12.3）等价于

$$H_0:\alpha_1 = \cdots = \alpha_t = 0;\ H_1:其中至少有一个不等于0 \tag{12.7}$$

这样，模型（12.2）等价于

$$\begin{cases} X_{ji} = \mu + \alpha_i + \varepsilon_{ji}, \ i = 1, \cdots, t; j = 1, \cdots, n_i \\ \sum_{i=1}^{t} n_i \alpha_i = 0 \\ \varepsilon_{ji} \sim N(0, \sigma^2), \ 各\varepsilon_{ji}独立 \end{cases} \tag{12.8}$$

方差分析的基本思想：若被考察的因素对试验结果没有显著影响，即随机抽取的若干个样本来自同一个正态总体，也即所讨论的各正态总体的均值相等，那么，试验数据的波动可以认为完全由抽样随机误差引起；如果各正态总体的均值不全相等，则表明试验数据的波动除了受随机误差的影响外，还受被考察因素效应的影响。如何判断试验数据的波动程度主要是由抽样随机误差引起还是由因素效应引起，需要构造一个适当的统计量。将这个统计量分解为两部分：一部分是纯随机误差造成的影响；另一部分是除随机误差的影响外来自因素效应的影响。然后将这两部分进行比较，如果后者明显比前者大，就说明因素效应是显著的。

方差分析的关键是对全部数据的波动程度进行分解。n 个指标数据的总平均记为

$$\bar{X} = \frac{1}{n} \sum_{i=1}^{t} \sum_{j=1}^{n_i} X_{ji} \tag{12.9}$$

总平方和记为

$$S_T = \sum_{i=1}^{t} \sum_{j=1}^{n_i} \left(X_{ji} - \bar{X} \right)^2 \tag{12.10}$$

反映了全部数据的波动程度。

如果因素 A 的水平对指标的取值没有影响，并且试验没有随机误差，则 $S_T = 0$。事实上，$S_T = 0$ 的结果一般不会出现。

记水平 A_i 下的样本均值为 $\bar{X}_{\cdot i}$，即

$$\bar{X}_{\cdot i} = \frac{1}{n_i} \sum_{j=1}^{n_i} X_{ji}, \ i = 1, \cdots, t \tag{12.11}$$

因为，

$$\begin{aligned} S_T &= \sum_{i=1}^{t} \sum_{j=1}^{n_i} \left[\left(X_{ji} - \bar{X}_{\cdot i} \right) + \left(\bar{X}_{\cdot i} - \bar{X} \right) \right]^2 \\ &= \sum_{i=1}^{t} \sum_{j=1}^{n_i} \left(X_{ji} - \bar{X}_{\cdot i} \right)^2 + 2 \sum_{i=1}^{t} \sum_{j=1}^{n_i} \left(X_{ji} - \bar{X}_{\cdot i} \right) \left(\bar{X}_{\cdot i} - \bar{X} \right) + \sum_{i=1}^{t} \sum_{j=1}^{n_i} \left(\bar{X}_{\cdot i} - \bar{X} \right)^2 \end{aligned}$$

而 $\sum_{i=1}^{t} \sum_{j=1}^{n_i} \left(X_{ji} - \bar{X}_{\cdot i} \right) \left(\bar{X}_{\cdot i} - \bar{X} \right) = 0$，故 $S_T = \sum_{i=1}^{t} \sum_{j=1}^{n_i} \left(X_{ji} - \bar{X}_{\cdot i} \right)^2 + \sum_{i=1}^{t} \sum_{j=1}^{n_i} \left(\bar{X}_{\cdot i} - \bar{X} \right)^2$。从而 S_T 可分解成

$$S_T = S_E + S_A \tag{12.12}$$

式中，

$$S_E = \sum_{i=1}^{t}\sum_{j=1}^{n_i}\left(X_{ji} - \overline{X}_{\cdot i}\right)^2 \tag{12.13}$$

$$S_A = \sum_{i=1}^{t}\sum_{j=1}^{n_i}\left(\overline{X}_{\cdot i} - \overline{X}\right)^2 = \sum_{i=1}^{t} n_i\left(\overline{X}_{\cdot i} - \overline{X}\right)^2 \tag{12.14}$$

易见，S_E 反映了随机误差所造成的数据变异，称 S_E 为误差平方和（或组内平方和）。如果因素 A 的效应显著，则这些效应引起的数据变异必然会反映到 $\left(\overline{X}_{\cdot i} - \overline{X}\right)$ 中，所以 S_A 包含了因素 A 在各个水平下的不同作用在数据中引起的波动，称 S_A 为因素 A 的效应平方和（或组间平方和）。

基于方差分析的基本思想，对于原假设（12.3）或（12.7），拒绝域可以由 $S_A/S_E > C$ 确定。

在单因素试验方差分析模型（12.8）中，S_A 与 S_E 相互独立，且 $\dfrac{S_E}{\sigma^2} \sim \chi^2(n-t)$；当 $H_0 : a_1 = \cdots = a_t = 0$ 成立时，$\dfrac{S_A}{\sigma^2} \sim \chi^2(t-1)$。从而

$$F = \frac{\overline{S}_A}{\overline{S}_E} \sim F(t-1, n-t) \tag{12.15}$$

式中，$\overline{S}_A = \dfrac{S_A}{t-1}, \overline{S}_E = \dfrac{S_E}{n-t}$ 分别称为 S_A, S_E 的均方。

这样，对于假设检验问题（12.7），由

$$F = \frac{\overline{S}_A}{\overline{S}_E} > F_\alpha(t-1, n-t) \tag{12.16}$$

所确定的拒绝域给出了显著性水平为 α 的一个检验。这里，$F_\alpha(t-1, n-t)$ 表示 $F(t-1, n-t)$ 分布的上 α 分位点。

该检验法的直观解释是：当组间的差异相对于组内的差异来说比较大时就拒绝 H_0。上述的分析计算可排成方差分析表，见表 12.3。

表 12.3　单因素试验方差分析表

方差来源	平方和	自由度	均方	F 比
因素 A	S_A	$t-1$	$\overline{S}_A$	$F = \dfrac{\overline{S}_A}{\overline{S}_E}$
误差	S_E	$n-t$	$\overline{S}_E$	
总和	S_T	$n-1$		

下面讨论未知参数的估计问题。由式（12.13），有 $E(\overline{S}_E) = \sigma^2$，即 $\overline{S}_E$ 是 σ^2 的无偏估计；也有 $E(\overline{X}) = \mu$；$E(\overline{X}_{\cdot i}) = \mu_i$；$E(\overline{X}_{\cdot i} - \overline{X}) = \alpha_i$，$i = 1, 2, \cdots, t$。

若对式（12.7）的检验结果为拒绝 H_0，则希望找出因素 A 取什么水平试验指标最佳。为此令

$$H_0^* : \mu_i = \mu_j \tag{12.17}$$

式中，$i \neq j, i, j = 1, 2, \cdots, t$。容易证明 $\bar{X}_{\cdot i} - \bar{X}_{\cdot j} \sim N\left(\mu_i - \mu_j, \left(\frac{1}{n_i} + \frac{1}{n_j}\right)\sigma^2\right)$ 与 $\frac{S_E}{\sigma^2} \sim \chi^2(n-t)$ 相互独立。所以当 H_0^* 成立时，检验统计量为

$$T_{ij} = \frac{\sqrt{\frac{n_i n_j}{n_i + n_j}} \times \left(\bar{X}_{\cdot i} - \bar{X}_{\cdot j}\right)}{\sqrt{\bar{S}_E}} \sim t(n-t)$$

于是，对于假设检验问题（12.17），由 T_{ij} 的观测值 $|t_{ij}| > t_{\alpha/2}(n-t)$ 确定拒绝域。这里，$t_{\alpha/2}(n-t)$ 是 $t(n-t)$ 分布的上 $\alpha/2$ 分位点。

例 12.5（续例 12.4）　在显著性水平 $\alpha = 0.10$ 下，检验原材料的产地对 β-萘酚的熔点有无显著影响，并估计参数 μ 和 σ^2。

解：由表 12.1，算得

（1）总平方和 $S_T = 10.6364$。

（2）因素 A 的平方和 $S_A = 4.6572$。

（3）误差平方和 $S_E = 10.6364 - 4.6572 = 5.9792$。

列出方差分析表 12.4。由显著性水平 $\alpha = 0.10$，查表得 $F_{0.10}(3, 7) = 3.07$。由于

$$F = 1.8174 < F_\alpha(t-1, n-t) = F_{0.10}(3, 7) = 3.07$$

故原材料的产地对 β-萘酚的熔点无显著影响。

表 12.4　例 12.5 的方差分析表

方差来源	平方和	自由度	均方	F 比
原料产地	4.6572	3	1.5524	1.8174
误差	5.9792	7	0.8542	
总和	10.6364	10		

另外，可得

$$\hat{\mu} = 122.6818, \quad \hat{\sigma} = \bar{S}_E = 0.8542$$

例 12.6（饲料配方试验）　某生物公司拟对鸡饲料配方进行试验。试验指标为 60 天后鸡的增重。对 3 种不同的鸡饲料配方，各用 10 只同品种的同一天孵出的雏鸡在相同条件下饲养，经过 60 天饲养后的增重数据如表 12.5 所示。设各饲料配方饲养下鸡的增重服从正态分布，且方差相等。在显著性水平 0.05 下，不同饲料配方饲养下鸡的增重有无显著差异。

表 12.5　3 种饲料配方下 60 天后鸡的增重数据　　单位：千克

饲料配方	增重									
甲	1073	1074	1058	1053	1071	1049	1066	1065	1037	1051
乙	1016	1045	1058	1044	1038	1061	1042	1034	1020	1049
丙	1084	1090	1069	1079	1106	1094	1078	1111	1075	1092

解：以 $\mu_{甲}$、$\mu_{乙}$ 和 $\mu_{丙}$ 分别表示 3 种饲料配方下 60 天后鸡的平均增重，则要检验假设

$$H_0: \mu_{甲} = \mu_{乙} = \mu_{丙}$$

由表 12.5 的数据，由 Excel 可得方差分析表 12.6。

表 12.6　例 12.6 的方差分析表（部分）

方差来源	平方和	自由度	均方	F 比
饲料配方	11 230.07	2	5 615.03	31.14
误差	4 867.80	27	180.29	
总和	16 097.87	29		

由 $\alpha = 0.05$，查附录 D 得 $F_{0.05}(2,27) = 3.35$。由于 $F = 31.14 > F_{0.05} = 3.35$，故拒绝原假设。即在显著性水平 0.05 下，用 3 种饲料配方饲养 60 天后鸡的增重有显著差异。

容易看到，各总体的方差 σ^2 的估计值为 180.29；$\hat{\mu}_{甲} = 1059.7$，$\hat{\mu}_{乙} = 1040.7$，$\hat{\mu}_{丙} = 1087.8$。由此可见，饲料配方丙的效果最好。又有

$$t_{13} = \frac{\sqrt{\dfrac{10\times 10}{10+10}}\times(1059.7-1087.8)}{\sqrt{180.29}} = -4.68$$

对于 $\alpha = 0.05$，有 $t_{0.025}(27) = 2.0518$。而 $|t_{13}| = 4.68 > t_{0.025}(27) = 2.0518$，故拒绝饲料配方丙与饲料配方甲无显著差异的假设。因而，在 3 种饲料配方中，对鸡的增重最有效的为配方丙。

12.2　双因素试验的方差分析

12.2.1　双因素等重复试验的方差分析

例 12.7　不仅考虑机器一个因素对日产量的影响，如果还同时考虑不同的操作工人（或别的因素）这一因素对日产量的影响，就成为“双因素”的问题了。

双因素方差分析的基本思路：若某一因素的几个水平会引起事物不同的结果，则这个因素就是重要的；若某一因素的几个水平仅导致事物相近的结果，则这个因素就是不重要的。

设有两个因素 A 和 B 作用于试验的指标。因素 A 取 r 个水平 $A_1, A_2, \cdots, A_r$，因素 B 取 s 个水平 $B_1, B_2, \cdots, B_s$。又设因素 A 在水平 A_i 下且因素 B 在水平 B_j 下（记为在水平搭配 (A_i, B_j) 下），试验指标总体服从 $N(\mu_{ij}, \sigma^2)$ 分布，$i = 1, \cdots, r; j = 1, \cdots, s$。如果在因素 A, B 的水平的每对组合 (A_i, B_j)（$i = 1, \cdots, r; j = 1, \cdots, s$）下都有观测值，则称试验为完全的设计；否则，称为不完全的设计。在因素 A, B 的水平的每对组合 (A_i, B_j) 下的观测次数都相等时，称为平衡的设计（或等重复试验）。现在假设在因素 A, B 的水平的每对组合 (A_i, B_j)

（$i=1,\cdots,r;j=1,\cdots,s$）下都作 t（$t\geqslant2$）次试验，得到双因素等重复试验方差分析的试验数据结构如表 12.7 所示。

表 12.7　双因素等重复试验方差分析的数据结构

因素 A	因素 B			
	B_1	B_2	$\cdots$	B_s
A_1	$X_{111},X_{112},\cdots,X_{11t}$	$X_{121},X_{122},\cdots,X_{12t}$	$\cdots$	$X_{1s1},X_{1s2},\cdots,X_{1st}$
A_2	$X_{211},X_{212},\cdots,X_{21t}$	$X_{221},X_{222},\cdots,X_{22t}$	$\cdots$	$X_{2s1},X_{2s2},\cdots,X_{2st}$
$\vdots$	$\vdots$	$\vdots$		$\vdots$
A_r	$X_{r11},X_{r12},\cdots,X_{r1t}$	$X_{r21},X_{r22},\cdots,X_{r2t}$	$\cdots$	$X_{rs1},X_{rs2},\cdots,X_{rst}$

设 $X_{ijk}\sim N(\mu_{ij},\sigma^2)$，$i=1,\cdots,r;j=1,\cdots,s;k=1,2,\cdots t$；$X_{ikj}$ 之间相互独立。这里，μ_{ij},σ^2 均为未知参数。类似于单因素试验方差分析模型，也有

$$\begin{cases}X_{ijk}=\mu_{ij}+\varepsilon_{ijk}\\ \varepsilon_{ijk}\sim N(0,\sigma^2),\ \ \varepsilon_{ijk}\text{之间相互独立}\\ i=1,2,\cdots,r;\ \ j=1,2,\cdots,s;\ \ k=1,2,\cdots,t\end{cases}\tag{12.18}$$

记

$$\begin{cases}\mu=\dfrac{1}{rs}\displaystyle\sum_{i=1}^{r}\sum_{j=1}^{s}\mu_{ij}\\ \mu_{i\cdot}=\dfrac{1}{s}\displaystyle\sum_{j=1}^{s}\mu_{ij},\ \ i=1,\cdots,r\\ \mu_{\cdot j}=\dfrac{1}{r}\displaystyle\sum_{i=1}^{r}\mu_{ij},\ \ j=1,\cdots,s\end{cases}\tag{12.19}$$

式中，μ 表示总平均；$\mu_{i\cdot}$ 表示因素 A 的第 i 个水平的平均；$\mu_{\cdot j}$ 表示因素 B 的第 j 个水平的平均。因此，

$$\alpha_i=\frac{1}{s}\sum_{j=1}^{s}\left(\mu_{ij}-\mu_{\cdot j}\right)=\mu_{i\cdot}-\mu,\ \ i=1,\cdots,r\tag{12.20}$$

为因素 A 的水平 A_i 的效应。

由式（12.18）、式（12.19）知，A_i 的效应 α_i 依赖于另一因素 B 的水平的选取。同样，

$$\beta_j=\mu_{\cdot j}-\mu,\ \ j=1,\cdots,s\tag{12.21}$$

为因素 B 的第 j 个水平 B_j 的主效应，其依赖于因素 A 的水平的选取。又记

$$\begin{aligned}\gamma_{ij}&=\mu_{ij}-\alpha_i-\beta_j-\mu=\mu_{ij}-\mu_{i\cdot}-\mu_{\cdot j}+\mu\\&=\left(\mu_{ij}-\mu_{\cdot j}\right)-\left(\mu_{i\cdot}-\mu\right),\ \ i=1,\cdots,r;j=1,\cdots,s\end{aligned}\tag{12.22}$$

表示 A_i 与 B_j 的交互效应。因而总有

$$\mu_{ij}=\mu+\alpha_i+\beta_j+\gamma_{ij},\ \ i=1,\cdots r;j=1,\cdots,s\tag{12.23}$$

由式（12.20）～式（12.22）得

$$\begin{cases}\sum_{i=1}^{r}\alpha_i=0,\quad \sum_{j=1}^{s}\beta_j=0\\ \sum_{j=1}^{s}\gamma_{ij}=0,\quad i=1,\cdots,r\\ \sum_{i=1}^{r}\gamma_{ij}=0,\quad j=1,\cdots,s\end{cases} \tag{12.24}$$

综上，式（12.18）可以写成

$$\begin{cases}X_{ijk}=\mu+\alpha_i+\beta_i+\gamma_{ij}+\varepsilon_{ijk}\\ \mathcal{E}_{ijk}\sim N(0,\sigma^2),\ \mathcal{E}_{ijk}\text{之间相互独立}\\ i=1,2,\cdots,r;\ j=1,2,\cdots,s;\ k=1,2,\cdots,t\\ \sum_{i=1}^{r}\alpha_i=0,\ \sum_{j=1}^{s}\beta_j=0,\ \sum_{i=1}^{r}\gamma_{ij}=0,\ \sum_{j=1}^{s}\gamma_{ij}=0\end{cases} \tag{12.25}$$

式中，$\mu,\alpha_i,\beta_j,\gamma_{ij}$ 及 σ^2 都表示未知参数。

式（12.25）是研究双因素试验方差分析的统计模型。对于此模型要检验以下假设

$$H_{01}:\alpha_1=\alpha_2=\cdots=\alpha_r=0;\ H_{11}:\alpha_1,\alpha_2,\cdots,\alpha_r\text{不全为零} \tag{12.26}$$

$$H_{02}:\beta_1=\beta_2=\cdots=\beta_s=0;\ H_{12}:\beta_1,\beta_2,\cdots,\beta_s\text{不全为零} \tag{12.27}$$

$$H_{03}:\gamma_{11}=\gamma_{12}=\cdots=\gamma_{rs}=0;\ H_{13}:\gamma_{11},\gamma_{12},\cdots,\gamma_{rs}\text{不全为零} \tag{12.28}$$

为讨论方便，给出记号

$$\bar{X}=\frac{1}{rst}\sum_{i=1}^{r}\sum_{j=1}^{s}\sum_{k=1}^{t}X_{ijk}\ ;\quad \bar{X}_{ij\cdot}=\frac{1}{t}\sum_{k=1}^{t}X_{ijk},\ i=1,2,\cdots,r;\ j=1,2,\cdots,s$$

$$\bar{X}_{i\cdot\cdot}=\frac{1}{st}\sum_{j=1}^{s}\sum_{k=1}^{t}X_{ijk},\ i=1,2,\cdots,r\ ;\quad \bar{X}_{\cdot j\cdot}=\frac{1}{rt}\sum_{i=1}^{r}\sum_{k=1}^{t}X_{ijk},\ j=1,2,\cdots,s$$

以 S_T 表示总偏差平方和，即有

$$S_T=\sum_{i=1}^{r}\sum_{j=1}^{s}\sum_{k=1}^{t}\left(X_{ijk}-\bar{X}\right)^2 \tag{12.29}$$

通过一系列的运算，可以得到

$$S_T=S_E+S_A+S_B+S_{A\times B} \tag{12.30}$$

式中，

$$S_E=\sum_{i=1}^{r}\sum_{j=1}^{s}\sum_{k=1}^{t}\left(X_{ijk}-\bar{X}_{ij\cdot}\right)^2 \tag{12.31}$$

$$S_A=st\sum_{i=1}^{r}\left(\bar{X}_{i\cdot\cdot}-\bar{X}\right)^2 \tag{12.32}$$

$$S_B=rt\sum_{j=1}^{s}\left(\bar{X}_{\cdot j\cdot}-\bar{X}\right)^2 \tag{12.33}$$

$$S_{A\times B}=t\sum_{i=1}^{r}\sum_{j=1}^{s}\left(\overline{X}_{ij\cdot}-\overline{X}_{i\cdot\cdot}-\overline{X}_{\cdot j\cdot}+\overline{X}\right)^2 \tag{12.34}$$

式中，S_E 表示误差平方和；S_A，S_B 分别表示因素 A 和因素 B 的效应平方和；$S_{A\times B}$ 表示因素 A 和因素 B 的交互效应平方和。

可以证明如下内容。

当 H_{01} 为真时，有

$$F_A=\frac{S_A/(r-1)}{S_E/(rs(t-1))}\sim F\left(r-1,rs(t-1)\right) \tag{12.35}$$

则在显著性水平 α 下，假设 H_{01} 的拒绝域为

$$F_A=\frac{S_A/(r-1)}{S_E/(rs(t-1))}\geqslant F_\alpha\left(r-1,rs(t-1)\right) \tag{12.36}$$

类似地，在显著性水平 α 下，假设 H_{02} 的拒绝域为

$$F_A=\frac{S_B/(s-1)}{S_E/(rs(t-1))}\geqslant F_\alpha\left(s-1,rs(t-1)\right) \tag{12.37}$$

假设 H_{03} 的拒绝域为

$$F_{A\times B}=\frac{S_{A\times B}/((r-1)(s-1))}{S_E/(rs(t-1))}\geqslant F_\alpha\left((r-1)(s-1),rs(t-1)\right) \tag{12.38}$$

上述结果总结在表 12.8 中。

表 12.8　双因素等重复试验的方差分析表

方差来源	平方和	自由度	均方	F 比
因素 A	S_A	$r-1$	$\overline{S}_A=\frac{S_A}{r-1}$	$F_A=\frac{\overline{S}_A}{\overline{S}_E}$
因素 B	S_B	$s-1$	$\overline{S}_B=\frac{S_B}{s-1}$	$F_B=\frac{\overline{S}_B}{\overline{S}_E}$
交互作用	$S_{A\times B}$	$(r-1)(s-1)$	$\overline{S}_{A\times B}=\frac{S_{A\times B}}{(r-1)(s-1)}$	$F_{A\times B}=\frac{\overline{S}_{A\times B}}{\overline{S}_E}$
误差	S_E	$rs(t-1)$	$\overline{S}_E=\frac{S_E}{rs(t-1)}$	
总和	S_T	$rst-1$		

例 12.8（寻找最佳组合）　某种火箭使用 4 种燃料、3 种推进器进行射程试验。在每种燃料与每种推进器的组合下火箭各发射两次，火箭射程试验数据见表 12.9。

表 12.9 火箭射程试验数据

A（燃料）	B（推进器）			
	B_1	B_2	B_3	$T_{i\cdot}$
A_1	58.2，52.6	56.2，41.2	65.3，60.8	334.3
A_2	49.1，42.8	54.1，50.5	51.6，48.4	296.5
A_3	60.1，58.3	70.9，73.2	39.2，40.7	342.4
A_4	75.8，71.5	58.2，51.0	48.7，41.4	346.6
$T_{\cdot j\cdot}$	468.4	455.3	396.1	1319.8

试在显著性水平 $\alpha = 0.05$ 下，检验在不同燃料（因素 A）和不同推进器（因素 B）搭配下火箭射程有无显著差异？交互作用是否显著？

解：利用上面的计算公式，由 Excel 可得方差分析表（表 12.10）。

表 12.10 例 12.8 的方差分析表（部分）

方差来源	平方和	自由度	均方	F 比
因素 A	261.68	3	87.23	$F_A = 4.42$
因素 B	370.98	2	185.49	$F_B = 9.39$
交互作用	1768.69	6	294.78	$F_{A\times B} = 14.93$
误差	236.95	12	19.75	
总和	2638.30	23		

查 F 分布表可得，$F_{0.05}(3,12) = 3.49$，$F_{0.05}(2,12) = 3.89$，$F_{0.05}(6,12) = 3.00$，因而有 $F_{0.05}(3,12) = 3.49 < F_A$，$F_{0.05}(2,12) = 3.89 < F_B$。故在显著性水平 $\alpha = 0.05$ 下，拒绝 H_{01}, H_{02}，即可以认为燃料和推进器这两个因素对火箭射程的影响显著；同时也看到，假设 H_{03} 也被拒绝，故交互作用也显著。由表 12.9 可知，A_4 与 B_1 或 A_3 与 B_2 的搭配都使火箭射程较之其他水平的搭配要远得多，在实践中可以有目的地选择最优搭配。

12.2.2 双因素无重复试验的方差分析

上面的分析考虑了双因素间有交互作用的情况。为了检验因素之间的交互作用是否显著，对于两个因素水平的每一组合至少要试验两次。如在实际中已知因素之间无交互作用，或交互作用对试验指标的影响很弱，则可以忽略交互作用。此时上面讨论的模型可以简化，同时（对因素水平的每一组合）试验的次数也可以是一次。双因素无重复试验方差分析的数据结构如表 12.11 所示。

表 12.11　双因素无重复试验方差分析的数据结构

因素 A	因素 B			
	B_1	B_2	…	B_s
A_1	X_{11}	X_{12}	…	X_{1s}
A_2	X_{21}	X_{22}	…	X_{2s}
⋮	⋮	⋮		⋮
A_r	X_{r1}	X_{r2}	…	X_{rs}

设

$$\begin{cases} X_{ij} = \mu_{ij} + \varepsilon_{ij} \\ \varepsilon_{ij} \sim N(0,\sigma^2),\ \text{且之间相互独立} \\ i = 1,2,\cdots,r;\ j = 1,2,\cdots,s \end{cases} \tag{12.39}$$

式中，μ_{ij}, σ^2 均未知。

由假设，因素之间不存在交互作用，故式（12.39）可以写成

$$\begin{cases} X_{ij} = \mu + \alpha_i + \beta_j + \varepsilon_{ij} \\ \varepsilon_{ij} \sim N(0,\sigma^2),\ \text{且之间相互独立} \\ i = 1,2,\cdots,r;\ j = 1,2,\cdots,s \\ \sum_{i=1}^{r}\alpha_i = 0,\quad \sum_{j=1}^{s}\beta_j = 0 \end{cases} \tag{12.40}$$

对此模型，所要做的假设为

$$H_{01}: \alpha_1 = \alpha_2 = \cdots = \alpha_r = 0;\ H_{11}: \alpha_1, \alpha_2, \cdots, \alpha_r \text{不全为零} \tag{12.41}$$

$$H_{02}: \beta_1 = \beta_2 = \cdots = \beta_s = 0;\ H_{12}: \beta_1, \beta_2, \cdots, \beta_s \text{不全为零} \tag{12.42}$$

式中，符号的意义同式（12.40）。

相应的方差分析表见表 12.12。

表 12.12　方差分析表

方差来源	平方和	自由度	均方	F 比
因素 A	S_A	$r-1$	$\bar{S}_A = \frac{S_A}{r-1}$	$F_A = \frac{\bar{S}_A}{\bar{S}_E}$
因素 B	S_B	$s-1$	$\bar{S}_B = \frac{S_B}{s-1}$	$F_B = \frac{\bar{S}_B}{\bar{S}_E}$
误差	S_E	$(r-1)(s-1)$	$\bar{S}_E = \frac{S_E}{(r-1)(s-1)}$	
总和	S_T	$rst-1$		

其中，

$$\bar{X}=\frac{1}{rs}\sum_{i=1}^{r}\sum_{j=1}^{s}X_{ijk}\text{；}\ \bar{X}_{i\cdot}=\frac{1}{s}\sum_{j=1}^{s}X_{ij},\ i=1,2,\cdots,r\text{；}\ \bar{X}_{\cdot j}=\frac{1}{r}\sum_{i=1}^{r}X_{ij},\ j=1,2,\cdots,s$$

$$S_T=\sum_{i=1}^{r}\sum_{j=1}^{s}\left(X_{ij}-\bar{X}\right)^2\text{；}\ S_A=s\sum_{i=1}^{r}\left(\bar{X}_{i\cdot}-\bar{X}\right)^2$$

$$S_B=r\sum_{j=1}^{s}\left(\bar{X}_{\cdot j}-\bar{X}\right)^2\text{；}\ S_E=\sum_{i=1}^{r}\sum_{j=1}^{s}\left(X_{ij}-\bar{X}_{i\cdot}-\bar{X}_{\cdot j}+\bar{X}\right)^2$$

则在显著性水平 α 下，假设 H_{01} 的拒绝域为

$$F_A=\frac{\bar{S}_A}{\bar{S}_E}\geqslant F_\alpha\left(r-1,(r-1)(s-1)\right) \tag{12.43}$$

类似地，在显著性水平 α 下，假设 H_{02} 的拒绝域为

$$F_A=\frac{\bar{S}_B}{\bar{S}_E}\geqslant F_\alpha\left(s-1,(r-1)(s-1)\right) \tag{12.44}$$

例 12.9　某市场研究机构想要研究品牌与地区对商品销售量的影响。为此，随机选择了洗衣机的 4 个品牌和其销售的 5 个地区，得到某一时段内的销售量资料，如表 12.13 所示。则在显著性水平 $\alpha=0.05$ 下，品牌与地区对洗衣机的销售量有无显著影响？

表 12.13　例 12.9 的试验数据　　单位：台

品牌（因素 A）	地区（因素 B）				
	B_1	B_2	B_3	B_4	B_5
A_1	323	340	347	360	355
A_2	332	336	368	343	361
A_3	308	344	323	358	328
A_4	295	262	281	285	294

解：根据表 12.13，由 Excel 可得计算结果如表 12.14 所示。

表 12.14　例 12.9 的方差分析表（部分）

方差来源	平方和	自由度	均方	F 比
因素 A	$S_A=13464.6$	3	$\bar{S}_A=4488.2$	$F_A=20.5$
因素 B	$S_B=1409.8$	4	$\bar{S}_B=352.5$	$F_B=1.6$
误差	$S_E=2628.2$	12	$\bar{S}_E=219.0$	
总和	$S_T=17502.6$	19		

查附录 D 得

$F_\alpha(r-1,(r-1)(s-1))=F_{0.05}(3,12)=3.49$；$F_\alpha(s-1,(r-1)(s-1))=F_{0.05}(4,12)=3.26$

因为 $F_A>F_{0.05}(3,12)$，$F_B<F_{0.05}(4,12)$，故在显著性水平 $\alpha=0.05$ 下，品牌对洗衣机的销售量有显著影响，地区对洗衣机的销售量无显著影响。

12.3 案例分析

12.3.1 钙离子对大白鼠体重影响案例分析

本部分针对本章的导入案例“钙离子对大白鼠体重的影响”，给出基于 R 语言求解问题的具体操作。

1. 将案例数据输入 Excel 中后导入数据

```
my_data=read.xlsx("./anova_1.xlsx",sheetIndex=1,encoding=
"UTF-8")
```

2. 通过箱形图和线图对数据进行可视化

```
# 绘制箱形图
ggboxplot(my_data,x="剂量",y="体重差值",color="剂量",palette=
c("#00AFBB","#E7B800","#FC4E07"),order=c("高脂正常剂量钙","高脂中剂
量钙","高脂高剂量钙"),ylab="体重差值",xlab="剂量")
# 绘制线图
ggline(my_data,x="剂量",y="体重差值",add=c("mean_se","jitter"),
order=c("高脂正常剂量钙","高脂中剂量钙","高脂高剂量钙"),ylab="体重差
值",xlab="剂量")
```

绘制箱形图和线图如图 12.1 和图 12.2 所示。

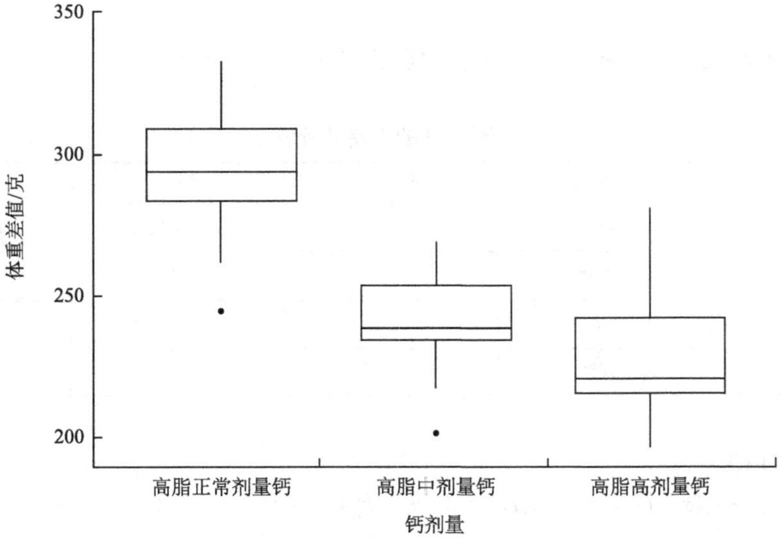

图 12.1 箱形图

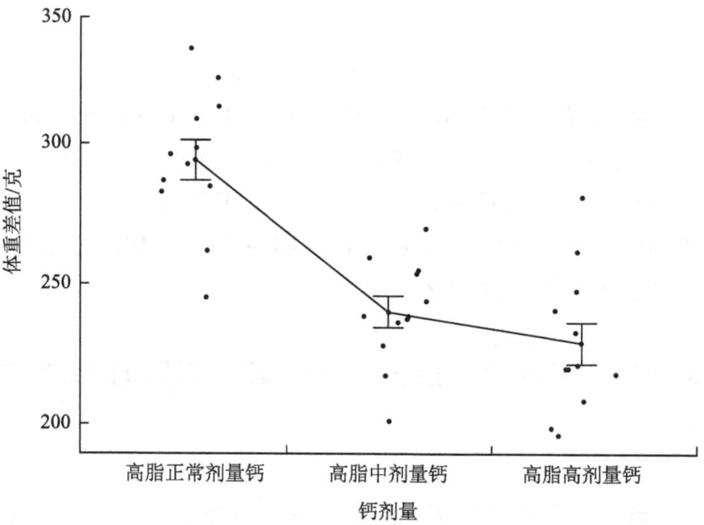

图 12.2　线图

然后进行方差分析。

```
# 计算方差分析
res.aov<-aov(体重差值~剂量,data=my_data)
# 输出分析结果
summary(res.aov)
```

3. R 语言方差分析结果

```
Df    Sum  Sq    Mean    Sq     F value    Pr(>F)
剂量  2  28925  14462  27.21  1.04e-07  ***
Residuals   33   17540   532
---
Signif.codes: 0 '***' 0.001 '**' 0.01 '*' 0.05 '.' 0.1 ' ' 1
```

4. 结果分析

上述结果表明，经假设检验得出多个总体均值不全等。最后，可以调用 R 函数 TukeyHSD()以在组均值之间多次成对比较显著差异，这是常见的“杜克”分析（Tukey honest signification differences）。

R 语言代码如下：

```
# 确定特定组对之间的平均差异是否具有统计显著性
TukeyHSD(res.aov)
```

输出结果如下：

```
Tukey multiple comparisons of means
   95% family-wise confidence level
Fit: aov(formula=体重差值~剂量,data=my_data)
```

```
$剂量
                                    diff       lwr       upr     p adj
高脂正常剂量钙-高脂高剂量钙  64.86333  41.76836  87.95831 0.0000002
高脂中剂量钙-高脂高剂量钙    10.98000 -12.11498  34.07498 0.4810804
高脂中剂量钙-高脂正常剂量钙 -53.88333 -76.97831 -30.78836 0.0000064
```

上述结果表明中、高剂量钙与正常剂量钙喂养 9 周前后体重差值不同，但不能认为中、高剂量钙喂养 9 周前后体重差值不同。

12.3.2 使用 R 语言自带的 ToothGrowth 数据集查看双因素方差分析的实例

1. 数据集背景

随机分配 60 只豚鼠，分别采用两种喂食方法，即橙汁（orange juice，OJ）或维生素 C（vitamin C，VC），各喂食方法中抗坏血酸剂量有三种水平（0.5 毫克、1 毫克和 2 毫克），每种处理方式的组合都被分配 10 只豚鼠。其中，牙齿长度（单位：毫米）为因变量。

2. 导入数据

```
>data("ToothGrowth")
>ToothGrowth
```

即可得到 60 组数据，分析代码如下所示。

```
>attach(Toothgrowth)
  The following object is masked from litter(pos=9):
  dose
  The following object is masked from litter(pos=10):
  dose
  The following object is masked from litter(pos=11):
  dose
  The following object is masked from litter(pos=12):
  dose
  The following object is masked from litter(pos=13):
  dose
  The following object is masked from litter(pos=14):
  dose
>table(supp,dose)
  Supp  0.5  1   2
  OJ     10  10  10
  VC     10  10  10
>aggregate(len,by=list(supp,dose),Fun=mean)
```

```
    Group.1  Group.2    x
1      OJ       0.5   13.23
2      VC       0.5    7.98
3      OJ       1.0   22.70
4      VC       1.0   16.77
5      OJ       2.0   26.06
6      VC       2.0   26.14
```

剂量大小和不同营养补充剂对豚鼠牙齿长度的影响结果如图 12.3 所示。

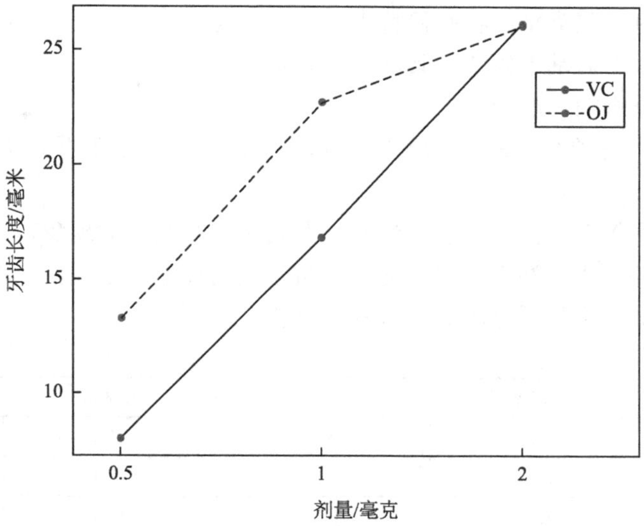

图 12.3 剂量大小和不同营养补充剂对豚鼠牙齿长度的影响结果图

3. 结论

可得到如下结论：随着橙汁和维生素 C 中的抗坏血酸剂量的增加，牙齿长度变长。对于 0.5 毫克和 1 毫克剂量，橙汁比维生素 C 更能促进牙齿生长；对于 2 毫克剂量的抗坏血酸，两种喂食方法下牙齿长度增长相同。

➢ **本章小结**

在实践中，试验的指标往往受到一种或多种因素的影响。方差分析就是通过对试验数据的分析，检验方差相同的多个（多于两个）正态总体的均值是否相等，用以判断各因素对试验指标的影响是否显著的一种统计方法。

单因素试验方差分析的基本思想是：通过将观察数据的总偏差平方和进行分解，利用假设检验的理论和方法，检验因素的各个水平所对应的试验结果有无显著差异，也就是检验各个水平所对应的样本数据是否来自同一正态总体。由于问题本身要假设各正态总体的方差相等，因而，就是要检验因素各水平对应的正态总体的均值是否相等。

双因素试验方差分析的基本思想与单因素的基本思想类似。只是双因素方差分析更复杂一些，特别是因素之间有交互作用时的方差分析。

在双因素方差分析的讨论中，先讨论了有交互作用时的方差分析，而将无交互作用作为有交互作用的特殊情况来处理。因为有交互作用的情况客观存在，所以问题的引入就显得较为自然。

方差分析事实上并非真正对方差进行分析，而是利用偏差平方和度量数据的变异程度。正如斯内德克（Snedecor）所言："它是从可比组的数据中分解出可追溯到某些指定来源的变异的一种技巧。"

➢ **问题与思考**

1. 何谓方差分析，其研究内容是什么？
2. 方差分析有哪些类型，各有何特点？
3. 方差分析中有何基本假定，其基本思想是什么？
4. 简述方差分析的一般步骤。
5. 举一个运用方差分析解决的实际问题，要求有计划、数据收集和解决方案的整个过程。
6. 将抗生素注入人体内会产生抗生素与血浆蛋白质结合的现象，以致降低了药效。下表是 5 种常用的抗生素注入到牛体内时，抗生素与血浆蛋白质结合的百分比。试在显著性水平 0.05 下检验这些百分比的均值有无显著差异。

青霉素	四环素	链霉素	红霉素	氯霉素
29.6	27.3	5.8	21.6	29.2
24.3	32.6	6.2	17.4	32.8
28.5	30.8	11.0	18.3	25.0
32.0	34.8	8.3	19.0	24.2

7. 某公司最近产品产量出现波动，生产经理认为由两个可能的因素造成：一是工人之间的技术差异；二是不同机器之间的差异。为寻找影响产量的因素，生产经理进行了如下试验，即让 3 位工人分别在不同的 4 台机器上操作，历时 3 天，得到如下资料（表中数据为产量）。

机器	工人甲	工人乙	工人丙
机器Ⅰ	15，15，17	19，19，16	16，18，21
机器Ⅱ	17，17，17	15，15，15	19，22，22
机器Ⅲ	15，17，17	18，17，16	18，18，18
机器Ⅳ	18，20，20	15，16，17	17，17，17

问：

（1）工人之间的技术差异是否明显？

（2）机器的稳定性之间有无明显差异？

（3）这两个因素的交互作用是否明显？

假设做如上决策允许犯第一类错误的概率不超过 5%。

第13章 回归分析

案例导入（选址问题的统计决策）：随着经济和社会的快速发展，旅店的需求越来越大。一家快捷连锁商务酒店集团公司的决策层从公司发展战略出发，决定新建酒店以增加市场份额，但选址是个复杂且困难的决策问题，因此需要科学论证，以免决策失误造成损失。公司市场部分析师认为，经过长时间资料的积累与分析，影响酒店营业利润率的主要因素有：2千米以内的旅馆客房总数；与最近竞争者的距离；2千米以内社区办公场所的面积；1千米以内大学生人数；1千米以内周围社区家庭收入中位数。市场分析师认为，可以运用统计方法帮助决策，即可以利用集团旗下酒店的位置与经营业绩的相关数据，寻找这些变量之间的关系。为此，从数据库中随机抽取了40家酒店的相关数据，如表13.1所示。

表13.1 酒店的相关数据

营业利润率/%	2千米以内的旅馆客房总数/间	与最近竞争者的距离/千米	2千米以内社区办公场所的面积/($\times 10^3$米^2)	1千米以内大学生人数/($\times 10^3$人)	1千米以内周围社区家庭收入中位数/($\times 10^3$元)
45.5	2691	3.2	519	13.5	46
44.2	3471	2.2	523	12.0	39
29.8	3567	2.5	140	13.5	32
38.4	3264	2.7	404	22.5	29
54.4	3234	3.2	649	19.5	39
34.5	2730	0.3	171	17.0	33
44.9	3003	0.9	402	15.5	37
56.5	2045	1.5	562	15.0	38
39.3	3591	2.0	510	18.5	29
62.8	1613	1.7	686	21.5	29
40.3	2848	2.5	744	19.0	30
41.1	3098	2.3	449	11.5	34
35.7	3591	1.4	270	9.5	43
58.5	2210	2.7	611	17.5	35
53.5	3285	2.0	548	23.5	42
54.2	3018	3.1	529	20.0	39
43.3	3383	2.2	790	11.5	33
58.0	2382	3.2	484	12.0	39
38.1	3568	2.3	365	16.5	37

续表

营业利润率/%	2千米以内的旅馆客房总数/间	与最近竞争者的距离/千米	2千米以内社区办公场所的面积/($\times 10^3$米^2)	1千米以内大学生人数/($\times 10^3$人)	1千米以内周围社区家庭收入中位数/($\times 10^3$元)
45.1	2172	1.4	198	7.0	35
42.8	3003	2.2	457	19.5	39
51.4	2640	3.8	431	19.5	37
45.4	2443	0.1	515	10.5	36
48.2	2429	2.3	498	20.0	33
40.2	3670	2.8	240	17.5	37
36.8	3006	2.5	456	15.5	37
54.2	2484	2.8	443	16.0	33
36.9	2923	1.2	449	14.0	40
53.0	2844	3.5	406	13.5	30
39.3	3159	2.7	392	11.0	34
54.4	3241	2.2	578	21.5	44
43.7	2915	1.6	620	13.5	36
51.5	3069	3.3	512	20.5	37
43.5	2910	1.4	418	12.5	35
48.8	2935	3.9	551	20.0	35
52.0	3354	2.0	614	26.5	37
51.2	2775	2.5	497	15.0	39
49.6	3359	1.6	473	10.5	44
54.1	2862	2.9	809	16.5	41
49.5	2726	1.2	464	19.0	36

如果公司的管理者将有利可图定义为营业利润率超过45%，把无利可图定义为营业利润率低于25%。假如现有一个可能的位置，其特征为2千米以内有3815间旅馆客房；最近的旅馆在0.9千米以外；2千米以内社区办公场所的面积是476 000平方米；1千米以内大学生人数是24 500人；1千米以内周围社区家庭收入的中位数是35 000元。试分析这一地址是否合适？

现实世界中，一个事物的发展与变化往往受到一个或多个因素的影响。比如，经济增长受到投资、环境、政策等的影响；某一股票的价格与此公司的经营绩效、发展战略、国家的产业政策、上下游企业的经营状况等有关。一个自然的问题是，这些因素如何影响对应事物的变化。这里，有两个基本问题：一是有无影响，二是如何影响。其中，如何影响又包含两个问题，即影响的方向与程度。对于多个变量影响一个变量的情形，是否能利用数学中的函数关系来解决呢？下面系统分析这样的问题。

在对商品销售额的分析中，可知在确定的销售价格下，商品的销售额完全取决于这一商品的销售量。如以 x 表示销售量，p 表示销售价格，y 表示销售额，则有 $y=px$，即 y 与 x 之间具有某种确定的函数关系，这种情形为大家所熟知。

在对广告费与商品销售量的分析中，显然，广告费的投入可以增加商品的知晓度，因而，能够增加商品的销售量。对于某一种商品，如销售价格确定，则在不同的月份投入相同的广告费，是否能有相同的月销售量呢？答案是否定的。事实上，即使投入相同的广告费，销售商也不能保证获得相同的销售量。因为，商品销售量的多少并不仅仅取决于广告费的投入。这样，在相同的广告费下，产品的销售量就有不同的结果，然而显然，广告费的投入量影响商品的销售量。一般说来，广告费的增加，也会带来商品销售量的增加，即两者之间存在某种关系，但这种关系并非用通常的函数关系表示。

再如，行驶里程数相等的同型号二手车，它们的销售价格也不一样，总存在有高有低的现象，但销售价格与其行驶里程数密切相关是客观存在的。

综上，可以看到，变量之间的关系具有确定和不确定的情形。

13.1 相关关系概念

对于两个有关系但不能用函数描述其变化相依性的关系，称为相关关系。

可以看到，事物之间的相关关系是进一步探讨事物内在确定性关系的出发点，或者至少能够提供探索方向的重要信息，事实上，许多现象也证实了这种机制。

对于天花这样一种危害性很强的传染病，历史上人们一直在寻找应对办法。后来有人发现，牧场里挤牛奶的姑娘几乎从来不染天花。由于牛痘的诞生，天花病终得解决。

加拿大的一个科学家想知道，严重暴力嫌疑犯是否在生理结构上与正常人有区别。为此，他研究了监狱内几十名严重暴力罪犯的血样，发现其中一种叫作单胺氧化酶 A（monoamine oxidase A，MAOA）的物质只相当于正常人的 1/3，而且暴力犯罪越严重，MAOA 含量越低。西班牙的一位科学家对斗牛士进行了相似的试验，也得到类似结果。加拿大的这位科学家同样也对一些胆子很小、“不惜一切避免任何风险”的人进行了相似试验，发现 MAOA 含量偏高。这位加拿大科学家的研究发现：暴力倾向强的人，血液中 MAOA 的含量较低；反之，胆子小的人，其血液中的 MAOA 含量较高。于是，可以类推，人血液中的 MAOA 含量对其暴力倾向有较为重要的影响。

科学发现并不能一蹴而就，需要长时间的探索，不断地试错。事物间的相关关系，是进一步探索事物间变化相依关系及其变化规律的出发点，也是分析几个或若干个变量影响某一变量的基础。

13.1.1 相关关系的种类

现象之间的相关关系十分复杂，人们的认知有限。因此，只能在一个相对的范围内分析我们所关注的问题。这样将研究对象进行适当的分类是有必要的。

现象间的相关关系可以有多种分类。

（1）按相关的方向不同可以分为正相关和负相关。

（2）按相关的形式不同可以分为线性相关和非线性相关。

当一个变量的变化幅度与另一个变量的变化幅度基本上成等比例时，这种相关关系就是线性相关。“线性”一词来源于函数图像，一元一次方程的图像是直线，线性相关就是两个变量在平面直角坐标系上所描绘出的系列点基本呈直线。线性相关之外的相关关系都属于非线性相关，因为这些关系需要使用曲线方程来刻画和表达。

（3）按影响因素的数量不同分为单相关、复相关。

两个变量之间的相关关系称为单相关，三个或三个以上变量之间的相关关系称为复相关。

（4）按照变量关联的密切程度可分为完全相关、不完全相关和完全不相关（无关）。

习惯上所说的相关一般指的是介于完全相关和完全不相关之间的“不完全相关”。完全相关即为函数关系。

13.1.2　线性相关程度度量指标

某公司 10 个子公司的销售利润和销售收入的资料如表 13.2 所示。

表 13.2　销售数据　　单位：万元

销售利润 Y	18	20	24	35	44	50	50	56	60	64
销售收入 X	100	200	240	300	300	400	500	560	600	600

销售收入和销售利润的直观线性关系可以通过散点图来描述，如图 13.1 所示。

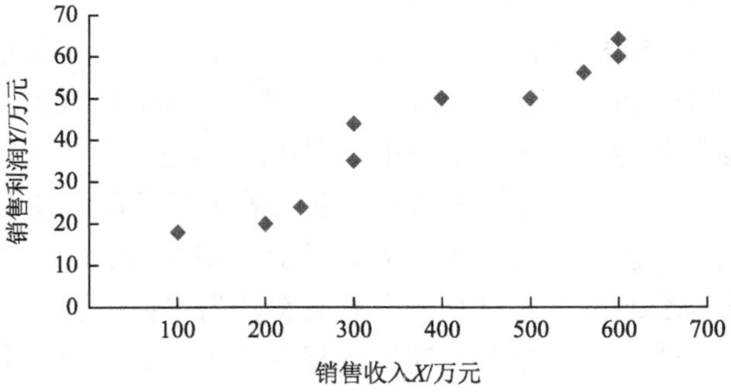

图 13.1　销售收入与销售利润散点图

在图 13.1 中，以横轴表示变量 X，以纵轴表示变量 Y。将表 13.2 中对应的数值在图上标出坐标点形成图形，图 13.1 中的坐标点会显示一定的相关关系。通过散点图可以大致看出两个变量之间有无关系，是什么样的关系（正相关或负相关），以及相关的密切程度。将表 13.2 中的资料绘制成散点图，能较直观地看出两个变量间的线性关系。

相关表和散点图都只能让我们了解现象之间相关关系的粗略情况，还不能进行“量化”，为了更有效、更具普适性地表示现象之间相关关系的密切程度，还需要计算相关系数。

相关系数是测定两个变量之间线性相关程度和相关方向的统计分析指标，用字母 r 表示。

相关系数从原理上说，可根据两个变量与其算术平均数的离差乘积来计算，这种计算方法称为“积差法”，是计算相关系数的基本方法，其计算公式为

$$r=\frac{\sum_{i=1}^{n}(x_i-\overline{x})(y_i-\overline{y})}{\sqrt{\sum_{i=1}^{n}(x_i-\overline{x})^2\sum_{i=1}^{n}(y_i-\overline{y})^2}}$$

式中，$\overline{x}=\frac{1}{n}\sum_{i=1}^{n}x_i$；$\overline{y}=\frac{1}{n}\sum_{i=1}^{n}y_i$。

易见，相关系数 r 的变化区间为[−1,1]，即 $|r|\leqslant 1$，$|r|$ 的大小表示相关程度的高低。

习惯上而非严格意义上，一般当 $|r|$ 在 0.3 以下，称为微弱线性相关；当 $|r|$ 在 0.3～0.5，称为低度线性相关；当 $|r|$ 在 0.5～0.8，称为显著线性相关；当 $|r|$ 在 0.8 以上，称为高度线性相关。

就产品的销售量与广告费的投入之间的关系这一现实问题，可以看到，销售量与广告费这两个变量之间难以用数学中的函数关系来描述。事实上，从统计学的角度来看，销售量是一个随机变量，而广告费是一个确定性的变量。对于一个普通变量与随机变量的函数关系我们并不熟悉，其内在的关系如何，将在这一章进行讨论。

13.2　线性回归分析

13.2.1　一元线性回归模型及其应用

1. 一元线性回归模型

回归一词由英国著名生物学家和统计学家高尔顿在研究人类遗传问题时提出。为研究父代与子代身高的关系，高尔顿收集了 1078 对父亲与他的一个成年儿子的身高数据。研究发现，身高超过平均值的父代，其子代的平均身高将低于父代的平均身高；反之，身高低于平均值的父代，其子代的平均身高将高于父代的平均身高，即子代的身高有“回归”现象。

回归分析由于其广泛的应用背景，一直以来都是统计数据分析的重要工具之一，也是统计理论和方法的重要研究方向。对于线性回归模型，已建立了有效的估计和统计推断方法，形成了完整的理论体系，其是回归分析的首选模型之一。本章较为系统地介绍了线性回归分析的相关理论、方法和应用。

例 13.1　某财务软件公司在全国有许多代理商，为研究它的财务软件产品的广告费

投入与销售额的关系，分析人员随机选择 10 家代理商进行观察，收集到年广告费投入和月均销售额的数据如表 13.3 所示。

表 13.3　样本数据（一）　　单位：万元

月均销售额 Y	21.2	23.9	32.9	34.1	42.5	43.2	49.0	52.8	59.4	63.5
年广告费投入 x	12.5	15.3	23.2	26.4	33.5	34.4	39.4	45.2	55.4	60.9

以年广告费投入为横坐标，月均销售额为纵坐标，将表 13.3 中的有序数对在图 13.2 中标出，得到散点图。这样可以更直观地观察两个变量之间的关系。

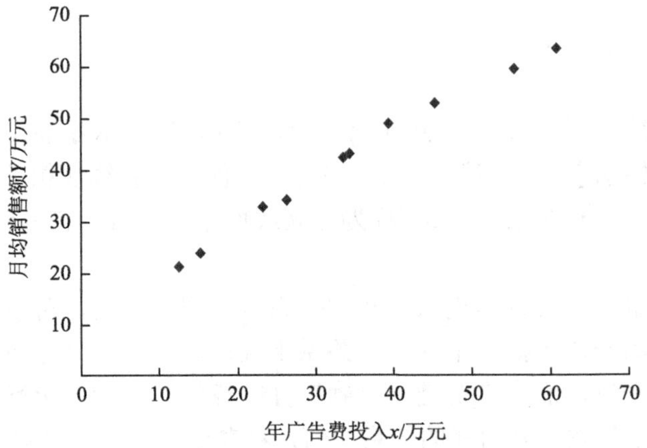

图 13.2　年广告费投入与月均销售额散点图

从图 13.2 可以看到，随着年广告费投入的增加，月均销售额也在增加。另外可见，这些有序数对不在一条直线或曲线上，即 Y 与 x 之间不存在严格的函数关系，也即这两个变量具有某种较为明显的变化相依性，但尚难给出具有某种确定关系的信息。如果用能获得数据的变量来解释因变量的变化，将存在误差。因此，设计如下关系

$$Y = \beta_0 + \beta_1 x + \varepsilon \tag{13.1}$$

式中，Y 表示一个随机变量；x 表示一个通常的实数变量（也可以是随机变量，这里不考虑这种情形）；ε 表示以 x 的线性函数 $\beta_0 + \beta_1 x$ 解释 Y 变化所产生的误差，这种误差是许多影响 Y 变化的因素的集合，是一个不可观测的变量，一般假设，$\varepsilon \sim N(0,\sigma^2)$。式（13.1）称为一元线性回归模型。

式（13.1）是在取得两个变量的一组值所对应散点图的启发下设计的。由于 ε 未知，无法直接通过其获得两个变量关系更进一步的结果。

当自变量 x 取 n 个不同值 $x_1, x_2, \cdots, x_n$ 时，设 $Y_1, Y_2, \cdots, Y_n$ 分别是在 $x_1, x_2, \cdots, x_n$ 处对因变量 Y 的独立观察结果，称 $(x_1, Y_1), (x_2, Y_2), \cdots, (x_n, Y_n)$ 为一个样本，其对应的观察值记为 $(x_1, y_1), (x_2, y_2), \cdots, (x_n, y_n)$，则有

$$
\begin{gathered}
Y_1=\beta_0+\beta_1 x_1+\varepsilon_1 \\
Y_2=\beta_0+\beta_1 x_2+\varepsilon_2 \\
\vdots \\
Y_i=\beta_0+\beta_1 x_i+\varepsilon_i \\
\vdots \\
Y_n=\beta_0+\beta_1 x_n+\varepsilon_n
\end{gathered} \tag{13.2}
$$

式中，$\varepsilon_i \sim N(0,\sigma^2)$，$i=1,2,\cdots,n$，且假设$\varepsilon_1,\varepsilon_2,\cdots,\varepsilon_n$相互独立。

式（13.2）称为样本线性回归模型。

由式（13.1），容易得

$$
E(Y)=\beta_0+\beta_1 x \tag{13.3}
$$

式中，应将$E(Y)$理解为$E(Y \mid x)=\beta_0+\beta_1 x$，一般简记为$E(Y)$。

式（13.3）表明，当x已知时，理论上可以精确计算$E(Y)$，这是分析x对Y的影响走出的重要一步。即通过对误差项ε的假设，将一个随机方程简化成一个普通变量的线性方程。事实上，要研究一个可以控制或精确测量的普通变量x与一个随机变量Y之间的函数关系是不可能的。因而，退而求其次分析随机变量Y的均值与x之间的关系，即两个普通变量之间的函数关系，这样至少为解决问题提供了途径。

由式（13.3）可见，$E(Y)$是x的函数，将$E(Y)=\beta_0+\beta_1 x$称为Y关于x的回归函数。在实际问题中，回归函数一般未知。回归分析的任务在于根据试验数据估计回归函数，讨论有关的点估计、区间估计和假设检验等问题，特别重要的是对随机变量Y的观察值做出点预测和区间预测。

注：这里的线性是指关于参数的线性。

2. 模型参数估计

1）参数β_0,β_1的估计

可以运用最小二乘法或最大似然估计法估计未知参数β_0,β_1。

设$E(Y)=\beta_0+\beta_1 x$的估计方程为$\hat{y}=a+bx$，这里，$\hat{y}$为$E(Y)$的估计，a,b分别为未知参数β_0,β_1的估计。则在x_i处，有$\hat{y}_i=a+bx_i$，即当自变量$x=x_i$时，因变量Y_i的均值$E(Y_i)$的估计值$\hat{y}_i$为$a+bx_i$。将$y_i-\hat{y}_i$定义为$x=x_i$处的残差，记为$e_i=y_i-\hat{y}_i$。又记

$$
Q_e=\sum_{i=1}^{n}[y_i-(a+bx_i)]^2 \tag{13.4}
$$

式中，Q_e表示用$a+bx$作为因变量均值$E(Y)$所估计的残差平方和。

在a,b取值中找到使得Q_e最小的一组值的方法叫作最小二乘法。

容易看到，Q_e是a,b的二元函数，为了获得a,b的值，只要借助微积分中极值问题的求解方法即可。事实上，令

$$
\frac{\partial Q_e}{\partial a}=0,\quad \frac{\partial Q_e}{\partial b}=0 \tag{13.5}
$$

即

$$\sum_{i=1}^{n} y_i = na + b\sum_{i=1}^{n} x_i$$
$$\sum_{i=1}^{n} x_i y_i = a\sum_{i=1}^{n} x_i + b\sum_{i=1}^{n} x_i^2 \tag{13.6}$$

式（13.6）一般称为正规方程组。

解式（13.6），得参数 β_0, β_1 的最小二乘估计值：

$$a = \overline{y} - b\overline{x}$$
$$b = \frac{\sum_{i=1}^{n}(x_i - \overline{x})(y_i - \overline{y})}{\sum_{i=1}^{n}(x_i - \overline{x})^2} \tag{13.7}$$

式中，$\overline{x} = \frac{1}{n}\sum_{i=1}^{n} x_i$；$\overline{y} = \frac{1}{n}\sum_{i=1}^{n} y_i$。

这样，对于给定的 x，取 $a + bx$ 作为回归函数 $E(Y) = \beta_0 + \beta_1 x$ 的估计，并称 $a + bx$ 为 Y 关于 x 的经验回归函数，一般记为 $a + bx = \hat{y}$。方程 $\hat{y} = a + bx$ 称为 Y 关于 x 的经验回归方程，简称回归方程，其图形称为回归直线。

一定要记住的是，这里的 $\hat{y} = a + bx$ 仅仅是样本对总体回归方程 $E(Y) = \beta_0 + \beta_1 x$ 的一个估计，且 $\hat{y}$ 是 $E(Y)$ 的估计，而非随机变量 Y 的估计。

2）误差项 ε 方差 σ^2 的估计

可以证明（盛骤等，2001）

$$\frac{Q_e}{\sigma^2} \sim \chi^2(n-2) \tag{13.8}$$

从而，$E\left(\frac{Q_e}{\sigma^2}\right) = n - 2$，于是有 $E\left(\frac{Q_e}{n-2}\right) = \sigma^2$。这样就得到了 σ^2 的无偏估计量

$$\hat{\sigma}^2 = \frac{Q_e}{n-2} = \frac{\sum_{i=1}^{n}\left(Y_i - \hat{Y}_i\right)^2}{n-2} \tag{13.9}$$

基于例 13.1 的一元线性回归模型参数估计的 Excel 输出结果如表 13.4 所示。

表 13.4　例 13.1 的回归分析表

回归统计						
SUMMARY OUTPUT						
回归统计						
R	0.9942					
R^2	0.9884					
调整的 R^2	0.9870					
标准误差	1.6300					
观测值	10					

续表

方差分析						
	df	SS	MS	F	显著性水平 F	
回归分析	1	1815.9314	1815.9307	683.4680	4.92×10^{-9}	
残差	8	21.2555	2.6569			
总计	9	1837.1869				
	系数	标准误差	t 统计量	P 值	下限 95%	上限 95%
常数项	11.6149	1.2802	9.0729	1.75×10^{-5}	8.6628	14.5670
x 回归系数	0.8849	0.0338	26.1432	4.92×10^{-9}	0.8068	0.9629

注：df（degree of freedom，自由度）；SS（sum of squares，平方和）；MS（mean square，均方）

由表 13.4 可得 $\hat{y}=11.6149+0.8849x$；$\hat{\sigma}^2=2.6569$。

因此，当年广告费投入每增加 1 万元，其月均销售额平均增加 0.8849 万元。

在正态误差回归模型下，也可以利用最大似然估计法对未知参数进行估计，得到的两个未知参数 β_0,β_1 的最大似然估计值与最小二乘估计值一样，而误差项 ε 方差 σ^2 的最大似然估计值为

$$\hat{\sigma}^2=\frac{\sum_{i=1}^{n}\left(y_i-\hat{y}_i\right)^2}{n} \tag{13.10}$$

3）一些结论

（1）在正态误差回归模型下，$Y_i \sim N(\beta_0+\beta_1 x_i,\sigma^2)$。

（2）β_0,β_1 的估计量 a,b 均为 Y_i 的线性函数。

（3）a,b 分别为参数 β_0,β_1 的无偏估计量。

（4）β_0,β_1 的估计量 a,b 均服从正态分布，即

$$a\sim N\left(\beta_0,\left(\frac{1}{n}+\frac{\bar{x}^2}{\sum_{i=1}^{n}(x_i-\bar{x})^2}\right)\sigma^2\right),\quad b\sim N\left(\beta_1,\frac{\sigma^2}{\sum_{i=1}^{n}(x_i-\bar{x})^2}\right)$$

（5）$\dfrac{\sum_{i=1}^{n}\left(Y_i-\hat{Y}_i\right)^2}{n-2}=\dfrac{\sum_{i=1}^{n}e_i^2}{n-2}=\mathrm{MSE}$（称为误差均方）为 σ^2 的无偏估计量。

（6）$\dfrac{a-\beta_0}{\hat{s}(a)}=\dfrac{a-\beta_0}{\sqrt{\left(\dfrac{1}{n}+\dfrac{\bar{x}^2}{\sum_{i=1}^{n}(x_i-x)^2}\right)\mathrm{MSE}}}\sim t(n-2)$，$\dfrac{b-\beta_1}{\hat{s}(b)}=\dfrac{b-\beta_1}{\sqrt{\dfrac{\mathrm{MSE}}{\sum_{i=1}^{n}(x_i-x)^2}}}\sim t(n-2)$，

其中，$\hat{s}(a),\hat{s}(b)$ 分别表示估计量 a,b 的标准差的估计量。

注意估计量与估计值之间的区别，前者为统计量，后者为通常的实数。

注意到，$\sum_{i=1}^{n}(x_i-\overline{x})=0$，容易推导出上述结论。

由于$Y_i=\beta_0+\beta_1x_i+\varepsilon_i$，即$Y_i$是随机变量$\varepsilon_i$的线性函数，故结论（1）显然成立。

对于β_0,β_1的估计量a,b（这里，为与估计值区分，将y字母换成大写形式），容易看到

$$b=\frac{\sum_{i=1}^{n}(x_i-\overline{x})\left(Y_i-\overline{Y}\right)}{\sum_{i=1}^{n}(x_i-\overline{x})^2}$$

$$=\frac{\sum_{i=1}^{n}(x_i-\overline{x})Y_i-\overline{Y}\sum_{i=1}^{n}(x_i-\overline{x})}{\sum_{i=1}^{n}(x_i-\overline{x})^2}$$

$$=\frac{\sum_{i=1}^{n}(x_i-\overline{x})Y_i}{\sum_{i=1}^{n}(x_i-\overline{x})^2}$$

$$=\sum_{i=1}^{n}\left[\frac{x_i-\overline{x}}{\sum_{i=1}^{n}(x_i-\overline{x})^2}\right]Y_i$$

由于$a=\overline{y}-b\overline{x}$，因此有

$$a=\overline{Y}-b\overline{x}$$

$$=\frac{1}{n}\sum_{i=1}^{n}Y_i-\sum_{i=1}^{n}\left[\frac{\overline{x}(x_i-\overline{x})}{\sum_{i=1}^{n}(x_i-\overline{x})^2}\right]Y_i$$

$$=\sum_{i=1}^{n}\left[\frac{1}{n}-\frac{\overline{x}(x_i-\overline{x})}{\sum_{i=1}^{n}(x_i-\overline{x})^2}\right]Y_i$$

即结论（2）成立。

由于

$$b=\sum_{i=1}^{n}\left[\frac{x_i-\overline{x}}{\sum_{i=1}^{n}(x_i-\overline{x})^2}\right]Y_i$$

故

$$E(b)=E\left\{\sum_{i=1}^{n}\left[\frac{x_i-\overline{x}}{\sum_{i=1}^{n}(x_i-\overline{x})^2}\right]Y_i\right\}$$

$$=\sum_{i=1}^{n}\left[\frac{x_i-\overline{x}}{\sum_{i=1}^{n}(x_i-\overline{x})^2}\right]E(Y_i)$$

$$=\sum_{i=1}^{n}\left[\frac{x_i-\overline{x}}{\sum_{i=1}^{n}(x_i-\overline{x})^2}\right](\beta_0+\beta_1x_i)$$

$$=\beta_1$$

类似有 $E(a)=\beta_0$。这样结论（3）得证。

由结论（2）及 ε_i 之间的独立性，易知 $Y_1,Y_2,\cdots,Y_n$ 之间相互独立。因此，立得 β_0,β_1 的估计量 a,b 的方差分别为

$$\left(\frac{1}{n}+\frac{\overline{x}^2}{\sum_{i=1}^{n}(x_i-\overline{x})^2}\right)\sigma^2 \text{ 和 } \frac{\sigma^2}{\sum_{i=1}^{n}(x_i-\overline{x})^2}$$

由此结论（4）成立。

结论（5）和（6）的论证稍长，读者可参考文献盛骤等（2001）。

3. 模型检验

1）方程的显著性检验：F 检验

方程的显著性检验，就是要检验 Y 的均值 $E(Y)$与 x 之间是否存在线性关系，即 Y 关于 x 的回归 $E(Y)$是否具有形式 $\beta_0+\beta_1x$。在处理实际问题时，$E(Y)$是否为 x 的线性函数，首先要根据有关专业知识和实践来判断；其次要根据实际观察到的数据运用假设检验的方法来检验。也就是说，估计线性回归方程是否具有实用价值，一般需要经过假设检验才能确定。在一元线性回归模型中，本质上就是研究 β_1 是否等于零，即要检验

$$H_0:\beta_1=0;\ H_1:\beta_1\neq 0 \tag{13.11}$$

检验统计量为

$$F=\frac{\mathrm{MSR}}{\mathrm{MSE}}\sim F(1,n-2) \tag{13.12}$$

式中，$\mathrm{MSR}=\sum_{i=1}^{n}\left(\hat{Y}_i-\overline{Y}\right)^2\Big/1$，其中 1 表示自由度，实际为自变量的个数。

下面详细分析统计量的构造过程。

以

$$S_T=\sum_{i=1}^{n}\left(Y_i-\overline{Y}\right)^2$$

表示总离差平方和，其中 $\overline{Y}=\frac{1}{n}\sum_{i=1}^{n}Y_i$。

由于

$$Y_i-\overline{Y}=\left(Y_i-\hat{Y}_i\right)+\left(\hat{Y}_i-\overline{Y}\right)$$

通过简单地运算，可以得到

$$S_T=\sum_{i=1}^{n}\left(Y_i-\overline{Y}\right)^2=\sum_{i=1}^{n}\left(Y_i-\hat{Y}_i\right)^2+\sum_{i=1}^{n}\left(\hat{Y}_i-\overline{Y}\right)^2 \tag{13.13}$$

式中，$\sum_{i=1}^{n}\left(\hat{Y}_i-\overline{Y}\right)^2$ 表示回归平方和，记为 S_R；$\sum_{i=1}^{n}\left(Y_i-\hat{Y}_i\right)^2$ 表示残差平方和，记为 S_E。从而

$$S_T=S_R+S_E \tag{13.14}$$

由此可见，Y 的偏差由两个原因造成，一是 x 的变化引起 Y 的变动，另一个则是除此之外的其他各种随机的因素干扰引起 Y 的变动。

其实，容易推得 $\hat{Y}=\overline{\hat{Y}}$，这里，$\overline{\hat{Y}}=\frac{1}{n}\sum_{i=1}^{n}(a+bx_i)$。这样，

$$S_R=\sum_{i=1}^{n}\left(\hat{Y}_i-\overline{Y}\right)^2=\sum_{i=1}^{n}\left(\hat{Y}_i-\overline{\hat{Y}}\right)^2$$

由此，S_R 称为回归平方和的意义更为明了。

（1）可以证明，在模型（13.9）下：①$\frac{S_E}{\sigma^2}\sim\chi^2(n-2)$；②在 H_0 下，$\frac{S_R}{\sigma^2}\sim\chi^2(1)$；③$S_R$ 与 S_E 相互独立。

记 $\mathrm{MSR}=S_R/1$，$\mathrm{MSE}=S_E/(n-2)$。则在 H_0 为真时，式（13.11）的检验统计量为 $F=\frac{\mathrm{MSR}}{\mathrm{MSE}}\sim F(1,n-2)$。

（2）检验规则：当 H_0 为真时，希望回归平方和尽可能大，而残差平方和尽可能小。因此，对于给定的显著性水平 α，检验问题（13.11）的拒绝域应为

$$F>F_\alpha(1,n-2) \tag{13.15}$$

称这种检验为 F 检验法或回归模型的方差分析。方差分析表的形式如表 13.5 所示。

表 13.5　回归模型的方差分析表

方差来源	平方和	自由度	均方	F 值
回归	S_R	1	$\mathrm{MSR}=S_R$ $\mathrm{MSE}=S_E/(n-2)$	$F=\frac{\mathrm{MSR}}{\mathrm{MSE}}$
残差	S_E	$n-2$		
总和	S_T	$n-1$		

由于回归分析软件中都会输出假设检验的 P 值，所以，在实际应用时，常常使用下式

$$P(F(1,n-2)>F)<\alpha$$

作为拒绝原假设 H_0 的条件。

对于例 13.1，如给定的显著性水平为 0.05。因为 $F=683.4680$，$F_{0.05}(1,8)=5.32$，以及 $F>F_{0.05}(1,8)$，故拒绝原假设。例 13.1 中的 F 检验的 P 值 $=4.92\times10^{-9}$，显然小于显著性水平 0.05，同样拒绝原假设，且由于 P 值几乎为 0，故拒绝原假设的理由十分充分。即用年广告费投入的线性函数来解释月均销售额的变化可行。

2）回归系数的显著性检验：t 检验

当回归方程显著性时，自变量前的系数也有可能为零，尽管对一元线性回归模型系数的显著性检验与方程的显著性检验一致。

（1）假设的提法：

$$H_0:\beta_1=0;\ H_1:\beta_1\neq 0$$

由 β_1 的估计量的分布，构造上述检验问题的统计量如下：

$$t=\frac{b}{\hat{s}(b)}\sim t(n-2)$$

（2）检验规则：拒绝原假设的条件为

$$|t|\geqslant t_{\alpha/2}(n-2)$$

在例 13.1 中，$t=26.1432$，$t_{0.025}(8)=2.3060$，由于 $|t|\geqslant t_{\alpha/2}(n-2)$，故拒绝原假设。

事实上，对于一元线性回归模型，可以论证 F 检验与 t 检验是等价的。

因此可以说明，当原假设未被拒绝时，回归效果不显著。可能的原因有：影响 Y 取值的，除 x 及随机误差外还有其他不可忽略的因素；$E(Y)$ 与 x 的关系非线性，而是存在其他关系；Y 与 x 不存在关系。

4. 回归函数值的点估计与区间估计

下面讨论回归函数 $E(Y|x)=\beta_0+\beta_1x$ 在 $x=x_0$ 处的函数值 $E(Y|x_0)=\beta_0+\beta_1x_0$ 的点估计与区间估计。

1）$E(Y|x_0)$ 的点估计

对于 x 的某一取值 x_0，其对应的回归函数值 $E(Y|x=x_0)=\beta_0+\beta_1x_0$ 的点估计值为

$$\hat{E}(Y|x_0)=a+bx_0$$

2）$E(Y|x_0)$ 的区间估计

可以计算得 $\hat{E}(Y|x_0)$ 的标准差

$$s_{\hat{E}(Y|x_0)}=\sqrt{\left[\frac{1}{n}+\frac{(x_0-\overline{x})^2}{\sum_{i=1}^{n}(x_i-\overline{x})^2}\right]\sigma^2}$$

由于σ^2未知，用其无偏估计量 MSE 代之，则有

$$\frac{\hat{E}(Y|x_0)-(\beta_0+\beta_1 x_0)}{\sqrt{\left[\frac{1}{n}+\frac{(x_0-\overline{x})^2}{\sum_{i=1}^{n}(x_i-\overline{x})^2}\right]\text{MSE}}} \sim t(n-2)$$

从而，$E(Y|x_0)$的置信度为 1–α 的置信区间为

$$\left(\hat{E}(Y|x_0)-t_{\alpha/2}(n-2)\sqrt{\left[\frac{1}{n}+\frac{(x_0-\overline{x})^2}{\sum_{i=1}^{n}(x_i-\overline{x})^2}\right]\text{MSE}},\hat{E}(Y|x_0)+t_{\alpha/2}(n-2)\sqrt{\left[\frac{1}{n}+\frac{(x_0-\overline{x})^2}{\sum_{i=1}^{n}(x_i-\overline{x})^2}\right]\text{MSE}}\right)$$

这样，解决了对于同一个x_0下的所有与之相对应的 Y 取值均值的点估计与区间估计问题。

对于广告费与销售额之间关系的问题，如年广告费投入为 40 万元，则月均销售额的平均值$\hat{E}(Y|40)$的点估计$\hat{E}(Y|40)=11.6149+0.8849\times 40=47.0109$万元；置信度为 0.95 的置信区间为(45.7503,48.2715)。

5. Y 的观察值的点预测与预测区间

记Y_0为在x_0处 Y 的观察值，则有

$$Y_0=\beta_0+\beta_1 x_0+\varepsilon_0,\quad \varepsilon_0 \sim N(0,\sigma^2)$$

1）Y_0的点预测

由于随机误差ε_0无法观测，因此用x_0处的经验回归函数值$\hat{E}(Y_0|x_0)$作为$Y_0=\beta_0+\beta_1 x_0+\varepsilon_0$的点预测值，即有

$$\hat{Y}_0=a+bx_0$$

2）Y_0的预测区间

Y_0的置信度为 1–α 的预测区间为

$$\left(\hat{E}(Y|x_0)-t_{\alpha/2}(n-2)\sqrt{\left[1+\frac{1}{n}+\frac{(x_0-\overline{x})^2}{\sum_{i=1}^{n}(x_i-\overline{x})^2}\right]\text{MSE}},\hat{E}(Y|x_0)+t_{\alpha/2}(n-2)\sqrt{\left[1+\frac{1}{n}+\frac{(x_0-\overline{x})^2}{\sum_{i=1}^{n}(x_i-\overline{x})^2}\right]\text{MSE}}\right)$$

对于例 13.1，当年广告费投入为 40 万元时，月均销售额 Y 的置信度为 0.95 的预测区间为(43.0464,50.9754)。

读者可以思考回归函数的区间估计与因变量观测值的预测区间之间的差异及其原因。

6. 线性回归模型中自变量与因变量之间联系的描述测度

用自变量 x 的一元线性函数来解释因变量 Y 的均值的变化，这种解释的程度如何度

量，或者说“x 与 Y 的线性密切程度”如何？能否有一个指标来度量这种“密切程度”？下面来讨论这个问题。

1）判定系数

定义判定系数如下：

$$r^2=\frac{\sum_{i=1}^{n}(y_i-\bar{y})^2-\sum_{i=1}^{n}(y_i-\hat{y}_i)^2}{\sum_{i=1}^{n}(y_i-\bar{y})^2}=\frac{\sum_{i=1}^{n}(\hat{y}_i-\bar{y})^2}{\sum_{i=1}^{n}(y_i-\bar{y})^2}=1-\frac{\sum_{i=1}^{n}(y_i-\hat{y}_i)^2}{\sum_{i=1}^{n}(y_i-\bar{y})^2},\quad 0\leqslant r^2\leqslant 1$$

式中，r^2 表示用自变量 x 的线性函数 $\beta_0+\beta_1 x$ 解释因变量 Y 总变差减少的比例，或者说，因变量 Y 的变化能由自变量 x 的线性函数 $\beta_0+\beta_1 x$ 解释的程度。

对于广告费问题，用广告费的线性函数解释月均销售额的变化，可解释的程度为98.84%。

2）线性相关系数

可称 $r=\pm\sqrt{r^2}$ 为变量 x 与变量 Y 的相关系数。易见，$-1\leqslant r\leqslant 1$。

对于广告费问题，月均销售额与年广告费投入的线性相关系数为 0.9942，具体解释如下。

（1）r 度量了变量 x 与变量 Y 的线性相关性，r 取正值，则表明两个变量正相关；r 取负值，则表明两个变量负相关。几何上表示为正相关的趋势朝右上方，负相关的趋势朝右下方。$|r|$ 越大，表明变量 x 与变量 Y 的线性相关性越强，直观上看，散点图上的点越靠近一条直线。

（2）r 只能度量两个变量之间的线性相关性。若 $|r|$ 接近于 0，只能表明两个变量的线性相关性很弱，在几何上表现为散点图的趋势杂乱，无明显的直线趋势，但不能否定两个变量之间具有其他形式的相关性。

线性回归分析可以利用相应的软件来实现，如 Excel、R 语言等，这在应用上十分方便。

例 13.2（降低检测成本） 某汽车制造商的一位资深检测工程师认为汽车尾气不同污染物的含量之间有较强的相关性。因此，可以通过检测其中的一种或数种尾气污染物的含量，然后利用统计方法来预测别的与之有关的尾气污染物的含量，从而节约检测成本。现有一组检测数据，分别为同一型号汽车的 CO 和 N_2O 排放量的数据（表 13.6）。那么，能否利用 CO 的排放量来预测 N_2O 的排放量，从而验证此检测工程师的观点。

表 13.6 检测结果

气体	排放量									
N_2O	1.86	1.49	0.44	1.30	1.17	1.43	1.93	0.57	2.20	1.73
CO	15.7	13.1	9.1	15.4	11.6	13.8	17.7	7.2	23.9	16.6
N_2O	2.36	2.87	0.78	1.63	1.50	2.05	1.02	2.44	1.98	1.55
CO	25.1	26.5	5.3	16.6	12.9	16.9	14.7	21.4	18.8	13.6

续表

气体	排放量									
N_2O	2.26	1.16	0.09	1.38	3.11	0.61	0.97	2.57	2.32	1.87
CO	18.1	15.9	6.7	14.4	27.1	9.3	9.8	20.7	21.1	15.8
N_2O	0.81	1.04	1.72	0.80	0.76	0.89	1.20	1.29	2.45	1.57
CO	8.3	16.1	18.9	8.2	4.3	9.3	7.9	12.0	22.0	13.7
N_2O	0.95	1.86	1.61	2.15	1.37	1.27	1.11	2.03	1.66	0.11
CO	15.5	20.6	20.0	19.5	14.0	11.1	11.4	17.3	9.6	7.0

解：建立线性回归模型

$$N_2O = \beta_0 + \beta_1 CO + \varepsilon$$

则估计回归方程的 Excel 输出结果如表 13.7 所示。

表 13.7　例 13.2 的回归分析表

回归统计						
SUMMARY OUTPUT						
回归统计						
R	0.8965					
R^2	0.8036					
调整的 R^2	0.7985					
标准误差	0.3055					
观测值	40					
方差分析						
	df	SS	MS	F	显著性水平 F	
回归分析	1	14.5174	14.5174	155.5116	5.28×10^{-15}	
残差	38	3.5474	0.0934			
总计	39	18.0647				
	系数	标准误差	t 统计量	P 值	下限 95%	上限 95%
常数项	−0.1255	0.1350	−0.9300	0.3582	−0.3988	0.1477
CO 回归系数	0.1085	0.0087	12.4704	5.28×10^{-15}	0.0909	0.1261

由表 13.7，可得估计回归方程

$$\widehat{N_2O} = -0.1255 + 0.1085CO$$

由于用于检验 $H_0:\beta_1 = 0; H_1:\beta_1 \neq 0$ 的 P 值等于 5.28×10^{-15}，故拒绝原假设，即可以利用 CO 的线性函数解释 N_2O 的变化。另外，由于 $R = 0.8965$，因此，N_2O 的排放量与 CO 的排放量有较强的线性相关性。这些，都可以验证这位检测工程师的观点是有依据的。

13.2.2 多元线性回归模型及其应用

实际上，影响一个事物变化的因素往往有多个。例如，要较为准确地预测二手车的销售价格，除了车子的行驶里程数外，还有别的重要因素。即需要考虑更多的自变量，期望通过更多自变量的线性函数来解释因变量的变化，从而提高预测的精度。因此，对多变量的线性回归问题加以研究具有重要意义。

1. 多元线性回归模型概念

1）多元线性回归模型的一般形式

可以沿着一元线性回归模型分析的路径讨论多元线性回归问题。在实际问题中，因变量 Y 往往与多个自变量 $x_1,x_2,\cdots,x_p(p\geqslant 2)$ 有关。设 Y 与 $x_1,x_2,\cdots,x_p(p\geqslant 2)$ 满足如下关系：

$$Y=\beta_0+\beta_1x_1+\beta_2x_2+\cdots+\beta_px_p+\varepsilon \tag{13.16}$$

且设 $\varepsilon\sim N(0,\sigma^2)$，则称其为多元线性回归模型，或总体线性回归模型。

易得

$$E(Y\mid x_1,x_2,\cdots,x_p)=\beta_0+\beta_1x_1+\beta_2x_2+\cdots+\beta_px_p \tag{13.17}$$

简记为

$$E(Y)=\beta_0+\beta_1x_1+\beta_2x_2+\cdots+\beta_px_p$$

称为总体回归函数。

对于一组样本 $(x_{11},x_{12},\cdots,x_{1p},Y_1),(x_{21},x_{22},\cdots,x_{2p},Y_2),\cdots,(x_{n1},x_{n2},\cdots,x_{np},Y_n)$ 及其观察值 $(x_{11},x_{12},\cdots,x_{1p},y_1),(x_{21},x_{22},\cdots,x_{2p},y_2),\cdots,(x_{n1},x_{n2},\cdots,x_{np},y_n)$。则有

$$\begin{aligned}
Y_1&=\beta_0+\beta_1x_{11}+\beta_2x_{12}+\cdots+\beta_px_{1p}+\varepsilon_1\\
Y_2&=\beta_0+\beta_1x_{21}+\beta_2x_{22}+\cdots+\beta_px_{2p}+\varepsilon_2\\
&\vdots\\
Y_i&=\beta_0+\beta_1x_{i1}+\beta_2x_{i2}+\cdots+\beta_px_{ip}+\varepsilon_i\\
&\vdots\\
Y_n&=\beta_0+\beta_1x_{n1}+\beta_2x_{n2}+\cdots+\beta_px_{np}+\varepsilon_n
\end{aligned} \tag{13.18}$$

式（13.18）称为样本线性回归模型。

对于多元线性回归模型，有如下假设。

（1）$\varepsilon_i\sim N(0,\sigma^2)$，$i=1,2,\cdots,n$，$\varepsilon_i(i=1,2,\cdots,n)$ 之间相互独立。

（2）误差项与自变量不相关。

（3）自变量之间不存在线性相关性。

在这些假设下，易知如下内容。

（1）$Y_i\sim N(\beta_0+\beta_1x_{i1}+\beta_2x_{i2}+\cdots+\beta_px_{ip},\sigma^2),i=1,2,\cdots,n$。

（2）$Y_1,Y_2,\cdots,Y_n$ 之间相互独立。

2）多元线性回归模型的矩阵表示

对于多元线性回归模型（13.18），记

$$Y=\begin{pmatrix}Y_1\\Y_2\\\vdots\\Y_n\end{pmatrix},\quad X=\begin{pmatrix}1 & x_{11} & x_{12} & \cdots & x_{1p}\\1 & x_{21} & x_{22} & \cdots & x_{2p}\\\vdots & \vdots & \vdots & & \vdots\\1 & x_{n1} & x_{n2} & \cdots & x_{np}\end{pmatrix},\quad \beta=\begin{pmatrix}\beta_0\\\beta_1\\\vdots\\\beta_p\end{pmatrix},\quad \varepsilon=\begin{pmatrix}\varepsilon_1\\\varepsilon_2\\\vdots\\\varepsilon_n\end{pmatrix}$$

则多元线性回归模型（13.18）的矩阵表示为

$$Y=X\beta+\varepsilon$$

式中，

$$Y=\begin{pmatrix}Y_1\\Y_2\\\vdots\\Y_n\end{pmatrix}$$

Y 称为因变量的观测向量；

$$X=\begin{pmatrix}1 & x_{11} & x_{12} & \cdots & x_{1p}\\1 & x_{21} & x_{22} & \cdots & x_{2p}\\\vdots & \vdots & \vdots & & \vdots\\1 & x_{n1} & x_{n2} & \cdots & x_{np}\end{pmatrix}$$

X 称为常数矩阵或设计矩阵；

$$\beta=\begin{pmatrix}\beta_0\\\beta_1\\\vdots\\\beta_p\end{pmatrix}$$

β 称为参数向量；

$$\varepsilon=\begin{pmatrix}\varepsilon_1\\\varepsilon_2\\\vdots\\\varepsilon_n\end{pmatrix}$$

ε 称为误差向量。

2. 回归系数的含义

以二元线性回归模型为例来说明回归系数的含义。对于

$$Y=\beta_0+\beta_1x_1+\beta_2x_2+\varepsilon$$

有

$$E(Y)=\beta_0+\beta_1x_1+\beta_2x_2$$

则

$$\beta_1=\frac{\partial E(Y)}{\partial x_1};\quad \beta_2=\frac{\partial E(Y)}{\partial x_2}$$

式中，β_1表示当自变量x_2取值不变时，自变量x_1每增加一个单位引起因变量均值$E(Y)$的变化量；类似地，β_2表示当自变量x_1取值不变时，自变量x_2每增加一个单位引起因变量均值$E(Y)$的变化量。通常也称参数β_1,β_2为偏回归系数。

3. 回归分析推断

1）参数的点估计

A. 回归系数的点估计

设有样本观察值$(x_{11},x_{12},\cdots,x_{1p},y_1),(x_{21},x_{22},\cdots,x_{2p},y_2),\cdots,(x_{n1},x_{n2},\cdots,x_{np},y_n)$。与一元线性回归一样，可以用最小二乘法或最大似然估计法估计未知参数。

取$b_0,b_1,b_2,\cdots,b_p$分别作为未知参数$\beta_0,\beta_1,\beta_2,\cdots,\beta_p$的估计，使得

$$Q=\sum_{i=1}^{n}(y_i-b_0-b_1x_{i1}-b_2x_{i2}-\cdots-b_px_{ip})^2$$

达到最小。

则由多元函数极值求解的方法，易得未知参数$\beta_0,\beta_1,\beta_2,\cdots,\beta_p$的最小二乘估计为

$$\hat{\beta}=\begin{pmatrix}\hat{\beta}_0\\ \hat{\beta}_1\\ \vdots\\ \hat{\beta}_p\end{pmatrix}=b=\begin{pmatrix}b_0\\ b_1\\ \vdots\\ b_p\end{pmatrix}=\left(X^{\mathrm{T}}X\right)^{-1}X^{\mathrm{T}}Y$$

其中，假设$\left(X^{\mathrm{T}}X\right)^{-1}$存在。从而得

$$\hat{E}(Y)=b_0+b_1x_1+b_2x_2+\cdots+b_px_p$$

方程$\hat{y}=b_0+b_1x_1+b_2x_2+\cdots+b_px_p$称为$p$元经验回归方程，简称回归方程。

例 13.3（销售额预测） 超市常常通过调整商品的价格来吸引消费者。便民超市的面包供应商某公司的销售经理想要知道一款燕麦面包的销售额与其影响因素的关系。她认为影响因素主要有这一款燕麦面包的价格、其竞争（另一款燕麦面包）商品的价格和替代商品（普通面包）的价格。此经理收集了过去24周某一家超市每周此款燕麦面包的销售额Y、销售价格x_1、竞争商品价格x_2和替代商品价格x_3的数据，如表13.8所示。

表 13.8　样本数据（二）　　单位：元

变量	金额							
y_i	7773	7863	7798	7775	7796	7786	7916	7997
x_{1i}	8.65	8.65	8.65	8.65	8.65	8.65	7.50	7.50
x_{2i}	10.25	10.25	10.30	10.30	10.30	10.15	10.15	10.15
x_{3i}	1.25	1.35	1.45	1.05	0.95	0.95	0.85	1.15
变量	金额							
y_i	8008	8012	7864	7884	7762	7398	7480	7458
x_{1i}	7.50	7.50	8.50	8.50	8.50	9.65	9.65	9.65
x_{2i}	10.00	10.00	10.15	10.15	9.75	9.75	9.65	9.60
x_{3i}	1.25	1.45	1.45	1.55	1.50	1.10	1.05	1.25
变量	金额							
y_i	7469	7525	7587	7554	7622	7717	7755	7731
x_{1i}	9.65	10.10	10.10	10.10	9.75	9.75	9.75	9.75
x_{2i}	10.00	10.15	10.20	10.00	10.10	10.10	10.10	10.25
x_{3i}	0.55	0.55	1.15	1.15	0.77	0.77	1.20	1.20

（1）试根据表 13.8 中的数据，分析燕麦面包销售价格、竞争商品价格和替代商品价格对燕麦面包销售额的影响；

（2）当燕麦面包销售价格为 9.3 元，竞争商品价格为 10 元，替代商品价格为 1.1 元时，预测燕麦面包的平均销售额。

解：建立多元线性回归模型

$$Y = \beta_0 + \beta_1 x_1 + \beta_2 x_2 + \beta_3 x_3 + \varepsilon$$

则要估计方程

$$E(Y) = \beta_0 + \beta_1 x_1 + \beta_2 x_2 + \beta_3 x_3$$

由最小二乘法得到参数估计的 Excel 输出结果如表 13.9 所示。

表 13.9　例 13.3 的回归分析表

回归统计						
SUMMARY OUTPUT						
回归统计						
R	0.940 2					
R^2	0.884 0					
调整的 R^2	0.866 6					
标准误差	66.375 6					
观测值	24					

续表

方差分析						
	df	SS	MS	F	显著性水平 F	
回归分析	3	671 687.40	223 895.80	50.819 3	1.54×10^{-9}	
残差	20	88 114.42	4 405.72			
总计	23	759 801.82				
	系数	标准误差	t 统计量	P 值	下限 95%	上限 95%
常数项	5 590.90	784.428 4	7.127 4	6.62×10^{-7}	3 954.611 0	7 227.189 0
x_1 回归系数	−146.75	17.611 9	−8.332 3	6.18×10^{-8}	−183.485 0	−110.009 0
x_2 回归系数	329.52	70.881 4	4.648 9	1.55×10^{-4}	181.665 2	477.377 1
x_3 回归系数	121.19	54.558 7	2.221 3	0.038 0	7.381 4	234.996 5

由表 13.9 可得

$$\hat{y}=5590.90-146.75x_1+329.52x_2+121.19x_3$$

（1）根据回归系数的含义，可以对估计的参数解释如下：当竞争商品和替代商品的价格不变，燕麦面包销售价格每提高一元，其销售额平均下降 146.75 元；当燕麦面包销售价格和替代商品价格不变，竞争商品价格每提高一元，则燕麦面包的销售额平均增加 329.52 元；当燕麦面包销售价格和竞争商品价格不变，替代商品价格每提高一元，则燕麦面包的销售额平均增加 121.19 元。

（2）当燕麦面包销售价格为 9.3 元，竞争商品价格为 10 元，替代商品价格为 1.1 元时，燕麦面包的平均销售额为

$$\hat{y}=5590.90-146.75\times9.3+329.52\times10+121.19\times1.1=7654.63\text{（元）}$$

B. 误差项方差 σ^2 的估计

可以证明 $E(S_E)=(n-p-1)\sigma^2$ 。故误差项方差 σ^2 的无偏估计量为

$$\hat{\sigma}^2=\frac{S_E}{n-p-1}=\frac{\sum_{i=1}^{n}\left(Y_i-\hat{Y}_i\right)^2}{n-p-1}$$

2）模型检验

A. 回归方程的显著性检验：F 检验

总体回归方程 $E(Y)=\beta_0+\beta_1x_1+\beta_2x_2+\cdots+\beta_px_p$ 是否成立，需要进一步的检验才可以判断。因此，有下列检验问题：$H_0:\beta_1=\beta_2=\cdots=\beta_p=0$；$H_1:\beta_1,\beta_2,\cdots,\beta_p$ 不全为零。

此检验问题的统计量为

$$F=\frac{\text{MSR}}{\text{MSE}}\sim F(p,n-p-1)$$

关于检验统计量的构造，可以参考一元线性回归方程显著性 F 检验的构造过程，记号也相同。可以证明（盛骤等，2001）：

（1）$\frac{S_R}{\sigma^2} \sim \chi^2(p)$。

（2）$\frac{S_E}{\sigma^2} \sim \chi^2(n-p-1)$。

（3）S_R 与 S_E 相互独立。

其中，

$$S_R = \sum_{i=1}^{n}\left(\hat{Y}_i - \bar{Y}\right)^2,\quad S_E = \sum_{i=1}^{n}\left(Y_i - \hat{Y}_i\right)^2$$

记

$$\text{MSR} = \frac{S_R}{p},\quad \text{MSE} = \frac{S_E}{n-p-1}$$

则

$$F = \frac{\text{MSR}}{\text{MSE}} \sim F(p, n-p-1)$$

检验规则如下：对于显著性水平 α，拒绝原假设 H_0 的条件为

$$F > F_\alpha(p, n-p-1)$$

含 p 个自变量的多元线性回归模型的方差分析表如表 13.10 所示。

表 13.10　多元线性回归模型的方差分析表

方差来源	平方和	自由度	均方	F 值
回归	S_R	p	$\text{MSR} = S_R/p$ $\text{MSE} = S_E/(n-p-1)$	$F = \frac{\text{MSR}}{\text{MSE}}$
残差	S_E	$n-p-1$		
总和	S_T	$n-1$		

就例 13.3 而言，检验选定的 3 个自变量与因变量的均值是否存在线性关系。假设如下：

$$H_0: \beta_1 = \beta_2 = \beta_3 = 0;\quad H_1: \beta_1, \beta_2, \beta_3 \text{不全为零}$$

由回归分析的输出结果，得到 $F = 50.82$；对于显著性水平 0.05，$F_\alpha(p, n-p-1) = F_{0.05}(3, 20) = 3.10$，即有 $F > F_\alpha(p, n-p-1)$，故拒绝原假设，即燕麦面包销售额与其销售价格、竞争商品价格和替代商品价格存在显著的线性关系。

事实上，在回归分析表中，报告了 F 检验的 P 值。例 13.3 中 F 检验的 P 值 $= 1.54\times10^{-9}$，远小于显著性水平 0.05，根据 P 值的检验规则，得到拒绝原假设的结论。

在回归分析时，一般都用 P 值做决策，十分方便。

B. 回归系数的显著性检验：t 检验

当回归方程的显著性通过检验后，仍需要对自变量的系数进行检验，即有如下检验问题

$$H_{0j}: \beta_j = 0;\quad H_{1j}: \beta_j \neq 0, j = 1, 2, \cdots, p$$

（1）检验统计量为

$$t_j = \frac{b_j}{\sqrt{c_{jj}\hat{\sigma}^2}}$$

式中，c_{jj} 表示 $(X^{\mathrm{T}}X)^{-1}$ 的主对角线上第 $j+1$ 个元素（$j=1,\cdots,p$），$\hat{\sigma}^2 = \frac{1}{n-p-1}\sum_{i=1}^{n}\left(Y_i - \hat{Y}_i\right)^2$。

（2）检验规则：拒绝原假设的条件为

$$\left|t_j\right| \geqslant t_{\alpha/2}(n-p-1)$$

在回归分析的输出结果中，同样报告了 t 检验的 P 值，当 P 值小于显著性水平 α 时，拒绝原假设。

在例 13.3 中，3 个参数 t 检验的 P 值分别为 6.18×10^{-8}、1.55×10^{-4} 和 0.0380，均小于显著性水平 0.05，故这 3 个参数在 0.05 的显著性水平下均显著不为 0。

4. 多元线性回归函数值的估计与预测

1）因变量均值的点估计与区间估计

对于

$$Y = \beta_0 + \beta_1 x_1 + \beta_2 x_2 + \cdots + \beta_p x_p + \varepsilon$$

当给定自变量 $x_1, x_2, \cdots, x_p$ 的一组值 $x_{01}, x_{02}, \cdots, x_{0p}$ 时，因变量值

$$Y_0 = \beta_0 + \beta_1 x_{01} + \beta_2 x_{02} + \cdots + \beta_p x_{0p} + \varepsilon_0$$

$E(Y_0)$ 的点估计为

$$\hat{y}_0 = b_0 + b_1 x_{01} + b_2 x_{02} + \cdots + b_p x_{0p}$$

$E(Y_0)$ 的置信度为 $1-\alpha$ 的区间估计为

$$\left(\hat{y}_0 - t_{\alpha/2}(n-p-1)\sqrt{\left[x_0^{\mathrm{T}}\left(X^{\mathrm{T}}X\right)^{-1}x_0\right]\hat{\sigma}^2},\ \hat{y}_0 + t_{\alpha/2}(n-p-1)\sqrt{x_0^{\mathrm{T}}\left(X^{\mathrm{T}}X\right)^{-1}x_0\hat{\sigma}^2}\right)$$

式中，

$$x_0 = (1, x_{01}, x_{02}, \cdots, x_{0p})^{-1};\quad \hat{\sigma}^2 = \frac{\sum_{i=1}^{n}(y_i - \hat{y}_i)^2}{n-p-1};\quad X = \begin{pmatrix} 1 & x_{11} & x_{12} & \cdots & x_{1p} \\ 1 & x_{21} & x_{22} & \cdots & x_{2p} \\ \vdots & \vdots & \vdots & & \vdots \\ 1 & x_{n1} & x_{n2} & \cdots & x_{np} \end{pmatrix}$$

2）因变量观察值的点预测与预测区间

Y_0 的点预测值为

$$\hat{y}_0 = b_0 + b_1 x_{01} + b_2 x_{02} + \cdots + b_p x_{0p}$$

Y_0 的置信度为 $1-\alpha$ 的预测区间为

$$\left(\hat{y}_0 - t_{\alpha/2}(n-p-1)\sqrt{\left[1 + x_0^{\mathrm{T}}\left(X^{\mathrm{T}}X\right)^{-1}x_0\right]\hat{\sigma}^2},\ \hat{y}_0 + t_{\alpha/2}(n-p-1)\sqrt{1 + x_0^{\mathrm{T}}\left(X^{\mathrm{T}}X\right)^{-1}x_0\hat{\sigma}^2}\right)$$

式中，x_0、$\hat{\sigma}^2$ 和 X 的含义与“1）因变量均值的点估计与区间估计”中相同。

当 n 较大时，Y_0 的预测区间可近似为置信度为 95%的预测区间

$$\left(\hat{Y}_0-2\hat{\sigma},\hat{Y}_0+2\hat{\sigma}\right)$$

式中，$\hat{\sigma}=\sqrt{\dfrac{\sum_{i=1}^{n}(y_i-\hat{y}_i)^2}{n-p-1}}$。

5. 自变量与因变量线性相关程度的度量指标

1）复判定系数 R^2

为了衡量因变量均值与自变量之间的线性关系，定义一个度量指标

$$R^2=\frac{S_R}{S_T}=\frac{\sum_{i=1}^{n}\left(\hat{Y}_i-\bar{Y}\right)^2}{\sum_{i=1}^{n}\left(Y_i-\bar{Y}\right)^2}$$

R^2 本质上用以测度引入变量 $x_1,x_2,\cdots,x_p$ 的一组线性组合；Y 的总变差成比例缩小的量，称为复判定系数。显然，$0\leqslant R^2\leqslant 1$，具体说明如下。

（1）为区别一元线性回归和多元线性回归的判定系数，以后称 r^2 为单判定系数。

（2）复判定系数 R^2 可以看作观察值 Y_i 和拟合值 $\hat{Y}_i$ 之间的单判定系数 r^2。

（3）较大的 R^2 并不一定意味着拟合模型是有用的，因为尽管 R^2 较大，但 MSE 仍可能较大以致推断无效。

（4）当自变量数量增多时，R^2 也增大，但这并不能说明模型拟合的效果更好。为了识别这种自变量的增加而导致 R^2 虚高的情况，引入另一指标，即调整的复判定系数

$$\bar{R}^2=1-\frac{n-1}{n-p-1}\left(1-R^2\right)$$

2）复相关系数

$$R=\sqrt{R^2}$$

容易看到，在一元线性回归模型中，当 $p=1$ 时，复相关系数 R 等于相关系数 r 的绝对值。其中，r 称为单相关系数。

例 13.4 Z 公司通过时装商店销售一种护肤霜，它在 15 个商业区进行推销并对预测商业地区的销售量感兴趣，原始资料如表 13.11 所示。

表 13.11 样本数据（三）

地区编号	销售量/罗①	目标人口/($\times10^3$ 人)	人均可支配收入/($\times10^3$ 元)
1	162	274	2450
2	120	180	3254
3	223	375	3802
4	131	205	2838
5	67	86	2347

① 1 罗=12 打，1 打=12 个。

续表

地区编号	销售量/罗	目标人口/($\times10^3$ 人)	人均可支配收入/($\times10^3$ 元)
6	169	265	3782
7	81	98	3008
8	192	330	2450
9	116	195	2137
10	55	53	2560
11	252	430	4020
12	232	372	4427
13	144	236	2660
14	103	157	2088
15	212	370	2605

以 Y 表示销售量，x_1 表示目标人口，x_2 表示人均可支配收入。

解：设

$$Y_i = \beta_0 + \beta_1 x_{i1} + \beta_2 x_{i2} + \varepsilon_i$$

则估计方程

$$E(Y_i) = \beta_0 + \beta_1 x_{i1} + \beta_2 x_{i2}$$

由最小二乘法，得到估计方程的 Excel 输出结果如表 13.12 所示。

表 13.12　例 13.4 的回归分析表

回归统计						
SUMMARY OUTPUT						
回归统计						
R	0.999 5					
R^2	0.998 9					
调整的 R^2	0.998 8					
标准误差	2.177 2					
观测值	15					
方差分析						
	df	SS	MS	F	显著性水平 F	
回归分析	2	53 844.72	26 922.358	5 679.466	1.38×10^{-18}	
残差	12	56.88	4.740			
总计	14	53 901.60				
	系数	标准误差	t 统计量	P 值	下限 95%	上限 95%
常数项	3.453	2.431	1.420	0.181	−1.843	8.749
x_1 回归系数	0.496	0.006	81.920	7.3×10^{-18}	0.483	0.509
x_2 回归系数	0.009	0.001	9.502	6.2×10^{-7}	0.007	0.011

由表 13.12 可知：

（1）估计回归方程为 $\hat{y}=3.453+0.496x_1+0.009x_2$。

（2）参数点估计值的含义是，当人均可支配收入不变时，目标人口每增加 1000 人，销售量平均增加 0.496；当目标人口不变时，人均可支配收入每增加 1000 元时，销售量平均增加 0.009。

例 13.4 中，$R^2=0.9989$，复相关系数 $R=0.9995$。如果构建的二元线性回归模型满足相应的条件，或者模型的设定是正确的，那么就此判定系数来说，估计回归方程将能很好地进行预测分析。

13.3 非线性回归初步

13.3.1 可线性化的回归模型

1. 可转化为线性回归的非线性模型

在许多实际问题中，回归模型的因变量 y 与自变量 x 之间的关系非线性，但其中一些回归模型通过对自变量或因变量的函数变换可以转化为线性模型。再利用线性回归的普通最小二乘法求解未知参数的估计值，并做回归诊断，最后经过适当变换得到所求的回归曲线。下面来看几个模型：

$$Y=\beta_0+\beta_1 e^{bx}+\varepsilon\text{（}b\text{已知）} \tag{13.19}$$

$$Y=\beta_0+\beta_1 x+\beta_2 x^2+\cdots+\beta_p x^p+\varepsilon \tag{13.20}$$

$$Y=ae^{bx}e^{\varepsilon} \tag{13.21}$$

$$Y=ae^{bx}+\varepsilon \tag{13.22}$$

对于式（13.19），可以令 $x'=e^{bx}$ 将原模型转化为关于 x' 的线性模型：

$$Y=\beta_0+\beta_1 x'+\varepsilon$$

需要注意的是，新引进的自变量只能依赖于原始变量，而不能与未知参数有关。如式（13.19）中的 b 已知，则 x' 的值可观测，否则，x' 是 b 的函数，由于 b 未知从而其值未知，这样无法通过回归方程分析 x' 对因变量的影响。

对于式（13.20），可以令 $x_1=x,x_2=x^2,\cdots,x_p=x^p$，从而得到 Y 关于 $x_1,x_2,\cdots,x_p$ 的线性回归模型：

$$Y=\beta_0+\beta_1 x_1+\beta_2 x_2+\cdots+\beta_p x_p+\varepsilon$$

式（13.20）本来只有一个变量 x，是一元 p 次多项式回归，线性化后变成 p 元线性回归模型。

对于式（13.21），等式两边同时取对数，可得

$$\ln Y=\ln a+bx+\varepsilon$$

令 $Y'=\ln Y$，$\beta_0=\ln a$，$\beta_1=b$，于是得到 Y' 关于 x 的一元线性回归模型：

$$Y' = \beta_0 + \beta_1 x + \varepsilon$$

对于式（13.22），不能通过等式两边同时取对数的方法将回归模型线性化，只能用非线性方法求解。

式（13.21）可以线性化，而回归模型式（13.22）不可以线性化，两个回归模型有相同的回归函数 ae^{bx}，只是误差项 ε 的形式不同。可见，一个非线性回归模型能否线性化，不仅取决于回归函数的形式，还与误差项的形式有关。式（13.21）的误差项称为乘性误差项，式（13.22）的误差项称为加性误差项，误差项还可以有除上述两种以外的其他形式。

式（13.21）与式（13.22）的回归参数的估计值是有差异的。首先结合数据经济意义确定误差项形式，其次检验回归的拟合效果。在对非线性回归模型线性化时，一般总是假定非线性模型误差项的形式就是能够使回归模型线性化的形式，为了方便，通常省去误差项，仅考虑回归函数的形式。例如，将回归模型式（13.21）简化为 $y = ae^{bx}$ 。

2. 多项式回归

回归模型

$$Y = \beta_0 + \beta_1 x + \beta_2 x^2 + \varepsilon$$

称为一元二次（或一元二阶）多项式模型。在以下回归模型中不再说明。

为了反映回归系数所对应的自变量次数，通常将多项式回归模型中的系数表示成下面模型中的情形

$$Y = \beta_0 + \beta_1 x + \beta_{11} x^2 + \varepsilon \qquad (13.23)$$

式（13.23）的回归函数 $Y = \beta_0 + \beta_1 x + \beta_{11} x^2$ 是一条抛物线，通常称为二项式回归函数。回归系数 β_1 为线性项系数，β_{11} 为二次项系数。

相应地，回归函数

$$Y = \beta_0 + \beta_1 x + \beta_{11} x^2 + \beta_{111} x^3 + \varepsilon$$

称为一元三次多项式模型。

当自变量的幂次超过 3 时，回归系数的解释变得困难，同时回归函数变得不稳定，使得回归模型的应用受到影响。因此，幂次超过 3 的多项式回归模型不常使用。

除了上述只含有一个自变量 x 的多项式回归模型，在实际应用中常遇到含有两个或两个以上自变量的情形。称回归模型

$$Y = \beta_0 + \beta_1 x_1 + \beta_2 x_2 + \beta_{11} x_1^2 + \beta_{22} x_2^2 + \beta_{12} x_1 x_2 + \varepsilon$$

为二元二阶多项式回归模型。它的回归系数中分别含有两个自变量的线性项系数 β_1 和 β_2，二次项系数 β_{11} 和 β_{22}，以及交叉乘积项系数 β_{12} 。交叉乘积项表示 x_1 和 x_2 的交互作用，系数 β_{12} 通常称为交互影响系数。

类似上述情况，读者可自行思考多元高阶多项式回归模型。

3. 非线性模型

如果曲线模型不能转化为线性模型，那么就要采用非线性最小二乘法估计未知参数。

非线性回归模型一般可记为

$$Y = f(x,\theta) + \varepsilon \tag{13.24}$$

式中，Y表示因变量；非随机向量$x = (x_1, x_2, \cdots, x_k)^{\mathrm{T}}$表示自变量向量；$\theta = (\theta_0, \theta_1, \cdots, \theta_p)^{\mathrm{T}}$表示未知参数向量；$\varepsilon$表示随机误差项且满足独立分布假设，即$E(\varepsilon) = 0, D(\varepsilon) = \sigma^2$。

如果$f(x,\theta) = \theta_0 + x_1\theta_1 + x_2\theta_2 + \cdots + x_p\theta_p$，那么式（13.24）为前文讨论的多元线性回归模型，而且满足$k = p$；对于一般情况的非线性模型，参数的数目与自变量的数目并没有一定的对应关系，可以是$k \neq p$。

对非线性回归模型式（13.24），仍然使用最小二乘法估计参数θ，即求$\hat{\theta}$使得

$$Q(\hat{\theta}) = \sum_{i=1}^{n}\left(y_i - f(x_i, \hat{\theta})\right)^2 \tag{13.25}$$

达到最小。$\hat{\theta}$称为非线性最小二乘估计。在假定函数f对参数θ连续可微时，可以利用微分法建立正规方程组，求当$Q(\hat{\theta})$达到最小值时的$\hat{\theta}$。将函数Q对参数θ_j求偏导，并令其为0，得到$p+1$个方程，如下：

$$\frac{\partial Q}{\partial \hat{\theta}_j} = -2\sum_{i=1}^{n}\left(y_i - f(x_i, \hat{\theta})\right)\frac{\partial f}{\partial \hat{\theta}_j} = 0,\quad j = 1, 2, \cdots, p \tag{13.26}$$

非线性最小二乘法估计$\hat{\theta}$就是式（13.26）的解，式（13.26）是未知参数的非线性方程组，称为非线性最小二乘估计的正规方程组。此正规方程组可以用高斯–牛顿迭代法计算求解，也可以直接极小化残差平方和$Q(\hat{\theta})$，求出未知参数θ的非线性最小二乘估计值$\hat{\theta}$。

与线性回归分析相似，对于非线性最小二乘法估计，同样需要做参数的区间估计、显著性检验、回归方程的显著性检验等回归诊断。这需要知道有关统计量的分布。在非线性最小二乘法中，很难得到一些精确分布，但样本量很大时可以得到近似的分布。利用计算机软件求出未知参数θ的非线性最小二乘估计值$\hat{\theta}$时，还可以得到近似的参数的区间估计、显著性检验、回归方程的显著性检验等回归诊断结果。

需要说明的是，对于非线性回归模型拟合的效果的评价，不能简单套用线性回归模型中的R^2、MSE等指标，请读者参阅有关文献。

13.3.2 含定性自变量的回归模型

在实际问题的研究中，经常会遇到一些非数量型的变量，如地区、民族、性别、职业、战争与和平、改革前和改革后等品质变量。在建立一个实际问题的回归方程时常常要考虑这些品质变量（又称为定性变量）。下面分别介绍自变量和因变量含定性变量的两类回归模型。

1. 自变量含定性变量的回归模型

进行回归分析时首先将定性变量数量化，具体来说，当定性变量只取两类可能值时，引进只取 0 和 1 两个值的虚拟变量（又称为哑变量）将定性变量数量化；对于具有 k 类的定性变量来说，只需设置 k–1 个虚拟变量，如果引入 k 个虚拟变量将会产生完全多重共线性问题（即虚拟变量陷阱）。然后采用普通最小二乘法估计含虚拟变量的回归模型的参数。

例如，研究粮食问题，y 为粮食产量，x 为施肥量，另外再考虑正常年份和干旱年份两种气候情况，为将该问题数量化，引入 0-1 型变量 D，令 $D=\begin{cases}1, & \text{正常年份}\\0, & \text{干旱年份}\end{cases}$。则粮食产量的回归模型为

$$Y=\beta_0+\beta_1x+\beta_2D+\varepsilon$$

干旱年份的粮食平均产量为

$$E(Y\mid D=0)=\beta_0+\beta_1x$$

正常年份的粮食平均产量为

$$E(Y\mid D=1)=(\beta_0+\beta_2)+\beta_1x$$

此处假设干旱年份和正常年份回归直线的斜率 β_1 相等，换句话说，不管是干旱年份还是正常年份，施肥量 x 每增加一个单位，粮食产量 y 平均增加相同的数量 β_1。

再如，某商场策划营销方案，需要考虑销售额的季节性影响，季节因素分为春、夏、秋、冬四季，可以引入三个 0-1 型自变量，$D_1=\begin{cases}1, & \text{春季}\\0, & \text{其他,}\end{cases}$，$D_2=\begin{cases}1, & \text{夏季}\\0, & \text{其他}\end{cases}$，$D_3=\begin{cases}1, & \text{秋季}\\0, & \text{其他}\end{cases}$。

2. 因变量含定性变量的回归模型

许多社会经济问题所研究的因变量只有两个可能结果，这样的因变量 Y 也能数量化，转化为 0-1 型的虚拟变量。

设因变量 Y 是只取 0,1 两个值的定性变量，考虑简单线性回归模型，有

$$Y_i=\beta_0+\beta_1x_i+\varepsilon_i$$

当 Y 只能取 0,1 两个值时，因变量均值 $E(Y_i)=\beta_0+\beta_1x_i$ 有特殊的意义。

由于 Y_i 是 0-1 型伯努利随机变量，可得概率分布如下：

$$P(Y_i=1)=\pi_i;\ P(Y_i=0)=1-\pi_i$$

易得

$$E(Y_i)=1(\pi_i)+0(1-\pi_i)=\pi_i$$

从而

$$E(Y_i)=\pi_i=\beta_0+\beta_1x_i$$

因此，当因变量是 0-1 型变量时，因变量均值 $E(Y_i)=\beta_0+\beta_1x_i$ 总是代表自变量水平为

x_i 时 $Y_i=1$ 的概率。这一关于因变量均值的解释不仅适用于简单线性回归函数，也适用于复杂的多元回归函数。

下面介绍定性因变量回归中的几类特殊问题。

（1）离散非正态误差项。对于取值为 0 和 1 的因变量，误差项 $\varepsilon_i=Y_i-(\beta_0+\beta_1x_i)$ 只能取两个值。

当 $Y_i=1$ 时，$\varepsilon_i=1-\beta_0-\beta_1x_i=1-\pi_i$。

当 $Y_i=0$ 时，$\varepsilon_i=0-\beta_0-\beta_1x_i=-\pi_i$。

可见，误差项 ε_i 服从两点分布，此时正态误差回归模型的假定不再适用。

（2）零均值异方差性。当因变量是定性变量时，误差项 ε_i 仍然保持零均值，这时出现的另一个问题是误差项 ε_i 的方差不相等。由于 Y_i 与 ε_i 只相差一个常数 $\beta_0+\beta_1x_i$，因而 Y_i 与 ε_i 的方差是相等的。0-1 型随机变量 ε_i 的方差为

$$D(\varepsilon_i)=D(Y_i)=\pi_i(1-\pi_i)=(\beta_0+\beta_1x_i)(1-\beta_0-\beta_1x_i)$$

由上式可知，ε_i 的方差取决于 x_i，误差项方差是 x_i 的函数，表现为异方差，这不满足线性回归方程的基本假定，最小二乘估计的效果也不好。

（3）回归方程的限制。当因变量是 0-1 型虚拟变量时，回归方程代表概率分布，因此因变量均值受到如下约束：

$$0\leqslant E(Y_i)=\pi_i\leqslant 1$$

而 $\beta_0+\beta_1x_i$ 未必满足此条件。

13.3.3 logistic 回归模型

1. 分组数据的 logistic 回归模型

针对 0-1 型因变量产生的问题，对回归模型应做两个方面的改进。

首先，回归模型不再适用直线回归方程，而应该改用限制在[0,1]区间内的连续曲线。限制在[0,1]区间内的连续曲线种类很多，常用的是 logistic 函数与正态分布函数。logistic 函数的形式为

$$f(x)=\frac{e^x}{1+e^x}=\frac{1}{1+e^{-x}}$$

logistic 函数的中文名称是逻辑斯谛函数，简称逻辑函数。

其次，因变量 y_i 本身只取 0,1 两个离散值，不适合直接作为回归模型中的因变量。由于回归函数 $E(Y_i)=\pi_i=\beta_0+\beta_1x_i$ 表示自变量在 x_i 的水平下 Y_i 的平均值，而 Y_i 是 0-1 型随机变量，因此 $E(Y_i)=\pi_i$ 就是自变量在 x_i 的水平下 Y_i 等于 1 的比例。这意味着可以用 Y_i 等于 1 的比例代替 Y_i 本身作为因变量。

例 13.5 某次住房展销会上与房地产商签订初步购房意向书的顾客有 $n=313$ 名，在随后的 3 个月内只有部分顾客实际购买了住房。购买了房屋的顾客记为 1，未购买房屋的顾客记为 0。以顾客的年家庭收入为自变量 x，对表 13.13 中的数据建立 logistic 回归模型。

表 13.13　样本数据（四）

序号	年家庭收入 x/万元	签订意向书人数 n_i/人	实际购房人数 m_i/人	实际购房比例 $p_i=\frac{m_i}{n_i}$	逻辑变换 $p_i'=\ln\left(\frac{p_i}{1-p_i}\right)$	权重 $w_i=n_ip_i(1-p_i)$
1	1.5	25	8	0.320	−0.754	5.440
2	2.5	32	13	0.406	−0.380	7.719
3	3.5	58	26	0.448	−0.208	14.345
4	4.5	52	22	0.423	−0.310	12.692
5	5.5	43	20	0.465	−0.140	10.698
6	6.5	39	22	0.564	0.258	9.590
7	7.5	28	16	0.571	0.288	6.857
8	8.5	21	12	0.571	0.288	5.143
9	9.5	15	10	0.667	0.693	3.333

logistic 回归方程为

$$p_i=\frac{\exp(\beta_0+\beta_1x_i)}{1+\exp(\beta_0+\beta_1x_i)},\quad i=1,2,\cdots,c \tag{13.27}$$

式中，c 表示分组数据的组数，本例中 $c=9$。对回归方程作线性化变换，令

$$p_i'=\ln\left(\frac{p_i}{1-p_i}\right) \tag{13.28}$$

式（13.28）的变换称为逻辑变换，变化后的线性回归模型为

$$p_i'=\beta_0+\beta_1x_i+\varepsilon_i \tag{13.29}$$

式（13.29）是普通的一元线性回归模型。式（13.27）没有给出误差项的形式，可认为其误差项的形式就是作线性变换所需要的形式。结合表 13.13 的数据，计算出经验回归方程为

$$\hat{p}'=-0.886+0.156x \tag{13.30}$$

决定系数 $r^2=0.9243$，显著性检验 P值 ≈ 0，高度显著。将式（13.30）还原为式（13.27）的 logistic 回归方程为

$$\hat{p}=\frac{\exp(-0.886+0.156x)}{1+\exp(-0.886+0.156x)} \tag{13.31}$$

利用式（13.31）可以对购房比例做预测，如对 $x_0=8$ 可得

$$\hat{p}_0=\frac{\exp(-0.886+0.156\times 8)}{1+\exp(-0.886+0.156\times 8)}=\frac{1.436}{1+1.436}=0.590$$

由此可知，年收入 8 万元的家庭预计实际购房比例为 59%。

logistic 回归模型成功拟合了因变量为定性变量的回归方程，但仍未解决异方差性的问题。式（13.29）的回归模型不是等方差的，应该用加权最小二乘法估计式（13.29）。当 n_i 较大时，p_i' 的近似方差为

$$D(p_i') \approx \frac{1}{n_i \pi_i (1-\pi_i)} \tag{13.32}$$

式中，$\pi_i = E(y_i)$，因此选取权数为

$$w_i = n_i p_i (1-p_i) \tag{13.33}$$

对例 13.5 重新用加权最小二乘法做估计，回归分析结果如表 13.14 所示。

表 13.14　例 13.5 的回归分析表

回归统计					
R	0.939				
R^2	0.881				
调整的 R^2	0.864				
标准误差	0.386				
观测值	9				
方差分析					
	df	SS	MS	F	显著性水平 F
回归分析	1	7.754	7.754	51.983	0.000
残差	7	1.044	0.149		
总计	8	8.798			
	非标准化系数		标准化系数	t	P 值
	B	标准误差	β		
常数项	−0.849	0.114		−7.474	0.000
x	0.149	0.021	0.939	7.210	0.000

用加权最小二乘法得到的 logistic 回归方程为

$$\hat{p} = \frac{\exp(-0.849+0.149x)}{1+\exp(-0.849+0.149x)},$$

$$\hat{p}_0 = \frac{\exp(-0.849+0.149\times 8)}{1+\exp(-0.849+0.149\times 8)} = \frac{1.409}{1+1.409} = 0.585$$

可知，年收入 8 万元的家庭预计实际购房比例为 58.5%，这比标准最小二乘法预计结果更接近年收入 7.5 万元和 8.5 万元家庭的实际购房比例。

分组数据的 logistic 回归模型还可以推广到有多个自变量的情况，感兴趣的读者可自行思考。

分组数据的 logistic 回归只适用于样本量大的分组数据，不适用于样本量小的未分组数据。下面介绍用最大似然估计法直接拟合未分组数据的 logistic 回归模型。

2. 未分组数据的 logistic 回归模型

设 Y 是 0-1 型变量，$x_1,x_2,x_3,\cdots,x_p$ 是与 y 相关的确定性变量，n 组观测数据为 $(x_{i1},x_{i2},\cdots,x_{ip};y_i)(i=1,2,\cdots,n)$，其中 $Y_1,Y_2,\cdots,Y_n$ 是取 0 或 1 的随机变量，Y_i 与 $x_{i1},x_{i2},\cdots,x_{ip}$ 的关系如下：

$$E(Y_i)=\pi_i=f(\beta_0+\beta_1x_{i1}+\beta_2x_{i2}+\cdots+\beta_px_{ip})$$

式中，函数 $f(x)$ 表示在值域[0,1]区间内的单调增函数。对于 logistic 回归

$$f(x)=\frac{e^x}{1+e^x}$$

Y_i 服从均值为 $\pi_i=f(\beta_0+\beta_1x_{i1}+\beta_2x_{i2}+\cdots+\beta_px_{ip})$ 的 0-1 分布，概率函数为

$$P(Y_i=1)=\pi_i;\quad P(Y_i=0)=1-\pi_i$$

可以把 Y_i 的概率函数合写为

$$P(Y_i=y_i)=\pi_i^{y_i}(1-\pi_i)^{1-y_i},\quad y_i=0,1;\ i=1,2,\cdots,n$$

于是，$y_1,y_2,\cdots,y_n$ 的似然函数为

$$L=\prod_{i=1}^{n}P(y_i)=\prod_{i=1}^{n}\pi_i^{y_i}(1-\pi_i)^{1-y_i}$$

对似然函数取自然对数，得

$$\ln L=\sum_{i=1}^{n}[y_i\ln\pi_i+(1-y_i)\ln(1-\pi_i)]=\sum_{i=1}^{n}\left[y_i\ln\frac{\pi_i}{(1-\pi_i)}+\ln(1-\pi_i)\right]$$

对于 logistic 回归，将

$$\pi_i=\frac{\exp(\beta_0+\beta_1x_{i1}+\beta_2x_{i2}+\cdots+\beta_px_{ip})}{1+(\beta_0+\beta_1x_{i1}+\beta_2x_{i2}+\cdots+\beta_px_{ip})}$$

代入得

$$\ln L=\sum_{i=1}^{n}\left\{y_i(\beta_0+\beta_1x_{i1}+\beta_2x_{i2}+\cdots+\beta_px_{ip})-\ln\left[1+\exp(\beta_0+\beta_1x_{i1}+\beta_2x_{i2}+\cdots+\beta_px_{ip})\right]\right\}\quad(13.34)$$

最大似然估计法就是选取 $\beta_0,\beta_1,\beta_2,\cdots,\beta_p$ 的估计值 $\hat{\beta}_0,\hat{\beta}_1,\hat{\beta}_2,\cdots,\hat{\beta}_p$，使得式（13.34）取得极大值。

13.4　案 例 分 析

13.4.1　基于 R 语言的 women 数据集线性回归分析

针对 R 语言平台自带的 women（女性）数据集，运用 R 语言进行基本的线性回归分析。

1. 案例数据

women 数据集案例数据见表 13.15。

表 13.15 women 数据集案例数据

序号	身高 height/英寸	体重 weight/磅
1	58	115
2	59	117
3	60	120
4	61	123
5	62	126
6	63	129

注：1) 1 英寸 = 2.54 厘米，1 磅 = 0.453 592 千克；2) 本表数据不代表真实情况，只用于展示分析方法

2. R 语言代码

（1）首先作散点图查看数据的分布情况。

```
plot(women$height,women$weight,xlab="Height(in  inchs)",ylab=
"Weight(in pounds)")
```

结果如图 13.3 所示，可以看到散点分布呈线性规律，说明适合构建线性回归方程。

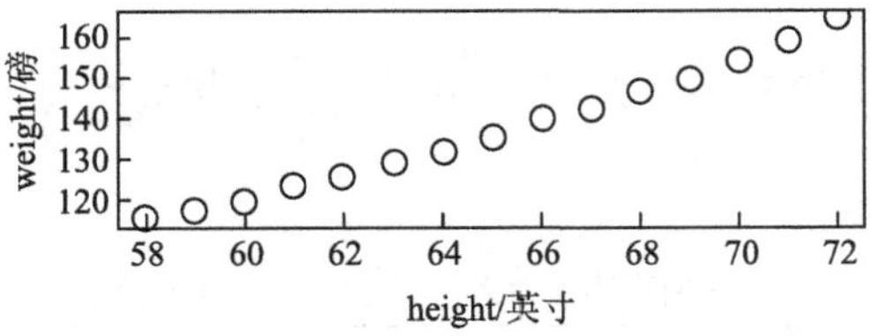

图 13.3 数据散点图

（2）构建一元线性回归模型。

```
fit<-lm(weight~height,data=women)
summary(fit)
Call:
lm(formula=weight~height,data=women)
Residuals:
    Min       1Q      Median      3Q      Max
-1.7333   -1.1333   -0.3833   0.7417   3.1167
Coefficients:
              Estimate    Std.Error   t value    Pr(>|t|)
(Intercept) -87.51667   5.93694    -14.74    1.71e-09 ***
```

```
height          3.45000     0.09114    37.85    1.09e-14 ***
---
Signif.codes:0 '***' 0.001 '**' 0.01 '*' 0.05 '.' 0.1 ' ' 1
Residual standard error:1.525 on 13 degrees of freedom
Multiple R-squared:0.991, Adjusted R-squared:0.9903
F-statistic:1433 on 1 and 13 DF, p-value:1.091e-14
```

首先看 $R^2 = 0.991$，说明模型的解释性非常好，能够解释 99%的方差，且 F 检验的 P 值 $= 1.091\times10^{-14}$ 远远小于 0.05，说明模型通过了 F 检验。

再看截距项和系数，都通过了 t 检验，且 height 的系数为正，表明随着身高的增长，体重也增长，符合客观事实。得到回归方程：weight = −87.516 67 + 3.45000 × height。

3. 查看模型拟合效果

```
plot(women$height,women$weight,xlab="Height(in inchs)",ylab=
"Weight(in pounds)")abline(fit)
```

回归拟合线图如图 13.4 所示。

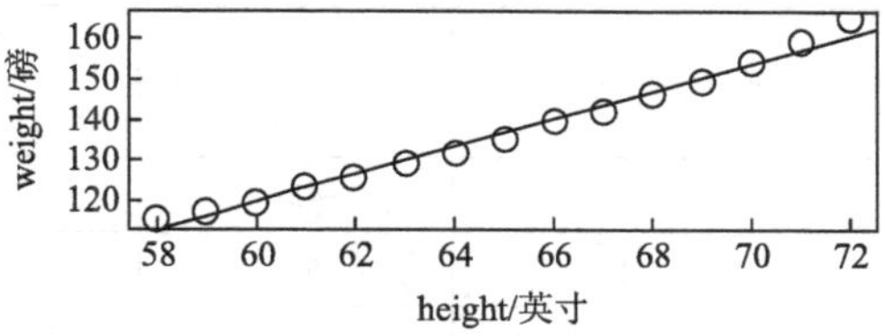

图 13.4　回归拟合线图

13.4.2　导入案例的 R 语言解析

本节针对本章的导入案例“选址问题的统计决策”，给出基于 R 语言求解问题的具体操作。

1. 将案例数据输入 Excel 中

案例数据录入参考格式如表 13.16 所示。

表 13.16　案例数据

profit	rooms	distance	square	people	income
45.5	2691	3.2	519	13.5	46
44.2	3471	2.2	523	12.0	39
29.8	3567	2.5	140	13.5	32
38.4	3264	2.7	404	22.5	29
54.4	3234	3.2	649	19.5	39

续表

profit	rooms	distance	square	people	income
34.5	2730	0.3	171	17.0	33
44.9	3003	0.9	402	15.5	37
56.5	2045	1.5	562	15.0	38
39.3	3591	2.0	510	18.5	29
62.8	1613	1.7	686	21.5	29
40.3	2848	2.5	744	19.0	30
41.1	3098	2.3	449	11.5	34
35.7	3591	1.4	270	9.5	43
58.5	2210	2.7	611	17.5	35
53.5	3285	2.0	548	23.5	42
54.2	3018	3.1	529	20.0	39
43.3	3383	2.2	790	11.5	33
58.0	2382	3.2	484	12.0	39
38.1	3568	2.3	365	16.5	37
45.1	2172	1.4	198	7.0	35
42.8	3003	2.2	457	19.5	39
51.4	2640	3.8	431	19.5	37
45.4	2443	0.1	515	10.5	36
48.2	2429	2.3	498	20.0	33
40.2	3670	2.8	240	17.5	37
36.8	3006	2.5	456	15.5	37
54.2	2484	2.8	443	16.0	33
36.9	2923	1.2	449	14.0	40
53.0	2844	3.5	406	13.5	30
39.3	3159	2.7	392	11.0	34
54.4	3241	2.2	578	21.5	44
43.7	2915	1.6	620	13.5	36
51.5	3069	3.3	512	20.5	37
43.5	2910	1.4	418	12.5	35
48.8	2935	3.9	551	20.0	35
52.0	3354	2.0	614	26.5	37
51.2	2775	2.5	497	15.0	39
49.6	3359	1.6	473	10.5	44
54.1	2862	2.9	809	16.5	41
49.5	2726	1.2	464	19.0	36

2. R 语言代码

```
attach(profit)
lm.profit<-lm(profit~room+length+square+people+income,data=
profit)
summary(lm.profit)
Call:
lm(formula=profit~rooms+distance+square+people+income,data=
profit)
Residuals:
   Min     1Q   Median    3Q    Max
-9.870 -2.546  1.369  2.950  8.636
Coefficients:
              Estimate   Std.Error  t value  Pr(>|t|)
(Intercept) 37.260944   8.205237   4.541   6.70e-05 ***
rooms       -0.009629   0.001672  -5.759   1.77e-06 ***
distance     2.019126   0.893785   2.259   0.03040 *
square       0.015424   0.005449   2.831   0.00775 **
people       0.401427   0.187709   2.139   0.03974 *
income       0.524672   0.181293   2.894   0.00660 **
---
Signif.codes: 0 '***' 0.001 '**' 0.01 '*' 0.05 '.' 0.1 ' ' 1
Residual standard error:4.598 on 34 degrees of freedom
Multiple R-squared:0.6857, Adjusted R-squared:0.6395
F-statistic:14.84 on 5 and 34 DF,  p-value:9.84e-08
```

可得本章导入案例的线性回归方程为:

$$\hat{y}=37.2609-0.0096x_1+2.0191x_2+0.0154x_3+0.4014x_4+0.5247x_5$$

式中，y,x_1,x_2,x_3,x_4,x_5 分别表示案例中的营业利润率、2 千米以内的旅馆客房总数、与最近竞争者的距离、2 千米以内社区办公场所的面积、1 千米以内大学生人数、1 千米以内周围社区家庭收入中位数。

> **本章小结**

回归分析模型的理论和方法成熟，又有相应的计算软件辅助，因此，线性回归模型在现代社会、经济、管理和自然科学等领域有着广泛应用。

本章主要介绍了回归模型与分析方法的基本原理及其应用。包括线性回归模型（一元线性回归模型、多元线性回归模型）和非线性回归模型（可线性化的回归模型、含定性自变量的回归模型、logistic 回归模型）。可以看到，回归分析工具在解决结构分析、预测和控制等方面有其重要价值。当然，正确运用回归分析工具才是正确决策的基础。

这里特别要提出的是，无论一元线性回归还是多元线性回归，都需要满足模型的所有假设条件。实践中，往往出现异方差、序列相关性和多重共线性等违背模型假设的现象，即模型的设定问题。当模型设定不合理时，用什么方法来解决一系列的问题是回归分析更深入的内容。由于超出本书范围，有兴趣的读者可以参考专门的回归分析文献。这里需要注意的是，只有在满足回归模型所有假设条件下获得的经验回归方程才是可用的。

非线性回归模型如果能转化为线性模型，就可以通过变量转化将其转化为线性回归模型，使用线性回归的方法处理；处理不可线性化的非线性回归模型可使用非线性最小二乘法。

回归分析的内容广泛丰富，且在不断发展中，本章仅涉及一些基本内容，更深入的讨论读者可参阅相关文献。

> **问题与思考**

1. 针对实际问题，解释因变量是一个随机变量。
2. 判定系数越大，是否表明模型的拟合效果越好？
3. 残差与误差有什么联系与区别？
4. 两个变量的相关关系和回归关系有什么联系与区别？
5. 在对回归参数进行估计时，误差项服从正态分布的条件是必须的吗？为什么？
6. 结合一个实际问题，尝试运用回归分析解决问题的完整过程（如计划、数据收集与整理、模型构建、分析与检验、预测与控制，最后形成一个完整的研究报告）。
7. 有 10 个同类企业的生产性固定资产年平均价值和工业总产值资料如下表。

企业编号	生产性固定资产年平均价值/万元	工业总产值/万元
1	318	524
2	910	1019
3	200	632
4	409	815
5	415	913
6	502	928
7	314	605
8	1210	1516
9	1022	1219
10	1025	1624
合计	6325	9795

试据此数据计算如下内容。

（1）计算相关系数。

（2）建立回归直线方程。

（3）计算估计标准误差。

（4）估计生产性固定资产年平均价值（自变量）为 1100 万元时的工业总产值。

8. 一只药用昆虫的产卵数 y 与一定范围内的温度 x 有关，现收集了该种药用昆虫的 6 组观测数据如下表。

温度 x/℃	21	23	24	27	29	32
产卵数 y/个	6	11	20	27	57	77

（1）若用线性回归模型，求 y 关于 x 的回归方程 $y = bx + a$（精确到 0.1）。

（2）若用非线性回归模型，求得 y 关于 x 的回归方程为 $y = 0.06e^{0.2303x}$，且 $R^2 = 0.9522$，试与（1）中的回归模型比较，用 R^2 说明哪种模型的拟合效果更好。

（3）用拟合效果更好的模型预测温度为 35℃时该种药用昆虫的产卵数（结果取整数）。

9. 某公交公司推出扫码支付乘车活动，并统计了活动推出一周内每天使用扫码支付的人次，x 表示活动推出的天数，y 表示每天使用扫码支付的人次，统计数据如下。

x	1	2	3	4	5	6	7
y	60	110	210	340	660	1010	1960

（1）试判断在推广期，$y = bx + a$ 与 $y = c \cdot d^x$（c,d 均为大于 0 的常数）哪一个适宜作为 y 关于 x 的回归方程类型？

（2）根据（1）的判断结果及表中数据，建立回归方程，并预测出第 8 天使用扫码支付的人次。

第 14 章　时间序列分析

案例导入（港口吞吐量预测）：沿海港口是国民经济和社会发展的重要基础设施，有力地支撑着外向型经济的发展，对促进人民生活水平的提高、交通运输网的完善以及国家综合实力的提升发挥着十分重要的作用。

港口吞吐量是衡量港口规模最重要的指标之一，是指由水路进出港区范围，并经过装卸的货物的数量。影响港口吞吐量的因素非常复杂，既包括宏观经济发展、港口经济腹地发展、外贸增长、运输结构调整等宏观因素，也包括港口服务水平、港口集疏运能力、货物生成能力、港口供给能力、港口总体规划等微观因素。因此，如何准确预测港口吞吐量成为管理者和研究者共同关注的问题。

为研究我国沿海某港口未来的发展动态，为运营策略及发展战略的制定以及未来地区综合运输规划的制定提供决策依据，某研究人员收集了某港口 2018～2023 年各季度货物吞吐量数据，如表 14.1 所示，想要据此预测其变化趋势。

表 14.1　某港口 2018～2023 年各季度货物吞吐量　　单位：万吨

年份	季度	季度序号	货物吞吐量	年份	季度	季度序号	货物吞吐量
2018	一	1	1830	2021	一	13	2576
	二	2	2001		二	14	2960
	三	3	1311		三	15	2752
	四	4	2442		四	16	2773
2019	一	5	2124	2022	一	17	2624
	二	6	2439		二	18	2535
	三	7	2339		三	19	2877
	四	8	2716		四	20	3028
2020	一	9	2298	2023	一	21	2461
	二	10	2402		二	22	2658
	三	11	2527				
	四	12	2893				

除了吞吐量预测，生产和生活中我们还会遇到多种预测问题。比如，如何根据企业以前的生产数据，对未来的生产量进行预测？如何预测一只股票的价格走势？如何预测一个国家或地区未来的国内生产总值（GDP）、能耗与碳排放？等等。

将指标历史数据按一定时间顺序排列起来，就形成了时间序列。对时间序列进行分析，不但可以掌握事物的发展状况，还可以预测未来的发展走势，为决策提供依据。

本章将重点介绍时间序列的分析指标，影响时间序列变动的因素，以及时间序列的预测方法。

14.1 基本概念

14.1.1 时间序列的概念

任何事物都处于不断运动和发展变化中。为探索现象发展变化的规律性，需要观察现象随时间变化的数量特征。把某种现象发展变化的指标数值按一定时间顺序排列起来而形成的数列，称为时间序列。时间序列中的时间可以是年份、季度、月份或其他形式。

时间序列有两个基本要素：现象所属的时间及与时间相对应的指标值。表 14.2 是 2015～2020 年某省人均地区生产总值。

表 14.2　2015～2020 年某省人均地区生产总值　　单位：元

年份	2015	2016	2017	2018	2019	2020
人均地区生产总值	89 426	96 840	107 150	115 930	122 398	121 231

研究时间序列具有重要作用，包括但不限于：①反映社会经济现象的发展状况和结果；②为计算动态指标、进行动态分析提供依据；③反映经济现象的发展趋势和发展规律；④反映事物的发展趋势和规律，进行预测；⑤对不同总体的同类指标进行动态对比。

14.1.2 时间序列的种类

按照指标数值的表现形式，时间序列可以分为绝对数时间序列、相对数时间序列和平均数时间序列三种。其中，绝对数时间序列是最基本的时间序列，其余两种由其派生。

1. 绝对数时间序列

由总量指标数值构成的时间序列称为绝对数时间序列。如表 14.2 所示。

绝对数时间序列反映现象在不同时间达到的总规模、总水平及其发展变化情况。根据指标性质的不同，绝对数时间序列又可分为时期序列和时点序列。

1）时期序列

若序列的指标反映某种现象在一段时期内发展过程的总量，则称该序列为时期序列。表 14.2 表示的就是一个时期序列。

时期序列具有以下特点。①连续统计。由于时期序列指标反映的现象是各个时期内的发展总过程或总水平，所以在研究的实际范围内，都应该进行统计。②可加性。时期序列中的各项指标数值可以相加，相加后的指标数值表示研究现象在一段时间内发展的总量。③指标数值的大小与时期长短直接相关。在时期序列中每个指标所包括的时期长度，叫作“时期”。一般来说，时期越长，指标数值越大，反之亦然。

2）时点序列

若序列的指标反映现象在某一时点（或某一瞬间）所处的水平，则称该序列为时点序列。表 14.3 就是一个时点序列。

表 14.3　2015～2020 年某国年末人口数　　单位：万人

年份	2015	2016	2017	2018	2019	2020
年末人口数	138 326	139 232	140 011	140 541	141 008	141 212

时点序列具有以下特点。①不具连续统计的特点。时点序列只反映现象在某一时刻所处的水平，只要求在某一时点上进行统计，以取得该时点的资料，不必连续进行登记。②各项指标数值不具可加性。因为序列中若干个时点指标值相加后，无法明确说明这个数值是属于哪一时点上现象的数量，无实际意义。③时点序列指标数值的大小与时间间隔长短无直接关系。因为时点序列的每一个指标值只表明现象在某一瞬间的数量，因而时间间隔的长短对指标数值大小不产生直接影响。

2. *相对数时间序列*

将一系列同类的相对指标按时间先后顺序排列而形成的序列，叫作相对数时间序列。它反映社会经济现象之间相互联系的发展过程。例如，不同时期的计划完成程度相对数组成的时间序列，不同时期的人口出生率、死亡率、自然增长率组成的时间序列等，都是相对数时间序列。相对数时间序列中的各指标数值不能相加。

3. *平均数时间序列*

将一系列同类的平均指标按时间先后顺序排列而成的序列，叫作平均数时间序列。它反映社会经济现象一般发展水平的发展趋势。由职工平均工资组成的时间序列、单位面积产量组成的时间序列等都是平均数时间序列。在平均数时间序列中，各个指标数值也不能相加。

14.1.3　时间序列的编制原则

编制时间序列的目的就是要通过对比序列中的各个指标进行动态分析。因此，保证时间序列中各项指标数值的可比性，是编制时间序列的基本原则。为了遵守这一原则，应注意：①统计数值所属的时间可比。由于时期序列中各项指标数值的大小与所属时间长短直接相关，因此各项指标数值所属时期的长短应该一致。对于时点序列，虽然两相邻时点间隔的长短与时点数值大小无明显关系，但为了更好地反映现象的发展状况，两相邻时点间隔长短最好相等。②统计数值反映的总体范围可比。时间序列中数值总体范围要有可比性，如行政区划范围、行业所属范围、分组范围、经营范围等需一致。当时间序列中某些数值总体范围不一致时，必须进行调整使其一致，否则前后期数值不能直接对比；或者加以说明，进行分段研究。③统计数值的计算口径可比。计算口径可比既指计算方法的一致性，也指价格和计量单位的一致性。如劳动生产率指标，在同一序列中，要么都是全员劳动生产率，要么都是生产工人劳动生产率等。显然，前后期计算口径不一致的数值不能直接对比。④统计数值的经济内容可比。同一序列的指标数值内涵必须一致，否则不具可比性。如不能把全员劳动生产率与生产工人劳动生产率不加区分地编在一个时间序列中。

14.2　时间序列分析指标

14.2.1　水平分析指标

1. 发展水平

发展水平是现象在不同时间上所达到的规模或水平，也即时间序列中的每一项指标数值。

按发展水平在时间序列中所处的位置，发展水平分为期初水平、期中水平和期末水平。期初水平是时间序列的第一项数值，常用 y_0 或 y_1 表示；期末水平是时间序列的最后一项数值，常用 y_n 表示。序列中除期初和期末水平外的发展水平，称为期中水平。按发展水平在时间序列分析中的作用，发展水平分报告期水平和基期水平。报告期水平是需要分析研究的那个时间段的发展水平，基期水平是作为比较基础时期的发展水平。

发展水平在文字上习惯用“增加到”“增加为”“降低到”“降低为”来表示。例如，2014 年粮食产量为 5308 万吨，2015 年增加到 5464 万吨。“增加”或“降低”后面一定要有一个“到”或“为”字，不能遗漏。

2. 平均发展水平

平均发展水平是指将不同时期的发展水平加以平均，又称“时序平均数”。

时序平均数与一般平均数有相同之处，即都是研究现象的个别数量差异的抽象化，概括地反映现象的一般水平，但两者也有区别。

时序平均数根据时间序列中的指标值计算，它所平均的是研究对象在不同时间上的数量差异，从动态上说明其在某一段时间内发展的一般水平。

一般平均数根据静态序列计算，它是将总体各单位某一数量标志值在同一时间上的数量差异抽象化，从静态上说明其在具体历史条件下的一般水平。

时序平均数可以根据绝对数时间序列计算，也可以根据相对数和平均数时间序列计算。就计算方法而言，根据绝对数时间序列计算时序平均数是最基本的方法。

1）时期序列的平均发展水平

时期序列中各项数据相加等于现象在一段时期内的总量，所以计算时期序列的平均发展水平采用的是简单算术平均法。若以 $\bar{y}$ 代表平均发展水平，则其计算公式为

$$\bar{y}=\frac{y_1+y_2+\cdots+y_n}{n}=\frac{\sum_{t=1}^{n}y_t}{n},\quad t=1,2,\cdots,n \tag{14.1}$$

例 14.1　根据表 14.2 的数据，计算某省 2015～2020 年人均地区生产总值的年平均水平。

解：由式（14.1），2015～2020 年平均每年人均地区生产总值为

$$\overline{y}=\frac{1}{6}\sum_{t=1}^{6}y_t=\frac{1}{6}(89\ 426+96\ 840+\cdots+121\ 231)=\frac{652\ 975}{6}=108\ 829.2\text{（元）}$$

2）时点序列的平均发展水平

A. 连续时点序列的平均发展水平

时点是一个瞬间概念，严格说不存在“连续”概念，但由于时点数据通常间隔较长一段时间才进行一次统计，所以对于每天都进行计量获得数据（如银行每天的存、贷款余额），即连续的逐日排列的时点序列称为连续时点序列，其平均发展水平的计算采用式（14.1）。

例 14.2　某车间一周内工人出勤情况如表 14.4 所示，计算平均每日出勤人数。

表 14.4　某车间工人出勤情况

日期	星期一	星期二	星期三	星期四	星期五
出勤人数/人	101	99	102	100	98

解：由式（14.1），该车间平均每日出勤人数为

$$\overline{y}=\frac{1}{5}\sum_{t=1}^{5}y_t=\frac{1}{5}(101+99+102+100+98)=100\text{（人）}$$

B. 不连续时点序列的平均发展水平

统计实践中很多现象并不需要逐日连续对其时点数量进行计量，而是间隔一段时间（如几天、一个月、一个季度和一年等）才进行一次统计，称由这样的时点数据排列而成的序列为不连续时点序列。

对于不连续时点序列，若要计算整个考察期的平均发展水平，需要假定现象的数量在相邻两个时点间均匀变动，即上期期末数为本期期初数，反之亦然。然后计算出相邻两个时点之间现象水平的代表值，再以时点间隔长度为权数，将这些代表值进行加权算术平均。若分别以 $f_1,f_2,\cdots,f_{n-1}$ 代表各个时点的间隔长度，则整个考察期内平均发展水平的计算公式为

$$\overline{y}=\frac{\frac{y_1+y_2}{2}f_1+\frac{y_2+y_3}{2}f_2+\cdots+\frac{y_{n-1}+y_n}{2}f_{n-1}}{\sum_{t=1}^{n-1}f_t}=\frac{\sum_{t=1}^{n-1}\overline{y}_t f_t}{\sum_{t=1}^{n-1}f_t} \tag{14.2}$$

例 14.3　2023 年某农场生猪存栏数如表 14.5 所示，试计算全年生猪平均存栏数。

表 14.5　2023 年某农场生猪存栏数

时间	1 月 1 日	3 月 1 日	8 月 1 日	10 月 1 日	12 月 31 日
生猪存栏数/头	1420	1400	1200	1250	1460

解：由式（14.2），2023 年全年生猪平均存栏数为

$$\bar{y}=\frac{\sum_{t=1}^{n-1}\bar{y}_t f_t}{\sum_{t=1}^{n-1}f_t}=\frac{\frac{1420+1400}{2}\times 2+\cdots+\frac{1250+1460}{2}\times 3}{2+5+2+3}\approx 1320\text{（头）}$$

当各时点间隔相等，即 $f_1=f_2=\cdots=f_n$ 时，式（14.2）可化简为

$$\bar{y}=\frac{\frac{y_1}{2}+y_2+\cdots+y_{n-1}+\frac{y_n}{2}}{n-1} \tag{14.3}$$

式（14.3）就是由间隔相等的时点序列计算平均发展水平的方法，称为“首末折半法”。

例 14.4 根据表 14.3 中各年年末人口数，计算 2015～2020 年平均人口数。

解：由式（14.3），2015～2020 年平均人口数为

$$y=\frac{1}{5}\times\left(\frac{138\ 326}{2}+139\ 232+140\ 011+140\ 541+141\ 008+\frac{141\ 212}{2}\right)=140\ 112.2\text{（万人）}$$

在计算不连续时点序列的平均发展水平时，应注意计算公式的条件。实际中，现象在相邻时点间的数量变动并不总是均匀的，所以计算结果通常只是近似值。一般认为，间隔越短，相邻两时点的数值的简单平均数就越能较好地代表相应时段内的平均水平，整个考察期内平均发展水平的计算结果就越准确。例如，由一年中各月底数据计算的全年平均数，就比只用年初和年末两项数据计算的结果更符合实际。

C. 相对数或平均数时间序列的平均发展水平

相对数和平均数有一个共同的特点，就是它们归根到底都是由两个相关的总量指标数值对比而得。设相对数或平均数为 z_t，它由 y_t 和 x_t 两个总量指标派生。由于各个 z_t 的对比基数 x_t 不尽相同，所以计算平均发展水平 $\bar{z}$ 时，不能将各期 z_t 简单算术平均。其计算方法是，先对形成该相对数或平均数时间序列的绝对数时间序列 $\{y_t\}$ 和 $\{x_t\}$ 分别计算其平均发展水平 $\bar{y}$ 和 $\bar{x}$，再由这两个平均发展水平对比来得到 $\bar{z}$，即计算公式为

$$\bar{z}=\frac{\bar{y}}{\bar{x}} \tag{14.4}$$

例 14.5 某地区 2019～2023 年企业数及职工人数资料如表 14.6 所示。试计算 2019～2023 年每个企业平均职工人数。

表 14.6 某地区 2019～2023 年企业数及职工人数资料

年份	2019	2020	2021	2022	2023
企业数 x/个	24	26	28	30	32
职工人数 y/人	14 040	14 080	14 790	15 200	16 960
每个企业职工人数 z/人	585	542	528	507	530

解：由式（14.4），每个企业平均职工人数为

$$\bar{z}=\frac{\frac{14\ 040}{2}+14\ 080+14\ 790+15\ 200+\frac{16\ 960}{2}}{\frac{24}{2}+26+28+30+\frac{32}{2}}=\frac{59\ 590}{112}=532\text{（人）}$$

3. 增长量

增长量是说明某种现象在一定时期内增长的绝对数量，它等于报告期水平减去基期水平，即

$$\text{增长量}=\text{报告期水平}-\text{基期水平} \tag{14.5}$$

增长量的指标数值可“正”可“负”。当报告期水平大于基期水平时，增长量为“正值”，表示增加；当报告期水平小于基期水平时，增长量为“负值”，说明减少。因此，增长量又称“增减量”指标。

由于采用的基期不同，增长量可分为逐期增长量和累计增长量。逐期增长量是报告期水平 $y_t(t=1,2,\cdots,n)$ 与前一期水平 y_{t-1} 之差，反映现象逐期增减变化的绝对量(如表 14.7 中第 3 行)。累计增长量是报告期水平 $y_t(t=1,2,\cdots,n)$ 与某一固定基期水平（通常为期初水平 y_0）之差，反映现象从期初到报告期这段时期内的总增长量（如表 14.7 中第 4 行）。

表 14.7　2018～2023 年某地区贸易总额资料

年份		2018	2019	2020	2021	2022	2023
贸易总额/亿元		800	1080	912	1100	1300	1450
增长量	逐期增长量/亿元		280	−168	188	200	150
	累计增长量/亿元		280	112	300	500	650
发展速度	环比发展速度/%		135.0	84.4	120.6	118.2	111.5
	定基发展速度/%	100	135.0	114.0	137.5	162.5	181.3
增长速度	环比增长速度/%		35.0	−15.6	20.6	18.2	11.5
	定基增长速度/%		35.0	14.0	37.5	62.5	81.3
增长 1%的绝对值/亿元			8.0	−10.8	9.1	11.0	13.0

逐期增长量与累计增长量之间存在一定的数量关系：逐期增长量之和等于相应的累计增长量，两个相邻时期的累计增长量之差等于相应时期的逐期增长量。即

$$\begin{gathered} y_t-y_0=\sum_{i=1}^{t}(y_i-y_{i-1}) \\ (y_t-y_0)-(y_{t-1}-y_0)=y_t-y_{t-1},\quad t=1,2,\cdots,n \end{gathered} \tag{14.6}$$

由于月度数据和季度数据往往受季节因素影响，为了消除季节变动的影响，可以计算报告期水平和上年同期水平之差，这种增长量称为同比增长量，其计算公式为

$$\text{同比增长量}=\text{报告年某期水平}-\text{上年同期水平} \tag{14.7}$$

4. 平均增长量

平均增长量是观察期内各个逐期增长量的平均，反映现象在一段时期内平均每期的增减数量。计算平均增长量，是将各个逐期增长量相加后除以其项数。

由于各个逐期增长量之和等于累计增长量，故也可以直接以累计增长量除以时间序列项数减去 1 而求得。其公式为

$$平均增长量=\frac{逐期增长量之和}{逐期增长量个数}=\frac{累计增长量}{时间序列项数-1} \tag{14.8}$$

例如，表 14.7 中，该地区年均贸易增长量为

$$年均贸易增长量=\frac{280+(-168)+188+200+150}{5}=\frac{1450-800}{6-1}=130\text{（亿元）}$$

14.2.2　速度分析指标

1. 发展速度

发展速度是报告期水平与基期水平之比，反映现象发展变化快慢的相对程度。其计算公式为

$$发展速度=\frac{报告期水平}{基期水平} \tag{14.9}$$

由于基期的选择不同，发展速度分为环比发展速度和定基发展速度。

1）环比发展速度

环比发展速度是各期水平与前一期水平的对比，说明报告期水平相比前一期水平的逐期发展变动情况。其计算公式为

$$环比发展速度=\frac{报告期水平}{前一期水平}=\frac{y_t}{y_{t-1}},\quad t=1,2,\cdots,n \tag{14.10}$$

如表 14.7 中的第 5 行。

2）定基发展速度

定基发展速度是报告期水平与某一固定基期水平的对比，说明社会经济现象在一个较长时间内的变动情况。其计算公式为

$$定基发展速度=\frac{报告期水平}{固定基期水平}=\frac{y_t}{y_0},\quad t=1,2,\cdots,n \tag{14.11}$$

如表 14.7 中的第 6 行。

环比发展速度与定基发展速度的关系如下。

环比发展速度的连乘积等于相应的定基发展速度；相邻的两个定基发展速度之商，等于相应时期的环比发展速度，即

$$\frac{y_t}{y_0}=\frac{y_1}{y_0}\times\frac{y_2}{y_1}\times\cdots\times\frac{y_t}{y_{t-1}}$$
$$\frac{y_t}{y_0}\div\frac{y_{t-1}}{y_0}=\frac{y_t}{y_{t-1}} \tag{14.12}$$

3）同比发展速度

为消除季节变动的影响，可以计算同比发展速度，也称为年距发展速度。计算公式为

$$同比发展速度=\frac{报告期某期水平}{上年同期水平}=\frac{y_{t,j}}{y_{t-1,j}} \tag{14.13}$$

式中，若为季度数据，$i=1,2,3,4$；若为月度数据，$i=1,2,3,\cdots,12$。

2. 增长速度

增长速度也称为增长率，是报告期增长量与基期水平之比，反映某种社会经济现象的增长程度。其计算公式为

$$增长速度=\frac{增长量}{基期水平} \tag{14.14}$$

增长速度与发展速度的关系：

$$增长速度=\frac{报告期水平-基期水平}{基期水平}=\frac{报告期水平}{基期水平}-1=发展速度-1\ (100\%) \tag{14.15}$$

根据基期的选择不同，增长速度也分为环比增长速度和定基增长速度。

1）环比增长速度

$$环比增长速度=\frac{逐期增长量}{前一期水平}=环比发展速度-1 \tag{14.16}$$

2）定基增长速度

$$定基增长速度=\frac{累计增长量}{固定基期水平}=定基发展速度-1 \tag{14.17}$$

如表 14.7 中的第 7 行和第 8 行分别为环比增长速度和定基增长速度。

需要注意的是，环比增长速度的连乘并不等于相应时期的定基增长速度，两相邻定基增长速度之商也不等于相应时期的环比增长速度。

3）同比增长速度

为消除季节变动的影响，可以计算同比增长速度，也称年距增长速度，其计算公式为

$$同比增长速度=\frac{同比增长量}{上年同期水平}=同比发展速度-1 \tag{14.18}$$

增长速度大于 0，表示报告期水平比基期水平增加或提高的程度；反之亦然。如表 14.7 中，某地区贸易总额 2019 年比 2018 年增长了 35.0%，而 2020 年比 2019 年下降了 15.6%。

增长速度是一种相对数，当比较不同总体的同类现象的增长程度时，若各自的基期水平相差较大，仅用其相对增长速度就无法全面认识现象的增长情况。因此，应该把速度指标与水平指标结合起来，这就需要计算增长 1%的绝对值。

4）增长 1%的绝对值

增长 1%的绝对值表达的是社会经济现象每增长 1%的增长量，它等于逐期增长量除以环比增长速度乘以 100，或等于前期水平除以 100。其计算公式为

$$\text{增长1\%的绝对值}=\frac{\text{逐期增长量}}{\text{环比增长速度}\times 100}=\frac{\text{前期水平}}{100} \tag{14.19}$$

例 14.6　某公司 2022 年工业增加值为 300 万元，2023 年工业增加值为 360 万元，试计算该公司工业增加值增长 1%的绝对值。

解：

$$\text{逐期增长量}=360-300=60\ \text{（万元）}$$

$$\text{环比增长速度}=\frac{60}{300}\times 100\%=20\%$$

$$\text{增长1\%的绝对值}=\frac{60}{20\%\times 100}=\frac{300}{100}=3\ \text{（万元）}$$

3. 平均发展速度和平均增长速度

平均发展速度是较长的某段时期内所属各环比发展速度的序时平均数，用来说明社会经济现象在某发展阶段上的逐期平均发展变化程度的一般水平。

平均增长速度的计算公式为

$$\text{平均增长速度}=\text{平均发展速度}-1 \tag{14.20}$$

平均发展速度大于 1，则平均增长速度为正值，表明现象在一定时期内逐期递增；平均发展速度小于 1，则平均增长速度为负值，表明现象在一定时期内逐期递减。

平均发展速度所要平均的环比发展速度是一种动态相对数，因此它不能采用平均发展水平的计算方法。平均发展速度的计算通常采用几何平均法，也可采用方程式法。

1）几何平均法

由于现象发展的总速度不等于各期环比发展速度的总和，而等于各期环比发展速度的连乘积。因此，对这些环比发展速度求平均数不能采用算术平均法，而应采用几何平均法。

以 x_i 为各期环比发展速度，n 为环比发展速度的项数，$\overline{x}_G$ 为几何平均法计算的平均发展速度，则其计算公式为

$$\overline{x}_G=\sqrt[n]{x_1\times x_2\times\cdots\times x_n}=\sqrt[n]{\prod_{i=1}^{n}x_i} \tag{14.21}$$

由于环比发展速度的连乘积等于定基发展速度即总速度（用 R 表示），而总速度又等于期末水平 y_n 与期初水平 y_0 之比，所以式（14.21）可变换为以下形式

$$\overline{x}_G=\sqrt[n]{R}=\sqrt[n]{\frac{y_n}{y_0}} \tag{14.22}$$

式（14.21）与式（14.22）内容一样，可根据资料的不同进行选择。

例 14.7 根据表 14.7 中的数据，计算某地区 2018～2023 年贸易总额的平均发展速度和平均增长速度。

解：根据式（14.21）和式（14.22）计算出平均发展速度为

$$\overline{x}_G=\sqrt[5]{1.35\times0.844\times1.206\times1.182\times1.115}=\sqrt[5]{\frac{1450}{800}}=\sqrt[5]{1.813}=112.6\%$$

$$平均增长速度=112.6\%-100\%=12.6\%$$

几何平均数的计算特点是侧重于考察数列中的最末水平，当现象在一段时期内的发展波动不大时，用几何平均法计算平均发展速度具有较高的代表性。

2）方程式法

在一个时间序列中，各期实际水平的总和（不包括固定基期水平）为

$$y_1+y_2+y_3+\cdots+y_n=\sum_{i=1}^{n}y_i \tag{14.23}$$

将各期水平 y_t 用期初水平与各期环比发展速度 x_t 的乘积来表示，则有

$$y_0x_1+y_0x_1x_2+y_0x_1x_2x_3+\cdots+y_0x_1x_2\times\cdots\times x_n=\sum_{i=1}^{n}y_i \tag{14.24}$$

若以平均发展速度 $\overline{x}_F$ 作为各期环比发展速度的代表值，用它来推算各期水平，并使所推算的各期水平总和与实际水平总和相等，则有

$$y_0(\overline{x}_F)+y_0(\overline{x}_F)^2+y_0(\overline{x}_F)^3-\cdots+y_0(\overline{x}_F)^n=\sum_{i=1}^{n}y_t \tag{14.25}$$

即

$$(\overline{x}_F)+(\overline{x}_F)^2+(\overline{x}_F)^3+\cdots+(\overline{x}_F)^n=\frac{\sum_{i=1}^{n}y_t}{y_0} \tag{14.26}$$

式（14.26）是只含有未知数 $\overline{x}_F$ 的高次方程。根据时间序列各项数据，解此方程，其正根就是所求的平均发展速度。这种计算平均发展速度的方法称为方程式法。方程式法计算的平均发展速度取决于考察期内各期实际水平的累计总和，所以计算平均发展速度的方程式法又称“累计法”。

选择几何平均法还是方程式法，应视现象的特点而定。若考察最末一年所达到的水平，并按水平法制定规定（如国内生产总值、社会商品零售额、平均工资和人口总数等），宜采用几何平均法；若侧重于考察全期水平的总和，并按累计法制定规定（如基本建设投资额、职工培训总人数和新增固定资产数额等），宜采用方程式法。

14.3 时间序列变动的趋势分析

14.3.1 时间序列的构成与分解

事物的发展往往受多种因素的影响，时间序列的形成也是多种因素共同作用的结果。在一个时间序列中，有长期起决定作用的因素，也有起非决定作用的因素；有可预知和可控因

素，也有不可预知和不可控因素。这些因素相互作用和影响，使时间序列变化趋势呈现不同特点。影响时间序列的因素大致可分为四种：长期趋势、季节变动、循环变动和不规则变动。

1. 时间序列的影响因素

1）长期趋势

长期趋势是指现象在相当长的一段时期内，受某种长期的、决定性的因素影响而呈现出的持续上升或持续下降的趋势。长期趋势可以是线性的，也可以是非线性的，通常以 T 表示。如 2000～2022 年我国国内生产总值呈现线性变化趋势，如图 14.1 所示。

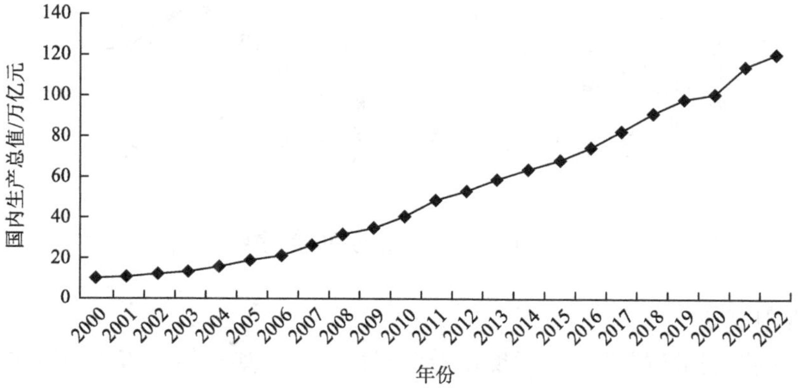

图 14.1　2000～2022 年我国国内生产总值

2）季节变动

季节变动又称季节性，是指由于受到自然条件或社会条件的影响，使现象在一年内重复出现的变动，通常以 S 表示。如在商品销售中常听到的“销售旺季”或“销售淡季”这类词，就是表明销售活动因季节而变。同理，时令商品的产量、旅行社的旅游收入等也会受季节的影响。应注意的是，在这里提到的“季节”是广义的，不但可以指通常意义上的“四季”，也可以理解为一年中的某个时间段，如一个月，一个季度，或任何一个周期。现实生活中，季节变动是一种极普通的现象。

含季节成分的时间序列可能存在长期趋势，也可能不含长期趋势。如图 14.2 为某海滨城市 2020～2023 年各季度旅游收入的时间序列折线图。

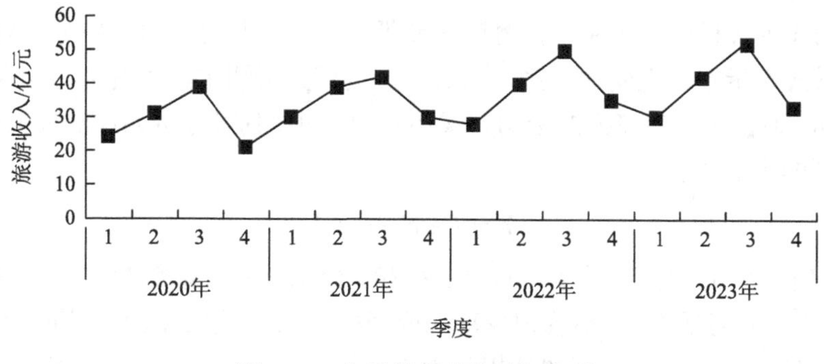

图 14.2　含季节变动的时间序列

3）循环变动

循环变动又称周期性，是指现象呈现的围绕长期趋势的一种波浪形或震荡式变动，通常以 C 表示。循环变动通常由商业和经济活动引起。它不同于趋势变动，不是朝着单一方向的持续运动，而是涨落相间的交替波动；它也不同于季节变动，没有固定规律，且通常周期较长（持续若干年），周期长短不一，如经济周期。循环波动的分析通常需要较长的时间序列数据，时间序列较短时常难以发现周期。如图 14.3 为我国某省 2009～2023 年猪肉价格增长系数时间序列。

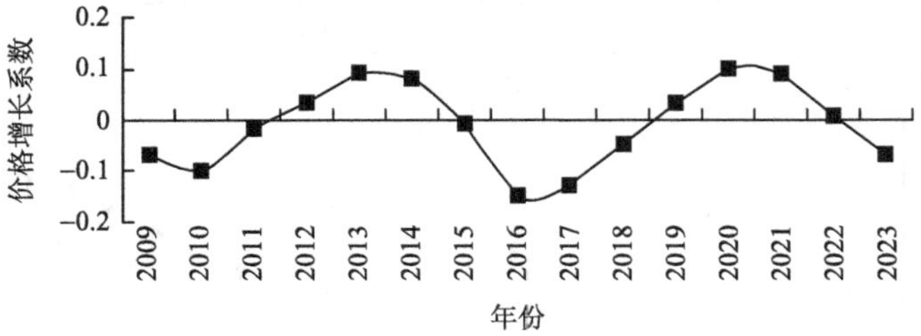

图 14.3　含循环变动的时间序列

4）不规则变动

不规则变动又称随机性，是指现象受偶然性因素（如自然灾害等不可抗力）影响而引起的无规律、不规则的变动，通常以 I 表示。时间序列中，去除长期趋势、季节性和周期性之后的偶然性波动即为不规则变动。图 14.4 为具有随机性的时间序列。

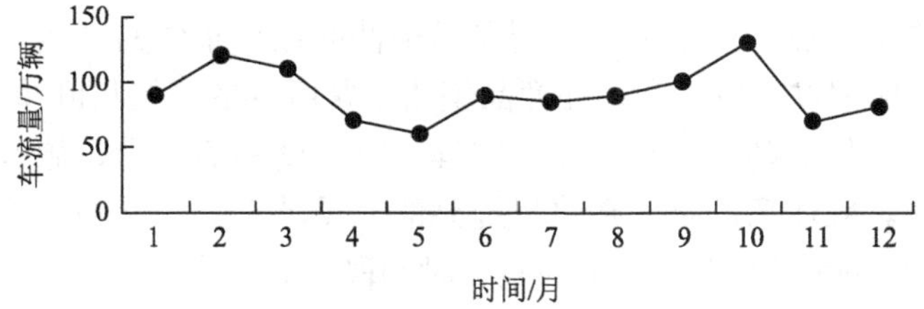

图 14.4　具有随机性的时间序列

2. 时间序列分析模型

传统时间序列分析的一项主要内容就是要把影响因素从时间序列中分离出来，并用一定的数学关系式表示它们之间的关系，而后分别进行分析测定，了解各影响因素的具体作用。按四个影响因素对时间序列的影响方式不同，时间序列可分解为加法模型或乘法模型。

加法模型的表达式为

$$Y = T + S + C + I \tag{14.27}$$

式中，Y 表示时间序列的指标数值；T、S、C 和 I 分别表示长期趋势、季节变动（或季节性）、循环变动（或周期性）、不规则变动（或随机性）。使用加法模型的基本假设是：各个影响因素对时间序列的影响可加且相互独立。

乘法模型的表达式为

$$Y = T \times S \times C \times I \tag{14.28}$$

式中，Y和T表示绝对指标；S、C和I表示比率，或称为指数，在 100%上下波动。使用乘法模型的基本假设是：各影响因素对时间序列的影响不独立。在实际应用中，乘法模型更为多见。

3. 时间序列的分解分析

时间序列的分解分析就是按照时间序列的分析模型，测定出各影响因素的具体数值。分解分析的具体步骤取决于时间序列的构成因素。对于一个包含趋势变动、季节变动和不规则变动的时间序列来说，分解分析的步骤一般包括以下几个方面（仅针对乘法模型）。

（1）分析和测定现象变动的长期趋势，求趋势值 T。

（2）对时间序列进行调整，即除以趋势值 T，得出不包含趋势变动的时间序列资料，即

$$\frac{Y}{T} = \frac{T \times S \times I}{T} = S \times I \tag{14.29}$$

（3）对步骤（2）的结果做进一步分析，消除随机变动的影响，得出季节变动测定值 S。

4. 时间序列分解分析的作用

（1）分析和测定影响因素的数量表现，可以更好地认识和掌握现象变化发展的规律性。

（2）将测度出的影响因素从时间序列中分离出来，有助于分析时间序列中其他影响因素的变动规律。

（3）为时间序列的预测奠定基础。在分解分析的基础上可以直接进行时间序列的预测，预测程序与分解程序恰好相反，分解分析的准确性直接关系到预测的可靠性。

14.3.2　长期趋势分析

长期趋势分析就是采用一定的方法对时间序列进行修匀，使修匀后的时间序列能排除其他因素的影响，从而显示出现象变动的基本趋势。测定长期趋势的方法很多，常用的有移动平均法和趋势模型法。

1. 移动平均法

移动平均法是按照一定的项数逐期计算时序平均数，最终形成一个新时间序列的方法。

移动平均法能够消除现象由偶然因素而引起的波动。因此，经过移动平均后的新序列相对于原时间序列来说，由其他因素引起的变动影响被削弱了，进而对原序列起到了修匀作用。

应用移动平均法需注意以下问题。①时间间隔的选取应根据现象的特点和资料情况来定。一般来说，若现象发展的资料呈现一定的周期性，应以周期的长度作为移动间隔的长度。若是季节资料，应采用 4 项移动平均；若是月份资料，应采用 12 项移动平均，

只有这样才能削弱周期或季节的影响。②新时间序列中每一数值应有与之对应的时间。若进行奇数项移动平均，计算的序时平均数应放在中间时期所对应的位置上，边移动边平均，每一项序时平均数都有与之对应的时间；若进行偶数项移动平均（如 4 项或 12 项），序时平均数同样也应放在中间时期所对应的位置上，但由于时间间隔为偶数，序时平均数所对应的时期应介于两个时间之间，不能构成时间序列，所以需要对相邻的时序平均数再进行一次平均。移动平均后得到的时间序列值又称趋势值。

例 14.8 某地区 2014～2023 年粮食产量序列如表 14.8 所示。试对其进行 3 年、4 年和 5 年移动平均，并作图观察。

表 14.8 移动平均数计算表 单位：万吨

年份	粮食产量	3 年移动平均	4 年移动平均		5 年移动平均
			一次平均	二次平均	
2014	44 624.0				
2015	43 529.0	44 139.60	44 516.90		
2016	44 265.8	44 481.20	44 488.43	44 502.66	44 515.54
2017	45 648.8	44 808.23	45 271.63	44 880.03	44 923.10
2018	44 510.1	45 606.90	46 818.55	46 045.09	46 308.00
2019	46 661.8	47 208.47	47 760.63	47 289.59	47 338.26
2020	50 453.5	48 844.13	49 440.48	48 600.55	48 454.40
2021	49 417.1	50 366.70	50 484.68	49 962.58	49 720.10
2022	51 229.5	50 495.07			
2023	50 838.6				

解：3 年、4 年和 5 年的移动平均序列见表 14.8，相应的图形如图 14.5 所示。

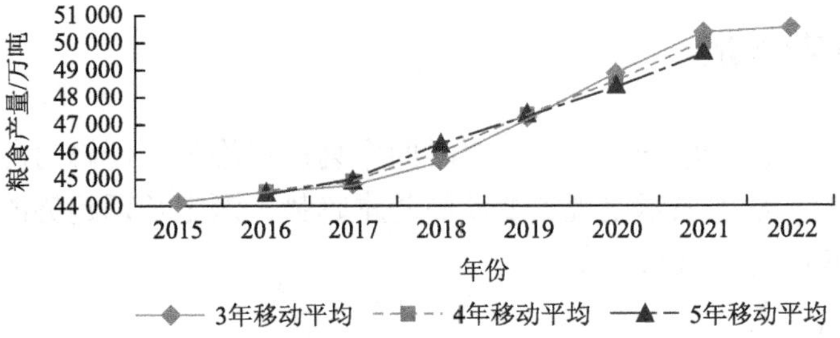

图 14.5 3 年、4 年和 5 年的移动平均图示

可以发现，移动平均项数越多，平均的结果越平滑；新数列的项数比原数列要少。

2. 趋势模型法

趋势模型法是根据时间序列的数据特征，利用回归分析方法建立趋势方程来拟合时间序列的方法。最小二乘法是较常用的方法，其基本思想是对未知参数进行估计，使时间序列的实际水平值与趋势值的残差平方和最小。

最小二乘法可以拟合直线趋势和曲线趋势，下面以直线趋势进行说明。

直线趋势方程一般表示为

$$\hat{y}=a+bt \tag{14.30}$$

式中，$\hat{y}$ 表示时间序列 y 的长期趋势值；t 表示时间标号；a 和 b 表示待估参数。

根据最小二乘原理，有估计 a 和 b 的正规方程组 $\begin{cases}\sum y=na+b\sum t\\ \sum ty=a\sum t+b\sum t^2\end{cases}$，由此得

$$b=\frac{n\sum ty-\sum t\sum y}{n\sum t^2-\left(\sum t\right)^2} \tag{14.31}$$
$$a=\overline{y}-b\overline{t}$$

例 14.9　利用例 14.8 的数据，建立时间序列的直线趋势方程，并画出效果图。

解：根据式（14.31）可得

$$b=\frac{n\sum ty-\sum t\sum y}{n\sum t^2-\left(\sum t\right)^2}=\frac{10\times 2\ 667\ 559-55\times 471\ 178.2}{10\times 385-55^2}=922.17$$

$$a=\overline{y}-b\overline{t}=\frac{471\ 178.2}{10}-922.17\times\frac{55}{10}=42\ 045.885$$

因而，某地区粮食产量的直线趋势方程为 $\hat{y}=42\ 045.885+922.17t$。

实际值与预测值的对比如图 14.6 所示。

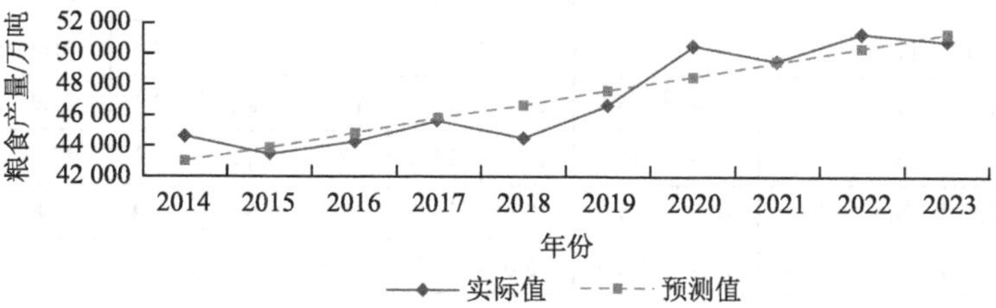

图 14.6　实际值与预测值的对比图示

时间标号 t 的设定比较灵活，可以按顺序设为 $1,2,\cdots$。也可使时间数列的中间时期为原点，使 $\sum t=0$，以简化计算。一般，当时间序列项数为奇数时，t 的取值为 $\cdots,-3,-2,-1,0,1,2,3,\cdots$；当时间序列项数为偶数时，$t$ 的取值为 $\cdots,-5,-3,-1,1,3,5,\cdots$。

14.3.3　季节变动分析

季节变动是指现象在一定时期内形成的有规律的周期性变动，这种变动各年强度大体相同且重复出现。测定季节变动的目的在于了解现象随季节变动的规律，并进行预测。

分析季节变动的主要方法是季节比率法。季节比率又称季节指数，是反映时间序列季节变动程度的一种相对数，通常用百分比表示。具体来说，季节比率法是通过将各季

（月）的平均水平与总平均水平作对照，来反映季节变动的高低程度。季节比率高，说明是“旺季”；反之，则是“淡季”。

季节比率由一系列数值组成，个数由资料的时间间隔决定，比率之和与所掌握资料有关。如掌握资料为月份资料，则有 12 个季节比率，季节比率之和为 1200%；如为季度资料，则有 4 个季节比率，季节比率之和为 400%。

常用的计算季节比率的方法主要有同期平均法和趋势剔除法，前者用于不含长期趋势的时间序列，后者用于含长期趋势的时间序列。

1. 同期平均法

同期平均法又称按季（月）平均法，是用时间序列各年同一时期的平均数与各年的总平均数的比值来计算季节比率的一种方法。这种方法能消除时间序列的不规则变动，适用于不包含长期趋势和循环变动的时间序列。其基本步骤如下：①计算同期平均数；②计算全部数据的总平均数；③计算季节比率 S。

例 14.10 某品牌彩电 2016～2023 年月销售额（单位：万元）资料及季节比率的计算如表 14.9 所示。

表 14.9 某品牌彩电销售资料及季节比率的计算

年份	1 月	2 月	3 月	4 月	5 月	6 月	7 月	8 月	9 月	10 月	11 月	12 月	合计
2016	16.1	14.4	14.2	15.1	15.5	14.3	13.8	14.7	17.2	18.4	20.2	19.9	193.8
2017	16.2	15.0	15.1	14.2	13.4	13.7	14.5	15.6	17.5	17.9	18.7	19.0	190.8
2018	16.7	16.3	15.3	14.5	14.5	13.9	14.6	15.8	18.0	19.3	21.4	20.3	200.6
2019	17.0	17.8	16.7	16.3	15.6	15.2	15.9	17.1	18.4	20.0	21.6	19.6	211.2
2020	17.1	17.3	16.5	16.4	15.6	15.7	16.2	17.4	18.8	20.3	21.9	19.8	213.0
2021	17.4	16.1	15.2	15.4	15.0	14.3	13.2	12.8	14.2	16.3	17.8	17.5	185.2
2022	14.8	15.0	15.1	14.8	14.6	15.3	14.9	15.5	16.2	17.0	17.8	17.8	188.8
2023	13.6	13.2	12.7	13.1	13.6	13.0	14.2	14.7	15.6	17.2	18.2	18.1	177.2
合计	128.9	125.1	120.8	119.8	117.8	115.4	117.3	123.6	135.9	146.4	157.6	152.0	1560.6
同月平均数	16.11	15.64	15.10	14.98	14.73	14.43	14.66	15.45	16.99	18.30	19.70	19.00	16.26
季节比率/%	99.1	96.2	92.9	92.1	90.6	88.8	90.1	95.0	104.5	112.6	121.2	116.9	1200

解：

（1）计算同月的平均数，计算结果见表 14.9“同月平均数”一行。

（2）计算全部数据的总平均数 $\dfrac{1560.6}{8\times 12}=16.26$（万元）。

（3）计算季节比率 S

$$\text{季节比率}=\frac{\text{同月平均数}}{\text{总平均数}} \tag{14.32}$$

计算结果见表 14.9“季节比率”一行。

从季节比率上可以判断，该彩电在 9 月、10 月、11 月和 12 月是销售旺季，尤其在后 3 个月，而 6 月是销售淡季。

需要注意的是，若季节比率之和不等于 400%或 1200%，则需要进行调整。调整方法：首先计算调整系数，然后用调整系数分别乘以各月（季）季节比率，得到调整后的季节比率。调整系数的公式为

$$调整系数=\frac{1200}{各月季节比率之和} \tag{14.33}$$

或

$$调整系数=\frac{400}{各季季节比率之和} \tag{14.34}$$

2. 趋势剔除法

当时间序列包含长期趋势和循环变动时，用同期平均法计算季节比率就不够准确，此时应采用趋势剔除法。

假定时间序列各影响因素以乘法模型形式存在，趋势剔除法的基本步骤如下。

（1）用移动平均法或趋势线法等方法消除季节变动 S 和不规则变动 I，计算出长期趋势和循环变动值 $T \times C$ 。

（2）再从乘法模型中剔除 $T \times C$ ，从而得到不存在长期趋势的 $S \times I$ ，即

$$S \times I=\frac{Y}{T \times C} \tag{14.35}$$

（3）再用同期平均法消除 I，得到季节比率。

（4）计算调整系数，对季节比率进行调整。

例 14.11　我国某地区 2018～2023 年各季度农业生产资料零售额资料如表 14.10 所示。试用趋势剔除法计算季节比率。

表 14.10　某地区 2018～2023 年各季度农业生产资料零售额

年份	季度	农业生产资料零售额 Y/万元	长期趋势和循环变动值 $T \times C$	$S \times I$ /%
2018	一	82.40		
	二	108.00		
	三	99.90	94.34	105.90
	四	83.00	94.95	87.41
2019	一	90.50	95.75	94.52
	二	104.80	97.65	107.32
	三	109.50	99.01	110.59
	四	88.60	102.83	86.17

续表

年份	季度	农业生产资料零售额 Y/万元	长期趋势和循环变动值 $T\times C$	$S\times I$ /%
2020	一	95.80	106.96	89.56
	二	130.00	107.90	120.48
	三	117.40	107.86	108.84
	四	88.20	107.38	82.14
2021	一	95.90	106.75	89.84
	二	126.00	106.94	117.83
	三	116.40	108.41	107.37
	四	90.70	111.34	81.46
2022	一	105.20	114.71	91.71
	二	140.10	117.30	119.44
	三	129.30	118.41	109.19
	四	98.50	120.31	81.87
2023	一	106.30	122.94	86.47
	二	154.20	125.28	123.09
	三	136.20		
	四	110.30		

解：首先，利用 4 项移动平均法求得该序列的长期趋势和循环变动值$T\times C$，并将该值从时间序列中剔除，求得$S\times I$，计算结果见表 14.10；其次，将表中$S\times I$重新排列，利用同期平均法求得季节比率，并进行调整，结果如表 14.11 所示。

表 14.11　趋势剔除法求季节比率计算表　　单位：%

年份	季度 $S\times I$				合计
	一	二	三	四	
2018			105.90	87.41	193.31
2019	94.52	107.32	110.59	86.17	398.60
2020	89.56	120.48	108.84	82.14	401.02
2021	89.84	117.83	107.37	81.46	396.50
2022	91.71	119.44	109.19	81.87	402.21
2023	86.47	123.09			209.56
合计	452.1	588.16	541.89	419.05	2001.2
同季平均数	90.420	117.632	108.378	83.810	100.060
季节比率	90.37	117.56	108.31	83.76	400

从季节比率上可以判断出，该地区每年二季度、三季度为销售旺季，受季节因素影响，其农业生产资料销售额分别比全年平均值高 17.56%和 8.31%；与之相反，一季度、四季度为销售淡季，受季节因素影响，其农业生产资料销售额分别比全年平均值低 9.63%和 16.24%。

14.3.4　循环变动分析

循环变动是指现象在一个较长时期内涨落起伏的波动。测定循环变动的目的在于发现循环变动的规律，为预测提供依据。

测定循环变动的常用方法是剩余法，其基本思路为：从时间序列中一次或陆续剔除长期趋势和季节变动，然后将结果进行平滑，尽可能剔除随机成分，剩余的部分即为循环变动的估计值。根据长期趋势和季节变动被剔除的先后顺序不同，剩余法呈现不同的形式。

若时间序列各影响因素满足乘法模型 $Y=T\times S\times C\times I$。如先剔除季节变动，则剩余法操作步骤如下：①计算季节比率 S，用 Y 除以季节比率，得无季节变动数据 $T\times C\times I$；②求长期趋势 T；③用 $T\times C\times I$ 除以 T，得无季节变动、无长期趋势的数据 $C\times I$；④利用移动平均法消除 I，得循环变动 C。

若先剔除长期趋势，则剩余法操作步骤为：①求长期趋势 T；②从时间序列中剔除长期趋势，获得 $S\times C\times I$；③剔除季节变动 S，得到 $C\times I$；④利用移动平均法消除 I，得循环变动 C。

若同时剔除长期趋势和季节变动，则步骤为：①分别从原始时间序列中求出长期趋势 T 和季节比率 S；②同时剔除 T 和 S，得到 $C\times I$；③利用移动平均法消除 I，得循环变动 C。

剩余法最大的优点是能够识别出时间序列的各个构成因素。若识别同一种构成因素所用的方法相同，则上述三种形式下计算的循环指数相同。例如，求季节比率时都采用同期平均法或都采用趋势剔除法；求线性趋势值时都采用线性趋势方程等。实际应用中，可根据资料特点决定所要采用的形式，但以先剔除季节变动较为多见。这是因为季节变动的周期较为明显，用季节周期长度进行移动平均能够方便消除季节变动，而从原始序列中直接求出趋势变动值有时会存在一定困难，原因是原始序列中季节变动和循环变动交织在一起，各期数据跌宕起伏，趋势变动的形态有可能被掩盖。

例 14.12　根据表 14.12 的数据进行循环变动分析。

表 14.12　循环变动计算表

年份	季度	时间标号 t	零售额 Y	季节比率 S/%	Y/S	趋势值 T	$C\times I$/%	C/%
2018	一	1	82.4	90.37	91.18	91.05	100.14	
	二	2	108.0	117.56	91.87	92.58	99.23	
	三	3	99.9	108.31	92.24	94.11	98.01	100.61
	四	4	83.0	83.76	99.09	95.64	103.61	99.87
2019	一	5	90.5	90.37	100.14	97.17	103.06	99.11
	二	6	104.8	117.56	89.15	98.70	90.32	99.51

续表

年份	季度	时间标号 t	零售额 Y	季节比率 S/%	Y/S	趋势值 T	$C\times I$/%	C/%
2019	三	7	109.5	108.31	101.10	100.22	100.87	99.50
	四	8	88.6	83.76	105.78	101.75	103.96	101.35
2020	一	9	95.8	90.37	106.01	103.28	102.64	103.38
	二	10	130.0	117.56	110.58	104.81	105.51	102.72
	三	11	117.4	108.31	108.39	106.34	101.93	101.22
	四	12	88.2	83.76	105.30	107.87	97.62	99.40
2021	一	13	95.9	90.37	106.12	109.40	97.00	97.50
	二	14	126.0	117.56	107.18	110.93	96.62	96.37
	三	15	116.4	108.31	107.47	112.46	95.57	96.52
	四	16	90.7	83.76	108.29	113.99	95.00	97.64
2022	一	17	105.2	90.37	116.41	115.51	100.78	98.93
	二	18	140.1	117.56	119.17	117.04	101.82	99.93
	三	19	129.3	108.31	119.38	118.57	100.68	99.79
	四	20	98.5	83.76	117.60	120.10	97.92	99.87
2023	一	21	106.3	90.37	117.63	121.63	96.71	100.47
	二	22	154.2	117.56	131.17	123.16	106.50	101.30
	三	23	136.2	108.31	125.75	124.69	100.85	
	四	24	110.3	83.76	131.69	126.22	104.33	

注：计算过程中进行了四舍五入修约

解：先消去季节变动，得无季节变动资料，见表 14.12 中“Y/S”列；利用原始资料建立的趋势方程：$\hat{y}=89.521+1.529t$，将 $t=1,2,\cdots,24$ 代入方程得趋势值 T；将前两项结果相除即得无季节无趋势资料，见表 14.12 中“$C\times I$”列；最后通过移动平均消除不规则变动，得循环变动值，即表中最后一列值。

将循环变动值绘制成图 14.7。

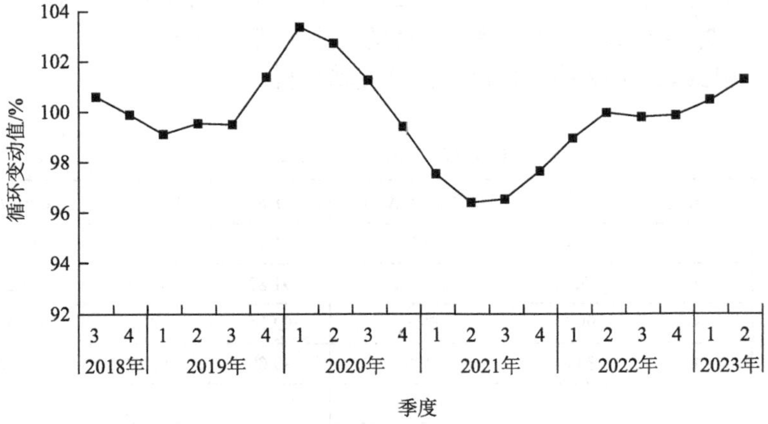

图 14.7　循环变动值图示

14.4　时间序列预测模型简介

根据历史资料对未来进行预测是时间序列分析的目的之一。时间序列预测的关键是确定已有时间序列的变化模式。因而，在对时间序列进行预测时，首先要分析时间序列的成分，然后找出适合该时间序列的预测方法，接着对预测方法进行评估，进而确定最佳预测方案。

利用时间序列进行预测时，通常假定过去的变化趋势会延续至未来，这样就可以根据过去的形态或模式进行预测。时间序列的预测方法有多种，既有传统的简单平均法、移动平均法和指数平滑法，也有较为精准的现代方法，如自回归预测法。

本节围绕平稳序列以及含有趋势和季节成分的趋势型序列介绍相应的预测方法。

14.4.1　平稳序列的预测

平稳序列通常只含随机成分，其预测方法主要有简单平均法、移动平均法和指数平滑法等。这些方法主要通过对时间序列进行平滑以消除随机波动，因此也称为平滑预测法。

1. 简单平均法

简单平均法是根据已有的 t 期观察值，通过简单平均来预测下一期的数值。设时间序列的 t 期观察值分别为 $Y_1,Y_2,\cdots,Y_t$，则 $t+1$ 期的预测值 F_{t+1} 为

$$F_{t+1}=\frac{1}{t}(Y_1+Y_2+\cdots+Y_t)=\frac{1}{t}\sum_{i=1}^{t}Y_i \tag{14.36}$$

到 $t+1$ 期之后，可利用 $t+1$ 期的观察值，计算 $t+1$ 期的预测误差 e_{t+1}

$$e_{t+1}=Y_{t+1}-F_{t+1} \tag{14.37}$$

同理，$t+2$ 期的预测值 F_{t+2} 为

$$F_{t+2}=\frac{1}{t}(Y_1+Y_2+\cdots+Y_t+Y_{t+1})=\frac{1}{t+1}\sum_{i=1}^{t+1}Y_i \tag{14.38}$$

以此类推。

简单平均法适合对较为平稳的时间序列进行预测，即当时间序列没有趋势时，该方法效果较好。当时间序列含有趋势和季节成分时，该方法的预测结果将不够准确。此外，简单平均法将远期数值与近期数值视为同等重要。但从预测角度看，近期数值比远期数值对未来有着更大的作用，因此简单平均法预测的结果不够准确。

2. 移动平均法

移动平均法是将对时间序列逐期递移求得的平均数作为预测值的一种预测方法。其包含简单移动平均法和加权移动平均法。此处主要介绍简单移动平均法。

简单移动平均法是将最近 k 期的数据加以平均，作为下一期的预测值。

设移动间隔为 k（$1<k<t$），则 t 期的移动平均值为

$$\overline{Y}_t = \frac{Y_{t-k+1} + Y_{t-k+2} + \cdots + Y_{t-1} + Y_t}{k} \tag{14.39}$$

式（14.39）是时间序列的平滑结果，通过这些平滑值可以描述出时间序列的变化形态或趋势。当然，也可以用它们来进行预测。

$t+1$ 期的简单移动平均预测值为

$$F_{t+1} = \overline{Y}_t = \frac{Y_{t-k+1} + Y_{t-k+2} + \cdots + Y_{t-1} + Y_t}{k} \tag{14.40}$$

同样，$t+2$ 期的预测值为

$$F_{t+2} = \overline{Y}_{t+1} = \frac{Y_{t-k+2} + Y_{t-k+3} + \cdots + Y_t + Y_{t+1}}{k} \tag{14.41}$$

以此类推。

移动平均法只使用最近 k 期的数据，在每次计算移动平均值时，移动的间隔都是 k。该方法也适合对较为平稳的时间序列进行预测。应用时，关键是确定合理的移动间隔 k。对于同一个时间序列，采用不同的移动间隔，预测准确性不同。可通过试验选择一个使标准差最小的移动间隔。

例 14.13　全球变暖是当今时代的主要挑战之一。表 14.13 显示了 2004～2023 年某城市年平均最高气温的变化。分别取移动间隔 $k=2$ 和 $k=3$，预测历史各年份和 2024 年该城市年平均最高气温。

解：计算结果如表 14.13 所示。

表 14.13　某城市年平均最高气温及移动平均预测

年份	温度/℃	移动平均预测 $k=2$	预测误差	误差平方	移动平均预测 $k=3$	预测误差	误差平方
2004	12.9						
2005	13.1						
2006	12.8	13.00	−0.20	0.040			
2007	13.5	12.95	0.55	0.303	12.93	0.57	0.321
2008	13.2	13.15	0.05	0.003	13.13	0.07	0.004
2009	13.4	13.35	0.05	0.003	13.17	0.23	0.054
2010	14.0	13.30	0.70	0.490	13.37	0.63	0.401
2011	13.4	13.70	−0.30	0.090	13.53	−0.13	0.018
2012	13.3	13.70	−0.40	0.160	13.60	−0.30	0.090
2013	12.6	13.35	−0.75	0.563	13.57	−0.97	0.934
2014	13.4	12.95	0.45	0.203	13.10	0.30	0.090
2015	12.9	13.00	−0.10	0.010	13.10	−0.20	0.040
2016	12.8	13.15	−0.35	0.123	12.97	−0.17	0.028

续表

年份	温度/℃	移动平均预测 $k=2$	预测误差	误差平方	移动平均预测 $k=3$	预测误差	误差平方
2017	14.1	12.85	1.25	1.563	13.03	1.07	1.138
2018	13.7	13.45	0.25	0.063	13.27	0.43	0.188
2019	13.8	13.90	−0.10	0.010	13.53	0.27	0.071
2020	14.2	13.75	0.45	0.203	13.87	0.33	0.111
2021	13.6	14.00	−0.40	0.160	13.90	−0.30	0.090
2022	13.8	13.90	−0.10	0.010	13.87	−0.07	0.004
2023	13.8	13.70	0.10	0.010	13.87	−0.07	0.004
2024		13.80			13.73		
合计				4.003			3.588

注：计算过程中进行了四舍五入修约

以 3 期移动平均为例，表 14.13 中 13.73 就是 2024 年的预测值，其为 2021 年、2022 年和 2023 年这 3 年的平均值。从预测效果上看，3 期移动平均的均方误差为 0.211（3.588÷17），而 2 期移动平均的均方误差为 0.222（4.003÷18）。因此，就本序列而言，采用 3 期移动平均预测效果略好。

该城市各年的平均最高气温走势及其 2 期和 3 期移动平均预测值如图 14.8 所示。

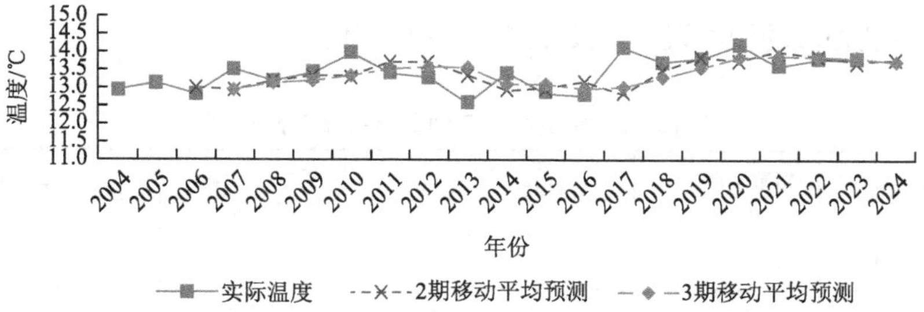

图 14.8 某城市年平均最高气温的 2 期和 3 期移动平均预测

3. 指数平滑法

指数平滑法是通过对过去观察值加权平均进行预测的一种方法，该方法是 $t+1$ 期的预测值等于 t 期的实际观察值与 t 期的预测值的加权平均值。指数平滑法是加权平均的一种特殊形式，观察值的时间越久远，其权数越呈现指数下降，因而称为指数平滑。

指数平滑有一次、二次和三次指数平滑法等。本节仅介绍一次指数平滑法。

一次指数平滑法只有一个平滑系数，而且观察值离预测时期越久远，权数越小。其预测模型为

$$F_{t+1} = aY_t + (1-a)F_t \tag{14.42}$$

式中，Y_t表示t期的实际观察值；F_t表示t期的预测值；$a(0<a<1)$表示平滑系数。

由式（14.42）可以看出，$t+1$期的预测值等于t期的实际观察值与t期的预测值的加权平均值。由于开始计算时没有1期的预测值F_1，所以通常设F_1等于1期的实际观察值。因此，

2期的预测值为

$$F_2 = aY_1 + (1-a)F_1 = Y_1 + a(1-a)Y_1 = Y_1 \tag{14.43}$$

3期的预测值为

$$F_3 = aY_2 + (1-a)F_2 = aY_2 + (1-a)Y_1 \tag{14.44}$$

4期的预测值为

$$F_4 = aY_3 + (1-a)F_3 = aY_3 + a(1-a)Y_2 + (1-a)^2 Y_1 \tag{14.45}$$

以此类推。易见，任何时期的预测值都是以前多期实际观察值的加权平均。

指数平滑法的预测精度可以用均方误差来衡量。注意到

$$F_{t+1} = aY_t + (1-a)F_3 = aY_t + F_t - aF_t = F_t + a(Y_t - F_t) \tag{14.46}$$

因而，F_{t+1}是t期的预测值F_t加上用a调整的t期的预测误差$Y_t - F_t$。

在使用指数平滑法时，不同的平滑系数会产生不同的预测结果。在实际应用中，可选择不同的a，然后找出预测误差最小的平滑系数值。

例 14.14 根据表14.14中的数据，选择平滑系数$a=0.3$和$a=0.5$，用指数平滑法预测该城市历年平均最高气温和2024年的平均最高气温。计算预测误差，并将原始序列与预测后的序列绘制成图形进行比较。

解：表14.14给出了$a=0.3$和$a=0.5$时，对某城市各期年平均最高气温进行平滑预测的结果，以及相应的预测误差以及2024年的预测值。

表 14.14 某城市年平均最高气温平滑预测

年份	温度/℃	指数平滑预测 $a=0.3$	预测误差	误差平方	指数平滑预测 $a=0.5$	预测误差	误差平方
2004	12.9						
2005	13.1	12.90	0.20	0.040	12.90	0.20	0.040
2006	12.8	12.96	−0.16	0.026	13.00	−0.20	0.040
2007	13.5	12.91	0.59	0.346	12.90	0.60	0.360
2008	13.2	13.09	0.11	0.012	13.20	0.00	0.000
2009	13.4	13.12	0.28	0.077	13.20	0.20	0.040
2010	14.0	13.21	0.79	0.632	13.30	0.70	0.490
2011	13.4	13.44	−0.04	0.002	13.65	−0.25	0.063
2012	13.3	13.43	−0.13	0.017	13.53	−0.23	0.051
2013	12.6	13.39	−0.79	0.626	13.41	−0.81	0.660
2014	13.4	13.15	0.25	0.061	13.01	0.39	0.155

续表

年份	温度/℃	指数平滑预测 $a=0.3$	预测误差	误差平方	指数平滑预测 $a=0.5$	预测误差	误差平方
2015	12.9	13.23	−0.33	0.107	13.20	−0.30	0.092
2016	12.8	13.13	−0.33	0.109	13.05	−0.25	0.063
2017	14.1	13.03	1.07	1.144	12.93	1.17	1.379
2018	13.7	13.35	0.35	0.121	13.51	0.19	0.035
2019	13.8	13.46	0.34	0.118	13.61	0.19	0.037
2020	14.2	13.56	0.64	0.411	13.70	0.50	0.247
2021	13.6	13.75	−0.15	0.023	13.95	−0.35	0.124
2022	13.8	13.71	0.09	0.009	13.78	0.02	0.001
2023	13.8	13.73	0.07	0.004	13.79	0.01	0.000
2024		13.75			13.79		
合计				3.885			3.876

注：计算过程中进行了四舍五入修约

比较各误差平方可知，$a=0.3$ 和 $a=0.5$ 时预测效果相差不大。不同 a 下的预测值与实际观察值的图形如图 14.9 所示。

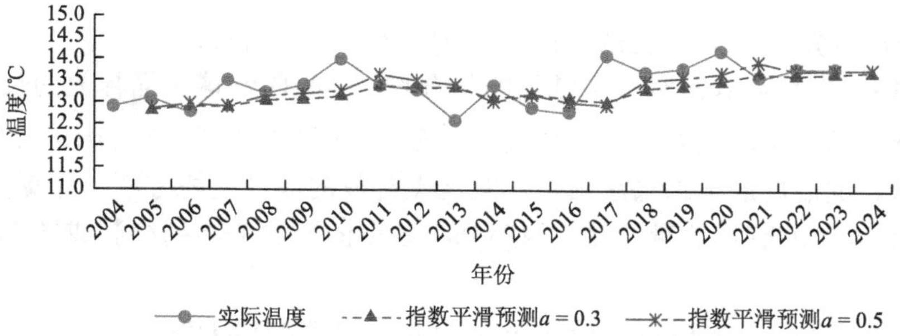

图 14.9　某城市年平均最高气温平滑预测图

在使用简单指数平滑法进行预测时，a 的取值一般不大于 0.5。若 a 大于 0.5 才能接近实际值，则说明序列中某种趋势或波动过大，此时不适合用指数平滑法进行预测。

14.4.2　趋势型序列的预测

平滑法可用于描述时间序列的趋势，包括线性趋势和非线性趋势。当用这些方法预测时，要注意它们一般只适合平稳时间序列，当序列中存在明显的趋势或季节成分时，这些方法则不再适用。

时间序列的趋势可以分为线性趋势和非线性趋势两类。若趋势能够延续至未来，则可以利用趋势进行外推预测。趋势型序列的预测方法主要有线性趋势预测、非线性趋势预测、自回归模型预测等。

1. 线性趋势预测

线性趋势是指现象随着时间的推移而呈现出稳定增长或下降的线性变化规律。当现象按线性趋势发展变化时，可以用下述趋势方程来描述：

$$\hat{Y}_t = a + bt \tag{14.47}$$

式中，$\hat{Y}_t$ 表示时间序列 Y_t 的预测值；t 表示时间；a、b 表示待估参数，依最小二乘法估计可得

$$b = \frac{n\sum tY - \sum t \sum Y}{n\sum t^2 - \left(\sum t\right)^2} \tag{14.48}$$

$$a = \overline{Y} - b\overline{t}$$

由趋势方程可以计算各期的预测值，再通过这些预测值来分析序列的变化趋势。此外，也可以利用趋势方程进行外推预测，预测的误差可用估计标准误差来衡量，其计算公式为

$$s_e = \sqrt{\frac{\sum_{i=1}^{n}(Y_i - \hat{Y}_i)^2}{n-m}} \tag{14.49}$$

式中，m 表示趋势方程中待估参数的个数，对于直线趋势方程，$m = 2$。

例 14.15　二氧化碳是空气中常见的化合物，能吸收地球表面释放的长红外辐射，是造成全球气温升高的主要温室气体之一。表 14.15 给出了某国家 2010～2023 年碳排放总量数据。试根据最小二乘法确定二氧化碳排放的线性趋势方程，计算各期的预测值，预测 2024 年的碳排放量，并将原序列与各期的预测值序列绘制成图形进行比较。

表 14.15　某国家 2010～2023 年碳排放总量数据

年份	2010	2011	2012	2013	2014	2015	2016
碳排放量/($\times 10^2$ 万吨)	3 214.1	3 364.4	3 605.0	4 249.7	4 894.7	5 508.8	6 111.1
年份	2017	2018	2019	2020	2021	2022	2023
碳排放量/($\times 10^2$ 万吨)	6 624.1	6 904.7	7 567.6	8 425.0	9 274.6	9 859.0	10 144.6

解： 令年份编号为 $t_i(i = 1,2,\cdots,14)$，根据最小二乘法求得的线性趋势方程为

$$\hat{Y}_t = 2127.2 + 571.11t$$

$b = 571.11$ 意味着时间每增加一年，碳排放量平均增加 57 111 万吨。将 $t = 1,2,\cdots,14$ 代入趋势方程可得各期的预测值（表 14.16）。预测的估计标准误差为 $s_e = 251.38$。

表 14.16　各时期碳排放量预测数据

年份	时间标号	碳排放量/(×10^{2}万吨)	预测值	残差
2010	1	3 214.1	2 698.31	515.79
2011	2	3 364.4	3 269.42	94.98
2012	3	3 605.0	3 840.53	−235.53
2013	4	4 249.7	4 411.64	−161.94
2014	5	4 894.7	4 982.75	−88.05
2015	6	5 508.8	5 553.86	−45.06
2016	7	6 111.1	6 124.97	−13.87
2017	8	6 624.1	6 696.08	−71.98
2018	9	6 904.7	7 267.19	−362.49
2019	10	7 567.6	7 838.30	−270.70
2020	11	8 425.0	8 409.41	15.59
2021	12	9 274.6	8 980.52	294.08
2022	13	9 859.0	9 551.63	307.37
2023	14	10 144.6	10 122.74	21.86
2024	15		10 693.85	

将 $t=15$ 代入趋势方程可得到 2024 年碳排放的预测值，即

$$\widehat{Y}_{15}=2127.2+571.11\times 15=1\,069\,385 \text{（万吨）}$$

将各期预测值序列与原序列绘制成图 14.10，可以看出碳排放量的变化趋势。

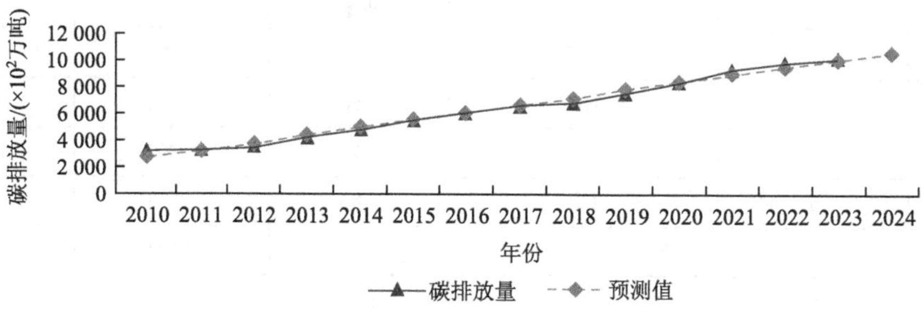

图 14.10　碳排放量的线性趋势预测图

2. 非线性趋势预测

序列中的趋势通常被认为是由某种固定的因素作用于同一方向而形成的。若这些因素随着时间的推移呈现线性变化，则可以对时间序列拟合趋势直线；若呈现出非线性趋势，则需要拟合适当的趋势曲线。趋势曲线有多种，本节仅介绍指数曲线。

指数曲线用于描述以几何级数递增或递减的现象，即时间序列的观察值 Y_t 按指数

规律变化，或者说时间序列的逐期观察值按一定的比率增长或衰减。指数曲线的趋势方程为

$$\hat{Y}_t = ab^t \tag{14.50}$$

式中，a，b 表示待估参数。若 $b>1$，则增长率随时间 t 的增加而提高；若 $b<1$，则增长率随时间 t 的增加而降低，若 $a>0$，$b>1$，则预测值逐渐减小到以 0 为限。

为确定参数 a 和 b，可采用线性化手段将其转化为对数直线形式，即两边取对数，有

$$\ln\hat{Y}_t = \ln a + t\ln b \tag{14.51}$$

然后依据最小二乘法原理，得到求解 $\ln a$ 和 $\ln b$ 的标准方程为

$$\begin{cases}\sum \ln Y = n\ln a + \ln b\sum t \\ \sum t\ln Y = \ln a\sum t + \ln b\sum t^2\end{cases} \tag{14.52}$$

求得 $\ln a$ 和 $\ln b$ 后，再取其反对数，即得到 a 和 b。

例 14.16 表 14.17 给出了某地区 1994～2023 年人均地区生产总值数据。试确定指数曲线方程，计算出各期的预测值，预测 2024 年的人均地区生产总值，并将原序列和各期的预测值序列绘制成图形进行比较。

解：根据估计参数 a 和 b 的过程，得到 $a = \mathrm{e}^{-0.0061} = 0.9939, b = \mathrm{e}^{0.099\,44} = 1.1046$，从而得指数曲线方程为 $\hat{Y}_t = 0.9939 \times 1.1046^t$。将 $t = 1,2,\cdots,30$ 代入趋势方程得到各期的预测值，将 $t = 31$ 代入趋势方程即得到 2024 年人均地区生产总值的预测值。相关结果如表 14.17 所示。

表 14.17　某地区历年人均地区生产总值及其指数趋势预测

年份	时间标号 t	人均地区生产总值 Y/万元	$\ln(Y)$	预测值 $\hat{Y}$	残差
1994	1	0.67	−0.40	1.098	−0.428
1995	2	0.82	−0.20	1.213	−0.393
1996	3	1.11	0.10	1.340	−0.230
1997	4	1.43	0.36	1.480	−0.050
1998	5	1.79	0.58	1.634	0.156
1999	6	2.08	0.73	1.805	0.275
2000	7	2.36	0.86	1.994	0.366
2001	8	2.54	0.93	2.203	0.337
2002	9	2.73	1.00	2.433	0.297
2003	10	3.03	1.11	2.688	0.342
2004	11	3.21	1.17	2.969	0.241
2005	12	3.43	1.23	3.279	0.151
2006	13	3.91	1.36	3.622	0.288
2007	14	4.50	1.50	4.001	0.499
2008	15	4.94	1.60	4.420	0.520
2009	16	5.50	1.70	4.882	0.618

续表

年份	时间标号 t	人均地区生产总值 Y/万元	$\ln(Y)$	预测值 $\hat{Y}$	残差
2010	17	6.40	1.86	5.393	1.007
2011	18	6.92	1.93	5.957	0.963
2012	19	7.24	1.98	6.580	0.660
2013	20	7.94	2.07	7.268	0.672
2014	21	8.59	2.15	8.029	0.561
2015	22	8.96	2.19	8.869	0.091
2016	23	9.57	2.26	9.796	−0.226
2017	24	10.28	2.33	10.821	−0.541
2018	25	10.92	2.39	11.953	−1.033
2019	26	12.14	2.50	13.203	−1.063
2020	27	13.35	2.59	14.584	−1.234
2021	28	14.58	2.68	16.110	−1.530
2022	29	15.33	2.73	17.795	−2.465
2023	30	15.58	2.75	19.656	−4.076
2024	31			21.712	

将各期预测值及原序列绘制成图 14.11，可看出人均地区生产总值的变化趋势。

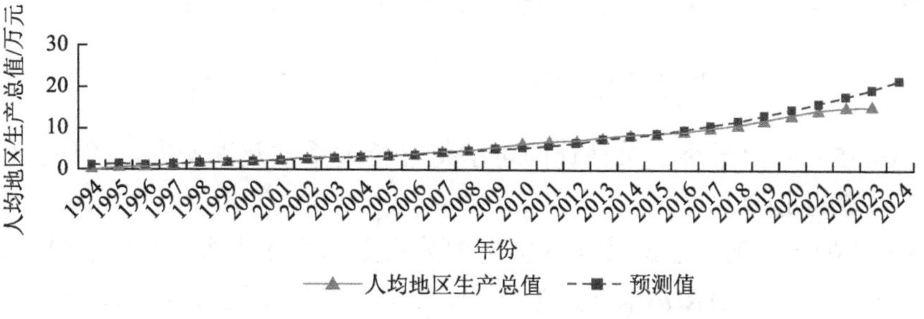

图 14.11　人均地区生产总值的指数趋势预测

3. 自回归模型预测

自回归（autoregressive，AR）一词中，“自”字表明其是对变量自身进行的回归。具体说来，自回归模型预测是用一个变量的时间序列作为因变量序列，用同一变量向过去推移若干期的时间序列作自变量序列，分析一个因变量序列和另一个或多个自变量序列之间的相关关系，建立回归方程进行预测。自回归模型适用于平稳序列，但序列并不一定平稳，所以在使用自回归模型前要进行平稳性检验。此处不对平稳性检验做具体介绍，而是重点关注自回归模型的建模过程。

一个 p 阶的自回归模型可以表示如下

$$Y_t = c + \phi_1 Y_{t-1} + \phi_2 Y_{t-2} + \cdots + \phi_p Y_{t-p} + \varepsilon_t \tag{14.53}$$

式中，$\phi_i (i = 1,2,\cdots,p)$ 表示自回归系数；ε_t 表示白噪声，服从正态分布，即 $\varepsilon_t \sim N(0,\sigma^2)$。式（14.53）相当于将预测变量替换为目标变量历史值的多元回归，记为AR(p)模型——p阶自回归模型。

1）AR 模型的判定

对于观测到的时间序列，若通过白噪声检验确定为非白噪声，且通过平稳性检验后，常需计算自相关系数（auto-correlation coefficient，ACF）和偏自相关系数（partial auto-correlation coefficient，PACF），目的是判断该问题是否适用 AR 模型建模，以及大致确定阶数 p。

若一个时间序列满足以下两个条件：①自相关系数具有拖尾性，即 ACF(k)不会在 k 大于某个常数之后就恒等于 0；②偏自相关系数具有截尾性，即 PACF(k)在 $k>p$ 时变为 0。其中，条件②可以进一步用来确定阶数 p。考虑到存在随机误差，偏自相关系数在 p 阶延迟后未必严格为 0，而是在 0 附近的小范围内波动。具体来说，设 k 阶偏自相关系数为 ϕ_k，若阶数大于 p 时，大部分的偏自相关系数满足 $|\phi_k| < 2/\sqrt{N}$（N 为时间序列长度），则 AR 模型的阶数取 p。

2）AR 模型的参数估计

AR 模型的参数估计主要有三种方法：矩估计、最小二乘估计和最大似然估计。最大似然估计与最小二乘估计的结果一样，这里介绍最小二乘估计。

对于样本序列$\{y_t\}$，当 $j \geqslant p+1$ 时，记白噪声 ε_j 的估计为

$$\hat{\varepsilon}_j = y_j - \left(\hat{\phi}_1 y_{j-1} + \hat{\phi}_2 y_{j-2} + \cdots + \hat{\phi}_p y_{j-p}\right) \tag{14.54}$$

式中，$\hat{\varepsilon}_j$ 表示残差。式（14.54）的优化目标是使残差平方和最小，即

$$\min \sum_{j=p+1}^{N} \left[y_j - \left(\hat{\phi}_1 y_{j-1} + \hat{\phi}_2 y_{j-2} + \cdots + \hat{\phi}_p y_{j-p}\right) \right]^2 \tag{14.55}$$

对式（14.55）应用最小二乘估计即可求得自相关系数及误差方差的估计值。

3）AR 模型的定阶

在对 AR 模型识别时，根据其样本偏自相关系数的截尾步数，可初步得到 AR 模型的阶数 p。然而此时建立的 AR(p)未必是最优的。一个好的模型通常要求残差序列方差较小，同时模型也相对简单，即要求阶数较低。因此需要一些准则来比较不同阶数模型之间的优劣，从而确定最合适的阶数。下面给出两种常用的定阶准则。

A. FPE 准则

最终预报误差（final prediction error）准则，简称 FPE 准则，其判据就是最终预报误差最小。在具体应用时，通常是分别建立从低阶到高阶的 AR 模型，并计算出相应的 FPE 值，由此确定使 FPE 达到最小的 p 值。

B. 贝叶斯信息准则

贝叶斯信息准则将使下式最小的 p 值作为该准则下 AR 模型的最优阶数

$$\text{BIC}(p) = \ln \hat{\sigma}^2 + \frac{(p+1)\ln N}{N} \tag{14.56}$$

式中，$\hat{\sigma}^2$ 表示误差方差（σ^2）的最小二乘估计。

4）AR 模型的检验

在模型拟合之后需要进行模型的检验，主要分为以下两部分。

（1）有效性检验，即检验拟合模型对序列中信息的提取是否充分。一个好的拟合模型应该能够提取观测值序列中几乎所有相关信息，即残差序列应为白噪声序列。因此，模型的有效性检验即为残差序列的白噪声检验。若残差序列是白噪声，那么理论上其延迟任意阶的自相关系数为 0。

（2）显著性检验，即检验模型中各参数是否显著为 0，从而判断拟合模型是否可进一步简化。原假设是参数等于 0，检验统计量是 t 检验统计量。若参数不显著，则需删除该参数进而精简模型结构。

例 14.17　表 14.18 是某地区 7 月 1 日到 8 月 9 日 40 天内的人均居民用水量，试建立自回归预测模型。

表 14.18　某地区 7 月 1 日到 8 月 9 日的人均居民用水量　　单位：米^3

日期	用水量	日期	用水量	日期	用水量
7.1	792 317	7.15	734 782	7.29	1 014 790
7.2	831 177	7.16	737 928	7.30	1 042 459
7.3	821 353	7.17	803 928	7.31	977 334
7.4	842 671	7.18	847 766	8.1	889 001
7.5	835 624	7.19	851 843	8.2	768 613
7.6	851 529	7.20	873 839	8.3	745 256
7.7	857 987	7.21	879 179	8.4	797 046
7.8	851 434	7.22	910 541	8.5	843 197
7.9	813 155	7.23	882 903	8.6	880 528
7.10	846 894	7.24	885 238	8.7	885 245
7.11	803 895	7.25	946 915	8.8	826 712
7.12	756 685	7.26	923 076	8.9	789 677
7.13	737 839	7.27	923 460		
7.14	751 511	7.28	965 979		

解： 首先，通过非参数检验可以发现表中数据出现顺序没有明显趋势，即该时间序列数据为平稳时间序列数据。其次，为了初步判断模型的阶数，计算样本自相关函数值和样本偏自相关函数值，可利用 SAS 软件进行计算。样本偏自相关函数在 2 步延迟以后落入两倍标准误差之内并突然减少，具有截尾性。根据平稳时间序列的自相关系数和偏自相关系数的形式识别，可考虑该时间序列为二阶自回归模型，为 AR(2)。接下来，根据二阶自回归模型参数公式求出模型参数为 1.0674 和−0.3114，则相应的二阶自回归模型为

$$x_t - \bar{x} = 1.0674 \times (x_{t-1} - \bar{x}) - 0.3114 \times (x_{t-2} - \bar{x}) + e_i$$

式中，e_i 表示随机误差项。

最后，根据所得方程式采取动态预测方法进行预测。先对第 41 个数据进行预测，再把第 41 个预测数据补充到原数据中，建立新的自回归模型预测第 42 个数据，以此类推。8 月 10 日到 8 月 23 日实际值与预测值的比较见表 14.19。

表 14.19　实际值与预测值比较

日期	实际值/米^3	预测值/米^3	绝对误差/米^3	相对误差/%
8.10	766 365	784 940	−18 575	−2.42
8.11	773 343	781 289	−7 946	−1.03
8.12	768 931	795 540	−26 609	−3.46
8.13	780 359	809 860	−29 501	−3.78
8.14	768 013	809 860	−41 847	−5.45
8.15	755 659	766 542	10 883	1.44
8.16	781 812	799 310	−17 498	−2.24
8.17	803 163	806 000	−2 837	−0.59
8.18	812 807	817 580	−4 773	−0.59
8.19	824 370	824 370	−9 059	−1.10
8.20	826 720	826 720	−16 653	−2.01
8.21	836 303	824 960	11 343	1.36
8.22	862 114	853 620	8 494	0.99
8.23	877 021	867 470	9 551	1.09

对于由残差项所构成的时间序列可用自相关分析的方法判别是否具有随机性。这里采用 χ^2 检验法。计算该时间序列数据中前 8 个自相关系数，可以得出 8 个自相关系数均在$\pm 1.96\sqrt{22}$之内。根据 χ^2 检验法，计算出 χ^2 数值为 14.07，$Q=12.9321<14.07$，所以该自回归模型是有效的。图 14.12 给出了 8 月 10 日到 8 月 23 日的实际值与预测值的比较。

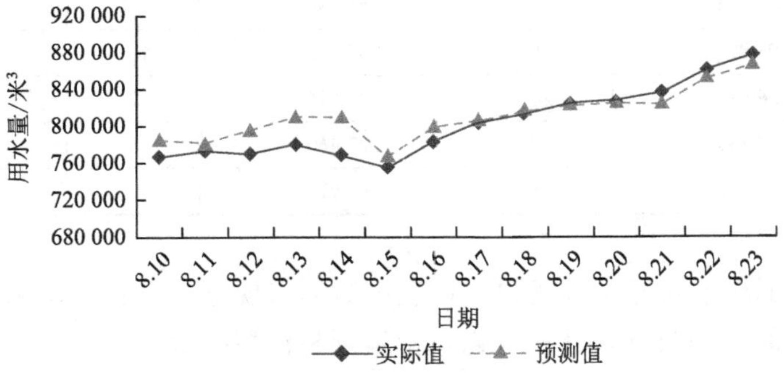

图 14.12　实际值与预测值的比较

14.5　案 例 分 析

下面对本章的导入案例予以解析。

针对该案例，可以先对 2018～2023 年港口货物吞吐量求中心化移动平均值（即消除季节变动和不规则变动，计算长期趋势和循环变动值），然后利用乘法模型剔除长期趋势和循环变动，得到季节变动和不规则变动，计算过程见表 14.20。

表 14.20　2018～2023 年港口货物吞吐量的中心化移动平均值及其比值

年分	季度	季度序号	货物吞吐量/万吨	长期趋势和循环变动值 $T\times C$	$S\times I=Y/(T\times C)$/%
2018	一	1	1830		
	二	2	2001		
	三	3	2311	2182.75	105.88
	四	4	2442	2274.25	107.38
2019	一	5	2124	2332.50	91.06
	二	6	2439	2370.25	102.90
	三	7	2339	2426.25	96.40
	四	8	2716	2443.38	111.16
2020	一	9	2298	2462.25	93.33
	二	10	2402	2507.88	95.78
	三	11	2527	2564.75	98.53
	四	12	2893	2669.25	108.38
2021	一	13	2576	2767.13	93.09
	二	14	2960	2780.25	106.47
	三	15	2752	2771.25	99.31
	四	16	2773	2724.13	101.79
2022	一	17	2624	2686.63	97.67
	二	18	2535	2734.13	92.72
	三	19	2877	2745.63	104.78
	四	20	3028	2740.63	110.49
2023	一	21	2461		
	二	22	2658		

注：计算过程中进行了四舍五入修约

为计算季节比率，将表 14.20 中的比值按季度重新排列，并计算同季平均数和季节比率，结果如表 14.21 所示。可知，四季度是吞吐旺季，比全年平均值高 7.28%，一季度是吞吐淡季，比全年平均值低 6.70%。

表 14.21　各季节比率计算　　单位：%

年份	一季度	二季度	三季度	四季度	合计
2018			105.88	107.38	213.25
2019	91.06	102.90	96.40	111.16	401.52
2020	93.33	95.78	98.53	108.38	396.02

续表

年份	一季度	二季度	三季度	四季度	合计
2021	93.09	106.47	99.31	101.79	400.66
2022	97.67	92.72	104.78	110.49	405.66
合计	375.15	397.86	504.90	539.20	1817.11
同季平均数	93.79	99.47	100.98	107.84	402.07
季节比率	93.30	98.95	100.46	107.28	400

注：季节比率合计不为400%是四舍五入修约所致

将货物吞吐量原始数据除以季节比率，即可得到分离季节因素后的时间序列，见表14.22。

表14.22　分离季节因素后的货物吞吐量

年份	季度	季度序号 k	货物吞吐量 Y/万吨	季节比率 S/%	分离季节比率后的序列
2018	一	1	1830	93.30	1961.32
	二	2	2001	98.95	2022.18
	三	3	2311	100.46	2300.44
	四	4	2442	107.28	2276.21
2019	一	5	2124	93.30	2276.41
	二	6	2439	98.95	2464.82
	三	7	2339	100.46	2328.31
	四	8	2716	107.28	2531.61
2020	一	9	2298	93.30	2462.90
	二	10	2402	98.95	2427.42
	三	11	2527	100.46	2515.45
	四	12	2893	107.28	2696.59
2021	一	13	2576	93.30	2760.85
	二	14	2960	98.95	2991.33
	三	15	2752	100.46	2739.42
	四	16	2773	107.28	2584.74
2022	一	17	2624	93.30	2812.29
	二	18	2535	98.95	2561.83
	三	19	2877	100.46	2863.85
	四	20	3028	107.28	2822.43
2023	一	21	2461	93.30	2637.59
	二	22	2658	98.95	2686.13

注：计算过程中进行了四舍五入修约

利用表 14.22 中分离季节因素后的数据建立线性预测回归方程，可得

$$\hat{y} = b_0 + b_1 t = 2145.114 + 33.722t$$

式中，b_0、b_1 均表示回归方程参数。

对比原始值与预测值可得预测误差，发现拟合误差均在 15%以内，其中最高为 12.51%，最低仅为 0.02%，预测效果较好。

上式可计算分离季节性因素后的未来各季度预测值，再乘以季节比率 S 即可得最终预测值。例如，预测第 23 期即 2023 年三季度不含季节因素的港口货物吞吐量，需将 $t = 23$ 代入趋势方程，得 $y = 2145.114 + 33.722 \times 23 = 2920.715$（万吨）[①]；相应地，含有季节性因素的港口货物吞吐量最终预测值为 $2920.715 \times 1.0046 = 2934.126$（万吨）。

2018～2023 年该港口各季度货物吞吐量的实际值与预测值对比结果以及未来两年 2024～2025 年各季度的预测值见图 14.13。

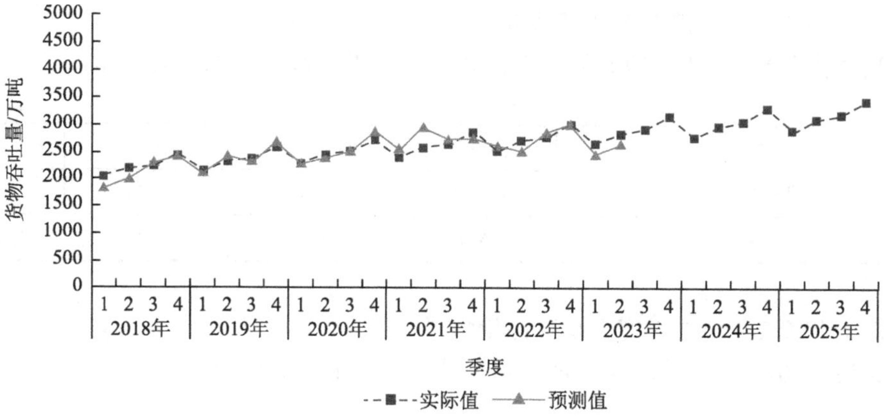

图 14.13 2018～2025 年港口货物吞吐量的实际值、预测值及其趋势

➢ 本章小结

时间序列是指把某种现象发展变化的指标数值按一定时间顺序排列而形成的数列。按照指标数值表现形式的不同，可以将时间序列分为绝对数时间序列、相对数时间序列和平均数时间序列三种；绝对数时间序列根据指标性质的不同又可分为时期序列和时点序列。

编制时间序列时应注意统计数值所属的时间可比、反映的总体范围可比、计算口径可比、经济内容可比。

时间序列的动态分析指标包括两类：一类是水平分析指标，包括发展水平、平均发展水平、增长量和平均增长量；另一类是速度分析指标，包括发展速度、增长速度、平均发展速度和平均增长速度。

构成时间序列的因素按性质和作用的不同大致可分为四种：长期趋势、季节变动、循环变动及不规则变动。测定和预测长期趋势的常见方法包括移动平均法和趋势模型法。

① 由未四舍五入的原始数据计算而得。

测定季节变动主要是计算一系列季节比率，方法主要有同期平均法和趋势剔除法，前者用于不含长期趋势的时间序列，后者用于含长期趋势的时间序列。测定循环波动常用的方法是剩余法。

本章主要介绍了适用于平稳序列的简单平均法、移动平均法和指数平滑法，以及适用于趋势型序列的线性趋势预测、非线性趋势预测和自回归模型预测等。

➢ 问题与思考

1. 举例说明什么是时间序列？
2. 时间序列水平分析指标有哪些？
3. 时间序列速度分析指标有哪些？
4. 简述时间序列的构成要素。
5. 认识和掌握长期趋势和季节变动的意义是什么？
6. 试述趋势型时间序列的预测步骤。
7. 某百货公司 2023 年的商品销售额和月末职工人数资料如下表所示。

月份	3	4	5	6
销售额/万元	1500	1600	1650	1850
月末职工人数/人	600	615	630	660

要求：计算该公司二季度人均商品销售额。

8. 2018～2023 年某地区居民消费水平统计数据如下表所示。

年份	2018	2019	2020	2021	2022	2023
居民消费水平/元	8 030	8 960	10 700	13 310	17 810	23 110

计算：

（1）各年逐期增长量、累计增长量及年平均增长量。

（2）各年环比发展速度、定基发展速度及各自的增长速度。

（3）按几何平均法计算年平均发展速度及平均增长速度。

9. 已知一企业过去 15 个月的营业额数据如下表所示。

时间/月	1	2	3	4	5	6	7	8
营业额/万元	27	29	33	34	29	36	37	44
时间/月	9	10	11	12	13	14	15	
营业额/万元	43	48	48	47	47	53	61	

要求：分别用 3 期和 5 期简单移动平均法预测第 16 个月的营业额。

10. 某产品专卖店 2020～2023 年各季度销售额（单位：万元）资料如下表所示。

年份	一季度	二季度	三季度	四季度
2020	51	75	87	54
2021	65	67	82	62
2022	76	77	89	73
2023	74	80	95	72

要求：采用同期平均法和移动平均趋势剔除法计算季节比率。

参 考 文 献

埃文斯 J R，林赛 W M. 2010. 质量管理与质量控制. 7 版. 焦叔斌，主译. 北京：中国人民大学出版社.

范大茵，陈永华. 1996. 概率论与数理统计. 杭州：浙江大学出版社.

方开泰，全辉，陈庆云. 1988. 实用回归分析. 北京：科学出版社.

费勒 W. 2014. 概率论及其应用. 3 版. 胡迪鹤，译. 北京：人民邮电出版社.

高和鸿，郭茜，孟浩. 2010. 统计学. 北京：经济管理出版社.

管于华. 2013. 统计学. 3 版. 北京：高等教育出版社.

何晓群，刘文卿. 2007. 应用回归分析. 2 版. 北京：中国人民大学出版社.

贾俊平，何晓群，金勇进. 2015. 统计学. 6 版. 北京：中国人民大学出版社.

卡塞拉 G，贝耶 R L. 2010. 统计推断. 2 版. 张忠占，傅莺莺，译. 北京：机械工业出版社.

凯勒 G，沃拉克 B. 2006. 统计学：在经济和管理中的应用. 6 版. 王琪延，郝志敏，廉晓红，等译. 北京：中国人民大学出版社.

李洁明，祁新娥. 2021. 统计学原理. 8 版. 上海：复旦大学出版社.

李金昌，苏为华. 2007. 统计学. 北京：机械工业出版社.

李贤平. 2010. 概率论基础. 3 版. 北京：高等教育出版社.

李艳颖，王丙参. 2018. R 语言与统计计算. 成都：西南交通大学出版社.

刘嘉焜，王家生，张玉环，等. 2010. 应用概率统计. 2 版. 北京：科学出版社.

刘思峰，吴和成，菅利荣. 2011. 应用统计学. 2 版. 北京：高等教育出版社.

罗国勋. 2005. 质量管理与可靠性. 北京：高等教育出版社.

罗斯 S M. 2014. 概率论基础教程. 9 版. 童行伟，梁宝生，译. 北京：机械工业出版社.

蒙哥马利 D C，派克 E A，瓦伊宁 G G. 2017. 线性回归分析导论. 王辰勇，译. 北京：机械工业出版社.

内特 J，沃塞曼 W，库特纳 M H. 1990. 应用线性回归模型. 张勇，王国明，赵秀珍，译. 北京：中国统计出版社.

盛骤，谢式千，潘承毅. 2001. 概率论与数理统计. 3 版. 北京：高等教育出版社.

孙静娟，杨光辉，杜婷. 2021. 统计学. 4 版. 北京：清华大学出版社.

王黎明，陈颖，杨楠. 2008. 应用回归分析. 上海：复旦大学出版社.

向蓉美，王青华，马丹. 2013. 统计学. 北京：机械工业出版社.

谢邦昌，张波，田金方. 2010. 应用概率统计教程. 北京：高等教育出版社.

徐国祥. 2005. 统计预测与决策. 2 版. 上海：上海财经大学出版社.

袁卫，庞皓，曾五一，等. 2005. 统计学. 2 版. 北京：高等教育出版社.

曾五一. 2006. 统计学. 北京：北京大学出版社.

张晓庆，王玉良，王景涛. 2012. 统计学. 北京：清华大学出版社.

Thisted R，Efron B. 1987. Did Shakespeare write a newly-discovered poem？Biometrika，74（3）：445-455.

附录A 标准正态分布表

$$\Phi(z)=P(Z\leqslant z)=\int_{-\infty}^{z}\frac{1}{\sqrt{2\pi}}\mathrm{e}^{-\frac{x^2}{2}}\mathrm{d}x$$

z	0	1	2	3	4	5	6	7	8	9
0.0	0.5000	0.5040	0.5080	0.5120	0.5160	0.5199	0.5239	0.5279	0.5319	0.5359
0.1	0.5398	0.5438	0.5478	0.5517	0.5557	0.5596	0.5636	0.5675	0.5714	0.5753
0.2	0.5793	0.5832	0.5871	0.5910	0.5948	0.5987	0.6026	0.6064	0.6103	0.6141
0.3	0.6179	0.6217	0.6255	0.6293	0.6331	0.6368	0.6406	0.6443	0.6480	0.6517
0.4	0.6554	0.6591	0.6628	0.6664	0.6700	0.6736	0.6772	0.6808	0.6844	0.6879
0.5	0.6915	0.6950	0.6985	0.7019	0.7054	0.7088	0.7123	0.7157	0.7190	0.7224
0.6	0.7257	0.7291	0.7324	0.7357	0.7389	0.7422	0.7454	0.7486	0.7519	0.7549
0.7	0.7580	0.7611	0.7642	0.7673	0.7703	0.7734	0.7764	0.7794	0.7823	0.7852
0.8	0.7881	0.7910	0.7939	0.7967	0.7995	0.8023	0.8051	0.8078	0.8106	0.8133
0.9	0.8159	0.8186	0.8212	0.8238	0.8264	0.8289	0.8315	0.8340	0.8365	0.8389
1.0	0.8413	0.8438	0.8461	0.8485	0.8508	0.8531	0.8554	0.8577	0.8599	0.8621
1.1	0.8643	0.8665	0.8686	0.8708	0.8729	0.8749	0.8770	0.8790	0.8810	0.8830
1.2	0.8849	0.8869	0.8888	0.8907	0.8925	0.8944	0.8962	0.8980	0.8997	0.9015
1.3	0.9032	0.9049	0.9066	0.9082	0.9099	0.9115	0.9131	0.9147	0.9162	0.9177
1.4	0.9192	0.9207	0.9222	0.9236	0.9251	0.9265	0.9278	0.9292	0.9306	0.9319
1.5	0.9332	0.9345	0.9357	0.9370	0.9382	0.9394	0.9406	0.9418	0.9430	0.9441
1.6	0.9452	0.9463	0.9474	0.9484	0.9495	0.9505	0.9515	0.9525	0.9535	0.9545
1.7	0.9554	0.9564	0.9573	0.9582	0.9591	0.9599	0.9608	0.9616	0.9625	0.9633
1.8	0.9641	0.9648	0.9656	0.9664	0.9671	0.9678	0.9686	0.9693	0.9700	0.9706
1.9	0.9713	0.9719	0.9726	0.9732	0.9738	0.9744	0.9750	0.9756	0.9762	0.9767
2.0	0.9772	0.9778	0.9783	0.9788	0.9793	0.9798	0.9803	0.9808	0.9812	0.9817
2.1	0.9821	0.9826	0.9830	0.9834	0.9838	0.9842	0.9846	0.9850	0.9854	0.9857
2.2	0.9861	0.9864	0.9868	0.9871	0.9874	0.9878	0.9881	0.9884	0.9887	0.9890
2.3	0.9893	0.9896	0.9898	0.9901	0.9904	0.9906	0.9909	0.9911	0.9913	0.9916
2.4	0.9918	0.9920	0.9922	0.9925	0.9927	0.9929	0.9931	0.9932	0.9934	0.9936
2.5	0.9938	0.9940	0.9941	0.9943	0.9945	0.9946	0.9948	0.9949	0.9951	0.9952
2.6	0.9953	0.9955	0.9956	0.9957	0.9959	0.9960	0.9961	0.9962	0.9963	0.9964
2.7	0.9965	0.9966	0.9967	0.9968	0.9969	0.9970	0.9971	0.9972	0.9973	0.9974
2.8	0.9974	0.9975	0.9976	0.9977	0.9977	0.9978	0.9979	0.9979	0.9980	0.9981
2.9	0.9981	0.9982	0.9982	0.9983	0.9984	0.9984	0.9985	0.9985	0.9986	0.9986
3.0	0.9987	0.9990	0.9983	0.9995	0.9997	0.9998	0.9998	0.9999	0.9999	1.0000

附录B　*t*分布表

$$P(t(n) > t_\alpha(n)) = \alpha$$

n	$\alpha=0.25$	$\alpha=0.10$	$\alpha=0.05$	$\alpha=0.025$	$\alpha=0.01$	$\alpha=0.005$
1	1.0000	3.0777	6.3188	12.7062	31.8207	63.6547
2	0.8165	1.8856	2.9200	4.3027	6.9646	9.9248
3	0.7649	1.6377	2.3534	3.1824	4.5407	5.8409
4	0.7407	1.5332	2.1318	2.7764	3.7469	4.6041
5	0.7267	1.4759	2.0150	2.5706	3.3649	4.0322
6	0.7176	1.4398	1.9432	2.4469	3.1427	3.7074
7	0.7111	1.4149	1.8946	2.3646	2.9980	3.4995
8	0.7064	1.3968	1.8595	2.3060	2.8965	3.3554
9	0.7027	1.3830	1.8331	2.2622	2.8214	3.2498
10	0.6998	1.3722	1.8125	2.2281	2.7638	3.1693
11	0.6974	1.3634	1.7959	2.2010	2.7181	3.1058
12	0.6955	1.3562	1.7823	2.1788	2.6810	3.0545
13	0.6938	1.3502	1.7709	2.1604	2.6503	3.0123
14	0.6924	1.3450	1.7613	2.1448	2.6245	2.9768
15	0.6912	1.3406	1.7531	2.1315	2.6025	2.9467
16	0.6901	1.3368	1.7459	2.1199	2.5835	2.9208
17	0.6892	1.3334	1.7396	2.1098	2.5669	2.8982
18	0.6884	1.3304	1.7341	2.1009	2.5524	2.8784
19	0.6876	1.3277	1.7291	2.0930	2.5395	2.8609
20	0.6870	1.3253	1.7247	2.0860	2.5280	2.8453
21	0.6864	1.3232	1.7207	2.0796	2.5177	2.8314
22	0.6858	1.3212	1.7171	2.0739	2.5083	2.8188
23	0.6853	1.3195	1.7139	2.0687	2.4999	2.8073
24	0.6848	1.3178	1.7109	2.0639	2.4922	2.7969
25	0.6844	1.3163	1.7081	2.0595	2.4851	2.7874
26	0.6840	1.3150	1.7058	2.0555	2.4786	2.7787
27	0.6837	1.3137	1.7033	2.0518	2.4727	2.7707
28	0.6834	1.3125	1.7011	2.0484	2.4671	2.7633
29	0.6830	1.3114	1.6991	2.0452	2.4620	2.7564
30	0.6828	1.3104	1.6973	2.0423	2.4573	2.7500
31	0.6825	1.3095	1.6955	2.0395	2.4528	2.7440
32	0.6822	1.3086	1.6939	2.0369	2.4487	2.7385

续表

n	$\alpha=0.25$	$\alpha=0.10$	$\alpha=0.05$	$\alpha=0.025$	$\alpha=0.01$	$\alpha=0.005$
33	0.6820	1.3077	1.6924	2.0345	2.4448	2.7333
34	0.6818	1.3070	1.6909	2.0322	2.4411	2.7284
35	0.6816	1.3062	1.6896	2.0301	2.4377	2.7238
36	0.6814	1.3055	1.6883	2.0281	2.4345	2.7195
37	0.6812	1.3049	1.6871	2.0262	2.4314	2.7154
38	0.6810	1.3042	1.6860	2.0244	2.4286	2.7116
39	0.6808	1.3036	1.6849	2.0227	2.4258	2.7079
40	0.6807	1.3031	1.6839	2.0211	2.4233	2.7045
41	0.6805	1.3025	1.6829	2.0195	2.4208	2.7012
42	0.6804	1.3020	1.6820	2.0181	2.4185	2.6981
43	0.6802	1.3016	1.6811	2.0167	2.4163	2.6951
44	0.6801	1.3011	1.6802	2.0154	2.4141	2.6923
45	0.6800	1.3006	1.6794	2.0141	2.4121	2.6806

附录C χ^2 分布表

$$P(\chi^2(n) > \chi^2_\alpha(n)) = \alpha$$

n	$\alpha=0.995$	$\alpha=0.99$	$\alpha=0.975$	$\alpha=0.95$	$\alpha=0.90$	$\alpha=0.75$	$\alpha=0.25$	$\alpha=0.10$	$\alpha=0.05$	$\alpha=0.025$	$\alpha=0.01$	$\alpha=0.005$
1			0.001	0.004	0.016	0.102	1.323	2.706	3.841	5.024	6.635	7.897
2	0.010	0.020	0.051	0.103	0.211	0.575	2.733	4.605	5.991	7.378	9.210	10.597
3	0.072	0.115	0.216	0.352	0.584	1.213	4.108	6.251	7.815	9.348	11.345	12.838
4	0.207	0.297	0.484	0.711	1.064	1.923	5.385	7.779	9.488	11.143	13.277	14.860
5	0.412	0.554	0.831	1.145	1.610	2.675	6.626	9.236	11.071	12.833	15.086	16.750
6	0.676	0.872	1.237	1.635	2.204	3.455	7.841	10.645	12.592	14.449	16.812	18.548
7	0.989	1.239	1.690	2.167	2.833	4.255	9.037	12.017	14.067	16.013	18.475	20.278
8	1.344	1.646	2.180	2.733	3.490	5.071	10.219	13.362	15.507	17.535	20.090	21.955
9	1.735	2.088	2.700	3.325	4.168	5.899	11.389	14.684	16.919	19.023	21.666	23.589
10	2.156	2.588	3.247	3.940	4.865	6.737	12.549	15.987	18.307	20.483	23.209	25.188
11	2.603	3.053	3.816	4.575	5.578	7.584	13.701	17.275	19.675	21.920	24.725	26.757
12	3.074	3.571	4.404	5.226	6.304	8.438	14.845	18.549	21.026	23.337	26.217	28.299
13	3.565	4.107	5.009	5.892	7.042	9.299	15.984	19.812	22.362	24.736	27.688	29.819
14	4.075	4.660	5.629	6.571	7.790	10.165	17.117	21.064	23.685	26.119	29.141	31.319
15	4.601	5.229	6.262	7.261	8.547	11.037	18.245	22.307	24.996	27.488	30.578	32.801
16	5.142	5.812	6.908	7.962	9.312	11.912	19.369	23.542	26.296	28.845	32.000	34.267
17	5.697	6.408	7.564	8.672	10.085	12.792	20.489	24.769	27.587	30.191	33.409	35.718
18	6.265	7.015	8.231	9.390	10.865	13.675	21.605	25.989	28.869	31.526	34.805	37.156
19	6.844	7.633	8.907	10.117	11.651	14.562	22.718	27.204	30.144	32.852	36.191	38.582
20	7.434	8.260	9.591	10.851	12.443	15.452	23.828	28.412	31.410	34.170	37.566	39.997
21	8.034	8.897	10.283	11.591	13.240	16.344	24.935	29.615	32.671	35.479	38.932	41.401
22	8.643	9.542	10.982	12.338	14.042	17.240	26.039	30.813	33.924	36.781	40.289	42.796
23	9.260	10.196	11.689	13.091	14.848	18.137	27.141	32.007	35.172	38.076	41.638	44.181
24	9.886	10.856	12.401	13.848	15.659	19.037	28.241	33.196	36.415	39.364	42.980	45.559
25	10.520	11.524	13.120	14.611	16.473	19.939	29.339	34.382	37.652	40.646	44.314	46.928
26	11.160	12.198	13.844	15.379	17.292	20.843	30.435	35.563	38.885	41.923	45.642	48.290
27	11.808	12.879	14.573	16.151	18.114	21.749	31.528	36.741	40.113	43.194	46.963	49.645
28	12.461	13.565	15.308	16.928	18.939	22.657	32.620	37.916	41.337	44.461	48.278	50.993
29	13.121	14.257	16.047	17.708	19.768	23.567	33.711	39.087	42.557	45.722	49.588	52.336
30	13.787	14.954	16.791	18.493	20.599	24.478	34.800	40.256	43.773	46.979	50.892	53.672
31	14.458	15.655	17.539	19.281	21.434	25.390	35.887	41.422	44.985	48.232	52.191	55.003
32	15.134	16.362	18.291	20.072	22.271	26.304	36.973	42.585	46.194	49.480	53.486	56.328

续表

n	$\alpha=0.995$	$\alpha=0.99$	$\alpha=0.975$	$\alpha=0.95$	$\alpha=0.90$	$\alpha=0.75$	$\alpha=0.25$	$\alpha=0.10$	$\alpha=0.05$	$\alpha=0.025$	$\alpha=0.01$	$\alpha=0.005$
33	15.815	17.074	19.047	20.807	23.110	27.219	38.053	43.745	47.400	50.725	54.776	57.648
34	16.501	17.789	19.806	21.664	23.952	28.136	39.141	44.903	48.602	51.966	56.061	58.964
35	17.192	18.509	20.569	22.465	24.797	29.054	40.223	46.059	49.802	53.203	57.342	60.275
36	17.887	19.233	21.336	23.269	25.613	29.973	41.304	47.212	50.998	54.437	58.619	61.581
37	18.586	19.960	22.106	24.075	26.492	30.893	42.383	48.363	52.192	55.668	59.892	62.883
38	19.289	20.691	22.878	24.884	27.343	31.815	43.462	49.513	53.384	56.896	61.162	64.181
39	19.996	21.426	23.654	25.695	28.196	32.737	44.539	50.660	54.572	58.120	62.428	65.476
40	20.707	22.164	24.433	26.509	29.051	33.660	45.616	51.805	55.758	59.342	63.691	66.766
41	21.421	22.906	25.215	27.326	29.907	34.585	46.692	52.949	53.942	60.561	64.950	68.053
42	22.138	23.650	25.999	28.144	30.765	35.510	47.766	54.090	58.124	61.777	66.206	69.336
43	22.859	24.398	26.785	28.965	31.625	36.430	48.840	55.230	59.304	62.990	67.459	70.606
44	23.584	25.143	27.575	29.787	32.487	37.363	49.913	56.369	60.481	64.201	68.710	71.893
45	24.311	25.901	28.366	30.612	33.350	38.291	50.985	57.505	61.656	65.410	69.957	73.166

附录D　F分布表

$$P(F(n_1,n_2) > F_\alpha(n_1,n_2)) = \alpha$$

n_2 \ n_1	1	2	3	4	5	6	7	8	9	10	12	15	20	24	30	40	60	120	∞
										$\alpha = 0.10$									
1	39.86	49.50	53.59	55.83	57.24	58.20	58.91	59.44	59.86	60.19	60.71	61.22	61.47	62.00	62.26	62.53	62.79	63.06	63.33
2	8.53	9.00	9.16	9.24	9.29	9.33	9.35	9.37	9.38	9.39	9.41	9.42	9.44	9.45	9.46	9.47	9.47	9.48	9.49
3	5.54	5.46	5.39	5.39	5.31	5.28	5.27	5.25	5.24	5.23	5.22	5.20	5.18	5.18	5.17	5.16	5.15	5.14	5.13
4	4.54	4.32	4.19	4.19	4.05	4.01	3.98	3.95	3.94	3.92	3.90	3.87	3.84	3.83	3.82	3.80	3.79	3.78	3.76
5	4.06	3.78	3.62	3.62	3.45	3.40	3.37	3.34	3.32	3.30	3.27	3.24	3.21	3.19	3.17	3.16	3.14	3.12	3.10
6	3.78	3.46	3.29	3.29	3.11	3.05	3.01	2.98	2.96	2.94	2.90	2.87	2.84	2.82	2.80	2.78	2.76	2.74	2.72
7	3.59	3.26	3.07	3.07	2.88	2.83	2.78	2.75	2.72	2.70	2.67	2.63	2.59	2.58	2.56	2.54	2.51	2.49	2.47
8	3.46	3.11	2.92	2.92	2.73	2.67	2.62	2.59	2.56	2.54	2.50	2.46	2.42	2.40	2.38	2.36	2.34	2.32	2.29
9	3.36	3.01	2.81	2.81	2.61	2.55	2.51	2.47	2.44	2.42	2.38	2.34	2.30	2.28	2.25	2.23	2.21	2.18	2.16
10	3.29	2.92	2.73	2.73	2.52	2.46	2.14	2.38	2.35	2.32	2.28	2.24	2.20	2.18	2.16	2.13	2.11	2.08	2.06
11	3.23	2.86	2.66	2.66	2.45	2.39	2.34	2.30	2.27	2.25	2.21	2.17	2.12	2.10	2.08	2.05	2.03	2.00	1.97
12	3.18	2.81	2.61	2.61	2.39	2.33	2.28	2.24	2.21	2.19	2.15	2.10	2.06	2.04	2.01	1.99	1.96	1.93	1.90
13	3.14	2.76	2.56	2.56	2.35	2.28	2.23	2.20	2.16	2.14	2.10	2.05	2.01	1.98	1.96	1.93	1.90	1.88	1.85
14	3.10	2.73	2.52	2.52	2.31	2.24	2.19	2.15	2.12	2.10	2.05	2.01	1.96	1.94	1.91	1.89	1.86	1.83	1.80
15	3.07	2.70	2.49	2.49	2.27	2.21	2.16	2.12	2.09	2.06	2.02	1.97	1.92	1.90	1.87	1.85	1.82	1.79	1.76
16	3.05	2.67	2.46	2.46	2.24	2.18	2.13	2.09	2.06	2.03	1.99	1.94	1.89	1.87	1.84	1.81	1.78	1.75	1.72
17	3.03	2.64	2.44	2.44	2.22	2.15	2.10	2.06	2.03	2.00	1.96	1.91	1.86	1.84	1.81	1.78	1.75	1.72	1.69
18	3.01	2.62	2.42	2.42	2.20	2.13	2.08	2.04	2.00	1.98	1.93	1.89	1.84	1.81	1.78	1.75	1.72	1.69	1.66
19	2.99	2.61	2.40	2.40	2.18	2.11	2.06	2.02	1.98	1.96	1.91	1.86	1.81	1.79	1.76	1.73	1.70	1.67	1.63
20	2.97	2.59	2.38	2.25	2.16	2.09	2.04	2.00	1.96	1.94	1.89	1.84	1.79	1.77	1.74	1.71	1.68	1.64	1.61
21	2.96	2.57	2.36	2.23	2.14	2.08	2.02	1.98	1.95	1.92	1.87	1.83	1.78	1.75	1.72	1.69	1.66	1.62	1.59
22	2.95	2.56	2.35	2.22	2.13	2.06	2.01	1.97	1.93	1.90	1.86	1.81	1.76	1.73	1.70	1.67	1.64	1.60	1.57
23	2.94	2.55	2.34	2.21	2.11	2.05	1.99	1.95	1.92	1.89	1.84	1.80	1.74	1.72	1.69	1.66	1.62	1.59	1.55
24	2.93	2.54	2.33	2.19	2.10	2.04	1.98	1.94	1.91	1.88	1.83	1.78	1.73	1.70	1.67	1.64	1.61	1.57	1.53
25	2.92	2.53	2.32	2.18	2.09	2.02	1.97	1.93	1.89	1.87	1.82	1.77	1.72	1.69	1.66	1.63	1.59	1.56	1.52
26	2.91	2.52	2.31	2.17	2.08	2.01	1.96	1.92	1.88	1.86	1.81	1.76	1.71	1.68	1.65	1.61	1.58	1.54	1.50
27	2.90	2.51	2.30	2.17	2.07	2.00	1.95	1.91	1.87	1.85	1.80	1.75	1.70	1.67	1.64	1.60	1.57	1.53	1.49
28	2.89	2.50	2.29	2.16	2.06	2.00	1.94	1.90	1.87	1.84	1.79	1.74	1.69	1.66	1.63	1.59	1.56	1.52	1.48
29	2.89	2.50	2.28	2.15	2.06	1.99	1.93	1.89	1.86	1.83	1.78	1.73	1.68	1.65	1.62	1.58	1.55	1.51	1.47
30	2.88	2.49	2.28	2.14	2.05	1.98	1.93	1.88	1.85	1.82	1.77	1.72	1.67	1.64	1.61	1.57	1.54	1.50	1.46
40	2.84	2.44	2.23	2.09	2.00	1.93	1.87	1.83	1.79	1.76	1.71	1.66	1.61	1.57	1.54	1.51	1.47	1.42	1.38
60	2.79	2.39	2.18	2.04	1.95	1.87	1.82	1.77	1.74	1.71	1.66	1.60	1.54	1.51	1.48	1.44	1.40	1.35	1.29

续表

n_2 \ n_1	1	2	3	4	5	6	7	8	9	10	12	15	20	24	30	40	60	120	∞
120	2.75	2.35	2.13	1.99	1.90	1.82	1.77	1.72	1.68	1.65	1.60	1.55	1.48	1.45	1.41	1.37	1.32	1.26	1.19
∞	2.71	2.30	2.08	1.94	1.85	1.77	1.72	1.67	1.63	1.60	1.55	1.49	1.42	1.38	1.34	1.30	1.24	1.17	1.00
$\alpha=0.05$																			
1	161.4	199.5	215.7	224.6	230.2	234.0	236.8	238.9	240.5	241.9	243.9	245.9	248.0	249.1	250.1	251.1	252.2	253.3	254.3
2	18.51	19.00	19.16	19.25	19.30	19.33	19.35	19.37	19.38	19.40	19.41	19.43	19.45	19.45	19.46	19.47	19.48	19.49	19.50
3	10.13	9.55	9.28	9.12	9.01	8.94	8.89	8.85	8.81	8.79	8.74	8.70	8.66	8.64	8.62	8.59	8.57	8.55	8.53
4	7.71	6.94	6.59	6.39	6.26	6.16	6.09	6.04	6.00	5.96	5.91	5.86	5.80	5.77	5.75	5.72	5.69	5.66	5.63
5	6.61	5.79	5.41	5.19	5.05	4.95	4.88	4.82	4.77	4.74	4.68	4.62	4.56	4.53	4.50	4.46	4.43	4.40	4.36
6	5.99	5.14	4.76	4.53	4.39	4.28	4.21	4.15	4.10	4.06	4.00	3.94	3.87	3.84	3.81	3.77	3.74	3.70	3.67
7	5.59	4.74	4.35	4.12	3.97	3.87	3.79	3.73	3.68	3.64	3.57	3.51	3.44	3.41	3.38	3.34	3.30	3.27	3.23
8	5.32	7.46	4.07	3.84	3.69	3.58	3.50	3.44	3.39	3.35	3.28	3.22	3.15	3.12	3.08	3.04	3.01	2.97	2.94
9	5.12	4.26	3.86	3.63	3.48	3.37	3.29	3.23	3.18	3.14	3.07	3.01	2.94	2.90	2.86	2.83	2.79	2.75	2.71
10	4.96	4.10	3.71	3.48	3.33	3.22	3.14	3.07	3.02	2.98	2.91	2.85	2.77	2.74	2.70	2.66	2.62	2.58	2.54
11	4.84	3.98	3.59	3.36	3.20	3.09	3.01	2.95	2.90	2.85	2.79	2.72	2.65	2.61	2.57	2.53	2.49	2.45	2.40
12	4.75	3.89	3.49	3.26	3.11	3.00	2.91	2.85	2.80	2.75	2.69	2.62	2.54	2.51	2.47	2.43	2.38	2.34	2.30
13	4.67	3.81	3.41	3.18	3.03	2.92	2.83	2.77	2.71	2.67	2.60	2.53	2.46	2.42	2.38	2.34	2.30	2.25	2.21
14	4.60	3.74	3.34	3.11	2.96	2.85	2.76	2.70	2.65	2.60	2.53	2.46	2.39	2.35	2.31	2.27	2.22	2.18	2.13
15	4.54	3.68	3.29	3.06	2.90	2.79	2.71	2.64	2.59	2.54	2.48	2.40	2.33	2.29	2.25	2.20	2.16	2.11	2.07
16	4.49	3.63	3.24	3.01	2.85	2.74	2.66	2.59	2.54	2.49	2.42	2.35	2.28	2.24	2.19	2.15	2.11	2.06	2.01
17	4.45	3.59	3.20	2.96	2.81	2.70	2.61	2.55	2.49	2.45	2.38	2.31	2.23	2.19	2.15	2.10	2.06	2.01	1.96
18	4.41	3.55	3.16	2.93	2.77	2.66	2.58	2.51	2.46	2.41	2.34	2.27	2.19	2.15	2.11	2.06	2.02	1.97	1.92
19	4.38	3.52	3.13	2.90	2.74	2.63	2.54	2.48	2.42	2.38	2.31	2.23	2.16	2.11	2.07	2.03	1.98	1.93	1.88
20	4.35	3.49	3.10	2.87	2.71	2.60	2.51	2.45	2.39	2.35	2.28	2.20	2.12	2.08	2.04	1.99	1.95	1.90	1.84
21	4.32	3.47	3.07	2.84	2.68	2.57	2.49	2.42	2.37	2.32	2.25	2.18	2.10	2.05	2.01	1.96	1.92	1.87	1.81
22	4.30	3.44	3.05	2.82	2.66	2.55	2.46	2.40	2.34	2.30	2.23	2.15	2.07	2.03	1.98	1.94	1.89	1.84	1.78
23	4.28	3.42	3.03	2.80	2.64	2.53	2.44	2.37	2.32	2.27	2.20	2.13	2.05	2.01	1.96	1.91	1.86	1.81	1.76
24	4.26	3.40	3.01	2.78	2.62	2.51	2.42	2.36	2.30	2.25	2.18	2.11	2.03	1.98	1.94	1.89	1.84	1.79	1.73
25	4.24	3.39	2.99	2.76	2.60	2.49	2.40	2.34	2.28	2.24	2.16	2.09	2.01	1.96	1.92	1.87	1.82	1.77	1.71
26	4.23	3.37	2.98	2.74	2.59	2.47	2.39	2.32	2.27	2.22	2.15	2.07	1.99	1.95	1.90	1.85	1.80	1.75	1.69
27	4.21	3.35	2.96	2.73	2.57	2.46	2.37	2.31	2.25	2.20	2.13	2.06	1.97	1.93	1.88	1.84	1.79	1.73	1.67
28	4.20	3.34	2.95	2.71	2.56	2.45	2.36	2.29	2.24	2.19	2.12	2.04	1.96	1.91	1.87	1.82	1.77	1.71	1.65
29	4.18	3.33	2.93	2.70	2.55	2.43	2.35	2.28	2.22	2.18	2.10	2.03	1.94	1.90	1.85	1.81	1.75	1.70	1.64
30	4.17	3.32	2.92	2.69	2.53	2.42	2.33	2.27	2.21	2.16	2.09	2.01	1.93	1.89	1.84	1.79	1.74	1.68	1.62
40	4.08	3.23	2.84	2.61	2.45	2.34	2.25	2.18	2.12	2.08	2.00	1.92	1.84	1.79	1.74	1.69	1.64	1.58	1.51
60	4.00	3.15	2.76	2.53	2.37	2.25	2.17	2.10	2.04	1.99	1.92	1.84	1.75	1.70	1.65	1.59	1.53	1.47	1.39
120	3.92	3.07	2.68	2.45	2.29	2.17	2.09	2.02	1.96	1.91	1.83	1.75	1.66	1.61	1.55	1.50	1.43	1.35	1.25
∞	3.84	3.00	2.60	2.27	2.21	2.10	2.01	1.94	1.88	1.83	1.75	1.64	1.57	1.52	1.46	1.39	1.32	1.22	1.00

续表

n_1 / n_2	1	2	3	4	5	6	7	8	9	10	12	15	20	24	30	40	60	120	∞
$\alpha=0.025$																			
1	647.8	799.5	864.2	899.6	921.8	937.1	948.2	956.7	963.3	368.6	976.7	984.9	993.1	997.2	1 001	1 006	1 010	1 014	1 018
2	38.51	39.00	39.17	39.25	39.30	39.33	39.36	39.37	39.39	39.40	39.41	39.43	39.45	39.46	39.46	39.47	39.48	39.49	39.50
3	17.44	16.04	15.44	15.10	14.88	14.73	14.62	14.54	14.47	14.42	14.34	14.25	14.17	14.12	14.08	14.04	13.99	13.95	13.90
4	12.22	10.65	9.98	9.60	9.36	9.20	9.07	8.98	8.90	8.84	8.75	8.66	8.56	8.51	8.46	8.41	8.36	8.31	8.26
5	10.01	8.43	7.76	7.39	7.15	6.98	6.85	6.76	6.68	6.62	6.52	6.43	6.33	6.28	6.23	6.18	6.12	6.07	6.02
6	8.81	7.26	6.60	6.23	5.99	5.82	5.70	5.60	5.52	5.46	5.37	5.27	5.17	5.12	5.07	5.01	4.96	4.90	4.85
7	8.07	6.54	5.89	5.52	5.29	5.12	4.99	4.90	4.82	4.76	4.67	4.57	4.47	4.42	4.36	4.31	4.25	4.20	4.14
8	7.57	6.06	5.42	5.05	4.82	4.65	4.53	4.43	4.36	4.30	4.20	4.10	4.00	3.95	3.89	3.84	3.78	3.73	3.67
9	7.21	5.71	5.08	4.72	4.48	4.23	4.20	4.10	4.03	3.96	3.87	3.77	3.67	3.61	3.56	3.51	3.45	3.39	3.33
10	6.94	5.46	4.83	4.47	4.24	4.07	3.95	3.85	3.78	3.72	3.62	3.52	3.42	3.37	3.31	3.26	3.20	3.14	3.08
11	6.72	5.26	4.63	4.28	4.04	3.88	3.76	3.66	3.59	3.53	3.43	3.33	3.23	3.17	3.12	3.06	3.00	2.94	2.88
12	6.55	5.10	4.47	4.12	3.89	3.73	3.61	3.51	3.44	3.37	3.28	3.18	3.07	3.02	2.96	2.91	2.85	2.79	2.72
13	6.41	4.97	4.35	4.00	3.77	3.60	3.48	3.39	3.31	3.25	3.15	3.05	2.95	2.89	2.84	2.78	2.72	2.66	2.60
14	6.30	4.86	4.24	3.89	3.66	3.50	3.38	3.29	3.21	3.15	3.05	2.95	2.84	2.79	2.73	2.67	2.61	2.55	2.49
15	6.20	4.77	4.15	3.80	3.58	3.41	3.29	3.20	3.12	3.06	2.96	2.86	2.76	2.70	2.64	2.59	2.52	2.46	2.40
16	6.12	4.69	4.08	3.73	3.50	3.34	3.22	3.12	3.05	2.99	2.89	2.79	2.68	2.63	2.57	2.51	2.45	2.38	2.32
17	6.04	4.62	4.01	3.66	3.44	3.28	3.16	3.06	2.98	2.92	2.82	2.72	2.62	2.56	2.50	2.44	2.38	2.32	2.25
18	5.98	4.56	3.95	3.61	3.38	3.22	3.10	3.01	2.93	2.87	2.77	2.67	2.56	2.50	2.44	2.38	2.32	2.26	2.19
19	5.92	4.51	3.90	3.56	3.33	3.17	3.05	2.96	2.88	2.82	2.72	2.62	2.51	2.45	2.39	2.33	2.27	2.20	2.13
20	5.87	4.46	3.86	3.51	3.29	3.13	3.01	2.91	2.84	2.77	2.68	2.57	2.46	2.41	2.35	2.29	2.22	2.16	2.09
21	5.83	4.42	3.82	3.48	3.25	3.09	2.97	2.87	2.80	2.73	2.64	2.53	2.42	2.37	2.31	2.25	2.18	2.11	2.04
22	5.79	4.38	3.78	3.44	3.22	3.05	2.93	2.84	2.76	2.70	2.60	2.50	2.39	2.33	2.27	2.22	2.14	2.08	2.00
23	5.75	4.35	3.75	3.41	3.18	3.02	2.90	2.81	2.73	2.67	2.57	2.47	2.36	2.30	2.24	2.18	2.11	2.04	1.97
24	5.72	4.32	3.72	3.38	3.15	2.99	2.87	2.78	2.70	2.64	2.54	2.44	2.33	2.27	2.21	2.15	2.08	2.01	1.94
25	5.69	4.29	3.69	3.35	3.13	2.97	2.85	2.75	2.68	2.61	2.51	2.41	2.30	2.24	2.18	2.12	2.05	1.98	1.91
26	5.66	4.27	3.67	3.33	3.10	2.94	2.82	2.73	2.65	2.59	2.49	2.39	2.28	2.22	2.16	2.09	2.03	1.95	1.88
27	5.63	4.24	3.65	3.31	3.08	2.92	2.80	2.71	2.63	2.57	2.47	2.36	2.25	2.19	2.13	2.07	2.00	1.93	1.85
28	5.61	4.22	3.63	3.29	3.06	2.90	2.78	2.69	2.61	2.55	2.45	2.34	2.23	2.17	2.11	2.05	1.98	1.91	1.83
29	5.59	4.20	3.61	3.27	3.04	2.88	2.76	2.67	2.59	2.53	2.43	2.32	2.21	2.15	2.09	2.03	1.96	1.89	1.81
30	5.57	4.18	3.59	3.25	3.03	2.87	2.75	2.65	2.57	2.51	2.41	2.31	2.20	2.14	2.07	2.01	1.94	1.87	1.79
40	5.42	4.05	3.46	3.13	2.90	2.74	2.62	2.53	2.45	2.39	2.29	2.18	2.07	2.01	1.94	1.88	1.0	1.72	1.64
60	5.29	3.93	3.34	3.01	2.79	2.63	2.51	2.41	2.33	2.27	2.17	2.06	1.94	1.88	1.82	1.74	1.76	1.58	1.48
120	5.15	3.80	3.23	2.89	2.67	2.52	2.39	2.30	2.22	2.16	2.05	1.94	1.82	1.76	1.69	1.61	1.53	1.41	1.31
∞	5.02	3.69	3.12	2.79	2.57	2.41	2.29	2.19	2.11	2.05	1.94	1.83	1.71	1.64	1.57	1.48	1.39	1.27	1.00

续表

n_2 \ n_1	1	2	3	4	5	6	7	8	9	10	12	15	20	24	30	40	60	120	∞
$\alpha=0.01$																			
1	4 052	4 999.5	5 403	5 625	5 764	5 859	5 928	5 982	6 022	6 056	6 106	6 157	6 209	6 235	6 261	6 287	6 313	6 339	6 366
2	98.50	99.00	99.17	99.25	99.30	99.33	99.36	99.37	99.39	99.40	99.42	99.43	99.45	99.46	99.47	99.47	99.48	99.49	99.50
3	34.12	30.82	29.46	28.71	28.24	27.91	27.67	27.49	27.35	27.23	27.05	26.87	26.69	26.60	26.50	26.41	26.32	26.22	26.13
4	21.20	18.00	16.69	15.98	15.52	15.21	14.98	14.80	14.66	14.55	14.37	14.20	14.02	13.93	13.84	13.75	13.65	13.56	13.46
5	16.26	13.27	12.06	11.39	10.97	10.67	10.46	10.29	10.16	10.05	9.89	9.72	9.55	9.47	9.38	9.29	9.20	9.11	9.02
6	13.75	10.92	9.78	9.15	8.75	8.47	8.26	8.10	7.98	7.87	7.72	7.56	7.40	7.31	7.23	7.14	7.06	6.97	6.88
7	12.25	9.55	8.45	7.85	7.46	7.19	6.99	6.84	6.72	6.62	6.47	6.31	6.16	6.07	5.99	5.91	5.82	5.74	5.65
8	11.26	8.65	7.59	7.01	6.63	6.37	6.18	6.03	5.91	5.81	5.67	5.52	5.36	5.28	5.20	5.12	5.03	4.95	4.86
9	10.56	8.02	6.99	6.42	6.06	5.80	5.61	5.47	5.35	5.26	5.11	4.96	4.81	4.73	4.65	4.57	4.48	4.40	4.31
10	10.04	7.56	6.55	5.99	5.64	5.39	5.20	5.06	4.94	4.85	4.71	4.56	4.41	4.33	4.25	4.17	4.08	4.00	3.91
11	9.65	7.21	6.22	5.67	5.32	5.07	4.89	4.74	4.63	4.54	4.40	4.25	4.10	4.02	3.94	3.86	3.78	3.69	3.60
12	9.33	6.93	5.95	5.41	5.06	4.82	4.64	4.50	4.39	4.30	4.16	4.01	3.86	3.78	3.70	3.62	3.54	3.45	3.36
13	9.07	6.70	5.74	5.21	4.86	4.62	4.44	4.30	4.19	4.10	3.96	3.82	3.66	3.59	3.51	3.43	3.34	3.25	3.17
14	8.86	6.51	5.56	5.04	4.69	4.46	4.28	4.14	4.03	3.94	3.80	3.66	3.51	3.43	3.35	3.27	3.18	3.09	3.00
15	8.68	6.36	5.42	4.89	4.56	4.32	4.14	4.00	3.89	3.80	3.67	3.52	3.37	3.29	3.21	3.13	3.06	2.96	2.87
16	8.53	6.23	5.29	4.77	4.44	4.20	4.03	3.89	3.78	3.69	3.55	3.41	3.26	3.18	3.10	3.02	2.93	2.84	2.75
17	8.40	6.11	5.18	4.67	4.34	4.10	3.93	3.79	3.68	3.59	3.46	3.31	3.16	3.08	3.00	2.92	2.83	2.75	2.65
18	8.29	6.01	5.09	4.58	4.25	4.01	3.84	3.71	3.60	3.51	3.37	3.23	3.08	3.00	2.92	2.84	2.75	2.66	2.57
19	8.18	5.93	5.01	4.50	4.17	3.94	3.77	3.63	3.52	3.43	3.30	3.15	3.00	2.92	2.84	2.76	2.67	2.58	2.49
20	8.10	5.85	4.94	4.43	4.10	3.87	3.70	3.56	3.46	3.37	3.23	3.09	2.94	2.86	2.78	2.69	2.61	2.52	2.42
21	8.02	5.78	4.87	4.37	4.04	3.81	3.64	3.51	3.40	3.31	3.17	3.03	2.88	2.80	2.72	2.64	2.55	2.46	2.36
22	7.95	5.72	4.82	4.31	3.99	3.76	3.59	3.45	3.35	3.26	3.12	2.98	2.83	2.75	2.67	2.58	2.50	2.40	2.31
23	7.88	5.66	4.76	4.26	3.94	3.71	3.54	3.41	3.30	3.21	3.07	2.93	2.78	2.70	2.62	2.54	2.45	2.35	2.26
24	7.82	5.61	4.72	4.22	3.90	3.67	3.50	3.36	3.26	3.17	3.03	2.89	2.74	2.66	2.58	2.49	2.40	2.31	2.21
25	7.77	5.57	4.68	4.18	3.85	3.63	3.46	3.32	3.22	3.13	2.99	2.85	2.70	2.62	2.54	2.45	2.36	2.27	2.17
26	7.72	5.53	4.64	4.14	3.82	3.59	3.42	3.29	3.18	3.09	2.96	2.81	2.66	2.58	2.50	2.42	2.33	2.23	2.13
27	7.68	5.49	4.60	4.11	3.78	3.56	3.39	3.26	3.15	3.06	2.93	2.78	2.63	2.55	2.47	2.38	2.29	2.20	2.10
28	7.64	5.45	4.57	4.07	3.75	3.53	3.36	3.23	3.12	3.03	2.90	2.75	2.60	2.52	2.44	2.35	2.26	2.17	2.06
29	7.60	5.42	4.54	4.04	3.73	3.50	3.33	3.20	3.09	3.00	2.87	2.73	2.57	2.49	2.41	2.33	2.23	2.14	2.03
30	7.56	5.39	4.51	4.02	3.70	3.47	3.30	3.17	3.07	2.98	2.84	2.70	2.55	2.47	2.39	2.30	2.21	2.11	2.01
40	7.31	5.18	4.31	3.83	3.51	3.29	3.12	2.99	2.89	2.80	2.66	2.52	2.37	2.29	2.20	2.11	2.02	1.92	1.80
60	7.08	4.98	4.13	3.65	3.34	3.12	2.95	2.82	2.72	2.63	2.50	2.35	2.20	2.12	2.03	1.94	1.84	1.73	1.60
120	6.85	4.79	3.95	3.48	3.17	2.96	2.79	2.66	2.56	2.47	2.34	2.19	2.03	1.95	1.86	1.76	1.66	1.53	1.38
∞	6.63	4.61	3.78	3.32	3.02	2.80	2.64	2.51	2.41	2.32	2.18	2.04	1.88	1.79	1.70	1.59	1.47	1.32	1.00

续表

n_2 \ n_1	1	2	3	4	5	6	7	8	9	10	12	15	20	24	30	40	60	120	∞
										$\alpha = 0.005$									
1	16 211	20 000	21 615	22 500	23 056	23 437	23 715	23 925	24 091	24 224	24 426	24 630	24 836	24 940	25 044	25 148	25 253	25 359	25 465
2	198.5	199.0	199.2	199.2	199.3	199.3	199.4	199.4	199.4	199.4	199.4	199.4	199.4	199.5	199.5	199.5	199.5	199.5	199.5
3	55.55	49.80	47.47	46.19	45.39	44.84	44.43	44.13	43.88	43.69	43.39	43.08	42.78	42.62	42.47	42.31	42.15	41.99	41.83
4	31.33	26.28	24.26	23.15	22.46	21.97	21.62	21.35	21.14	20.97	20.70	20.44	20.17	20.03	19.89	19.75	19.61	19.47	19.32
5	22.78	18.31	16.53	15.56	14.94	14.51	14.20	13.96	13.77	13.62	13.38	13.15	12.90	12.78	12.66	12.53	12.40	12.27	12.14
6	18.63	14.54	12.92	12.03	11.46	11.07	10.79	10.57	10.39	10.25	10.03	9.81	9.59	9.47	9.36	9.24	9.12	9.00	8.88
7	16.24	12.40	10.88	10.05	9.52	9.16	8.89	8.68	8.51	8.38	8.18	7.97	7.75	7.65	7.53	7.42	7.31	7.19	7.08
8	14.69	11.04	9.60	8.81	8.30	7.95	7.67	7.50	7.34	7.21	7.01	6.81	6.61	6.50	6.40	6.29	6.18	6.06	5.95
9	13.61	10.11	8.72	7.96	7.47	7.13	6.88	6.69	6.54	6.42	6.23	6.03	5.83	5.73	5.62	5.52	5.41	5.30	5.19
10	12.83	9.43	8.08	7.34	6.87	6.54	6.30	6.12	5.97	5.85	5.66	5.47	5.27	5.17	5.07	4.97	4.86	4.75	4.64
11	12.23	8.91	7.60	6.88	6.42	6.10	5.86	5.68	5.54	5.42	5.24	5.05	4.86	4.76	4.65	4.55	4.44	4.34	4.23
12	11.75	8.51	7.23	6.52	6.07	5.76	5.52	5.35	5.20	5.09	4.91	4.72	4.53	4.43	4.33	4.23	4.12	4.01	3.90
13	11.37	8.19	6.93	6.23	5.79	5.48	5.25	5.08	4.94	4.82	4.64	4.46	4.27	4.17	4.07	3.97	3.87	3.76	3.65
14	11.06	7.92	6.68	6.00	5.56	5.26	5.03	4.86	4.72	4.60	4.43	4.25	4.06	3.96	3.86	3.76	3.66	3.55	3.44
15	10.80	7.70	6.48	5.80	5.37	5.07	4.85	4.67	4.54	4.42	4.25	4.07	3.88	3.79	3.69	3.58	3.48	3.37	3.26
16	10.58	7.51	6.30	5.64	5.21	4.91	4.69	4.52	4.38	4.27	4.10	3.92	3.73	3.64	3.54	3.44	3.33	3.22	3.11
17	10.38	7.35	6.16	5.50	5.07	4.78	4.56	4.39	4.25	4.14	3.97	3.79	3.61	3.51	3.41	3.31	3.21	3.10	2.98
18	10.22	7.21	6.03	5.37	4.96	4.66	4.44	4.28	4.14	4.03	3.86	3.68	3.50	3.40	3.30	3.20	3.10	2.99	2.87
19	10.07	7.09	5.92	5.27	4.85	4.56	4.34	4.18	4.04	3.93	3.76	3.59	3.40	3.31	3.21	3.11	3.00	2.89	2.78
20	9.94	6.99	5.82	5.17	4.76	4.47	4.26	4.09	3.96	3.85	3.68	3.50	3.32	3.22	3.12	3.02	2.92	2.81	2.69
21	9.83	6.89	5.73	5.09	4.68	4.39	4.18	4.01	3.88	3.77	3.60	3.43	3.24	3.15	3.05	2.95	2.84	2.73	2.61
22	9.73	6.81	5.65	5.02	4.61	4.32	4.11	3.94	3.81	3.70	3.54	3.36	3.18	3.08	2.98	2.88	2.77	2.66	2.55
23	9.63	6.73	5.58	4.95	4.54	4.26	4.05	3.88	3.75	3.64	3.47	3.30	3.12	3.02	2.92	2.82	2.71	2.60	2.48
24	9.55	6.66	5.52	4.89	4.49	4.20	3.99	3.83	3.69	3.59	3.42	3.25	3.06	2.97	2.87	2.77	2.66	2.55	2.43
25	9.48	6.60	5.46	4.84	4.43	4.15	3.94	3.78	3.64	3.54	3.37	3.20	3.01	2.92	2.82	2.72	2.61	2.50	2.38
26	9.41	6.54	5.41	4.79	4.38	4.10	3.89	3.73	3.60	3.49	3.33	3.15	2.97	2.87	2.77	2.67	2.56	2.45	2.33
27	9.34	6.49	5.36	4.74	4.34	4.06	3.85	3.69	3.56	3.45	3.28	3.11	2.93	2.83	2.73	2.63	2.52	2.41	2.29
28	9.28	6.44	5.32	4.70	4.30	4.02	3.81	3.65	3.52	3.41	3.25	3.07	2.89	2.79	2.69	2.59	2.48	2.37	2.25
29	9.23	6.40	5.28	4.66	4.26	3.98	3.77	3.61	3.48	3.38	3.21	3.04	2.86	2.76	2.66	2.56	2.45	2.33	2.21
30	9.18	6.35	5.24	4.62	4.23	3.95	3.74	3.58	3.45	3.34	3.18	3.01	2.82	2.73	2.63	2.52	2.42	2.30	2.18
40	8.83	6.07	4.98	4.37	3.99	3.71	3.51	3.35	3.22	3.12	2.95	2.78	2.60	2.50	2.40	2.30	2.18	2.06	1.93
60	8.49	5.79	4.73	4.14	3.76	3.49	3.29	3.13	3.01	2.90	2.74	2.57	2.39	2.29	2.19	2.08	1.96	1.83	1.69
120	8.18	5.54	4.50	3.92	3.55	3.28	3.09	2.93	2.81	2.71	2.54	2.37	2.19	2.09	1.98	1.87	1.75	1.61	1.43
∞	7.88	5.30	4.28	3.72	3.35	3.09	2.90	2.74	2.62	2.52	2.36	2.19	2.00	1.90	1.79	1.67	1.53	1.36	1.00